第三版

人口地理学概论

张善余◎著

华东师范大学出版社
·上海·

图书在版编目（CIP）数据

人口地理学概论/张善余著. —3版. —上海：
华东师范大学出版社，2013.2
ISBN 978 - 7 - 5675 - 0339 - 7

Ⅰ. ①人… Ⅱ. ①张… Ⅲ. ①人口地理学—高等学校
—教材 Ⅳ. ①C922

中国版本图书馆 CIP 数据核字（2013）第 030680 号

本书部分地图经国家测绘地理信息局审核
审图号：GS(2012)1229 号

人口地理学概论（第三版）

撰　著　张善余
责任编辑　吴海红
责任校对　赖芳斌
装帧设计　卢晓红

出版发行　华东师范大学出版社
社　　址　上海市中山北路 3663 号　邮编 200062
网　　址　www.ecnupress.com.cn
电　　话　021 - 60821666　行政传真 021 - 62572105
客服电话　021 - 62865537　门市(邮购)电话 021 - 62869887
地　　址　上海市中山北路 3663 号华东师范大学校内先锋路口
网　　店　http://hdsdcbs.tmall.com/

印　刷　者　江苏扬中印刷有限公司
开　　本　700×1000　16 开
印　　张　20.25
字　　数　431 千字
版　　次　2013 年 3 月第一版
印　　次　2025 年 6 月第九次
书　　号　ISBN 978 - 7 - 5675 - 0339 - 7/K·383
定　　价　41.00 元

出 版 人　王　焰

（如发现本版图书有印订质量问题，请寄回本社客服中心调换或电话 021 - 62865537 联系）

第三版前言

《人口地理学概论》上一版到现在已有十年了，许多数据已显陈旧。此次再版，对图、表及文中引用的数据做了全面的更新，部分内容亦有所增补，以期尽可能地反映出人口地理的新面貌。

张善余

2012 年 3 月 3 日

前　言

　　1980年，中国学术界春意盎然。地理学酝酿着复兴人文地理，人口学也冲出禁区，开始大展宏图。这一年夏季，我阅读了不少国外的人口地理文献，深深受到吸引。其中不少内容，现在已属常见，当时却是闻所未闻，从而引发了对于人口地理学的很大兴趣。再查阅中国的相关文献，却少之又少，文章尚有几篇，学术著作则一本皆无。我深感这种状况与先进国家差距极大，与第一人口大国的身份也极不相符，于是萌生了一个念头，想写点东西，多少填补一下这个空白。我的想法得到了中国地理学界老前辈胡焕庸先生的热情鼓励。在他主持下，由我执笔，花了两年多时间，写出了总共170多万字的《世界人口地理》和《中国人口地理》（上、下册）。现在回想起来，在空寂的荒原上驱驰，筚路蓝缕，困难很多，但那种淋漓酣畅的感觉却是十分难得的。两本书出版后，受到不少好评，还几次得到相当级别的嘉奖，越发坚定了我学习和研究人口地理的信念。近十年来，我以设在华东师范大学的全国唯一的人文地理专业人口地理方向博士点为阵地，与同事们以及博士生、硕士生们一起，在人口地理领域又做了不少新的工作。

　　1997年春，华东师范大学出版社前来约稿，他们希望我能写一本人口地理学的大学教材。我欣然从命，花了半年时间，写成现在这本《人口地理学概论》。主观上想把自己多年的心得体会梳理一下，向读者提供一本系统、新颖、理论联系实际的人口地理学教材。这一愿望能否与实际相符，还没有把握。

　　本书的写作参阅了大量文献，其中主要是联合国、世界劳工组织、世界粮农组织、世界卫生组织、世界银行以及中国、美国、日本、德国等国的国家统计局、人口普查机构出版的各类年鉴和资料。为节省篇幅，凡出自这些途径者，均不再一一注明出处。其他的主要资料来源，已列于书末，在正文中一般也不再注出。

张善余

1998年1月6日

于上海华东师范大学

资源环境学院人口研究所

目 录

RENKOUDILIXUEGAILUN

目录

人口地理学概论（第三版）

目

录

第一章
绪　论

第一节　人口地理学的学科性质和内容

人口地理学是地理学人文地理专业中的一门分支学科,鉴于它与人口学有着非常密切的联系,因此也可以认为人口地理学是介于地理学和人口学之间的一门边缘学科。人口地理学的研究领域是人口发展过程和人口现象的空间表现形式及其地域差异,以及它们与各种自然的和人文的环境因素之间相互联系、相互制约的关系。人口地理学的研究,对于促进人口、社会、经济、资源、环境的协调发展与可持续发展,具有重要的意义。

众所周知,人口既有其自然属性,又有其社会属性,人口综合研究无疑是一个十分复杂的巨系统,除了把人口本身作为一个独立的系统,研究它的数量、规模、素质、结构、分布等等以外,还必须对由人口及各相关要素组成的若干子系统进行分层次的综合集成性研究,只有这样,才能全面地把握住人口巨系统的各个侧面,真实地反映出人口问题固有的复杂性。在上述各子系统中,最基本的有以下几个:

人口—自然资源系统;

人口—生态环境系统;

人口—社会经济系统;

人口—科技文教系统。

作为与人口问题息息相关的学科之一,人口地理学的研究应涵盖以下几个方面的内容:

(一) 人口现象和人口过程

就人口自身而言,主要由人口数量、人口素质、人口结构和人口分布等四个方面构成,其中数量或规模,是一切人口现象、人口过程存在的基础,也是当代世界范围内多种人口问题的主要症结之所在。对于大多数发展中国家来说,控制人口数量仍是一项长期的战略性任务。因此,对人口数量、规模、发展速度和人口再生产的研究,显然具有特殊的重要性。此外,人口的素质、结构、分布等方面的问题也不容忽视,把人口问题仅仅理解为数量失调,把人口工作仅仅理解为数量上的控制,无疑是十分片面的。应该说,在上述各项任务中,人口地理学均大有用武之地,尤其是远景适度人口目标的确定、区域人口规划、对计划生育的分区分类指导、人口素质与地理环境的关系、人口结构的地区差异性等问题,都具有很强的地理性;而人口分布更是人口地理学专门的研究领域,在这方面也有很多问题需要探讨。如中国的宏观人口布局政策、城镇化方针和合理城镇体系的建立、人口迁移政策和户籍管理制度的改革、生存环境恶劣地区的人口再分布、乡村聚落的整治,等等。在为社会经济现代化进程创造一个有利的人口环境的过程中,所有这些问题都应受到足够的重视。

(二) 人口—自然资源和人口—生态环境

人类的生存和发展离不开自然界提供的各种资源,无论生产力进步到何程度,人类社会对大自然的这种依赖都是不会消失的。当今世界上,许多国家在人口、资源、环境的协调发展上都存在着或面临着种种问题,整个人类的可持续发展与其关系亦非常密切。以中国而言,土地辽阔,各种自然资源的总量是巨大的,但人均数却比较小,地区之间的差异也很悬殊。因此,根据不同地区的特点,逐步实现人口和资源的优化匹配,是人口发展中应予高度重视的一个大课题。此外,人类社会对大自然的依赖性还表现在人类的生存和发展与周围的生态环境之间相互联系、相互制约的复杂关系上。在中国,由于历史的和现实的多种原因,尤其是过于沉重的人口压力,已经给生态平衡造成了多方面的消极影响。在某些地区,生态危机已达到严重的程度。很明显,人口发展绝不能忽视资源和环境这两大要素,否则定将招致种种不良后果。

(三) 人口—社会经济系统

该系统内容很广,而核心就是劳动力资源的合理开发利用。这既涉及劳动力的数量和素质,也包括它的结构和分布。从中国的现状来看,数以亿计的农村剩余劳动力转移、城镇人口的就业和再就业,以及全国劳动市场的建立,都是很突出的问题,如解决不好,不仅不利于中国生产力再上新台阶,还会对社会安定造成消极影响。此外,扶贫、救灾、残疾人福利、社会保障、卫生保健等等,也是广泛涉及人口和其他社会经济因素的、在中国具有普遍性的重要课题。

(四) 人口—科技文教系统

科学技术是第一生产力。在这方面,世界各国之间的差距很大,中国国内不同地区之间的差异也很明显。科技文教的发展直接制约着人口的素质。全面提高中国人口的科技文化素质,尽快提高科技水平,确是一个十分紧迫而又艰巨的任务。

从以上四个方面来看,人口地理学学科性质的宏观性、区域性以及多学科的交叉性、边缘性是十分鲜明的。它的研究内容非常丰富,而其核心或特殊的研究领域就是人口的地域分布及其与诸环境因素之间的关系,这一点是人口地理学与其他相关学科之间的基本区别,也是人口地理学能够作为地理学中一门独立的分支学科存在的基本依据。一位苏联学者曾指出:"地域分布是有关人口的各门学科体系中一个非常重要的概念,在人口地理学中占中心地位。"[1]因此可以说,人口地理学就是专门研究人口地域分布的一门学科。这里所说的人口地域分布,是一个广义的概念,各种人口现象和人口过程,如人口的数量和规模、人口再生产、人口结构、人口素质、城镇化、人口的迁移和流动、人种和民族,等等,都有其空间表现形式和地域差异,都包括在广义的人口地域分布概念之内,且都有静态分布和动态分布之区分,无疑均应涵盖在人口地理学核心的研究范围之内。人口与社会、经济、资源、环境的协调发展与可持续发展,是当代全人类共同面临的重大问题,其研究涉及许多学科,而人口地理学作为跨地理学和人口学的一门边缘交叉学科,在其中具有自身明显的专业优势,能够以与经济学、社会学等相关学科不同的专业视角和切入点,研究和解决有关问题,发挥独特的作用。

1991 年年底,国际地理联合会(IGU)人口地理专业委员会刊印了《世界人口地理学家人名录》,收录了 50 个国家的 308 位人口地理学家(其中我国有 11 位,占 3.6%),他们的研究方向是(有部分重叠):

国内人口迁移	52 人	人口与发展	31 人
人口分布	44 人	老龄化	20 人
人口的城镇化	44 人	生育和死亡	18 人
国际人口迁移	35 人	经济活动人口	12 人
人口结构	34 人	家庭结构	10 人

从中反映出人口地理学核心的研究内容是人口的分布,包括人口的城镇化和人口迁移。

华东师范大学作为全国唯一的人文地理专业人口地理方向博士点(兼博士后流动站),20 余年来已培养了多位博士研究生,其中由笔者任指导教师的有 16 位,他们学位论文的选题也大致反映了近期人口地理学基本的研究范围:

(1) 城市开发区的理论与实践(已出版);

(2) 中国人口分布与区域经济发展:理论与实证研究(已出版);

(3) "民工潮"及其对中国社会经济发展的影响研究;

(4) 新时期中国人口迁移研究(已出版);

(5) 中国劳动力供求与移动的若干问题研究;

(6) 城市功能开发研究(已出版);

(7) 人口容量、扶贫开发与可持续发展研究;

(8) 二战以来美国国内人口迁移研究;

(9) 中国 Internet 用户人口学特征研究(已出版);

(10) 中国旅游人口研究(已出版);

(11) 大城市人口分布变动与郊区化研究——以上海为例(已出版);

---

[1] [苏] 瓦连捷伊著,北京经济学院人口研究室译:《马克思列宁主义人口理论》,商务印书馆 1978 年版,第 73 页。

（12）加入 WTO 对我国劳动力就业差别影响的实证研究；

（13）极化增长区域人力资源优化配置研究（已出版）；

（14）20 世纪 90 年代中国迁移人口分布格局及其空间极化效应（已出版，书名《新时期中国国内移民分布研究》）；

（15）大都市圈人口空间格局与区域经济发展；

（16）喀斯特高原山区人口空间结构及其对可持续发展的影响：以贵州省为例。

　　然而也应该看到，由于学科的交叉性和边缘性，人口地理学的"边界"有一定的模糊性，而且，日新月异的现代社会经济生活不断提出大量新的问题，其涉及面很广，不少都是人口地理学家感兴趣，或自认为有义务从专业角度参与研究的。这样做，一方面拓宽并加深了人口地理学的研究领域，对学科发展无疑是有利的；但另一方面也引起了人口地理学所涉足的内容是否过广过泛的争论。从前述当代人口地理学家的研究方向上也可以看出，他们工作的范围很广，有一些已深入一般理解的人口学范畴。国际地理联合会前任人口专业委员会主席、英国的克拉克教授对此也曾提出疑虑："人口地理学究竟应该在多大程度上成为人口学？"但另一些学者对人口地理学的理解要比克拉克更"开放"、更广泛，这些不同意见在上一任人口地理专业委员会主席[①]、法国的勒旺教授 1991 年编辑刊印的《人口地理学向何处去？》[②]文集中得到了集中的反映。对勒旺提出的问题，专业委员会委员们的回答（论文题目）分别是：

泽林斯基[美]："我们不必害怕提出大量的问题，回答时也不要太胆小。"

大友笃[日]："人口地理学不能无视人类面临的热点问题。"

克拉克[英]："研究人口与环境的关系是当务之急。"

劳吞[英]："人口地理学家应面向地理学而不是人口学选择研究课题。"

威利肯斯[荷]："人口学家和人口地理学家加强合作是有益的。"

劳赖[英]："强调空间人口学很重要。"

　　以上这些意见看来一时还难以完全统一。在像人口地理学这样的相对年轻的边缘性学科的发展过程中，出现一些涉及本学科研究对象、内容和方向的一定程度的歧见，无疑是很正常的现象，实际上对本学科的发展也是有益的。

　　当然，无可否认的是上述现象确也反映了人口地理学学科建设中尚存在着薄弱之处，主要是本学科基本理论和方法论研究不足。《理论人口地理学》的作者，英国的伍兹教授认为，人口地理学缺乏自己坚实的理论内核，[③]不少理论和模式并非来自人口地理学本身，而是来自外部，尤其是过多地借助于人口学研究。后来，英国的芬德利教授在《人文地理学进展》杂志上发表了题为"人口地理学面临的挑战"一文，指

---

　　① 国际地理联合会人口地理专业委员会现任主席为英国邓迪大学地理系的芬德利教授（a. m. findlay @dundee. ac. uk）。

　　② *Où va la géographie de la population?* préparé par Daniel Noin. Union géographique internationale, Commission de géographie de la population / Paris：[S. n.]，1991.

　　③ Clarke，J. I. （ED.） *Geography and Population：Approaches and Applications*，Pergamon，Oxford. 1984. pp. 8.

出，人口地理学正越来越远地偏离地理学的主流，面临着被吸收进普通人口学的危险。他呼吁："人口地理学家，在认真关注人口学相邻分支学科的方法和理念的同时，应该在其他地方探寻本门学科的方向。"[1]在上述知名学者的强力推动下，作为人口地理学发展的里程碑事件之一，1995 年在美国出版了《人口地理国际期刊》(*International Journal of Population Geography*)，2004 年刊物更名为《人口，空间和地域》(*Population, Space and Place*)，主编之一正是芬德利教授。1998 年 8 月，国际地理联合会人口与环境专业委员会在芬德利任教的英国邓迪大学应用人口研究中心召开了学术会议，其中心议题是：① 人口地理学 20 世纪末理论总结；② 人口地理学的数量方法和过程；③ 人口研究定性方法的开拓。

总的说来，人口地理学虽然有着广阔的研究领域，但基本的专业理论和方法论仍是一个应予高度重视的问题。只有建立并不断完善自有的理论、概念体系，一门学科才能有坚实的发展基础。

第二节　人口地理学发展概况

在地理学各分支学科中，人口地理学是比较年轻的。它大致经历了四个发展阶段。

第一个阶段是 19 世纪以前主要属于与人口现象有关的各种素材的积累阶段，对之进行的归纳和分析只是少量的和初步的。在中国和西方，也有一些学者或思想家提出了若干与人口地理学有关的重要观点，如我国战国时代的法家商鞅即主张人和地应保持平衡，即所谓"民胜其地者，务开；地胜其民者，务徕"。[2] 体现了人口和资源协调发展的思想。商鞅还提出了"制土分民之律"，即根据不同的土地结构类型，按一定的比例，合理分布人口。这些无疑都是很可贵的。

第二个阶段是从 19 世纪到第一次世界大战。期内受产业革命促进，科学有了长足发展，欧美各国社会经济统计逐步完善，为人口地理研究提供了具有科学可信度的大量资料。但总的说来，这一阶段仍属于人口地理学研究和学科发展的起步阶段，它还没有从一般的人文地理学中独立出来，内容主要限于人类地理学和人地关系。期内对人口地理学起了奠基作用的学者主要有德国的拉采尔、法国的白兰士及其弟子白吕纳。其中拉采尔于 1882 年出版的名著《人类地理学》第一次提出了人类生存空间的概念，还就自然环境对种族和民族发展、人口迁移以及人类居住的聚落形式和分布的制约关系进行了论述。白兰士则提出了"人地相关论"的思想。白吕纳在 1910 年出版的《人文地理学》一书中对之作了进一步的阐述，并明确指出人口分布、劳动地理等是人文地理学应予研究的重要内容。

第三个阶段是从第一次世界大战到 1953 年。这是人口地理学作为地理学中一

---

① Findlay AM, Graham E. The challenge facing population geography, *Progress in Human Geography*, June 1991, 15(2)：149-162.

② 《商君书·徕民》。

门独立的分支学科的孕育阶段。期内研究成果显著增多。日本、苏联、法国等都第一次出版了人口地理学专著以及世界和国别人口地理,论述人口、人类社会与地理环境关系的著作也不少。著名的如美国地理学家亨廷顿的《人生地理学》和巴罗斯的《人类生态学》。在中国,竺可桢、翁文灏、胡焕庸等学者对人口地理学进行了若干具有开拓性的工作,其中胡焕庸的《中国人口之分布》[①]一文第一次全面阐述了中国人口地理的基本特征。文中提出的从黑龙江爱珲(现黑河)至云南腾冲的人口地理分界线,以及编制的第一张中国人口密度图,均获得了国内外的高度评价。为适应以上人口地理学发展的形势,1949 年国际地理联合会里斯本大会首次批准设立了人口专业委员会[②],苏、美、法、英等国的地理学会也相继成立了人口地理专业组,其中苏联的地理学会成立于 1945 年,是世界上最早的。1947 年莫斯科大学开设人口地理课程,也是世界上最早的。

第四个也就是目前所在的阶段,起始于 1953 年美国地理学会年会。在这次年会上,著名学者特里瓦萨在主席致词中第一次提出了要把人口地理学发展为地理学中一个独立的分支学科。特里瓦萨强调地理学家应该重视人在影响区域特征不同要素中的重要性。他认为人口是一个参照点,从这里可以考察其他所有的各个地理要素,也只有依靠人口,其他要素才有其实际意义。总之,人口应成为地理学的焦点。关于人口地理学的学科定义,特里瓦萨认为其要义应置于对地球上人口现象或人口过程的区域差异性的理解,并应对其作动态的研究。特里瓦萨还初步构建了人口地理学的理论体系框架,从而为人口地理学的发展作出了无可争议的划时代贡献(见图 1-1)。[③]

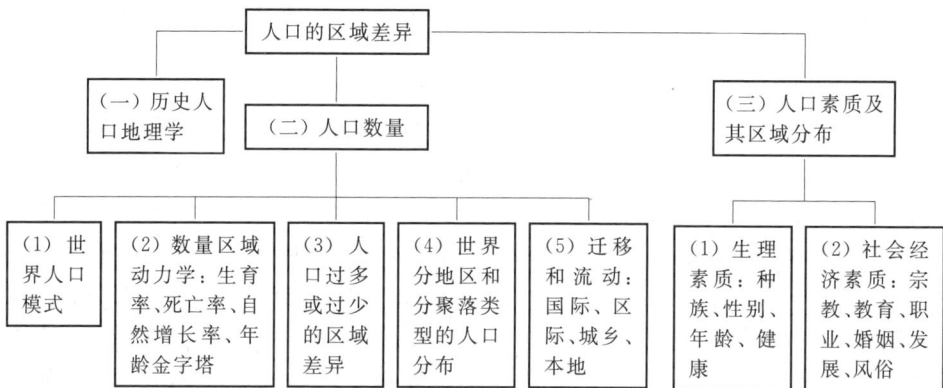

图 1-1 特里瓦萨的人口地理学体系

特里瓦萨的论述在整个世界地理学界引起了空前热烈的反响,从而使人口地理

---

① 胡焕庸:《中国人口之分布》,《地理学报》1936 年第 2 期。
② 在此之前已陆续成立了一些与人口地理有关的学术性的国际委员会,如:移民(1891 年);聚落(1928 年);人口过载(1931 年);人口与乡村聚落(1934 年);均从一个侧面反映了人口地理学的孕育发展。
③ Trewartha G. A case for population geography. *Annals of Association of American Geographers*, 1953,43(2):71-99.

学进入了一个蓬勃发展的新时期。作为对特里瓦萨讲话的即时反响，1954年美国出版的《美国地理学：现状和展望》一书专门列出了"人口的地理学研究"的章节。[①] 作者詹姆士教授认为人口地理是"围绕它去组织地理调查研究的主题"，"其主要的研究对象是各地区之间人口的数量和类型的差异性"，对特里瓦萨的讲话起了呼应作用。

在研究文献大量涌现的基础上，20世纪60年代中期接连几本系统性论著的面世，标志着人口地理学科建设达到了一个新的高度。英国的克拉克教授在1965年出版的《人口地理学》[②]第1版中指出，人口地理学着眼于"揭示人口的分布、结构、迁移和发展的空间差异是如何与各地条件的空间差异相关的"。可见他强调的是人口现象和人口过程的空间方面，从而把人口地理学同人口学区分开来。他还指出："人口学家热衷于数学，深深依赖着统计方法。人口地理学家则把数学同区域相联系，依赖的是地图。"他认为应该更多地把统计方法和地图这两种工具结合起来使用。在该书1972年的修订版中，克拉克进一步提出人口地理学家要研究人口的地域差异及其与自然、文化和经济环境之间的关系。美国的泽林斯基教授在1966年出版的《人口地理学引论》[③]中认为，人口地理学"研究各地区依赖并反作用于一系列人口现象而形成的地理特征，这些人口现象依照它们自身的行为法则在时空中变动，彼此之间以及与大量非人口现象之间存在着相互作用"。他提出人口地理学家应涉及以下任务：① 描述人口数量及其他人口特征的地理位置；② 解释这种数量及其他特征的空间结构；③ 对人口现象作地理分析，即分析人口与区域地理研究中其他各种要素的相互关系。换句话说，就是在空间和地域多重特性这个领域中研究人口。总的看来，泽林斯基的阐述是比较全面的，也有人认为他应该对各种人口现象之间以及它们与各种非人口现象之间在空间上相互作用的过程更多地强调一下。同期出版的重要著作还有法国加尼耶尔教授的《人口地理学》（1966年）和特里瓦萨的《人口地理：世界模式》（1969年）。

进入20世纪70年代以来，以联合国将1974年定为世界人口年为契机，人口地理学在世界范围内得到了新的蓬勃发展，其特点是：

1. 空间人口学的兴起

从70年代中后期起，英国先后出版了《空间人口分析》、《地理学中的人口分析》、《理论人口地理学》、《人口结构与模式》等著作，均认为人口地理学就是把空间分析与人口学综合起来，表现出对于人口学的强烈偏向和对传统地理学的某种偏离，引起了一部分学者的异议。

2. 实用性的加强

随着世界各国对各种人口问题的日益重视，人口地理学家对计划生育、老龄化、

---

① James P. *The geographic study of population*, in P. James and C. Jones (eds.) *American Geography: Inventory and Prospect*, Syracuse University Press, 1954, pp. 106 – 122.

② Clarke J. I. *Population Geogrephy*, Pergamon, Oxford, 1965, pp. 3.

③ Zelinsky W. *A Prologue to Population Geography*, Englewood Cliffs, NJ: Prentice-Hall, 1966, pp. 4.

人口区划、人口容量、贫困、就业、城镇化和逆城镇化、国际国内人口的迁移流动、人口再分布等等与本学科相关的实际问题进行了大量的研究和实践,其成果堪称汗牛充栋。这样做,满足了社会需求,对学科发展也很有利。

3．重视对人口、资源、环境的协调发展和可持续发展的研究

近一二十年出版的人口地理学著作中,引人注目地增加了诸如人口与资源、人口与环境等章节,或显著增加了其所占篇幅,从而与前一时期形成了鲜明对比。研讨人口与粮食、水土资源、生态灾害、气候变化等关系的著作和文章显著增多,充分表明人口地理学家已自觉地把人口、资源、环境的协调发展与可持续发展列为主要研究方向之一。

4．新技术、新方法的应用日趋广泛

此类应用包括用遥感方法进行人口估算;用数学方法建立各种人口迁移模型(马尔可夫链模型、线性规划模拟模型、非线性多区域迁移模型等);采用地理信息系统工具进行区域人口研究,等等。比较突出的如美国人口普查局地理部根据1990年人口和住房普查资料,建立起专门的人口地理信息系统——拓扑综合地理编码系统(TIGER),它含有全美国分街区的地图化人口普查信息,不仅可与1980年普查作比较,系统内还有区界、河流、道路等地理特征,整个系统已按区、县、市等级做成各类光盘进入应用市场,其丰富的图形数据资料,已被人口学界和企业界公认为"黄金标准"。

中国虽是世界第一人口大国,但与国际先进水平相比,人口地理研究非常薄弱。1957年在胡焕庸先生的带领下,华东师范大学成立了全国唯一的人口地理研究室,但可惜生不逢时,很快便受政治运动的冲击,无疾而终。此后20年,人口领域成为禁区,人口地理学基本上是一片空白。从20世纪70年代末起,随着人口问题受到举国上下的高度重视,人口研究成为大热门,人口地理学也乘着这股春风迈进了快速发展的新时期。在这个过程中,华东师范大学率先于80年代初出版了《世界人口地理》、《中国人口地理》等学术专著,起到了填补空白、促进学科发展的积极作用。此后,华东师范大学作为全国唯一的人文地理专业人口地理方向博士点,在培养人才和开展学术研究上又取得了不少新成果。此外,中国科学院地理研究所、南京大学等许多单位在人口地理学各个领域中也进行了大量卓有成效的工作,取得了丰硕成果。但现在看来,中国的人口地理学研究在世界上仍处在较低水平,亟待加速发展,以适应社会经济现代化的迫切需求。

第二章
人口的发展

第一节　世界和中国人口发展简史

2011 年 10 月 31 日①,地球上的人口首次突破 70 亿大关,这时距离人科动物在非洲肯尼亚的图尔卡纳湖畔留下迄今已知的最早的化石,大约已有 300 万年了。在这漫长的历史期间,人类走过了艰难曲折的进化之路。其中的大部分时间,属于直立人阶段;大约 25 万年前进入早期智人阶段;5 万年前进入晚期智人阶段,至此人类的种属进化才基本完成。300 万年里地球上人类的个体总数,累计达到大约 860 多亿,其中纪元以前为 550 亿,以后为 310 亿。

一、世界人口发展的三个阶段

人口的发展规律是由生产方式尤其是生产力水平决定的。正如马克思所指出的:"每一种特殊的、历史的生产方式都有其特殊的、历史地起作用的人口规律。"②根据生产方式的不同,可以把全部人口发展史划分为 3 个阶段,即史前时代,古代和中世纪,以及近代和现代。但这 3 个阶段各自持续的时间相差很悬殊。史前时代持续了几百万年,在迄今为止的人类历史中差不多占了 99.9%(就像无人时代在地球生物进化史中占了 99.9%一样);古代和中世纪持续了大约 5 000 年,占人类历史的比重仅略大于 0.1%;而近代和现代只有短短 300 多年,比重还不到 0.01%。

(一)史前时代

一般认为,人类是由南方古猿的一支发展进化而来的,时间大约在几百万年前,即第三纪的晚期。这时,最进步的南方古猿已经能够直立行走并使用石头作为工具,从而同地球上曾先后出现过的几千万种其他生物之间划出了一道深刻的鸿沟,这标志着他们已由类人猿进化为人科动物,登上了地球上有机界进化链条的一个最高阶段。

近代以来,特别是最近几十年来,在非、亚、欧三大洲相继发现了许多古人类化石遗址,根据其年代判断,最初完成从猿到人历史性转变的地方很可能是

---

① 为联合国设定的世界"70 亿人口日",60 亿人口日为 1999 年 10 月 12 日。
② 马克思:《资本论》,见《马克思恩格斯全集》,23 卷,人民出版社 1972 年版,第 692 页。

在非洲①，尤其是东非高原。此后人科动物不断向亚、欧两洲扩散，至迟不晚于距今190万年已分布到亚洲东部。考虑到人类最初的二三百万年，即从直立人到早期智人，都属于种属进化上的起源阶段，因此可以认为非洲及亚欧大陆的南部都是广义的人类起源地。人类的祖先就是从这里逐步向外扩散的，到距今大约1万年前，基本上占据了除南极洲外的其余各个大陆。

美、澳两大洲所发现的古人类化石最早也不超过2万～3万年，显然不属于人类起源地的范围，这两个大洲现有居民的祖先都是几万年前从亚洲大陆迁移过来的（详阅本书第八章第三节）。

史前时代是现代人类形成的漫长过程，当时的生产力水平是极其低下的。原始人群过着极端分散、闭塞的流浪生活，靠采集植物、昆虫以及捕鱼、狩猎为生，在无法驾驭的自然力面前常常显得十分软弱无力。一个人从幼儿时代起就要为生存而进行艰苦的斗争，在人口增长过程中自然淘汰的规律起着很大的作用。

毫无疑义，原始人类的死亡率是极高的，这是饥寒和疾病、自然灾难和部落冲突的必然结果。据估计，欧洲尼安德特人（6万年前）的平均寿命还不到20岁，死亡率高达50‰以上。由于妇女在很不卫生的条件下频繁地妊娠和生育，加上生活非常艰难，常常促使她们过早地衰老和夭折。因此尽管普遍地早婚早育，而人口出生率并不很高，超过死亡率是极其有限的。这样，人口数量便长期停滞不前，即使有所增长，其速度也非常缓慢。

史前时代人口发展的另一个显著特点是时间和空间上的极端不平衡，人口增长在很大程度上受着自然因素的制约。环境良好时，增长较多；环境恶劣时，则明显减少，有时甚至导致一个部落或一个地区内人口的近乎绝灭②。整个人口的增长曲线呈现为大幅度升降的波浪形，其中下降时比较急剧，而恢复时则比较缓慢。

根据生产方式，整个史前时代又分为旧石器、中石器和新石器三个不同的时代。旧石器时代经历的时间最长；中石器时代大约从距今1万多年前持续到8 000年前；随后的新石器时代则延续到大约距今4 000年前。从旧石器时代的末叶起，人类即早已度过直立人和早期智人这两个发展阶段而进化为晚期智人，这时他们的生理形态已和现代人非常相近。随后几万年中，人类在各方面都取得了显著的进步。在社会组织上，血族群婚的血缘家庭改变为族外婚，从而导致氏族组织的形成，这不仅促进了生产力的发展，也有利于改善人类的体质。在生产技术方面，石器工具的改进、陶器的出现、动物的驯化等具有重要意义，到新石器时代的初期终于诞生了最初的农业。权威的《泰晤士世界历史地图集》对农业的出现给予了最高的评价："人类（更确切地说，一定区域里的一定集团的人类）从狩猎者和捕鱼者转变为农耕者、从游荡的生活转变到定居生活的变迁，是人类全部历史中最具有决定意义的革命。"

---

① 美国进化生物学家对世界各地的大量人群进行的 DNA 分析结果表明，非洲不同人群之间遗传信息千差万别，多样性非常丰富，而其他大洲不同人群之间遗传信息的差异就少得多。由于在进化过程中基因会产生变异，进化时间越长，基因之间的差异越大，这表明非洲人的进化时间远比其他各大洲长。

② 例如，在距今7万多年前，印度尼西亚的通巴火山发生超级大爆发，使地球进入长达6～10年的"火山冬天"。生态环境的恶化和食物的剧减，致使世界总人口只剩下3 000～10 000人，减幅达99.5%以上。

"农业不仅使人口的增长成为可能,而且还引起了人们所熟悉的村落共同体的景象的出现。"①所有这一切都改善了人类在大自然中的地位,从而直接影响了人类的增殖。具体说来,就是人口的增长逐渐加速了。

据估计,在距今 100 万年前,地球上的人口约为 12.5 万;2.5 万年前为 330 万,这 90 多万年中平均每 1 000 年的增长率仅为 0.3‰左右,到旧石器时代末期才提高到 1‰以上。而到中石器时代和新石器时代,已分别猛增至大约 5‰和 75‰,这就充分反映出人口增长的逐渐加速。

尽管如此,世界人口的分布始终是极度稀疏分散的。距今 1 万年前,世界人口约 400 万(参见表 2-1),按狩猎采集的实际面积计,每平方千米平均只有 0.1 人左右;距今 4 000 年前,世界人口增至 2 700 万,每平方千米亦仅略高于 0.3 人。

表 2-1 世界人口的发展

年　份		人口(万)	平均每百年增长(%)		
公元前	1000000 年	12.5	0.03	0.04	
	300000 年	100	0.05		
	10000 年	400	4.41	4.31	
公元	1 年	17 000	4.54		0.09
	1000 年	26 500	11.73		
	1650 年	54 500	39.71		
	1800 年	90 000	99.30	102.82	
	1950 年	253 223	429.57		
	2011 年	700 000			

数据来源:1950 年前取自 Kremer, Michael, Population Growth and Technological Change: One Million B.C. to 1990, *The Quarterly Journal of Economics*, 1993, 108(3): 681-716。1950 年取自联合国人口司。2011 年的 70 亿人是联合国人口基金会(UNFPA)设定的,这个"70 亿"并不具有严格的统计学意义。

(二) 古代和中世纪

由于生产力和私有财产的发展,氏族制走向解体,人类进入了第一个阶级社会——奴隶社会。但这一过渡的时间在各地之间相差很悬殊。埃及早在公元前 4 000 年前后即已逐步进入奴隶制;在我国,公元前 21 至公元前 16 世纪的夏朝进入了奴隶社会。因此,我们大致可以将公元前 3 000 年作为一个新时间的开始。

从生产技术来看,与整个奴隶制时期相适应的是由红铜、青铜、铁器相继组成的金属时代。比起石器时代来,生产力水平有了一个质的提高。生产工具的革命,有力地推动了农牧业包括灌溉农业的发展。收成比过去稳定多了,有些国家甚至建立

---

①　[英]巴勒克拉夫主编:《泰晤士世界历史地图集》,三联书店 1982 年版,第 31 页。

起粮食储备。与此同时,各类居民点也蓬勃发展起来,并兴起了一批具有相当规模的繁华城市。

这一切都意味着人类的基本生存条件已不再像过去那样深受自然因素的制约了,这对人口增长动态必然产生深刻的影响。具体表现为:① 人口出生率在一个较高的水平上趋于稳定。这不仅是由于农业生产率的提高,也由于婚姻和两性关系的进一步调整,即由群婚制向一夫一妻制家庭的演变;② 曾经很高的死亡率则趋于下降,主要原因是降低了冻馁死亡率。尽管天灾和饥荒仍不时发生,但总的说来,这个因素已开始退居次要地位,疾病和战争则成了造成死亡的主要原因。由于人口日益集中,尤其是城市和交通事业的发展有助于流行病的传播,疾病带来的损失不断增加;战争则是阶级社会的产物,为了达到抢占领土、猎取奴隶、掠夺财富等目的而导致的战争日趋频繁,其规模以及所造成的损失也不断扩大。

由于上述情况,奴隶制时期世界人口的增长速度比过去显著提高了,大约从新石器时代平均每个世纪增长 5.7% 提高到 7.9%。人口的平均寿命也延长了,据估计,在古希腊和古罗马已达到 25 岁左右。公元前 5 世纪,世界人口第一次突破 1 亿大关,比公元前 3 000 年时增长了 6 倍,平均每平方千米约有 1 人。

进入阶级社会以来,在人口动态上出现了一个新的特点,即阶级差异的形成。奴隶们被视为"会说话的牲口",毫无人身权利,往往要在十分艰难的条件下从事繁重的体力劳动,而他们在婚姻和两性关系上却受到种种限制。此外,殉葬和人祭之风也常常夺去奴隶们的生命(据估计,在哥伦布发现美洲之前,用活人祭神使美洲印第安人的死亡率增大了 15%[①])。所有这些都造成了奴隶们出生率低,而死亡率相对则很高,其平均寿命远不如奴隶主和自由民。

纪元前后,世界各主要区域相继进入封建社会。我国进入时间较早,大约在公元前 5 世纪,其他地区则较晚。

封建社会人口增长的基本规律与奴隶社会大体相同,较为明显的变化是:首先,封建制国家的统治阶级不能再像过去那样通过劫掠和战争来获得廉价的奴隶劳动力了,因而对被统治阶级的人口增殖持较为积极的态度,常常是鼓励甚至通过国家政权用法律来强制早婚早育和多产。他们也不能再像过去的奴隶主那样对农奴或农民有任意的生杀之权了,殉葬和人祭的陋习也基本取消,这些都有助于人口的增殖。其次,生产力的进步使得农业收成比过去提高了,从而使得人口在正常情况下能够以前所未有的速度增长。如汉初中国人口仅约 1 800 万,到西汉末年竟增至 6 500 万,200 年时间猛增了 2.6 倍,平均每一个世纪的增长率高达 90%,这种速度是过去任何时代所无法比拟的。

但是,从表 2-1 可见,世界人口从公元初年到 1650 年仅增加 2.2 倍,平均每个世纪只增长了 7.3%,尚不及公元前 30 个世纪的平均增长率 8.7%。一些封建制持续时间特别长的国家增长则更为缓慢,如我国人口在公元初年为 6 500 万,到 1650

---

① M. Leroy. *Population and World Politics*. Dordrecht (Netherlands): Kluwer Academic Publishers, 1978, pp. 77.

年仅增加到 8 000 万。埃及人口在公元初年为 400 万,到 1800 年竟减至 350 万;同期伊拉克人口毫无增加;叙利亚、约旦和巴勒斯坦地区则减少了 1/3。西亚另外两个封建大国土耳其和伊朗从公元初年到 1650 年间,人口基本上也没有增加。

怎样解释这种现象呢? 主要有以下几个原因:

1. 社会矛盾的发展

封建地主阶级剥削农民、兼并土地的欲望是无限的,而耕地的扩大和一个时期内生产力的发展则是有限的,这种矛盾必然导致周期性的土地危机或粮食危机,直到爆发大规模的农民起义和内战,两大对抗阶级的人口都大量减少,土地大片荒芜,才使危机暂时缓解,然后生产和人口走向恢复,从而进入一个新的周期。这种阶级矛盾造成不少封建制国家多次出现大规模的社会动乱,每一次都会使人口急剧减少。如我国战国时代末年人口有 3 200 万,到秦末汉初降到 1 800 万。后在汉代中期增至 6 500 万,但三国初期又猛降到不足 2 500 万。据估计,中国封建时代致使人口减少逾三成的大动乱至少有 10 次,人口增长曲线呈现典型的波浪式。西亚、北非国家的情况与中国的基本相同,欧洲国家大体上也相类似。

2. 气候的变迁

奴隶制时代经历了一段长时期稳定而良好的气候,科学家认为,公元前 4000 年至公元前 2000 年的气候是最宜人的。当时挪威的雪线长期稳定在海拔 1 800～1 900 米之间,比现在高 200～300 米,表明气候是很温暖的。我国的情况也相类似,当时黄河流域普遍生长着竹子、梅树等亚热带植物,直到奴隶制末期的春秋战国时代,那里的平均气温比现在也要高 2℃左右,生长期则延长 30～40 天,一年可种植两季作物[①]。显然,这种良好的自然条件对生产的发展和人口的增长是有利的。

自从进入封建时代以来,地球上的气候明显趋于恶化,其中 3～8 世纪和 16～17 世纪情况尤为严重,以至于有人称之为"小冰期"。[②] 欧洲各国的农业生产长期濒于危机,人口因此锐减。公元 200 年,法国和南欧三大半岛的人口计为 2 400 万;到公元 600 年,竟降为 1 515 万,即减少了 1/3 以上。此后人口的恢复也非常缓慢,直到 11 世纪才大致回升到公元 200 年的水平。欧洲封建时代后期,气温持续偏低,到 1600 年,挪威雪线跌到 8 000 年来的最低点,比现在竟低了约 200 米,使农业生产受到了不少影响。

从我国的情况来看,自进入封建时代以后,气候一再发生明显的波动,大部分时间气温都比现在偏低,与奴隶制时代的差距就更大了。自然灾害有愈来愈多、愈演愈烈之势(开发年久,森林、草原植被遭到破坏,水土大量流失,也是一个重要原因。而这一因素在奴隶制时代是不明显的)。据史书记载,我国秦代以前大约每 6 年就有 1 个灾年,西汉变为 4∶1,东汉则为 10∶3,随后情况甚至更为严重。黄河水灾的频率变化也能说明这一点,在秦汉时大约每 26 年发生 1 次,三国至五代为 10 年 1 次,北宋 2 年 1 次,到元、明、清时则成为 1 年 2 次。严重的自然灾害往往是历史上社

---

① 竺可桢:《中国近五千年来气候变迁的初步研究》,《中国科学》1973 年第 2 期。

② Colin McEvedy and Richard Jones. *Atlas of World Population History*, New York: Viking, 1978, pp. 345.

会动乱的促发剂,这是屡见不鲜的。

3．战争和疾病

封建时代除了由阶级矛盾引起的内战以外,民族和宗教性战争也一再造成巨大的破坏,突出的如欧洲几次十字军的东征,蒙古等游牧民族对亚、欧广大地区的多次进袭,奥斯曼帝国在西亚和巴尔干半岛的扩张等。这些大规模的战争除了直接造成许多伤亡外,还通过远征在洲际之间传播了疾病。典型的如 14 世纪蒙古军队横扫半个欧洲以后,跟踪而来的便是鼠疫的大流行,这种使后来多少代人闻之色变的"黑死病"在短短 2 年中攫走了 1/3 欧洲人的生命,在人口增长曲线上留下了一个引人注目的马鞍形。

总体来说,古代和中世纪世界人口的增长速度比过去的石器时代明显地有所加快,但若与近现代相比,其社会和人口发展封闭、停滞、凝固等特点是非常显著的。据估算[①],在公元后头 1 300 年中,世界生产总值仅增长了七成多,比人口增幅更小,致使人均值下降近两成。此后 350 年中,在文艺复兴和地理大发现的推动下,世界生产总值增长了 1.5 倍以上,但人均值年均增幅亦仅为 0.15%。这就充分显示出社会经济发展之缓慢,从而从根本上制约了人口的增长速度。迄 1 650 年,世界总人口达到 5.4 亿,平均每平方千米也大约只有 5 人。

意大利学者奇波拉在《欧洲经济史》中对中世纪的欧洲的人文状况作了生动的概括:"当时人烟稀少,高的生育率被高的死亡率所抵消。到处是暴乱、迷信和无知。经济活动退到极低水平和原始形式。"[②]法国学者布罗代尔在名著《15 至 18 世纪的物质文明、经济和资本主义》中也指出,15 世纪前后由于人烟稀少,"从乌拉尔到直布罗陀的整个欧洲都是狼的领地,熊则占山为王"。[③] 西亚和北非在中世代与欧洲也很类似。与之相比,东亚、南亚经济和人口的发展比较繁荣,中国在汉、唐、宋几朝都出现过鼎盛之期。但其发展的波动性也大,受战争、动乱、灾荒等影响,人口曾多次陷入低谷。其中 17 世纪就是中国一个罕见的人口低谷,到中世纪结束、近代史开始的 1650 年前后,华北是"一望极目,田地荒凉";[④]中原是"满目榛荒,人丁稀少";[⑤]湖广是"弥望千里,绝无人烟";[⑥]四川更是"人类几灭","如天地初辟"。[⑦] 其荒凉衰败比诸欧洲竟犹有过之。所有这一切均与即将发生的世界生产力和人口的革命式大发展,形成了极其鲜明的对照。

(三) 近代以来

自 17 世纪后半期起,世界人口发展进入了一个新的历史时期。欧美各国相继

---

① http://econ161. berkeley. edu/TCEH/1998_Draft/World_GDP/Estimating_World_GDP. html.

② ［意］奇波拉·M·卡洛主编,徐璇译:《欧洲经济史》,1 卷,商务印书馆 1988 年版,第 5 页。

③ ［法］布罗代尔著,顾良、施康强译:《15 至 18 世纪的物质文明、经济和资本主义》,1 卷,三联书店 1996 年版,第 82 页。

④ 卫周允:《痛陈民苦疏》,载《皇清奏议》,卷 1。

⑤ 李人龙:《垦荒宜宽民力疏》,载《皇清奏议》,卷 4。

⑥ 刘余谟:《垦荒兴屯疏》,载《皇朝经世文编》,卷 34。

⑦ 民国《温江县志·民政·户口》。

人口地理学概论(第三版)

确立了资本主义生产方式，一些后进国家的经济形态中也出现了资本主义因素，产业革命的勃兴，促使世界生产力高速度向前跃进，人口也以前所未见的规模迅速繁殖起来。马克思、恩格斯曾指出："资产阶级在它的不到一百年的阶级统治中所创造的生产力，比过去一切世代创造的全部生产力还要多，还要大。自然力的征服，机器的采用，……仿佛用法术从地下呼唤出来的大量人口，——过去哪一个世纪能够料想到有这样的生产力潜伏在社会劳动里呢？"[①]

据估算，1650～1800 年间世界生产总值增长了 1.1 倍，人均值年均增长 0.18%，比前期稍有加快，但尚未发生质的变化。而产业革命后，世界生产总值在 1800～2011 年间竟然猛增了约 90 倍，人均值亦增长了 11 倍，其年均递增率高达 1.2%。对比之下，公元 1～1800 年间世界生产总值仅增长不到 6 倍，人均值增幅尚不足四成。这种高速度确是以往一切世代所难以想象的，从而为人口的大发展提供了坚实的物质基础，而人口的大发展又为世界的工业化创设了必要的人口环境。

自近代以来，世界人口发展一直在加速。若把 1650 年迄今的大约 350 年分为 7 个 50 年，则其人口增长率依次为 12%、19%、24%、29%、31%、53% 和 140%。最近的一个 50 年，确切地说，从第二次世界大战结束后的 1946 年起，世界经历了空前绝后的"人口爆炸"，1963 年世界人口增长率达到了整个人类发展史上的最高记录：2.2%，这一速度比产业革命前的两千年平均快了 24 倍。从 20 世纪 70 年代起，随着世界上人口最多的中国实行计划生育政策，再加上其他一些因素，世界人口增长明显地开始下降，80 年代已降至年均 1.77%，90 年代为 1.44%，21 世纪头十年进一步降至 1.2%。年均增长的绝对人数自 80 年代后半期达到历史最高的 8 863 万人之后，也趋于减少，21 世纪头十年已减至 7 730 万人。

1998 年初联合国人口机构对过去 30 年中世界人口增速减缓和家庭的小型化给予了高度评价，认为这是人类历史上最重要的发展之一，其意义可与一万年前农业的出现和 6 000 年前文字的发明相提并论。2011 年 11 月，世界总人口达到 70 亿，平均每平方千米有 51.4 人。

与前两个历史阶段相比，近代以来的人口增长除了速度显著加快以外，还有以下几个特点：

（1）人口数量稳步上升，极少出现大范围的波动。由于生产力水平的提高，人类对自然环境的依赖减少了，与过去相比，生产的稳定性大大增加。此外，由于科学的发展和医疗卫生事业的进步，那种席卷广大地区的流行病也越来越少见了。在这些因素的制约下，人口数量在个别国家虽可能有些小波动，但从全球来看，则一直是稳步地直线上升的，历史上世界人口增长的波动性基本上得到了消除。近代以来，人口增长曲线上仅有的两个波折，是分别由两次世界大战造成的，但持续时间短，升降幅度小，与历史上几十年甚至几百年的大幅度波动不可同日而语。

（2）地区之间的差距显著。在前资本主义时期，世界各主要区域之间社会和生

_____

① 马克思、恩格斯：《共产党宣言》，见《马克思恩格斯选集》，1 卷，人民出版社 1966 年版，第 244 页。

产力的发展水平差异不大,人口增长受同一经济规律支配,表现出大体相同的特点和趋势。但近代以来,世界不同地区之间社会和生产力的发展相差非常悬殊,国家中出现了宗主国和殖民地、发达和发展中(或欠发达)这两种对比鲜明的社会经济类型,其人口增长也表现出不同的特点。

欧洲、北美和大洋洲资本主义发展较早,生产力水平在世界上显著领先,在产业革命前后的一段长时期内,人口增长迅速,1950年比1650年合计增长了4.4倍。而同期内亚非拉广大地区基本上全处于殖民地或半殖民地半封建社会状态,生产力发展缓慢,3个世纪中人口合计仅增长了3.1倍。第二次世界大战后,欧洲、北美和大洋洲受老龄化等因素的影响,人口增速减缓,至2011年,人口合计比1950年增长了半倍。亚非拉各国战后随着殖民主义体系的崩溃,都走上了新的发展道路,社会经济状况比过去有了较大改善,进入了人口高速增长期,1950～2011年间,合计增幅竟高达2.25倍。

国际上一般把欧洲、北美洲各国加上日本、澳大利亚、新西兰称为发达国家,其余为发展中国家。1650年,目前的发达国家占世界总人口20%,1950年该比重升至32%,同期内发展中国家则由80%降至68%。此后,演变趋势即完全逆转:至2011年,前者降至18%,后者回升到82%。预计到2100年,前者比重将进一步降至13%,后者则将升至87%。近几十年来,在上述两类国家人口比率发生显著变化的同时,世界生产力分布的变动却相对迟缓。若以发达国家人均GDP(购买力平价)为100,则发展中国家1950年为18,1980年降至15,2011年亦仅达到20,横亘于两者之间的宽阔鸿沟始终没有明显缩小。如何加速提高生产力水平,改善人口经济状况,是所有发展中国家都共同面临的艰巨任务。

表 2 - 2　世界两大发展类型国家的人口

	人　口(亿)			比　重(%)		
	1950 年	2011 年	2100 年	1950 年	2011 年	2100 年
世界	25.32	69.74	101.25	100	100	100
发达国家	8.11	12.40	13.35	32.03	17.78	13.18
发展中国家	17.21	57.34	87.90	67.97	82.22	86.82
发展中国家(除中国)	11.61	43.55	78.25	45.83	62.45	77.29

说明:本书中凡引用2011年以后的世界及各国各地区人口数据,均为联合国人口司2010年所作的中位预测。另,联合国人口司有关中国的数据与中国本国的统计均有程度不等的出入,凡涉及世界总量、结构及各国对比者,本书均采用联合国数据,未作调整,另作说明者除外。

(3)人口逐步进入有计划增长的新阶段。在人类的整个历史上,人口的增长都一直处在自发状态,古代虽有某些国家(如中国、古罗马)的中央政府试图通过政策或法律来干预人口的增长,但在生产力发展水平不高的情况下,人口增减的自发性是不可能改变的。近代以来,随着生产力和科学水平的迅速提高,一些发达国家在控制生育率和死亡率上取得了很大的进展,这标志着人类自己的意志在人口增殖上正起着越来越大的作用。特别是最近二三十年来,人口和经济发展相互制约的密切关系已得到普遍的重视,许多国家的政府相继制订了人口政策,计划生育或家庭计划正逐步深入人心,避孕措施日益完善和普及。再加上人类在征服不少危害严重的疾病上取得了一系列历史性的胜利,可以说世界人口的增长正在走向一个重大的转折,即从第三阶段发展到第四阶段。

在第四阶段,人口增长的自发性将减至最小,人口总数和人口的自然结构将趋于稳定,这一目标预期在22世纪实现。据联合国人口司预测,2050年世界总人口将达93亿,至22世纪可望在略多于100亿的水平上最终相对稳定下来。

当然,上述预测目标能否完全变成现实,仍然存在一定的不确定性。正如联合国人口基金会在《2011年世界人口状况》一书中所指出的:相对于上述预测的世界人口,"只要生育水平有一些小的变动,尤其是在那些人口众多的国家中,总量就会更高,那样2050年将有106亿人生活在地球上,2100年将超过150亿。"[①]很显然,要使世界人口发展真正进入第四阶段,还需要全人类作出更多的努力。

二、各大洲人口的变迁

世界人口在各大洲之间的分布一直是很不平衡的(参见表2-3),这种不平衡性直到最近两三个世纪才通过对"新大陆"的大规模移民得到一定程度的扭转。

从起源阶段以来,人类的绝大部分就一直集中分布于亚欧大陆南半部和非洲,这一状态长期没有重大的变化。

非洲是人类的主要起源地,在公元前1万年前后,它的人口曾占到全世界的20%以上。但此后非洲广大地区气候持续恶化,撒哈拉沙漠逐渐形成,人口因此增长缓慢,到纪元开始时在世界总人口中的比重已减到10%以下。中世纪是非洲社会经济发展较为迅速的时期,这时北非早已进入封建社会,西非也开始向封建制过渡,人口增长速度因此显著加快。但不久西方殖民者的入侵打断了这一进程,血腥的奴隶贩卖和殖民掠夺,极大地破坏了非洲的生产力,人口数长期停滞不前,甚至有所减少。到20世纪初,非洲被殖民国家瓜分完毕时,占世界总人口的比重竟降到7%以下。从50年代起,非洲各国相继独立,才进入一个人口高速增长的新时期,2011年已占世界总人口的15%。但非洲在世界经济产出中不过仅占4%,人口发展与经济不相协调的矛盾十分尖锐。非洲人口比重今后将继续迅速上升,2100年可能超过35%,这一态势对非洲社会发展乃至对整个世界政治经济格局,无疑将产生巨大影响。

亚洲也是人类的起源地之一,在古代和中世纪,生产力发展水平在世界上一直处于领先地位。亚洲的东部和东南部发展了以稻谷为主要作物的水田农业,西部则发展了灌溉农业,与其他各洲比较起来,农业生产水平不仅高而且稳定。这些都影响了亚洲的人口增长,使它占世界总人口的比重一直保持在2/3左右,上下的波动比其他各洲都要小。但近两三个世纪以来,由于封建生产关系的长期束缚以及殖民主义的掠夺,亚洲各国生产力发展缓慢,在世界上的地位大为衰退,人口增长相对也

---

① UNFPA. *State of world population 2011: People and possibilities in a world of 7 billion*, pp. 4.

表 2-3 各大洲占世界总人口的比重

%

	亚 洲	欧 洲[①]	非 洲	北美洲	拉丁美洲	大洋洲
公元前 5000 年	65.6	13.1	16.4	0.5	2.8	1.6
公元 1 年	69.6	15.3	10.2	0.3	4.1	0.6
1650 年	59.6	19.3	18.3	0.2	2.2	0.4
1950 年	55.4	21.6	9.1	6.8	6.6	0.5
2011 年	60.3	10.6	15.0	5.0	8.6	0.5
2100 年	45.4	6.7	35.3	5.2	6.8	0.7

① 包括俄罗斯的全部版图。

较缓慢,占世界总人口的比重降到 55% 左右。第二次世界大战以后,亚洲经济高速发展,至 20 世纪 90 年代,生产总量已超过欧洲,重新回到产业革命前长期保持的各大洲之冠的地位,人口比重也回升到 60% 以上。由于亚洲多数国家人口转变进程较快,预计该比重今后将持续回落,2100 年可能降至 45%。

人类在欧洲生活的历史也很悠久。公元前 4000 年前后,欧洲人口超过了非洲,此后在各大洲中就一直居第二位,到纪元开始时,欧洲在世界总人口中已占到 1/5。但在此以后的 1 000 多年中,欧洲人口发展缓慢。3~10 世纪的不良气候,使它在世界人口中的比重长期徘徊在 14% 左右。14 世纪中叶鼠疫的大流行使人口再次锐减,从文艺复兴时代以后,资本主义的发展使欧洲的生产力水平迅速提高,人口数量也直线上升。到 1900 年,尽管已有数千万人移居海外,占世界的比重仍高达 25%。在 20 世纪,欧洲,特别是西欧和北欧国家人口增长越来越慢。1971 年德国成为世界上第一个出现"零增长率"的国家。到 90 年代中期,这类"零增长"、"负增长"国家已占全洲国家总数的一半左右。此外,两次世界大战均以欧洲为主要战场。这些都导致欧洲人口在世界上的地位迅速衰退,从 1996 年起已被非洲超过,在各大洲中退居第三位,2011 年占世界人口的比重已降至 10.6%,预计今后该比重还将不断下降,到 2100 年时将仅为 6.7%。从这个角度看,欧洲地位的衰退是无可避免的。[①] 而且由于外来移民及其后裔越来越多,未来欧洲的整个人文地理面貌,和今日相比,也将"物似人非"。

美洲和大洋洲都是所谓"新大陆",人类居住的历史不超过 4 万年,仅及旧大陆的 1%。自人类最初由亚洲扩散到新大陆后,冰川退缩,海平面上升,新、旧大陆之间又为海洋隔开,此后美洲和大洋洲都在孤立隔绝的状态下独自发展,失去了同旧大陆人类文明中心的交流,这必然大大减缓了它们生产力发展的速度。到欧洲人再次发现新大陆时,大洋洲仍然停滞在原始社会,在世界人口中所占比重从公元前 5000 年的 1.6% 下降到 0.5% 以下。美洲则长期停滞于奴隶社会,由于奴隶主和祭司阶级的残暴统治,社会屡遭动乱,人口占世界的比重也从公元前 5000 年的 3.3% 下降到 1650 年的 2.4%。欧洲殖民者侵入新大陆后,由于资本主义生产方式的确立,外来人口的大量移入,美洲和大洋洲的人口迅速膨胀起来,其中北美洲在 19 世纪,拉丁美洲在 20 世纪的增长尤为迅速,"新大陆"占世界总人口的比重在 1650 年仅为 2.8%,而 2011 年已达 14.1%,从而大大改变了世界人口的分布态势。

上述变化趋势预计还将至少持续 100 年。未来非洲人口的比重将大幅上扬,欧洲和北美洲将显著下降,亚洲将小幅下降,而拉丁美洲和大洋洲将基本保持不变。

---

① 美国传统保守派人士布坎南(Patrick Joseph Buchanan)在 2002 年出版的《西方之死——垂死的人口和移民怎样危及我们的国家和文明》(*The death of the West: how dying populations and immigrant invasions imperil our country and civilization*)一书中,怀着阴暗的心态描述了这一前景。他提出,欧洲裔白人是当今地球上的濒危物种,西方国家因为出生率低,人口老龄化,国力将大幅衰退,白人在西方国家将成为少数民族,而由第三世界引进的劳工,逐渐遍及欧美各地,西方国家的历史将面临崩溃。他呼吁禁止人工流产,驱逐非法移民,限制合法移民,同化移民后代,退出世贸组织,反击"反西方文化"。布坎南的观点从一个侧面反映出西方国家近年所面临的深刻的社会经济困境。

同各大洲一样，各个国家的人口规模在世界上的相对地位也在不停地发生着变化，这是政治地理、经济地理、民族地理和人口地理的综合反映。仅在 20 世纪，人们就目睹了庞大的奥斯曼帝国、奥匈帝国、英属印度和苏联的解体或分治，目睹了某些大国从巅峰滑落，一步步走进"人口冬天"。更多的国家则相继兴起，有一些不久前还名不见经传，现在却赫然已是世界人口大国。1900 年世界上 15 个人口最多的国家中(参见表 2-4)，欧洲就占了 7 个半，到 2011 年只剩下 1 个，要不了几十年，这 1 个也将淘汰出局。所有这些都从一个侧面反映出人世间的沧桑变化，或者说，社会经济发展的不平衡。

表 2-4　世界上 15 个人口最多的国家和地区　　　　百万人

排序	1900 年		1950 年		2011 年		2050 年	
1	中 国	440	中 国	555	中 国	1 379	印 度	1 692
2	英属印度	285	印 度	372	印 度	1 241	中 国	1 326
3	俄 国	132	苏 联	180	美 国	313	美 国	403
4	美 国	76	美 国	152	印度尼西亚	242	尼日利亚	390
5	德 国	56	日 本	82	巴 西	197	印度尼西亚	293
6	奥匈帝国	45	印度尼西亚	75	巴基斯坦	177	巴基斯坦	275
7	日 本	44	巴基斯坦	75	尼日利亚	162	巴 西	223
8	英 国	41	巴 西	54	孟加拉国	150	孟加拉国	194
9	法 国	40	英 国	51	俄罗斯	143	菲律宾	155
10	荷属东印度	35	西 德	48	日 本	126	刚果(金)	149
11	意大利	33	意大利	46	墨西哥	115	埃塞俄比亚	145
12	奥斯曼帝国	25	法 国	42	菲律宾	95	墨西哥	144
13	西班牙	19	越 南	30	越 南	89	坦桑尼亚	138
14	巴 西	18	西班牙	28	埃塞俄比亚	85	俄罗斯	126
15	墨西哥	14	墨西哥	28	埃 及	83	埃 及	123

三、中国人口的发展

(一) 人口发展的几个阶段

中国是人类和人类古文明最早、最重要的发祥地之一，人类活动的历史至少已有大约 200 万年。近代以来，在中国南北各地发掘出大量不同时期的古人类化石和文化遗址，充分表明了中国远古时代的人类活动具有其他国家少见的连续性和广泛性。

距今七八千年时，原始畜牧业和农业在中国出现(神话中著名的伏羲氏和神农氏即为其代表)，人口随之加速增殖，进入了氏族社会的鼎盛之期。氏族逐渐扩大为胞族、部落,并相互融合组成部落集团。到原始社会末期,中国的主要区域分布有黄帝、炎帝、东夷、蛮族等巨大的部落集团。其中位于黄河中游的黄帝部落集团以龙为图腾,由它和其他各部落集团广泛融合发展起来的华夏诸族,即秦、汉以后的汉族,一向以龙族驰名。龙集鳄、蛇、鹰、鱼等不同动物形象之大成,这是华夏族融合了若干图腾崇拜各异的部落群的印证。5 000多年来,龙一直是中华民族悠久文化传统的象征,每一个炎黄子孙也以"龙的传人"而自豪。[1]

公元前21世纪,夏朝建立。此时据晋代皇甫谧《帝王世纪》所载,中国总人口为13 553 923人。对于这个最早的、精确到个位数的统计数据,其科学的严密性显然大有疑问,但参考价值似乎也不可抹煞。以1 000万人计,大约占世界总人口20%,为此后中国一直保持世界第一人口大国的地位奠定了坚实基础。

从夏朝建立到春秋、战国之交,中国经历了16个世纪的奴隶制时期,先后有夏、商、周3个王朝。期内铜、铁器和牛耕有所推广,水利也有较大发展,加上商业、手工业及城市的兴起,生产力达到了新水平。期末中国总人口估计达2 700万人,比期初增1.7倍。《诗经》对周朝的垦荒曾有"载芟载柞,其耕泽泽。千耦其耘,徂隰徂畛"[2]的生动描绘,倘若人口过于稀少是不可能有这种兴旺景象的。对照原始社会末期"当尧之时,天下犹未平。洪水横流,泛滥于天下,草木畅茂,禽兽繁殖,五谷不登,禽兽逼人。兽蹄鸟迹之道,交于中国"[3]的情况,人口确有很大发展。整个奴隶制时期,中国人口的分布范围逐渐扩大,长江流域得到进一步开拓,但全国人口重心始终位于黄河中游。

中国的封建制时期延续了2 300多年,前后可分为3个阶段。初期从战国时代至隋代,即从公元前5世纪至公元7世纪,历时1 090年。期内中国总人口从2 700万增至6 000万,踏上了人口发展曲线上的第一个高台阶,并经历了人口分布上的第一次大突变,使黄河中下游历来作为中国人口重心的格局开始转变。

中期从唐代至元代,即从7世纪至14世纪,历时750年。从唐初的"贞观之治"起,中国的封建社会逐步达到了鼎盛期,经济、文化出现了空前的繁荣强盛,人口总数相继增至0.8亿~1.1亿以上,显著超过汉代6 500万人的最高记录,攀上了中国人口发展曲线的第二个高台阶。此期的人口分布则经历了又一次大突变,长江流域成为全国人口的分布重心,取代了黄河流域的地位。

晚期包括明、清两代(鸦片战争以前),历时约470年。期内生产力水平比唐、宋又有提高,不仅耕地面积扩大,单产也有增长,还从国外引进了甘薯、玉米、南瓜等适合丘陵山区和贫瘠土壤生长的新作物,从而显著地增强了人口发展的物质基础,人口总数在18世纪先后突破2亿、3亿和4亿大关,攀上了使历代峰值人口数相形见绌的新高峰。期内广大边疆逐步得到开发,南方人口更趋稠密,黄河流域人口比重

---

① 20世纪80年代出版的32卷《中国人口》丛书,每一卷封面都是一个巨大的"龙"字,显见龙的图腾与中国人口关系至密。

② 《诗经·周颂·载芟》。

③ 《孟子·滕文公篇》。

则跌至历史最低点。

从1840年鸦片战争到1949年新中国诞生,是中国的半殖民地半封建时期,共历时109年,经历了清朝末期和中华民国两个时段。期内中国政治腐败,灾害频发,社会百病丛生,加上帝国主义特别是日本军国主义的侵略掠夺,人口发展面临着十分恶劣的社会经济环境。但靠着长时期增长的巨大惯性,人口总量仍缓慢爬升,至1949年达到5.4亿。期内广大边疆地区人口增长较快,尤其是对东北和内蒙古的开发,其积极意义堪与两千年前对长江流域的开发相媲美。

(二) 人口和人口地理演变过程的特点

纵观中国从远古时代到新中国诞生的人口和人口地理演变过程,大致可以总结出以下几个特点:

1. 人口增长缓慢

从夏朝初年到新中国建立的约4 000年中,中国人口年均增长率为1‰,其中奴隶制时期为0.6‰,封建制时期为1.2‰,半殖民地半封建时期为2.1‰。虽逐期明显加速,但若与新中国建立后人口的快速发展相比,则显得十分缓慢,充分反映出旧生产方式对生产力和人口发展的遏制作用。

旧中国的人口发展都具有两高一低的特点,即高出生率、高死亡率、低增长率。其经济基础就是个体小生产农业,它完全依赖手工劳动,技术改进慢,生产效率低,丰歉波动大,剩余产品少,再加上统治者的残酷剥削,使得中国农民始终处于极度贫困状态。据史籍载,春秋时期"民三其力,二入于公,而衣食其一"[①],剥削率高达2/3。战国时魏国的五口之家的自耕农年收入约为4 500钱,支出约为4 950钱,亏空达1/10。[②] 2 000多年后的民国时期,情况仍无改善,据浙江省的典型调查,每户佃农年收入201元,支出227元,亏空仍达1/10。因此,中国农民无论是进行物质资料的扩大再生产,还是人口的扩大再生产,都是极其艰难缓慢的。

旧中国的统治者为了控制更多的可供剥削的劳动力,对人口增殖一般均持鼓励态度。但统治者的骄奢淫逸是没有止境的,优裕的生活条件及多妻制使他们的人口增长率总是显著超过农民。例如,明太祖生子24人,皆封王,以后宗室迅速繁衍,一个半世纪后已达数十万人,完全坐食岁禄。如再加上外戚、官僚、地主,总数十分惊人。为此,统治者必须不断扩大剥削总量,从而一步步把农民逼至绝境。结果,统治者要求人口增殖的主观愿望,却总是被他们的统治实践所导致的社会矛盾压倒,并产生相反的社会效果,这在旧中国历史上是一个普遍现象。

2. 人口数量周期性的巨大波动

旧中国的人口发展不是直线渐进的,而是随着皇朝的兴衰更替,呈现出周期性的巨大波动。旧中国4 000年人口变动曲线上有几个突出的波峰:战国时代的3 200万人,西汉的6 500万人,盛唐的9 000万人,北宋和辽的1.15亿人,明代中期的1.5

---

① 《左传》,昭公三年。
② 《汉书·食货志》。

亿人,以及清代道光年间的 4.4 亿人。而突出的波谷则多达十几个,其中东汉末年至三国之初,人口剧减 2/3,秦末汉初、西汉末年以及明末清初减幅亦达五成。

人口产生巨大波动的根本原因在于奴隶社会和封建社会基本矛盾所必然导致的周期性经济危机,它直接造成朝代兴衰更替。危机的每一次爆发,都会使社会生产力包括人口遭到惨重损失。

上述周期性经济危机的发育,由以下几个变量制约:变量 a 为剥削阶级的总剥削量,它取决于剥削阶级的总人口数和剥削率;变量 b 为劳动阶级所必需的生活资料,它取决于劳动阶级的总人口数及维持世代更替的最低物质需求量;变量 c 为物质财富总生产量,它取决于劳动力数量、可利用的农业土地面积和社会平均劳动生产率。a、b 之和与 c 的比率可称为危机指数。当该指数小于 1 时,物质资料的扩大再生产得以进行,社会前进,人口增长;该指数接近和等于 1 时,生产和人口均陷于停滞;该指数大于 1 时,生产崩溃,社会动乱,人口减少。每一场社会大动乱过后,改朝换代完成,这时两大对抗阶级人口都锐减,a、b 均较小;加上土地大片荒芜,有利于开垦,增加产量,致使危机指数小于 1。这是周期的第一阶段。随着人口增长及统治者日趋腐败,a、b 不断增大,土地利用渐趋饱和,又使 c 难以同步提高,这时危机指数逐渐趋近于 1。在一段时期内,全赖农民更艰辛地劳动,以尽量增大 c;更加贫苦地生活,并通过溺婴、出家等手段人为地增加死亡、减少出生,以缩小 b,才使分子、分母得以保持脆弱的平衡。这是周期的第二阶段。但受自然规律和技术因素限制,c 的增大和 b 的缩小都不可能是无限的,超出一定限度,或者受到一种足以打破平衡的破坏性因素的影响,都会使演变周期一下子进入最后阶段,即危机的总爆发。在一般情况下,这种打破平衡的破坏性因素就是一场全国性的天灾人祸。

中国是一个多灾荒的国家,从公元前 1766 年至公元 1937 年,共发生各种自然灾害 5 258 次,"水旱频仍"、"赤地千里"、"饥馑荐臻"、"人相食啖"等等记载可谓充斥史籍。其特点,一是随朝代的推移,发生频率逐步加大;二是灾害密度完全同人口密度成正比,愈是开发历史久、人口稠密的地方,灾害就愈多(图 2 - 1)。显而易见,灾害的频率之大、危害之烈,与社会因素关系至密。

促成危机总爆发的另一种破坏性因素是大规模战乱,如外族入侵、军阀混战等,都属于"人祸"的范围。

除社会因素外,人口波动与自然因素,尤其是气候的周期性变化也有关系。[①] 中国历史上一些经济繁荣、人口数量攀上高峰的时期,多为相对暖湿的气候稳定期,如距今五六千年的龙山文化时期、公元前 6 世纪~公元前 4 世纪的春秋战国时期、公元前 1 世纪的西汉前期,7~8 世纪的盛唐,18 世纪的"乾嘉盛世"等。而社会动乱、人口减少则多发生于干冷的灾害群发期,如原始社会末期、商末周初、两晋南北朝、明末清初等。自然条件的变化直接影响农业产量,对危机指数确有不小的影响。

以上可见,a、b、c 3 个变量同人口及其结构都有着密切的关系,这就是人口数量

① 张善余:《中国历史人口周期性巨大波动的自然原因初探》,《人口研究》1991 年第 5 期。
张善余:《全球变化和中国历史发展》,《华东师范大学学报(哲社版)》1992 年第 5 期。

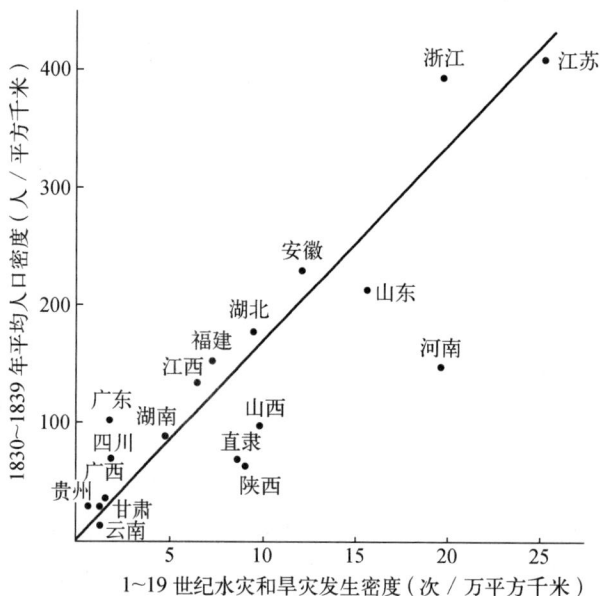

图 2-1　中国封建社会各省区人口密度和自然灾害密度相关图

说明：图上对角线右下角偏离稍远的省区，开发历史都比较悠久，在秦、汉、
唐、宋之际其人口密度在全国的排列序位均明显高于 1830～1839
年；对角线左上角各省区情况则正相反。

与一定生产力水平下供养能力的关系。当人口超过供养能力的极限时，必然导致危机的爆发。所以说，旧中国周期性的经济危机不仅是剥削阶级统治的政治危机，它实质上也是一种人口危机。

3．人口分布的凝固和突变

旧中国总的说来是一个封闭、停滞的社会，生产力发展缓慢。这不仅造成极低的人口增长率，也使得人口分布长期处于近乎凝固的状态。这一特点是由当时个体小生产农业的生产方式决定的。

在这种生产方式下，土地成了社会最基本的生产资料和劳动对象，它是农民的衣食之源、安身立命之本。对于一个农民来说，没有比丧失土地更严重的打击了。中国农民对于土地的眷恋之情是无与伦比的，那块生他养他的土地，无论是多么贫瘠荒凉，在他们心目中总是世界上最美好最神圣的地方。只要有一线生机，他们就不会离开，有些人则宁愿饿死，也不愿抛别故土。正如东汉崔寔所指出的，农民"宁就饥馁，无适乐土之虑"。[①] 小农经济所固有的一些其他特点，如劳动生产率低，技术进步慢，自然经济占绝对优势等，以及在此基础上产生的一些社会意识，特别是中国封建社会中传统的"孝道"、"乡土观念"，以及宗族制等，也禁锢着中国的人口分布。明代周忱因此得出结论："天下之民常怀土而重迁。"[②]

---

① 崔寔：《政论》，见《通典·食货·田制》。
② 周忱：《与行在户部诸书》，见《双崖全集·文集》，卷 3。

旧中国的统治者为了实现长治久安,深知让农民"安居乐业"是其根本。早在春秋时期,管仲就提出了"定民之居"①的思想,唐代陆贽更强调"欲施教化,立度程,必先域人,使之地著",②都主张把人口分布固定下来,以利于统治。为达此目的,不少朝代都采取了相应的经济和社会政策,如均田和限田、重农抑商,直至保甲连坐制度等。对农民的自发性迁移,也多持否定态度。

然而,封建社会的客观经济规律是不以人们的主观意志为转移的。自由买卖的土地私有制,小农经济本身所固有的脆弱性,并且从皇帝起许多贵族、官僚本身就是贪得无厌的大地主,这一切都造成土地的兼并,或者说自耕农的丧失土地。这个问题始终是中国封建社会的一大痼疾。只是由于中国农民特有的吃苦耐劳以及种种封建意识的束缚,再加上封建生产关系的局部调整,才使得整个社会经济环境在各个朝代的中、后期勉强保持平衡,直至一种特别强的破坏力量使之最后崩溃。在这漫长的过程中,虽然流民的移徙经常存在,但总的看来,人口分布是近于凝固的。

当一场巨大的社会动乱爆发,中国社会的一池死水便被彻底搅动了。大量人口急遽死亡,人口分布也一改长期的凝固状态而发生突变。但这主要不是通过人口迁移实现的,而是由于某些地区生产力的彻底崩溃造成人口大量死亡,甚至近于绝灭的后果。中国人口地理于此发生巨变。这一变化既不出于统治者的愿望,也不出于被统治者的愿望,而只是社会漫长时期所蓄积的各种破坏力量总爆发的产物。

从原始社会中后期起,中国人口就主要分布于黄河中下游地区,这一格局直到封建社会初期都没有大的变化,中国北方地区(以传统的秦岭—淮河线为南界)占全国总人口的比重始终保持在80%以上。封建制时期人口分布的第一次大突变发生于西汉末年,这时黄河流域的人口受到极大损失,而广大南方受害较小,致使北方地区人口占全国的比重骤然跌到不足60%。第二次大突变起因于"安史之乱"。这场浩劫使中原地区人口再度锐减,此后两个世纪内也未得到真正的恢复。而期内南方相对安定,加上北方人口大量南迁,致使北方地区人口占全国的比重又跌到40%,实现了中国经济重心和人口重心由北方向南方的历史性转移。北宋末年至明末清初的几次大动乱中,北方人口比重进一步下降。直到太平天国运动时期,长江流域成为主战场,人口锐减,上述演变趋势才发生显著逆转。纵观旧中国几千年的人口发展史,人口增长的缓慢或停滞期,一般就是人口分布的凝固期,一旦人口大幅度减少,其分布就会发生一次突变,这可说是一个普遍规律。

(三) 新中国的人口发展

新中国建立后,中国人口发展进入了一个新阶段。1949~2011 年间,其总量由5.5 亿增至 13.8 亿,增幅约 1.5 倍,年均增长率高达 15‰左右,这一速度比半殖民地半封建时期快了 5 倍多,充分反映出生产方式变革、生产力发展对人口增长的促进作用。但人口增长过快对社会、经济乃至资源、环境也造成了不小的压力。从 20 世

① 《国语·齐语》。
② 《陆宣公翰苑集·奏议》,卷 6。

纪 70 年代起，我国开始大力推进计划生育，国家制订了"控制人口数量、提高人口素质、调整人口结构、改善人口分布"的全方位的人口政策，并取得了显著的成效。目前，人口年均增长率已降至 5‰ 以下的较低水平，但每年的绝对增长量仍多达 600 余万。预计中国人口总量将在 2027 年前后达到大约 14.5 亿上下的历史最高峰值，此后将趋于缓慢回落。从古至今，中国一直是世界第一人口大国，但在 21 世纪 20 年代中叶，将退居第 2 位。

第二节　人口与可持续发展

一、人口必须与社会、经济、资源、环境协调发展

近一二十年来，可持续发展的观念已日益深入人心。可持续发展战略逐步取代片面追求经济增长的传统发展战略，把人置于发展的中心地位，把经济增长看做为手段而不是目的，要求在满足当代人的需求、提高其生活质量的同时，不损害子孙后代满足其需求的能力。简言之，可持续发展战略就是要求人口必须与社会、经济、资源、环境相互协调，共同实现可持续发展。

人口是一个涉及数量、素质、结构、分布等多方面内容的丰富的总体，这几个方面相互制约，紧密联系，对于人口的可持续发展都是至关重要的。但在现阶段，就人类作为一个总体而言，人口的数量问题，具体说是指人口数量过多、增长过快的问题，显然具有头等的重要性。1993 年的世界人口科学高峰会议上，60 个国家的科学院联合签署了一项声明，认为人口的不断增长对人类本身造成了极大威胁，人类必须在我们子女这一代实现人口的零增长，才能成功地解决其社会、经济和环境问题[①]。这个声明的精神，尤其是它所强调的人口数量问题的严重性和紧迫性，无疑应引起人们的高度重视。

人类已经繁衍了几百万年，在过去二三百年中，人口经历了前所未见的高速增长，而在过去几十年中，这种高速增长势头达到了名副其实的"人口爆炸"程度。1950～2011 年的短短 61 年中，世界人口由 25.3 亿增至 70 亿，年平均增长率高达 1.68％，这相当于 42 年翻一番（古代和中世纪平均 840 年翻一番）。如保持这一速度，则 100 年后世界人口总数将达 371 亿，316 年后将达 13 613 亿，这时平均每平方千米陆地正好是 1 万人[②]——一切高山、沙漠、丛林、沼泽和苔原都包括在内。对比之下，2008 年美国纽约市每平方千米为 10 641 人，也就是说，那时地球上任何地方的人口都要像现在的纽约市一样拥挤。如果还要往后推算，数字将更为惊人：532 年后总人口将达 50 万亿，平均每个人只能拥有 2.7 平方米的"生存"空间。在生存二字

---

①　"Science Summit" on World Population：A Joint Statement by 58 of the World's Scientific Academies. *Population and Development Review*. 1994，20(1)：pp. 233 - 238.
②　联合国《人口年鉴》用于计算世界平均人口密度的陆地面积为 13 612.7 万平方千米。

上加引号,是因为任何一个具有正常理智的人,都不会把这样的空间同人类的生存联系起来。对人类前景的这种描述并不是危言耸听,只要保持人口按此增长,这一前景或早或迟都会到来。

在古代,尽管人口的绝对数量远比现代稀少,但一些有识之士也已经看到了人口过多或无限制增长的弊病。如我国,战国时期著名的法家商鞅认为,如果一个国家的人口过多,超过了土地的供养能力,就会导致国危兵弱,即所谓"民过地,则国功寡而兵力少"。[①] 明代著名文学家冯梦龙在古籍中看到和神国中"人生二男二女,为邻则世为婚姻"时,加了这样一段批语:"不若人生一男一女,永无增减,可以长久。若二男二女,每生加倍,日增不减,何以养之。"可以说,这段话的基本思想就是控制人口数量,维持世代更替,使人口数相对稳定,以保证"可以长久",即可持续发展。从人类发展的长远观点来看,这的确称得上真知灼见。

产业革命后,世界人口激增,人口问题引起了马克思主义创始人的高度重视,并对之进行了大量深刻的分析和阐述。马克思主义的人口理论是一门完整的科学。其中除了生产方式决定人口规律以外,最主要的基本点就是:人类自身生产必须同物质资料生产互相适应,以及人类应该自觉地调整自身的生产。

恩格斯曾有一段名言:"根据唯物主义的观点,历史中的决定性因素,归根结蒂是直接生活的生产和再生产。但是,生产本身又有两种。一方面是生活资料,即食物、衣服、住房以及为此所必需的工具的生产;另一方面是人类自身的生产,即种的繁衍。"[②]恩格斯这里所说的有关两种生产的观点,具有极其重要的指导意义。物质资料的生产和人类自身的生产,显然是一种对立统一,既相互依赖又相互制约的关系,任何一方都不能脱离对方而单独存在。

就人类而言,既是物质资料的生产者,又是物质资料的消费者,这两方面也是一种对立统一的关系。一般说来,一个人作为劳动者一生所创造的物质财富,总要超过他所消费的,这样才能向社会提供一部分积累,使社会得以进步。但又要看到,任何人从生到死都绝无例外地需要消费,而从事生产的时间只是整个生命的一部分。尤其在幼年和少年时代是一个纯消费者,这段时间平均要长达 18 年左右,看不到这一点,仅仅强调人首先是生产者,其次才是消费者显然是片面的。另外,还应该看到,这里所说的人绝不是一个抽象的、纯自然的人,要作为一个生产者,就必须具备一定的劳动技能以及一定的劳动手段和劳动对象,没有这些,要成为一个生产者,特别是现代意义上的生产者,就只能是空想。而人的劳动技能并非天生,是需要传授和培养的,劳动手段和劳动对象也需要由社会来提供。从这些方面都可以清楚地看出,人口再生产对现有物质资料的生产有着极为明显的依赖关系。

人类自身生产必须与物质资料生产互相适应的规律对于一切社会都是适用的。当两者比例协调时,社会就会向前进步;当两者比例失调时,社会就要停滞甚至向后

---

① 《商君书·算地》。

② 恩格斯:《家庭、私有制和国家的起源》,见《马克思恩格斯选集》,4 卷,人民出版社 1966 年版,第 2 页。

倒退。所谓比例失调,据马克思指出有两种情况:一是人口压迫生产力,二是生产力压迫人口。就现阶段我国及绝大多数发展中国家而言,显然是属于前一种情况,这正是出现人口问题的由来。解决的途径只能是实行计划生育,控制人口增长,逐步减轻人口对生产力的压力,使两者逐步走向协调。

人类要不断地进步,物质资料的生产也要不断朝着深度和广度发展,这个过程是没有止境的。但不能就此得出结论说,人类自身的生产在数量上也是没有止境的,这里就要提到马克思主义人口理论另一个重要的基本思想,即人类应该自觉地调整自身的生产。

恩格斯曾经指出:"人类数量增多到必须为其增长规定一个限度的这种抽象可能性当然是存在的。但是,如果说共产主义社会在将来某个时候不得不像已经对物的生产进行调整那样,同时也对人的生产进行调整,那么正是那个社会,而且只有那个社会才能毫无困难地做到这点。"[1]

为什么必须对人口的增长在数量上规定一个限度呢?或者换句话说,人口为什么不能无限度增长呢?其根本原因就在于人类对自然环境的依赖性,这一点是由人的社会属性和自然属性的辩证统一所决定的。无论何时何地,人类总要受到自然法则的制约,它是不以人们自己的意志为转移的,无论将来社会进步到何种程度,这一点永远也不会改变。

人类周围的自然界,就宇宙的整体而言,是非常辽阔的,也可以认为它是无限的。但人类直接的生存空间却远为狭小,充其量也超不出地球表面薄薄一层生物圈的范围,它的平均厚度仅约 30 千米,总面积 5.1 亿平方千米,其中陆地为 1.5 亿平方千米(陆地中"分配"给中华民族的是 960 万平方千米)。这一范围基本上是确定的,显然也是有限的。能否把人类的生存空间扩大到宇宙太空呢?在遥远的将来或许能行,而在可以预见的未来一段很长的时间内,则断无此种可能。

人类的生存空间是有限的,这一空间内的一切物质和能量也是有限的[2],而这些正是人类根本的衣食之源。人可以创造财富,但不能创造物质,而且也无法离开自然界提供的基础去任意地创造财富。自古以来,人类就不断地向自然界索取资源,随着人口的增多和消费水平的提高,索取的数量越来越大。但是,既然自然界可供养人类的资源是有限的,它就不能容许人类无限度地向它索取,这种客观存在的必然性决定了人口的增殖要有一个限度。

自然界所有的物质和能量不仅在数量上是有限的,而且相互联系,相互制约,相互渗透,形成了一个有机的、牵一发动全身的整体,这就是通常所说的地球生态系统。这个生态系统自生成以来,在各种自然规律的作用下,一直处于一个相对稳定的平衡状态之中,并以自己独特的规律向前发展运动。

人类的诞生,使地球生态系统中出现了一个崭新的因素。人既是这个系统自身

---

[1] 恩格斯:《致卡尔·考茨基(1881 年 2 月 1 日)》,见《马克思恩格斯全集》,35 卷,人民出版社 1971 年版,第 145 页。

[2] 参阅张善余:《自然资源和经济地理》,《经济地理》1983 年第 1 期。

发展运动的产物,反过来又对这个系统施加了一系列的影响。从理论上说,人们每砍伐一棵树木,每开垦一片耕地,每建造一栋房屋,每燃烧一堆煤炭,都会对地球生态系统的平衡产生影响。就任何一人、一时、一事而言,这一影响确是微不足道的,但多少亿人千百年的影响累加起来,那就决不容忽视了,即使说移山填海,也远远不足以形容。特别是最近几十年来,人口急剧膨胀,而随着科学技术的进步,人们的活动强度也成倍数地增加了。过去一个人使用简陋的工具一天顶多只能搬运几吨泥土,而现在一个工人操作庞大的挖掘机一天可以开采上万吨矿石;过去一个人使用斧、锯一天只能砍伐几棵树木,而现在可以在很短的时间内就把几百平方千米上的原始森林一扫而光。

人类的科学水平虽已发展到前所未有的高度,但应该说,我们对自然界的不少规律迄今仍然不甚了了,尤其是生态系统中各个要素拥互联系、相互制约的关系,我们有的是知其然不知其所以然,有的则连知其然也谈不上。在这种情况下,人们已经自觉或不自觉地干了不少蠢事,许多局部地区生态系统的平衡被破坏了,结果是自毁家园,自食其果,而现在连整个地球生态系统的平衡也受到了威胁。科学的良知呼吁人们,不仅要调整和改善人类对生态系统施加影响的方向,更要把这些影响的总量限制在合理的程度以内。要做到这一点,人口决不能无限度地增长。

从全球的角度来考察,自然资源的有限性和保持生态系统平衡的必要性是这样的,若具体到某一个国家,情况则往往更为紧迫。其原因就在于自然资源在地球上的分布是不平衡的,光、热、水、土、矿藏、森林、草地等等莫不如此,区域生态系统的质量、结构和稳定性也存在着差异。倘若考虑到资源、环境与人口数量的比例,各国各地区之间的差距就更大了。因此,对于一些人均资源占有量相对紧缺的国家来说,控制人口增长尤其具有紧迫性,更应该努力及早实现与经济、资源和环境相协调的"适度人口"。

综上所述,人类的可持续发展是一个以人的全面发展为核心和终极目标的人口、社会、经济、资源、环境相互适应、协调运行的综合过程。在人口领域内,涉及控制人口数量、提高人口素质、调整人口结构、改善人口分布等多方面的内容,就现阶段世界上的大多数国家而言,控制人口数量具有头等的重要性。

二、人口与自然资源

人类的全部历史,就是适应和改造自然界,以自己的体力和智力劳动开发利用自然资源的历史。随着人类生产力水平的提高,开发利用自然资源不断向深度和广度进军,这个过程是没有止境的。但不管生产力进步到何种水平,人类的生存与发展总离不开各种自然资源提供的物质基础,它们是人类真正的"衣食之源"。毫无疑义,所有的自然资源都是自然界有机整体的组成部分,因此,应从生态系统平衡及各生态因素紧密联系、相互制约的角度来认识它们。

(一)人口与土地资源

土地是一种最基本的自然资源,它提供了人们安身立命、从事一切活动的场所,又是可供世世代代连续使用的农业生产资料和劳动对象,人们创造任何物质财富几乎都离不开它。所以,马克思说:"形成财富的两个原始要素——劳动力和土地。[①]"他还很欣赏威廉·配第的话:"土地是财富之母,劳动是财富之父。"

联合国教科文组织1972年召开的土地评价专家会议曾给土地下了一个定义,指出:"土地包括地球特定地域表面及其以上和以下的大气、土壤及基础地质、水文和植物。它还包含这一地域范围内过去和目前的人类活动的种种结果,以及动物就它们对目前和未来人类利用土地所施加的重要影响。[②]"可见土地是由地形、土壤、植被、岩石、水文和气候等多种因素组成的综合体,又包含了人类在长期的生产活动中所施加的影响,既是一种自然资源,又具有一定的社会属性。

评价土地资源主要包括以下几个方面:① 数量,即土地面积,这是基本恒定的。② 结构类型,如山地、丘陵、平原等,这也是基本恒定的。③ 土地质量,主要指其生产潜力及其可能达到的经济效益,其次也包括地理位置等因素。应该指出:土地质量是可以改善的,但这要有一定的前提。由于其他自然要素的制约,至少在可以预见的将来,不同地区土地资源的生产潜力和经济效益仍将存在着巨大的差异。苏联学者曾把地球陆地按其适合于人类生产和生活的程度,划分为四类[③]:第一类,无需采取超出通常范围的措施,即可大规模开发,占地球陆地总面积的43.2%;第二类可供大规模开发,但要采用大量的土壤改良技术,占25.1%;第三类虽也可以大规模开发,但需采取一系列专门的技术措施,即便如此,环境对于居民也不适宜,占4.3%;第四类,不适于大规模开发,占27.4%。

以上可见,地球陆地总面积中真正可供人类开发利用的不超过70%,即大约100亿公顷,其中九成是耕地、草地、林地这三项农用地,其余为各类居住地、建筑物、道路、休闲观光地以及内陆水面等。按世界总人口平均,每公顷大约为0.7人,或人均占有1.4公顷。其数量不仅有限,而且分布严重不均:俄罗斯、巴西和美国分别为人均7公顷、4.5公顷、2.7公顷,中国和印度分别不到0.5公顷和0.3公顷,埃及竟低至0.06公顷。

耕地是土地中的精华,它提供了人类近九成的食物,与人类的生存与发展关系极为密切。自1万年前原始农业出现以来,迄1800年世界耕地总面积仅为4.5亿公顷。此后在人口激增、人均消费量大幅上升的背景下,人们在不到一个世纪的时间里就开垦出比以往1万年更多的耕地,其总面积在1990年达到15.2亿公顷。此后,尽管对食物的需求比以往更为迫切,但耕地的增长却已陷于停滞,2009年世界耕地面积为15.3亿公顷,比1990年只增长了0.7%,年均还不到0.04%,这一增长率与前30年相比减小了近10倍,比19世纪则差得更远。值得注意的是,在日甚一日的人口压力下,越来越多的国家耕地面积不增反减,仅最近20年,此类国家就占了国家和地区总数的大约一半。在世界第一人口大国和第一农业大国的中国,耕地面积的减少已持续多年,仅1996～2008年间减幅即达6.4%。尽管一些专家认为世界耕

① 马克思:《资本论》,载《马克思恩格斯全集》,23卷,人民出版社1972年版,第663页。

② FAO. 1972. *Background document. Expert consultation on land evaluation for rural purposes.* AGL: LERP 7211, Oct. 1972, Rome. pp.110.

③ [苏]瓦连捷伊著,北京经济学院人口研究室译:《马克思列宁主义人口理论》,商务印书馆1978年版,第307页。

地面积还有不小的扩展余地①,但以上事实却已明白无误地昭示我们,对世界耕地增长的前景切不可过于乐观。

如果说世界耕地面积近 20 年已陷于增长停滞的话,那么人均占有面积则已持续下降了将近一个世纪,而其降幅还有明显增大的趋势。1800 年世界人均占有 0.5 公顷,1973 年为 0.365 公顷,到 2009 年已降至 0.225 公顷,近 36 年的减少数量竟与此前 173 年持平。全世界约有 5/6 的国家和地区,在最近 20 年中人均耕地面积减少,其中大部分减幅超过两成,最多的竟达八成。所有这些无疑都是令人吃惊的。

与世界平均状况相比,中国的情况远为严重,人均占有耕地的下降趋势已持续了几百年,甚至上千年,即从汉代至宋代的人均 0.7 公顷,明代的 0.5 公顷,清代的 0.3 公顷,一直减少到现在的 0.09 公顷,只相当于世界平均数的四成。两千年来特别是近几十年来,我国农业技术装备水平的进步不可谓不大,与过去相比,现在农业生产的科技含量不可谓不高,但这一切不过仅仅弥补了人均耕地减少的损失,以至于中国的人均粮食占有水平在两千年的长时间里始终没有实质性的提高:西汉时为 320 千克,抗日战争前为 290 千克,新中国建立后的头 30 年大致波动在 270～370 千克之间,后 30 年为 400 千克上下,直到大丰收的 2011 年也只达到 425 千克,比两千年前仅仅增加了 100 千克。这就充分说明了土地资源特别是耕地对人口数量及其物质生活水平的制约作用。世界粮农组织(FAO)曾以 0.05 公顷为人均耕地警戒线,而世界上不少国家早已低于此数,如埃及、日本、韩国等,在中国亦有多达 1/3 的市县低于此数,甚至大大低于此数。鉴于我国土地资源特别是耕地与人口和社会经济发展不相协调的严峻形势,1997 年我国政府决定对已实施 10 年的现行《土地管理法》作重要修改,使之成为一部世界上最严格的土地管理和耕地保护法规,这样做无疑是非常必要的。

(二) 人口与水资源

水是人类生存的必备要素,对生产活动和日常生活皆是不可缺少的。在自然界,水还起着维持生态平衡的关键性作用。在一定的社会制度下,对一个国家或地区来说,水资源是制约其经济和人口发展的最重要的因素之一。

水资源可以"再生利用",但这也要有一定的前提条件。由于受到多种地理要素的制约,一个地区的水资源数量是有限的。在古代,由于生产力水平低下,对水的需求量很少,加上水在大自然中无休无止地往复循环,使人们对它产生了取用不竭的传统印象。近几十年来,由于人口激增和生产力的大发展,各行各业的用水量持续地大幅度上升,许多地区的淡水已出现供不应求的状况,水资源因此成了这些地区经济发展中突出的限制性因素,受到了人们极大的关注。苏联学者曾经指出:"对人类所需要的全部资源进行的科学分析表明,处于'最低限度'的往往不是作为食物来源的土地,而是比如说水资源;水资源不足便可能阻碍经济发展。"②1900～1997 年

---

① 参阅张善余:《世界耕地的演变和展望》,《世界农业》1982 年第 12 期。
② [苏]瓦连捷伊著,北京经济学院人口研究室译:《马克思列宁主义人口理论》,商务印书馆 1978 年版,第 306 页。

间,世界人均用水量从 370 立方米增至 800 立方米,总用水量则由 600 立方千米,增至 5 000 立方千米,增幅达 7 倍。

世界可利用的水资源总量为 4.7 万立方千米,但分布非常不均衡,水资源贫乏国家与富裕国家之间相差非常悬殊,如 2009 年利比亚平均每平方千米土地拥有可更新水资源 340 立方米,人均 96 立方米;而挪威却分别高达 118 万立方米和 7.9 万立方米,人均拥有量相差了 820 多倍。总的看来,北非、西亚、中亚以及中国的北方水资源十分贫乏。联合国指出,20 世纪 50 年代中期全世界只有 7 个国家,13%的人口,生活在缺水区;而到 90 年代中期,已有大约 80 个国家,40%的人口,面临着水荒。到 2025 年,缺水人口的比重将达到 2/3。有一些国家目前水资源可以满足需要,但由于今后人口总量预计要增加几倍,因此形势也不容乐观。中国人均水资源现约为 2 100 立方米,尚不足世界平均数的三成,与著名的人口研究组织"国际人口行动"(设在华盛顿)确定的人均 1 000 立方米临界线已相去不远,说明中国是一个贫水的国家,尤其应予指出的是,我国北方大部分省区都低于甚至大大低于人均 1 000 立方米的临界线,水危机已迫在眉睫。

另一个严重的问题是水污染。目前在发展中国家,80%的疾病和 1/3 的死亡与水污染有关,这一问题如不能及早得到改善,势必对人类的生存前景造成严重的威胁。

(三) 人口与森林资源

森林可以向人们提供木材、薪柴和各种林副产品,又能净化空气、调节气候、涵养水源、防风固沙、保护野生动物,在维持自然生态平衡和保障农业生产上均起着极其重要的作用[①]。科学家认为,一个较大范围的国家或地区内,森林覆盖率达 30% 以上,且分布相对均匀,其生态环境就比较优良,水旱灾害发生较少,农业生产比较稳定。反之,则会出现种种问题。

远古时代,地球上大约有 60 亿公顷郁闭森林。农业出现后,随着耕地的增加,森林逐渐减少,但直到 1862 年仍达 55 亿公顷。近一个多世纪以来,郁闭林面积下降速度显著加快,1958 年为 37 亿公顷,目前已不足 28 亿公顷,按人口平均现在仅为 19 世纪中叶的 1/10。森林的锐减在现阶段主要发生于热带地区,1990～2010 年间,全世界森林面积超过 20 万公顷的 154 个国家中,有一半的国家森林减少,其中占据最大份额的就是巴西、印度尼西亚、尼日利亚、坦桑尼亚、缅甸、津巴布韦、刚果(金)、苏丹、委内瑞拉、玻利维亚、墨西哥等地处热带的发展中国家,其中被称为"地球最大绿肺"的南美洲亚马逊热带雨林的迅速遭到破坏早已引起广泛的国际关注。照现在的趋势发展下去,几十年后热带森林将荡然无存,地球失去自己的"绿肺",碳循环的主渠道之一被阻断,数以 10 亿公顷计的土地无遮拦地听任热带的烈日暴雨侵蚀,其后果不堪设想。

森林破坏的主要原因是人口激增必然需要扩大生存空间,包括开辟农田牧场、修建房屋、道路、水库等。1997 年 8～10 月震惊世界的印度尼西亚森林大火就是由

---

① 美国森林的直接效益和间接效益大约为 1∶9。

于农民在森林中烧荒垦地引起的。由于生产方式落后,许多发展中国家不断重复着毁林开荒——土地退化——进一步毁林开荒——土地退化的恶性循环,其经济效益甚低,生态代价则极大。

此外,人口对森林的压力还表现在全世界现有 20 多亿人依赖木材为基本能源,热带国家每年砍伐的木材 90% 以上都是作为薪柴,人越多,消耗量越大。联合国有关机构估计,有 13 亿人生活在薪柴消耗量大于树木生长量的地区,处在竭泽而渔的过程中,很显然这是持续不了多久的。中国在世界上也是一个突出的少林国家,人均木材蓄积量仅为世界平均数的 1/9,这对实现可持续发展非常不利,也是导致灾害频繁的重要原因,对此必须引起高度的重视。

(四)人口与能源

人们在日常生活和生产活动中都要消耗能源,它为现代经济提供了原动力,是其正常运转必不可少的物质技术基础。产业革命以前,世界能源消费量很小,迄 1860 年亦不足 5 亿吨标准煤。到 1950 年已增至 26 亿吨,90 年间年递增率仅 2%。此后,能源消费增长明显加快,2010 年已达 180 多亿吨,年均增长率提高到 3% 以上。从人均消费量看,1860 年不足 0.4 吨,1950 年为 1 吨,目前已增至 2.6 吨。值得注意的是,在能源消费上发达国家和发展中国家差异悬殊,美国人均达 11 吨,发展中国家一般仅为 1~2 吨。现在全世界一年消费煤炭 70 余亿吨,石油 40 亿吨,天然气 3 万多亿立方米,其中煤炭资源较丰富,可开采一百多年,石油则只能继续开采 40 多年。如果在这一段不长的时间内,不能从技术上实现由石油到新能源的结构转换,人类的发展就将面临严重的"缺血"问题。如果发展中国家未来在人口激增的同时,人均消费量也大幅上升(这在某种程度上是必然的),即使仍显著低于发达国家的水平,也将导致世界总消费量增加一倍,甚至两倍,届时前述"缺血"问题将更为严重。

即使资源能够满足需求,大量增加常规能源消费的生态代价也愈来愈难以承受。2010 年全世界燃烧矿物燃料排放到大气中的 CO_2 多达 332 亿吨(1971 年为 141 亿吨),这是温室效应愈演愈烈的重要原因。如果排放量继续扩大,则人类能否在一个大温室里实现可持续发展,将是一个很大的问号。

三、人口与食物和营养

"民以食为天。"食物和营养与人的生存发育关系极大,从远古时代起就一直是制约人口发展的最关键的因素。世界粮农组织和世界卫生组织的专家委员会曾制订了不同类型的人每日的营养需求标准,包括总热量、蛋白质、脂肪、碳水化合物以及矿物质、维生素等其他营养成分,所有这些,都需要从食物中摄取。由于食物匮乏导致饥荒,使大量人口死亡,这样的事无论在古代还是近现代都是很常见的。过去世界人口长期发展缓慢,并一再出现巨大波动,归根结蒂都是由食物生产供给能力制约的。产业革命后,尤其是第二次世界大战后世界人口高速增长,其基本的物质前提就是生产力大发展,食物生产供给能力比以往有了显著的提高,并且由于科学技术和社会机制的双重进步,这种供给能力在时间和空间两方面的均衡度都比以往有了极大的改善。因此,尽管世界总人口快速增长,但平均的营养水平也还是有明显的提高的,这说明就总体而言,世界食物生产供给能力增长得比人口更快。

但是,从表2-5可见,仅就20世纪而言,食物增长得比人口更快的只是一小部分时间(主要是20世纪50~70年代),尤其值得注意的是,自1984年世界人均粮食产量达到历史最高的409.5千克以后,即出现波动下降趋势,这说明科技革命和生产力发展的巨大成果,绝大部分已被新增长的人口所抵消。

表2-5 世界食物生产的变化(年平均数)

年 份	1909~1913	1948~1950	1982~1986	2008~2010	2030**
粮食*总产量(亿吨)	6.20	7.67	19.34	26.96	30.65
人均(千克)	350	310	406	396	371
肉类总产量(亿吨)	0.33	0.46	1.46	2.86	3.75
人均(千克)	19.0	18.5	30.6	42.0	45.3

*粮食包括谷物、薯类(以5:1折算)和杂豆(下同)。 **世界粮农组织2002年预测,取自 *World Agriculture Towards 2015/2030* (http://www.fao.org/worldfoodsituation/)。

在人类的食物中,粮食是主要的,而在粮食总产量中,谷物又占了大约90%,因此有必要分析一下谷物的生产动态。以1948~1950年与1982~1986年的年均水平相比,世界谷物收获面积和单位面积产量年均递增0.57%和2.26%,从而促成了总产量的大幅扬升。但以1982~1986年和2006~2010年的年均水平相比,这两个增长率分别演变为-0.12%和1.46%,前者由增变减,后者由快增变为缓增,从而导致总产量增幅显著减小,人均产量趋于下降。今后要加速增产粮食,一必须扩大收获面积,二必须提高单产,但从现状和趋势来看,两方面都有很大的难度。在这种情况下,除了农业生产科学技术要不断获得新的重大成果以外,控制人口增长也具有关键性的意义。否则,要满足日趋膨胀的人口对食物的巨大需求,并使营养得到改善,前景就不容乐观。2011年末,世界粮农组织(FAO)发表了题为《世界粮食和农业领域土地及水资源状况》的报告,提出到2050年,全球粮食产量必须提高70%才能基本满足因人口增长等因素而不断增加的需求,这一增量的4/5须来自现有农田。鉴于报告所分析的当今世界土地和水资源农业利用中存在着诸多严重问题,上述增产目标能否实现,显然还有相当的不确定性。

世界食物生产和消费在各国各地区之间的显著不平衡,也是一个应予高度重视的问题。就世界平均状况而言,现在的食物生产水平完全可以满足人口的需求,但具体到各国各地区,情况则远非如此。发达国家总体上说是营养过剩的,其人均从膳食中摄入的热量比需要值高30%~45%;中等发达国家大约高5%~20%;而发展中国家有的较好,有的则较差。世界粮农组织指出:"从2007年到2009年,伴随着金融危机和全球性经济萧条而来的商品价格危机,把全世界饥饿和营养不良人口的数量推至前所未见的水平,在2009年达到10亿以上的峰值。"[1]世界粮农组织编绘了

---

① FAO. *The State of Food and Agriculture*. 2010-11. Rome, 2011, pp.65.

不同年份的"世界饥饿地图",其 2010 年版显示,绝大多数发展中国家都或多或少地存在着饥饿和营养不良人口,问题较严重的国家基本上都分布在撒哈拉以南非洲,其中索马里、埃塞俄比亚、厄立特里亚、刚果(金)、布隆迪、莫桑比克、赞比亚、安哥拉、中非、乍得等国相对比重都在 35% 以上,有的甚至超过 60%,给社会经济发展带来非常不利的影响。即使是高度发达的美国,2011 年也有 1/7 的家庭缺乏足够的食物。这些充分说明,粮食问题对于全人类而言,始终都具有极端的重要性。

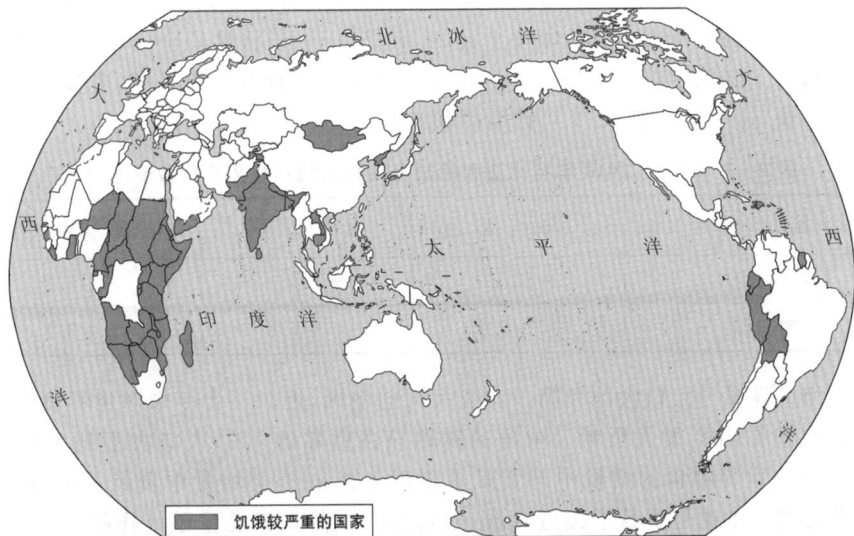

图 2-2　2010 年世界饥饿较严重的国家

据统计,1975~2010 年间,世界食物(包括粮食、油脂、肉类、乳类、蛋类及其他)总产量增长了 116.9%,但其中大部分被人口增长抵消,因此期内人均食物产量只提高了 27.9%。从国家来看,期内人均食物生产指数上升的和下降的差异非常悬殊,有的国家如布隆迪、刚果(金)、冈比亚、乌干达等降幅都在 50% 以上(见表 2-6)。

表 2-6　1975~2010 年人均食物生产指数上升、下降的国家和地区个数

	发 展 中 国 家			发达国家	合　计
	亚太地区	非　洲	拉丁美洲		
上升 1 倍以上	11	2	3	0	16
上升 0.3~1 倍	12	11	11	6	40
上升不足 0.3 倍	12	11	10	10	43
下降不到 10%	3	7	3	4	17
下降 10%~30%	6	8	4	10	28
下降 30%~95%	11	14	12	0	37
合计	55	53	43	30	181

表 2-5 的 181 个国家中,上升的有 99 个,下降的有 82 个。该表未包括的国家是近年新出现的国家(如原先的苏联和南斯拉夫解体后的新独立国)以及一些小国,这部分国家人均食物指数一般都是下降甚至大幅下降的(如 2010 年与 1992 年相比,摩尔多瓦下降 18.9%,格鲁吉亚下降 22.5%,拉脱维亚下降 31.9%,俄罗斯下降 24.3%,乌克兰下降 2.6%……)。如予计入,下降的国家数将不少于上升的国家数。所幸的是,上升的国家中包括了中国、印度、巴西、印度尼西亚、美国、越南等人口众多的国家,这才促成了世界平均指数的上升,其中中国上升 2.07 倍,印度尼西亚上升 1.19 倍,巴西上升 1.17 倍,印度上升 0.36 倍,……若将这几个国家除外,则世界平均指数的下降幅度将是很惊人的。人均食物生产指数下降的国家,多数是由于人口增长过快,这一点从表 2-7 可以看得很清楚。

表 2-7　1975～2010 年利比亚和德国人口与人均食物生产指数变动对比　%

国　　家	人　　口	食物总产量	人均食物生产指数
利比亚	+157.6	+131.3	-10.2
德　国	+4.6	+7.8	+3.1

作为世界第一人口大国和第一农业大国的中国,近二三十年来对世界食物供应形势的改善作出了很大贡献。中国的耕地只占世界的 7%,人口占不到 1/5,但在 1978 年以来世界粮食的增量中却贡献了将近 1/4,在肉类增量中贡献了四成以上,在蛋类的增量中更是贡献了接近六成。然而,中国的人口总量预计还将增长大约 1 亿人,人们的饮食结构也正在发生变化,而农业自然资源却日趋紧缺,因此继续增产食物的前景也绝非坦途。1994 年,世界观察研究所所长、美国学者布朗发表了《谁来养活中国?》一文[①],在世界上包括在中国均引起强烈反响。该文认为未来的中国养不活自己,会拖累别人,让世界挨饿。只要看一看中国农业的发展历程,就可以看到这一观点是缺乏充分依据的。但从预警角度理解,它对加强人们对中国人口—粮食可持续发展问题的极端重要性的认识,也不无裨益。

1997 年,中国政府与联合国开发计划署和世界粮农组织合作进行的一项研究认为:中国可以养活自己,前提是必须保护耕地,任何时候都不能少于 1.2 亿公顷(2008 年实际为 12 171.6 万公顷);必须不断增大投入,实现农业现代化;必须控制人口,引导消费,保持东方型饮食结构。概括起来,就是"保护耕地,控制人口",这也正是实现人口—粮食可持续发展的关键。

"马尔萨斯人口论"和世界人口发展

18 世纪末,英国人口学家马尔萨斯在其名著《人口原理》中提出,如没有限制,人口数量将呈指数速率增长,因土地有限而导致的报酬递减规律的作用,食

①　一年后出版专著:Lester R. Brown. *Who Will Feed China?* W. W. Norton & Co Inc. 1995。

物供应只能呈线性速率增长,因此,从长远来看,食物产量增长不能与人口增长同步,两者之间必将出现巨大裂痕。上述观点被统称为"马尔萨斯人口论",在后来遭到了广泛的批判,因为显而易见的事实是,世界人口在史无前例地高速增长,而人均食物消费水平与18世纪末相比,也明显地有所提高,其中肉、乳、蛋、果等的消费水平之高是过去难以想象的。正如美国伊利诺伊大学教授罗伯特·汤普森最近所指出的:"农业科学技术的进步是惊人的,远远超过了老一辈经济学家们的想象。马尔萨斯预言的结果之所以没有出现,是他低估了农业科学技术进步的速度。"[①]汤普森教授所言当然是有道理的,但是不是就此可以认为,"从长远来看",马尔萨斯提出的警示就毫无价值了呢?恐怕不能。

应该看到,过去两个世纪世界农业生产力的大飞跃,是由多方面的因素促成的,除了社会经济体制变革、国际贸易的发展和科技进步外,很重要的就是地球的陆地海洋上巨大经济空间的开发,其中新开垦的耕地比以往一切世代的总和还要多1倍,马尔萨斯固然未能预见到他身后农业科技的伟大进步(例如转基因食品),同时也未能预见到世界各地竟然会开垦出那么多的耕地(对于他缺乏这些预见,后辈恐怕无权责难)。尽管人类在养活自己的问题上取得如此成就,在不少年份仍未能做到让食物增长与人口增长同步,马尔萨斯所预言的那个食物产量增长与人口增长之间的"巨大裂痕",就人类的整体而言并未出现,但在不少局部地区,如爱尔兰、南亚、中国、非洲、苏联等,出现的"裂痕"仍然造成了巨大的损失;仅在高科技日新月异的1961～2010年间,世界粮食产量增长速度高于人口的不过只有24年,而低于人口的则有25年,全人类的大约1/7被世界粮农组织列为食物供应匮乏的"饥饿人口",其中一部分情况危急。所有这些事实理应对我们具有警示意义。

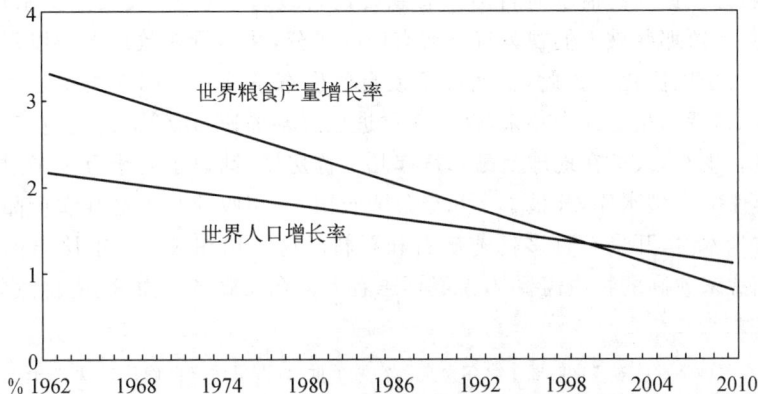

图2-3 趋势严峻:世界人口增长率和粮食产量增长率两条趋势线的对比

今后,农业科技会有新的进步,这是毫无疑义的[②],但陆地海洋上能够开发

① 引自袁越:《农业的未来》,《三联生活周刊》2011年第37期。
② 2012年全世界共有约30个研究小组正致力于在实验室中合成肉类产品。

利用的农业空间也已越来越少，人均占有的农用地迅速减小就是一个明证。把希望过多地放在"试管农业"、"芯片农业"之上，毕竟让人心里感到不踏实。这说明，在人口与食物关系这样的问题上，持相对清醒、谨慎的态度，可能是比较恰当的①。世界粮农组织预测未来一二十年人均粮食产量还将继续下降，也充分说明了这一点。马尔萨斯认为人口与食物之间的不平衡，应通过控制人口增长来加以改善，这一观点，就其精神实质而言，毫无疑问是应予肯定的。

四、人口与生态环境

人是大自然和劳动相结合的产物。有了地球，以及地球上由光、热、水、土、气、岩石、动植物等多种要素构成的自然环境，才有了人类和人类文明。人作为地球上最高等的动物，与其他一切生物之间既有本质的区别，又有本质的联系。正如马克思所指出的："人作为自然存在物，而且作为有生命的自然存在物，一方面具有自然力、生命力，是能动的自然存在物"；"另一方面，人作为自然的、肉体的、感性的、对象性的存在物，和动植物一样，是受动的、受制约的和受限制的存在物"。② 这就清楚地说明，人既受周围的自然环境制约，又对之具有能动作用。

在人类出现以前，整个地球环境当然是纯自然的。人类出现以后，在绝大部分时间里，人类均依赖于采集渔猎自然界现成的食物生活，这种活动不改变周围环境的系统结构，因此地球环境基本上仍是纯自然的，人不过只是巨大食物链网中的一个普通环节而已。但农业出现以后，这一切便开始发生本质的变化。农业极大地、稳定地提高了人的劳动的投入产出比和单位土地面积上的食物产量③，人类经济活动自此成为生产，而不再是单纯地获取。实现这一点的途径主要就是使生态系统简单化，也就是依据人的需求对自然生态系统进行改造和重组，大大减少系统内的物种数量，只保留那些被人们视为有益或有用的成分，并尽量在数量上予以强化，在质量和结构上予以优化。自此，自然环境或自然生态系统开始向人类生态系统演化。产业革命后，特别是近几十年来，这一演化进程急剧加速，达到了古代绝难比拟的广度和深度。现在，人类在地球上已修建起几亿栋房屋，铺设了几千万千米道路，修凿了几十万座大中型水库，开垦了十几亿公顷农田，一年收获几十亿吨农产品，砍伐几十亿立方米木材，开采一百多亿吨矿石和石料。这一切在人口空前剧增的同时，满足了人们愈来愈高的物质需要④，无疑标志着人类在征服自然力、改造自然环境的进

---

① 一位美国学者认为："我们胜了马尔萨斯吗？两个世纪后，仍然未能确认。"见 Jeffrey D. Sachs. Are Malthus's Predicted 1798 Food Shortages Coming True? *Scientific American*. 2008, 299 (2)：22。

② 马克思：《1844 年经济学哲学手稿》，见《马克思恩格斯全集》，42 卷，人民出版社 1979 年版，第 167 页。

③ 采集渔猎方式代表了一种最低下的生产力。在狩猎时，人每消耗 1 个单位热量的体力，平均只能获得 6 个单位热量的食物。原始农业或刀耕火种农业可使这一投入产出比至少提高 6 倍，灌溉农业可提高几十倍至几百倍，现代美国式的高能耗农业则提高的幅度更大。

④ 1950～2010 年间，世界人口增长 1.7 倍，生产总值增长 7 倍，粮食和木材消费量增长近 3 倍，能源、水产品和纸的消费量增幅则超过 6 倍、6 倍和 8 倍。

程中取得了伟大胜利。在这个过程中，地球自然生态系统"既提供资源，又作为由消费和生产所形成的排泄废物场所"，[①]对人类的发展作出了巨大的根本无可替代的贡献。1997年，一个由美国生态学家和经济学家组成的研究小组指出，地球每年"免费"为人类提供的包括空气、水、食物等物质及各类服务，尽管绝大部分没有相应的市场价格，但仅就整个生物圈而言，总值仍高达每年16万亿～54万亿美元，其平均数为33万亿美元（见表2-8），大致相当于当时全球一年的生产总值（1996年约35万亿美元）。这就充分显示出地球生态系统对人类发展的贡献，同时也从一个侧面反映出人类对自然环境不可须臾离之的依赖性[②]。

表2-8 地球生态系统的价值　　10亿美元，1994年币值

A. 按途径区分

空气调节	1 341	土壤形成	53	提供食物	1 386
气候调节	684	营养循环	17 076	提供原料	721
失衡调节	1 779	废弃物处理	2 278	物种资源	79
水调节	1 115	授粉	117	休闲	815
供水	1 692	生物控制	417	文化	3 015
侵蚀保护	576	栖息地、残遗种保护	124	总计	33 268

B. 按地域区分

地域类型	面积（万平方千米）	单位面积价值（美元/公顷·年）	总价值（10亿美元/年）	地域类型	面积（万平方千米）	单位面积价值（美元/公顷·年）	总价值（10亿美元/年）
海　洋	36 302	577	20 949	河湖	200	8 498	1 700
陆　地	15 323	804	12 319	耕地	1 400	92	128
其中：林地	4 855	969	4 706	城市	332	—	—
草地	3 898	232	906	其他	4 308	—	—
湿地	330	14 785	4 879	总计	51 625	644	33 268

数据来源：Robert Costanza, Ralph d'Arge. The value of the world's ecosystem services and natural capital. *Nature*, 1997, 387(6630): 253-260。

　　然而，主要由于以下几个原因，即：① 人口和生产的激增，与不适当的消费模式[③]联系在一起，通过对活动空间的扩张和对自然资源的索取，给地球维系生命的能

---

①　UN Expert Group Meeting on Population, Resources, Environment and Development (Geneva, 1983)对自然生态系统的定义。

②　1993年，美国建于亚利桑那州的巨大的生态实验工程"生物圈2号"正式运转，但仅维持了一年多即告夭折。这表明按目前的技术水平，人类还远不能模拟出一类似于地球的可供人类生存的生态环境。

③　毫无疑问，不适当的消费模式主要存在于以美国为代表的发达国家中，它们占世界总人口的比重较小，占资源消费量的比重却很大，从而对人类的可持续发展造成巨大压力。2010年发达国家仅约占世界人口的18%，消费量却占了全世界的60%以上（购买力平价），其中粮食的比重为36%，肉类为40%，乳类及能源为46%，纸为61%……而在过去，它们的消费比重还要更大得多。

力施加了日益沉重的压力;② 人类对地球生态系统结构、物质和能量循环过度干扰的破坏性;③ 在生产和消费过程中产生出大量废弃物,其数量与人口相比呈指数增长,并包含着愈来愈多的脱出物质循环常规的非自然成分和有害成分。这些原因致使地球生态系统逐渐失衡,从而给自然界和人类两方面的可持续发展蒙上了阴影。其具体表现主要有:

1. 环境污染

近年全球人类活动每年向大气中排放硫氧化物约 1 亿吨,氮氧化物约 0.7 亿吨,一氧化碳 1.7 亿吨,悬浮颗粒物约 0.6 亿吨,共有约 9 亿人生活在危害健康的二氧化硫浓度超标的环境中,有 10 亿人暴露在超标的悬浮颗粒物中。由于大量工业和生活废水排入江河、化肥和农药的污染、酸沉积、倾倒有毒废物等因素,致使水污染加剧,安全的淡水日趋紧缺。每年约 6.5 亿吨陆地上的垃圾和大约 320 万吨石油被排入海洋,致使海洋环境恶化,地中海、黑海、波斯湾等相对封闭的海域尤为严重,海岸沼泽地、红树林和珊瑚礁被大量破坏,对海洋生态平衡非常不利。

2. 废料激增

发展中国家人均一生所产生的废料相当于其体重的 150 倍,欧洲国家为 800 倍,北美更达 900 倍,其中包含了大量有毒有害的化学废料和放射性废料,其处理难度很大,致使每年有 500 多万人死于与废料危害直接有关的疾病。

3. 气候恶化,海平面上升

人类活动中大量排放的 CO_2、N_2O、CH_4、CCl_2F_2(二氯二氟甲烷)等均为温室气体,2010 年地球大气中 N_2O、CO_2、CH_4 的浓度比产业革命前的 1750 年分别高出 20%、39% 和 158%,且增高的速度有逐渐加快的趋势,如 CO_2(占温室气体排放总量 3/4 以上)增量的前一半用了近 200 年,而后一半仅用了 30 年,充分显示出人类活动影响力增大的结果,致使温室效应日趋明显。

近一个多世纪,全球平均气温持续上升,2010 年比 1961~1990 年间的平均值高出了 0.53℃,成为有记录以来最热的一年,同时 2001~2010 年也成为最热的十年。与此相应的是海冰减少,冰雪消融(1966~2005 年间,北半球月平均积雪面积以每十年 1.3% 的速率减少;欧洲阿尔卑斯山区冰川总量现不足 1850 年的一半,且正以每年约 3% 的幅度缩减,预计到 2050 年,绝大部分将完全消融),海平面上升(1961~1992 年间年均上升 1.4 mm,1993~2003 年间增多 3.1 mm),气象灾害加剧,极端天气频发。热带地区及沿海地区,特别是一些岛国,蒙受的不利影响最为严重。

为了评估海平面上升的影响,国际上把海拔 10 米以下的沿海地区称为"低平海岸带"(LECZ)[①],其总面积为 270 万平方千米,却居住了 6.4 亿人(过半数为城市人口),其中中国、印度、孟加拉国、越南和印度尼西亚以 1.44 亿、0.63 亿、0.62 亿、0.43 亿和 0.42 亿分列前五位;若考察"低平海岸带"占全国人口的相对比重,则以巴哈马、苏里南、荷兰、越南、圭亚那和孟加拉国的 88%、76%、74%、55%、55% 和 46% 为

[①] Deborah Balk. *Urban Population Distribution and the Rising Risks of Climate Change*（www. un. org/esa/population/meetings/EGM_PopDist/Balk. pdf）.

最高（未包括 10 万人口以下或不足 1 000 平方千米的小国）。一旦海平面大幅度上升，不仅上述一类国家将受到严重影响，甚至是灭顶之灾，世界人口地理和世界经济地理都将发生巨变（参见图 2-4）。

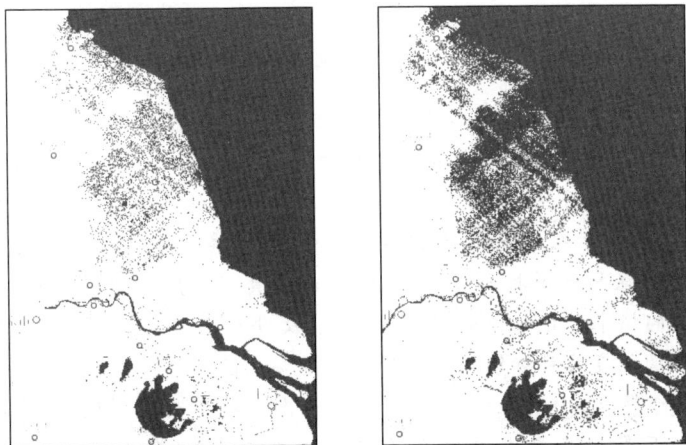

图 2-4　中国江苏省沿海地区（左：现状；右：海平面上升 1 米）

4．土地退化

人类对土地过度的、不合理的利用，造成普遍的土地退化，包括水土流失、荒漠化、盐碱化等。目前全世界每年因侵蚀而损失的土壤多达 260 余亿吨，估计有 1/3 的农田，其表层土壤失去的速度超过了自然过程土壤新生的速度[1]，结果使这些土地陷入生态亏损，逐步丧失农业种植能力。在土地退化中，影响最大的是荒漠化，迄今已覆盖了全世界 1/4 以上的陆地面积，受其直接影响的人口超过 2.5 亿，另有大约 100 个国家的 10 亿农牧民的生计也受到严重威胁，预计今后几十年内将有数以亿计的人口不得不被迫迁居。

5．植被减少

受过度采伐放牧的影响，全世界的森林迅速减少，并经历着由原始林、郁闭林向次生林、稀疏林的演化，大部分天然草地的产草量也显著下降，严重的已经向荒漠退化。

6．物种消失

原因主要是人类不断扩大活动空间，人口压力日增[2]，使许多生物物种适宜的生存环境遭到日甚一日的蚕食鲸吞。此外，人为的灭绝行动、食物链的中断、环境污染和生态恶化，也对若干物种造成威胁。自产业革命以来，物种消失的速度逐渐加快。预计 1990～2020 年内，将面临灭绝的物种竟占到总数的 5％～15％，其中包括大熊猫、虎、犀牛等等[2]。应该说，出现这种情况，绝不是人类征服自然力的胜利，而是人类的悲哀。如果不能维持生物多样性，人类即使能够实现自身的可持续发展，也将失去许多宝贵资源，并生活在一个寂寞的世界上。

---

① Brown, Lester R. Why Healthy Soil Matters to Civilization. *Futurist*, 2011, 45(4)：20.
② 参阅王振堂：《犀牛在中国灭绝与人口压力关系分析》，《生态学报》1997 年第 6 期。

面对以上严峻形势,人类必须高度重视保护生态平衡,与周围的生态环境保持协调发展,建立一种新型的人地关系,否则人类的可持续发展将失去基本的物质基础,人类也将最终失去自己的家园。

生态足迹与人口

为了综合性地定量评估人口与周围生态环境的关系,常常使用生态足迹(ecological footprint)这个指标。它指的是维持单位人口生存所需要的、具有生态生产力的地域面积,是对一定区域内人类活动的自然生态影响力的一种测度,其数值取决于人口规模、物质生活水平、技术条件和生态生产力。生态足迹将每个人消耗的资源折合成为全球统一的、具有生产力的地域面积,通过计算生态足迹的供求差值——赤字或盈余,能反映生态资源消耗强度,对揭示人地关系的协调程度及可持续发展前景具有重要价值。

近几十年来,由于森林、草原等自然生态环境不断遭到破坏,地球的生态承载力逐渐下降,而随着人口增长、消费水平提高,平均的生态足迹却明显增大,从1978年起全世界开始进入生态赤字状态,且赤字逐年扩大,已从1961年的1.3(全球)公顷/人演变为1985年的−0.2公顷/人和2007年的−0.9公顷/人。这种状态显然是不可持续的。2007年,世界平均生态足迹为2.7公顷/人,其中高收入国家因人均消费水平高,达到6.1公顷/人,中等收入国家为2公顷/人,低收入国家为1.2公顷/人。各国中最高的阿拉伯联合酋长国达到10.7公顷/人,最低的东帝汶仅为0.4公顷/人。在有数据的152个国家中,51个或1/3有生态盈余,它们合计占世界总人口的18%;其余101个国家或2/3为生态赤字,合计占总人口的82%。作为世界第一人口大国的中国,早在1972年即已进入生态赤字状态,近年已成为世界生态赤字的最大贡献者(见图2-5),这对我们无疑是一大警示。

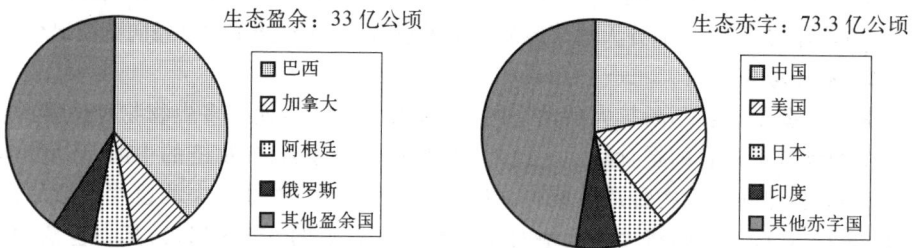

生态盈余:33亿公顷　　　　　生态赤字:73.3亿公顷

巴西　加拿大　阿根廷　俄罗斯　其他盈余国

中国　美国　日本　印度　其他赤字国

图2-5　2007年世界生态赤字和生态盈余的分布(全球公顷)

分析造成生态赤字抑或盈余的影响因素,很重要的就是人口密度,更确切地说,是人均占有的可利用的土地与其他自然资源。人口密度较大、人均占有资源较少者,无论贫富,多为生态赤字;反之,人口密度较小者,无论贫富,多为生态盈余。2007年,全世界101个赤字国平均人口密度达到93.9人/平方千米,其中只有15％的国家低于45人/平方千米,这些国家基本上都位于荒漠之中,实际居住的范围内的"真实"人口密度往往很高。全世界51个生态盈余国平均人口密度仅为22.7人/平方千米,其中80％的国家低于45人/平方千米,而与赤字国形成鲜明对照。所有这些都启示我们,生态系统的人口数量的多寡,确实与人口压力及可持续发展前景有着非常密切的关系。

五、资源承载力、人口容量和人口压力

任何时候人类的生存和发展都离不开自然资源提供的基础。近几十年来,由于人口的迅速膨胀,人口、经济、资源、环境等几个方面不相适应的矛盾在许多国家和地区日益表面化,从而引起了人们对自然资源人口承载力或合理人口容量问题的广泛重视。

所谓自然资源承载力,从生态上讲,是指一个国家或地区在不损害资源再生能力的前提下,按某一时期内人们可以接受的生活水准,其自然资源和生态系统可以稳定供养的最大人口数量。由于以下原因,使得精确估算自然资源承载力或最佳人口容量相当困难[1]:① 生产力发展、科学技术进步以及自然资源开发利用方式的合理化对承载力的影响难以作出精确估量[2];② 不同的系统开放度和外来补偿度对承载力的影响难以把握;③ 采用什么样的人均资源消费水平也很难确定。尽管如此,自然资源人口承载力的研究仍是很有意义的,通过它可以为人与资源、环境的关系定量地提出一个有一定科学可信度的依据。当然,对其中一些结论在认识上也不能绝对化。

对于各种自然资源,都可以按照适当的人均消费水平计算出资源承载力。就大多数地区而言,主要的且较具综合性的是土地承载力。

土地承载力的概念是由畜牧学中的"载畜量"引申出来的。"载畜量"指一定的放牧季节内,在正常的放牧条件和牲畜营养状况下,单位面积草场所能饲养的牲畜的最大数量。它主要与3个因子有关:① 由气候、土壤及人的投入决定的草场初级生产力;② 牲畜对牧草的平均需求量;③ 保证草场不致退化的合理采食率。根据这一概念,可将土地承载力定义为:按照可以预见的技术经济发展水平,在保持生态系统再生产能力不受破坏的前提下,一定范围的土地能健康地供养的最大人口数量。

很显然,单位面积土地承载力主要取决于3个因素:① 气候生产潜力;② 人的

---

① 最近有美国学者著文指出"20世纪70年代曾有学者试图估算各国的'最佳人口',但大多数人最终放弃。原因是不确定因素太多(如未来的技术能让世界生产出多少粮食),价值评判要素太多(如理想的绿地面积是多少)"。见 Nicholas Eberstadt. Five Myths About the World's Population, *The Washington Post*, Sunday, November 6, 2011。

② 以对人口承载力有很大影响的农业和粮食生产技术来说,美国的《未来学家》杂志对其发展前景有一个预测:2008年基因工程将培育出新型农作物和家畜,2015年由计算机控制各生产环节的精密农业和能大大增产的水栽农业将得到大范围推广,2022年将大量生产人工制造的肉、菜和粮食。见 William E. Halal. Emerging Technologies:What's Ahead for 2001 - 2030:Scholars Assemble a Comprehensive Forecast of Coming Technologies. *The Futurist*, 1997, 31(6):42。

技术经济投入;③ 人均消费水平。

计算土地的气候生产潜力有不少经验公式[①],但它们都涉及许多变量,如辐射量、有效积温、有效供水、坡度、朝向、受光率、土壤肥力、形成每单位重量的生物量所需热量,等等。其中一些可有实测数据,另一些只能用因子加权评分法来估算,最后得到的实际上只能是有一定上下幅度的估算值。为资简化,综合前述 3 个因素后可采用以下方法计算土地承载力:

首先,对一个地区确定中远期的土地利用结构,主要是确定农、牧、渔三项用地,其中最重要的又是确定粮食种植面积。

其次,根据历年的农、牧、渔各业的单位面积产量,用罗辑斯蒂曲线或平滑指数法等作中远期前景预测,其结果经专家评议后进行适当调整。

第三,计算中远期农、牧、渔业总产量,主要是粮食产量。

最后,分别按人均占有 400 千克粮食(小康水平)和 500 千克(中等发达水平)计算可以供养的人口数量。

更简便的方法是,根据本地区的情况并参照国际标准,确定一个有一定前瞻性的人均占有土地的水平。如中国,一般认为要健康地供养一个人大致需要 0.08 公顷耕地(南方和北方、平原和山区之间有一定差异),以此同现在和未来若干年的耕地总面积相对照,可得出中国大约可供养 16 亿～17 亿人的结论。按照同一方法,也可以确定其他资源的承载力,如国际上一般认为一人一年淡水需求量不宜小于 1 000 立方米,以此同中国水资源总量相比(扣除其中不能利用的部分),也可得出中国可承载 16 亿～17 亿人的结论。

在各国各地区之间,人口数量和生产力发展水平以及自然资源赋存量差异悬殊,以一定标准的人均值或人口占有量衡量,可以计算出各自的人口压力指数。该指数当然是一个相对的概念,就一个大的封闭系统而言,例如整个地球,人口压力指数总是等于 1,一个国家人均生产总值或资源占有量大于世界平均数,则该指数小于 1,表明人口压力较轻;反之,则该指数大于 1,表明人口压力较重[②]。拿中国的情况来说,矿产资源压力指数为 2,耕地压力指数为 3,水资源压力指数为 4,人均资源量综合排名世界第 120 位,人均 GDP 也排在 90 位之后,这说明尽管经济持续多年高速发展,人口增长率也已降至低水平,但中国却始终是世界上一个人口压力比较沉重的国家,这一点是现在乃至未来一段很长时期内,我们考虑任何问题,包括人口问题时,都必须始终牢记的。在一个国家内部的不同地区之间,也可以计算人口压力指

---

① 著名的如迈阿密模型:

$$Y_t = \frac{3\,000}{1 + e^{1.1315 - 0.119t}}\ \text{g/m}^2 \cdot a;\ Y_r = 3\,000(1 - e^{-0.0004r})$$

桑斯韦特模型:

$$Y_{et} = 3\,000[1 - e^{-0.0009695\,(ET_{20})}]$$

式中:Y 为生产潜力,t 为年均气温(℃),r 为年均降水量(mm),ET 为实际蒸散量(mm)。

② 2011 年,世界按人均 GDP(购买力平价)计算的人口压力指数如下:发达国家 0.34,其中美国 0.24;发展中国家 1.73,其中亚洲 1.68(中国 1.36,印度 3.10),非洲 3.75,拉丁美洲 0.96。

数(以全国平均指数为 1)[①]，这对于生产布局和人口再分布具有一定的指导意义。

六、向理想适度人口前进

人口不应永无止境地膨胀下去，而应在数量上为其增长规定一个限度。达到上述限度时的人口可称为适度人口，它是指与社会、经济、资源、环境相互协调，能带来最大社会效益的相对稳定人口。

就全世界而言，适度人口规模与全球资源承载力关系至密。国外不少学者对全球资源承载力进行过多种测算。1983 年，世界粮农组织曾对除东亚外的所有发展中国家的土地承载力作了研究[②]，其主要结论是：按照世界粮农组织和世界卫生组织专家委员会推荐的营养标准，以及低、中、高三种技术投入水平，研究区域内的潜在人口供养能力比 1975 年实际人口数分别高 1 倍、6 倍和 15 倍。可见，只要加大技术投入，地球的人口承载力确是十分可观的。但上述低、中、高三种投入水平何时以及通过何种途径才能全面实现，具有很大的不确定性。参考一些外国学者的研究成果，我们对未来 50～100 年的全球资源承载力也有如下测算：

1. 粮食收获面积

虽然国际上一般认为世界耕地面积尚有扩展余地，但考虑到土壤的退化、侵蚀，以及各项事业对现有耕地的占用，可以肯定未来世界耕地面积不会再有大幅度的增长了。而在耕地总面积中，非粮食作物的比重有上升趋势，事实上近 20 年来世界粮食作物的收获面积已失去增长势头，而转为停滞甚至略减，因此可以把 2100 年的世界粮食收获面积设定为仍保持现有水平，即 2010 年的 8.1 亿公顷。

2. 单位面积产量

过去半个世纪，世界粮食作物的单位面积产量一直保持稳定增长（见图 2-6），形成了很明确的趋势线。据此，可以在 2010 年实际单位面积产量 3.26 吨/公顷的基

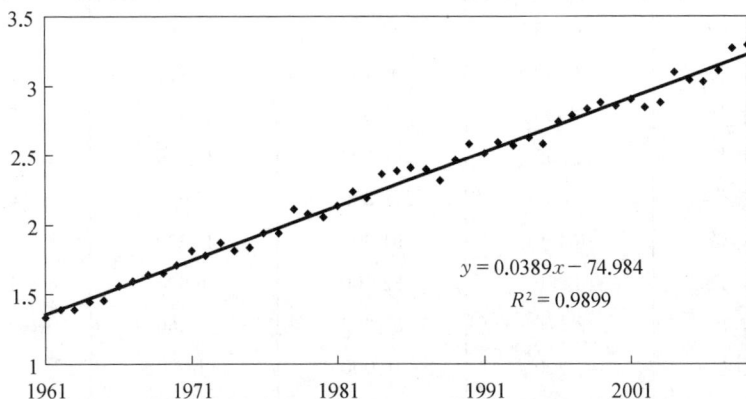

$$y = 0.0389x - 74.984$$
$$R^2 = 0.9899$$

图 2-6　1961～2010 年世界粮食单位面积产量的变动(吨/公顷)

---

① 参阅程希：《对不同地区人口分布与经济和资源环境关系的总体评价》，《人口与经济》1996 年第 6 期。

② 世界粮农组织：《发展中世界土地的潜在人口支持能力》，罗马，1983。

础上,设定 2100 年分别为 6.8 吨/公顷(高方案)、6.5 吨/公顷(中方案)、6.2 吨/公顷(低方案)。

3. 2100 年世界粮食总产量

按高、中、低三个方案,在 2010 年 26.45 亿吨实际产量的基础上,分别提高至 55.1 亿吨、52.7 亿吨、50.2 亿吨。

4. 人均粮食消费水平

以 2008～2010 年略低于 400 千克为基数,在高、中、低三个方案中分布设定为 420 千克、450 千克、480 千克。

5. 全球粮食资源人口承载力

按高、中、低三个方案均在 118 亿人上下。这一承载力高于联合国人口司预测的 2100 年世界人口总量(可能十分接近于稳定人口)——101.25 亿。这表明对于人类可持续发展前景,持悲观态度是没有根据的。

1988 年,中国科学院国情分析研究小组就中国的人口、资源、环境、粮食等 4 个基本问题,提出了题为《生存与发展》的研究报告。该报告以生物生产力为基础,以人均 400 千克粮食为标准,计算了中国不同时期的土地资源承载力,结论是:1985 年总生物产量(干物质)31.7 亿吨,粮食总产量 3 787 亿千克,可承载 9.5 亿人,实际超载 1.1 亿人。2025 年生物产量 39.8 亿吨,粮食 5 925 亿千克,可承载 14.8 亿人。远景生物产量 72.6 亿吨,可承载 16.2 亿人。就此他们认为:"我国的理论最高承载能力为 15～16 亿人。"[①]该报告还计算了中国各大气候类型区的土地资源人口承载力,见表 2-9。

表 2-9 中国土地资源人口承载远景潜力分区

潜 力 区	生物生产率 (千克/公顷)	年生物产量 (万吨)	人口承载潜力 (万人)	承载密度 (人/公顷)
北 温 带	1 125	4 800	480	0.38
中 温 带	3 600	105 100	23 285	2.29
南 温 带	3 900	87 900	21 975	2.79
北亚热带	5 550	88 600	22 000	3.95
中亚热带	6 000	229 800	57 000	4.27
南亚热带	6 450	91 900	22 900	4.59
热 带	6 750	22 400	5 600	4.86
干 旱 区	2 175	85 600	8 560	0.32
青 藏 区	300	10 000	1 000	0.04
合 计	—	726 100	162 800	1.69

说明:经济利用系数在干旱区和青藏区以 0.8 计算,余为 0.3～0.35。

---

① 中国科学院国情分析研究小组:《生存与发展》,科学出版社 1989 年版,第 131 页。

1997 年,中国政府和联合国开发计划署、世界粮农组织合作进行的一项研究认为,中国的最大土地人口承载力为 17.36 亿。这一结论与前一成果十分接近,其数据略大一点,大概是考虑了 90 年代中国技术经济条件的进步。此外,全球气候变化对中国农业生产条件的影响,总的来说可能是利稍大于弊,也是一个正面因素。

关于未来中国的人口总量,国内外的专家们都做过不少预测。与过去所做的预测相比,2010 年联合国人口司大幅度调低了对未来中国人口数量的预测(见表 2-10),显示出中国人口形势确实有了较快的变化。2010 年所预测的中国峰值人口数及其出现年份为:

高方案——14.82 亿,2045 年;

中方案——13.95 亿,2025 年;

低方案——13.57 亿,2015 年。

表 2-10　联合国人口司对 2050 年中国人口的预测　　　　　　亿人

方　案	高	中	低
1998 年预测	16.86	14.78	12.50
2002 年预测	17.10	13.95	11.29
2010 年预测	14.79	12.96	11.30

国家人口计生委的专家根据人口宏观管理与决策支持系统(PADIS)预测,中国人口总量将会在 2040 年前后达到 14.7 亿左右,之后开始减少[①],与联合国人口司的高方案预测相当接近。

将以上两类数据相比较,可以看出中国可持续发展的前景虽然确有形势严峻的一面,但同整个人类的发展前景一样,持悲观态度也是没有根据的。

最后,应该强调指出,不应该以消极的眼光来看待理想适度人口问题。科学在不断进步,生产力水平在不断提高,人类对自然界的开发利用不断朝着深度和广度发展,这个进程是没有止境的。正如恩格斯所说:"应用资本、劳动和科学就可以使土地的收获量无限地提高。"[②]这就充分说明,在人和自然界的关系中,只要掌握了科学的武器,正确认识了基本的自然规律,人就可以在自然界提供的基础上为自己创造出最美好的未来。

恩格斯谈到必须为人类增长在数量上规定一个限度,又谈到人类可以使土地的收获量无限地提高,这两个观点之间并不矛盾,而是一种辩证统一的关系。事实上,所谓有限和无限也正是这种辩证统一的关系。"一尺之棰,日取其半,万世不竭。"[③]"一尺之棰"是有限的,"万世不竭"则是无限的。地球在空间上和以太阳辐射为第一要素的自然资源在数量上是有限的,而人类开发利用自然界的发展进程则是无限

① http://news.sohu.com/20100519/n272223318.shtml.

② 恩格斯:《政治经济学批判大纲》,见《马克思恩格斯全集》,1 卷,人民出版社 1956 年版,第 616 页。

③ 《庄子·天下篇》。

的。对于这两个方面，如果忽视了其中任何一个，都将陷于片面性。

根据以上所述，可以得出一个结论，即：一个国家和整个地球在一定的生产力发展水平上，所能供养的人口是有限的。精确地回答这个限度是多少当然有困难，但认识到这种有限性并以此来调整人口的增长，使其总量最终归于稳定，无疑是一种科学的负责的态度。[①]

---

① 胡焕庸、张善余著：《世界人口地理》，华东师范大学出版社 1982 年版，第 54 页。

第三章
人种、民族和宗教

第一节 人种类型及其分布

一、三大人种的划分

人种，即人类的种族，是指具有共同起源并在体质形态上具备某些共同遗传特征的人群。这些特征包括头颅、五官、眼睑、头发的形状，皮肤、头发和眼睛的颜色，身高及其比例等。此外，体毛、指纹、掌纹、牙齿结构以及不同血型的出现频率等也有一定意义。可见，人种概念属于生物学和体质人类学范畴，它是人类自然属性的一种表现。

最早进行人种分类的，是瑞典生物分类学家林奈。1735年，他在《自然系统》一书中把人类划分为4个人种类型，即亚洲黄种人、欧洲白种人、非洲黑种人和美洲红种人。此后，随着研究的深入，不少学者提出了一些新的划分方法。1950年，联合国教科文组织在关于种族问题的声明中，提出三大人种的划分，即蒙古人种、尼格罗人种和高加索人种，在国际上得到了较普遍的接受。在此基础上，近年我国学者采用了两个层次的人种分类法，第一层次为三大人种，即蒙古人种、赤道人种和欧罗巴人种[①]，以下再分成20多个类型，如蒙古人种即分为东亚、南亚、北亚、北极、印第安等几个类型，较好地反映出人种的差异性。

蒙古人种：皮肤呈黄色或黄白色、黄褐色，面部扁平，颧骨较高，鼻梁的高度和宽度属中等，嘴唇厚度适中，胡须和体毛不发达，头发为黑色直发，眼睛的颜色较深，两眼内角有特别的内眦褶遮盖泪阜。集中分布于亚洲东半部。蒙古人种中还包括美洲印第安人，后者面部长相没有一般蒙古人种那样典型，其鼻梁略高，内眦褶较少见。

赤道人种：又称尼格罗—澳大利亚人种。皮肤呈黑色或深棕色，头发为黑色卷发，鼻梁宽扁，嘴唇厚而凸出，体毛发达程度中等。广泛分布于撒哈拉以南的非洲、大洋洲，以及南亚、东南亚部分地区。

欧罗巴人种：皮肤颜色浅淡，头发为柔软的波状发或直发，其颜色多呈金黄、亚麻、灰褐等色，嘴唇薄，鼻梁高，鼻尖突出，有的呈鹰钩状，眼睛的颜色较淡，多为蓝色

---

① 参见《中国大百科全书·民族卷》，中国大百科全书出版社1986年版。

或灰褐色,体形较高大,胡须和体毛发达。主要分布于欧洲、北非、西亚、中亚及南亚部分地区。

除外表形态外,其他某些遗传特征对人种区分也有一定的意义,尤其是 Gm 血型具有很高的种族特异性,其 st 因子为蒙古人种特有,fb 因子为欧罗巴人种特有,ab 因子则仅见于赤道人种。根据 Gm 单倍型频率可计算出各地人群间的遗传距离,再通过聚类分析绘出种系发生树,能较为直观地表示出种族血缘关系的远近。例如,中国居民大致分为南北两大类型,其地理分界线在北纬 30°即长江一带(见图 3-1)。在北方人群中,Gmag 单倍型频率较高,在 0.29~0.54 之间,而南方人群仅为 0.03~0.25。相反,北方人群 Gmafb 单倍型频率较低,仅 0.08~0.39,南方人群则高达 0.46~0.81。值得注意的是,在新疆的维吾尔、哈萨克、回等民族的居民中,有 Gmfb 单倍型,其频率在 0.1~0.3 之间,清楚表明这里存在着欧罗巴人种的血缘影响。以上可见,中国南方和北方,以及内地和边疆不同人群之间,在种族血缘成分上确实存在着一定的差异。外表形态和遗传基因频率的渐变梯度,反映了不同起源的人群不同程度或不同比例的混杂与融合。但总的说来,上述种种差异均涵盖于蒙古人种这一主干之下。

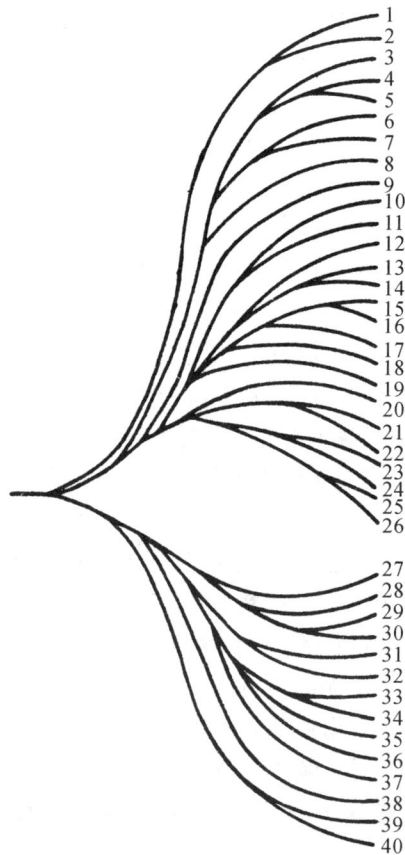

以下群体未注民族的,均为汉族。1. 新疆维吾尔族;2. 新疆哈萨克族;3. 延边朝鲜族;4. 沈阳朝鲜族;5. 甘南藏族;6. 哈尔滨;7. 武威;8. 石家庄;9. 呼玛鄂伦春族;10. 宁夏回族;11. 新疆回族;12. 包头蒙古族;13. 呼和浩特蒙古族;14. 洛阳;15. 长春;16. 大连;17. 济南;18. 西安;19. 徐州;20. 南通;21. 合肥;22. 芜湖;23. 如皋;24. 上海;25. 太仓;26. 萧山;27. 温州;28. 南昌;29. 黄石;30. 云南白族;31. 长沙;32. 贵阳;33. 福州;34. 成都;35. 邵阳;36. 宜春;37. 柳州;38. 昆明;39. 南宁壮族;40. 广西侗族。

图 3-1　根据 Gm 单倍型频率计算遗传距离绘制的中国居民种系发生树

虽然各个人种类型在体型和某些遗传特征上确有一定差异,但一般并无截然的界线,彼此之间的交叉和过渡现象是相当明显的。就是在一个人种的内部,差别也不小,身材、肤色、眼色、鼻腔、嘴唇、头发、头部形状等差不多都是如此。[①] 以划分人种最明显的特征——肤色来说(因此有黄种人、白种人、黑种人之通称),蒙古人种和欧罗巴人种之间区别就不大,后者有一部分肤色比前者更深(见图3-2),不同血型出现频率的地理分布与基本人种的分布地区也不大相同。从人类的生物学特征来看,各个人种之间的共同点是本质的和大量的,如许多器官的构造和生理机能都完全一样,而差异则是次要的和少量的,还不到人类的全部生物学特征的1‰,因此,决不能以这些少量区别来否认人类种属上的统一性。

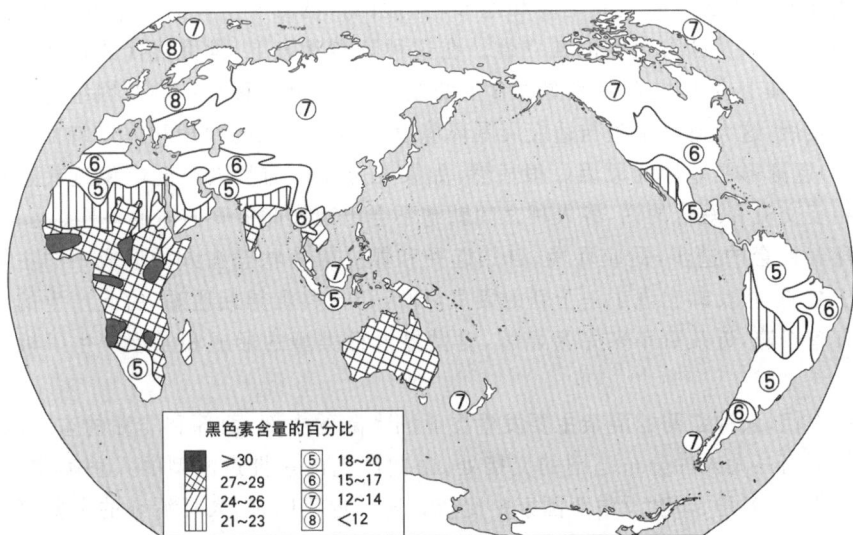

图3-2 世界原住居民皮肤颜色的深浅变化

二、人种的形成

所有的人类都属于同一个物种,有共同的祖先。既然如此,为什么在不同人群之间会出现某些体形特征上的明显差异呢?现在一般认为,人种的形成开始于旧石器时代晚期,距今约5万年,这正是最早的现代人出现的时间。在漫长的历史时期内,人类的生活受着自然条件的强烈影响。由于地理环境的显著差异,生活在各地的不同人群通过遗传和变异产生出一系列人种上的特征,它们具有明显的适应周围环境的意义。此后,由于自然选择的作用,这些特征被逐步固定下来。

古代蒙古人种主要生活在亚洲东部草原和半荒漠的环境中,为了对大风、灰沙和冬雪反照起保护作用,他们的眼裂细小,并发育了内眦褶,肤色发黄看来也同这种

① 例如尼格罗人种内部差异就很大,英国出版的《非洲人》一书指出:"在撒哈拉以南非洲,世界上身材最高和最矮的,鼻子最高和最低的,嘴唇最厚和最薄的人类群体都生活在一个大陆上。""所有这些都证明了生活在撒哈拉以南非洲诸民族的重大生物学差异。"译文引自《民族译丛》1991年第2期。

自然环境有关。印第安人的祖先最初由亚洲迁往新大陆时,蒙古人种基本的体形特征尚未充分发展,因此他们现在的体形特征与亚洲蒙古人种有一定的区别。

赤道人种生活在东半球的热带地区,这里日晒强烈,炎热潮湿,黑色素较多的深色皮肤和浓密的卷发能对头部和身体起保护作用,宽大的鼻腔和外粘膜发达的厚嘴唇,也有助于适应水汽蒸发和急促呼吸的需要。

欧罗巴人种主要形成于欧洲的中北部,那里的气候寒冷潮湿,日照比较弱,人们的皮肤、头发和眼睛的颜色很浅,体毛发达,看来都是对当地自然生态条件的适应。

在旧石器时代,人类在地理上总的说来是彼此隔离的,而交流和融合则极少。这种隔离不仅由于空间上的距离和地形上的阻隔,也由于生产力水平的落后、人口总量的稀少,以及社会组织的孤立性。在这种隔离状态下,世世代代的自然淘汰和内部通婚,加上生活方式,特别是饮食上的差异,使控制人种特征的基因组合得到了突出的发展,这大概是某些与适应周围环境没有明显关系的生理和体形特征(血型、指纹等)逐渐形成差异的原因。很显然,如果几万年以前的人类能够像近代这样广泛地相互交流和融合的话,各人种之间就绝不会出现如此显著的体形差异。

随着社会的进步,适应环境、自然选择和孤立隔离状态在人种形成中的主导作用趋于减弱,相反却出现了一个新的因素,即人口迁移和异族通婚,由此产生的血缘混杂日趋普遍,近几百年来尤为显著,对世界人种类型的形成和发展产生了极大的影响。

在古代,人种之间的混杂主要发生在亚洲大陆的中部、西部和非洲的东北部,这一地带正当三大人种分布范围的交接处,由此产生出一批过渡型的人种类型,这在埃塞俄比亚、苏丹、印度及中亚国家中比较普遍。近代以来,人种混杂的主要事件是欧洲人向美洲、大洋洲和非洲的大规模移民,以及奴隶贩卖使许多非洲黑人来到美洲。这一过程中形成了一系列新型的混血种人,其中人数较多的,在美洲有美斯蒂索人(印第安人与欧洲人的混血种)、姆拉托人(非洲黑人和白种人的混血种)和萨姆博人(印第安人和非洲黑人的混血种),在非洲有开普有色人(欧洲人和非洲黑人的混血种)。

三、现代人种类型结构和分布

人种差异是人的自然属性的表现,而现代人种类型结构,即不同人种的人口数量比例及其分布,则受到社会经济因素的强烈影响(尤其是不同的自然增长率、人口迁移和异族通婚)。因此,各人种不仅人口比例经常变化,而且统计中必然带有较大的模糊性,特别是在过渡型和混血类型中尤为明显。在这种情况下,对现代人种类型结构只能作出大致的估算。表3-1是苏联学者切博克萨罗夫所作的统计[1]。

---

① [苏]尼·切博克萨罗夫著,赵俊智译:《民族、种族、文化》,东方出版社1989年版,第142~143页。

表 3-1　现代人种类型结构估算

人　种　类　型	占世界总人口比重（%）	人　种　类　型	占世界总人口比重（%）
A. 亚洲蒙古人种	17.0	A 和 D 的混合型	16.7
B. 美洲蒙古人种	0.8	A 和 E 的混合型	1.1
C. 非洲赤道人种	6.3	B 和 E 的混合型	3.0
D. 亚洲和大洋洲赤道人种	0.3	C 和 E 的混合型	8.9
E. 欧罗巴人种	45.4	其　　他	0.4

　　1993 年,我国学者也提出了对三大人种人口比例的估算[①]:蒙古人种占世界总人口的 41%,赤道人种占 16%,欧罗巴人种占 43%。这反映了当代人种结构的基本态势。

　　蒙古人种主要分布于亚洲东部和北部地区,其人种特征在蒙古高原及其周边地区的居民身上表现得最为典型,向南向西则出现越来越明显的过渡性,如我国华南的居民在体形特征上与典型的蒙古人种即已有不少差别,他们体型较矮小[②],皮肤颜色较深,内眦褶和直形发出现频率减小,波形发和卷发出现频率增大,颌部突出,鼻腔较宽,嘴唇变厚。这类特征在东南亚各地的居民中就更为明显,充分表现了蒙古人种和赤道人种之间的过渡和混合。美洲印第安人和因纽特人在体形特征上与亚洲蒙古人种小有不同,但细胞脱氧核糖核酸的检测说明他们确系古代东亚北亚人的后裔。由于长期的人种融合,目前未经混血的印第安人已为数甚少。由于占蒙古人种绝大多数的中国人(除个别少数民族)、日本人和朝鲜人的人口增长率较低,未来该人种占世界总人口的比重将逐渐降低。

　　欧罗巴人种俗称白人,其分布范围广,内部差异也大。一般将该人种区分为北、南两支。北支分布在欧洲西北部,具有身材高大、白皮肤、金发、碧眼的典型特征;南支广泛分布于从印度北部直到地中海西部的广大地区,其皮肤、头发、眼睛的颜色较深,身材也略矮。中欧则属于北、南两支之间的过渡类型。欧罗巴人种与其他人种之间的混合非常广泛。与蒙古人种的混合类型目前遍布东欧、中亚和西亚;与赤道人种的混合类型主要分布在印度南部和非洲东北部;在美洲,与印第安人的融合则分布更为广泛。根据人口再生产形势判断,上述南支的人口规模正不断膨胀,北支则处在停滞萎缩之中,加上血缘的混杂,使得典型的"金发、碧眼"在世界上已越来越少了[③]。

　　赤道人种可分为东、西两支。西支分布于撒哈拉以南的非洲,称尼格罗人种,俗

---

　　① 中国社会科学院民族研究所主编:《世界民族概论》,中央民族学院出版社 1993 年版,第 44 页。
　　② 我国居民身材北高南矮是很明显的,大体上说,秦岭淮河线以北高于全国平均身高,以南则低于平均身高;河北、黑龙江的居民最高,比最矮的贵州、四川、广西居民约高出 3%～5%。
　　③ 据世界卫生组织统计,金发者占世界人口的比重已由过去的 40% 降至目前的 14%。有人认为,一千年后金发将不复存在。其原因,一是金发者增长率极低,二是血缘的混杂(父母中一方为金发,另一方为非金发,子女有金发的几率仅为 1/4)。

称黑人,居住在其人种起源地西部非洲的黑人肤色最深,东部非洲和南部非洲的黑人因与欧罗巴人种有一定的融合,因而肤色稍浅。非洲赤道人种中另有两个较特殊的类型:一是俾格米人,他们分布在非洲中部的密林中,身材特别矮小,故又称矮人,总人数不超过 25 万,其头大腿短,嘴大唇薄,肤色也远较黑人浅淡;二是科伊桑人,分布在非洲西南部的荒漠地带,他们具有某些蒙古人种的特征,如肤色黄褐、颧骨突出、眼裂狭长、多内眦褶等,总人数仅约 20 万。由于体形特征上的明显差异,有的学者便把以上两部分人单独划分出来,作为游离于尼格罗人种之外的孤立人种。

分布于亚洲最南部和大洋洲的赤道人种东支常另称为澳大利亚人种,其体形特征与非洲黑人有不小的差异,加上人数少,分布非常分散,某些人类学家因此把他们全归入孤立人种,包括澳大利亚(土著)人,美拉尼西亚人,巴布亚人,日本的阿伊努人,南亚的维达人,以及散布于马来群岛丛林中的尼格利陀人。

在世界各大洲之间,居民的人种结构差别很大。欧洲最为单纯,欧罗巴人种约占总人口的98%,其余多为近二三十年迁入的新移民。在大洋洲,欧罗巴人种虽是外来者,但他们"喧宾夺主",现在反而占到总人口的 3/4。非洲的居民以撒哈拉沙漠为界,分属赤道、欧罗巴两大人种,前者占总人口一半略多,后者占 1/4,余为混合类型。亚洲的人种结构呈鼎足三分之势,即蒙古人种、欧罗巴人种、蒙古人种和赤道人种的混合类型各占 1/3。美洲是个新大陆,400 年前还是清一色的美洲蒙古人种,现在结构却最为复杂,被称为"人种十字路口"的拉丁美洲尤为典型。该洲的一个显著特点是混血人种类型多,数量大,几乎占全洲总人口的一半,其余依次为欧罗巴人种、蒙古人种和赤道人种,今后混血程度将进一步趋于增大。北美洲接纳了大量来自欧洲的移民,故长期以欧罗巴人种占绝对优势,但近几十年来出现了一个新情况,即由于较高的自然增长率和迁入率,其他人种在总人口,特别是低龄组人口中的比重不断上升(白人的粗出生率比其他种族低大约 3 个千分点),致使人口种族结构迅速发生变化,如 2000~2010 年间,美国未混血的白人仅增长 5.7%,未混血的黑人增长12.3%,而未混血的亚洲人增幅则高达 43.3%。白人占其总人口中的比重已从过去 90%的峰值,下降至接近 70%。在美国这样的国家,白种人会不会有朝一日成为"少数民族",这无疑是一个令人感兴趣的问题。

四、"种族不平等论"的伪科学性

在人类发展史上,尽管各个人种生活的地理环境有所不同,文化各有特点,但都对人类的文明作出了自己的贡献。无论从生物学的还是社会学的观点来看,各个人种之间的共同点都是本质的和大量的,而差异则是非本质的和少量的。

但是,自进入阶级社会,特别是资本主义开始发展以来,一些统治阶级代表人物竭力宣扬"种族不平等论"的伪科学,以此作为他们奴役其他民族的精神武器。法国人戈宾诺在出版于 1755 年的《论人类种族的不平等》一书中,竭力散布白种人优秀,其他种族低劣的观点,并鼓吹"整个人类的历史,就是优等种族不断战胜劣等种族的历史"。此后,这种伪科学不断得到某些人的宣扬,并在纳粹统治时期的德国发展到登峰造极的地步,直至今日,在一些国家中仍有着不小的市场。

现代科学业已充分证明,人类在种属上是统一的(99.9%的遗传基因相同),绝没有"优等"、"劣等"之分。1967 年联合国教科文组织专家会议通过的《种族宣言》严正指出:人类种族的划分只具有相对的意义,世界上并无纯粹的人种。不同种族的遗传天赋没有差别,差别主要来自社会影响和文化影响,"现代生物科学不允许将各族人民在文化成就上的差异归咎于他们在遗传性状上的差异"。这些都表明,"种族不平等论"不仅在政治上是反动的,在理论上也是根本站不住脚的。

第二节 民族和语言

一、民族的形成与发展

(一)民族形成、发展的一般过程

地球上的居民,一般都是按民族聚居的。民族的分布及其人口的迁移,一个国家或地区居民民族成分的构成,民族因素对人口再生产和人口结构的影响,都是人口地理学重要的研究内容。

人种是按人们自然的体形和遗传特征区分的,民族则是人们最主要的社会划分形式之一。所谓民族,指的是"人们在历史上经过长期发展而形成的稳定共同体"。[①] 从广义理解,它包括人们在历史上形成的,处于不同历史阶段的各种共同体,如原始民族、古代民族、现代民族等;从狭义理解,则仅指在资本主义上升时期形成的具有共同语言、共同地域、共同经济生活以及表现于共同文化特点上的共同心理素质的稳定共同体。从以上定义看,民族显然属于历史范畴,既不是随人类诞生从一开始就有的,也不是永恒不变的,而是受社会法则制约,有其形成、发展、演变和消亡的过程的。

在漫长的远古时代,血缘家庭是人类基本的社会组织。到距今大约四五万年的旧石器时代晚期,人类进入了氏族制时期,社会组织相继经历了氏族—胞族—部落—部落联盟等几个阶段,即先由几个氏族组合成胞族,再由几个氏族和胞族组合成部落,最后由若干具有共同语言的近亲近邻部落组合成部落联盟。在以上发展过程中,氏族和胞族都属于以血缘为纽带的社会群体,而部落则已从血缘联系发展到地缘联系,并初步实现了地域、语言、文化等要素的共同化,故一般认为,部落或部落联盟已经是民族的胚胎,即原始民族。

公元前 4 000 年~公元前 5 000 年时,随着生产力的发展,私有制、阶级和国家出现了,其突出的代表就是尼罗河流域、黄河流域等四大古文明的兴起,它们标志着人类由野蛮时代进入了文明时代,原始民族亦由此实现了向着文明民族或古代民族的大飞跃。在这个过程中,经济、文化发展的客观需要越来越彻底地冲破了氏族、部落

---

① 《民族词典》,上海辞书出版社 1987 年版,第 344 页。

和部落联盟的界线,血缘的维系作用日趋淡薄,广大的地域内的人群被纳入同一政治生活和经济生活中,语言、风俗、文化等日益共同化,而国家政权所具有的政治和军事力量在其中也起了必不可少的集聚和巩固作用。所以说,国家是容纳民族的外壳,民族在国家中则是一个向心的稳定因素。此后,通过和平发展和异族征服两种方式,越来越多的原始民族实现了向着文明民族的脱胎羽化,从而大大推动了人类文明的进步。

进入资本主义上升阶段后,生产方式的剧变,生产力水平的质的提高,都强有力地促进了民族的新发展。在欧洲,中世纪多得数不胜数的诸侯城邦小国逐步实现了以民族为核心的统一,由此诞生了法兰西、德意志、意大利等一批现代民族和民族国家;在美洲,以美国独立为先导,在不长时间内就基本完成了形成现代民族和民族国家的进程;在亚洲、非洲和大洋洲,一大批民族国家的建立主要是在 20 世纪特别是第二次世界大战后通过汹涌澎湃的民族解放运动实现的。民族的独立、国家的统一、社会的进步,对民族的形成与发展均起了强有力的促进作用,其形态发育和分布格局是以往任何时候都难以比拟的。

目前,在一些历史悠久或经济、文化较发达的国家,民族的形成已经基本完成,而在一些原先社会形态较落后的发展中国家,这一过程正方兴未艾。即使在前一类国家中,新鲜血液的不断注入以及进一步发展经济、文化的客观需求,使得民族的同化、异化、融合、分离等因素依然存在。从这个意义上讲,所有的民族都处在继续发展、演变的过程中。

(二) 中华民族的发育演变简史

对于上述民族形成、发展的一般进程,中华民族特别是其主体部分的汉族的发育演变史,是一个极好的例证。

据研究,氏族组织在我国的出现大约在距今 4 万年前,但直到 1 万年前,才进入氏族社会的全盛时期。此后,胞族、部落等相继形成。距今 5 000 年前后,随着生产力的发展和人口的增殖,部落或部落联盟的规模越来越大,逐渐演变为地区性的社会组织。在传说中的三皇五帝时代,这样的组织已遍布黄河、长江的中下游地区。经过长时期的融合和兼并,这一广阔区域内的许多氏族和部落——主要包括古夷人各部、古羌人大部、古戎狄一部、古蛮人一部以及巴人、蜀人、越人等——犹如滚雪球一般,逐渐形成了汉族的前身——华夏族。

进入奴隶社会以后,尽管已出现了国家,但部落联盟仍遍布国中,夏、商、周三个王朝不过是它们的"总盟主"罢了,这时的国家同秦、汉是有重大区别的。当然,高一级国家政权的出现,对于民族的形成毕竟起了很大的推动作用。伴随着商伐夏、周伐商等战争而进行的大规模部落移民,也在广阔的范围内促进了经济和文化的共同化。到西周中期,我国主要区域已初步形成了大同小异的民族语言文字,以《周礼》为标志的华夏文化影响深远,并成为后来对民族的形成与发展起了显著促进作用的儒家思想的基础。

到春秋、战国时代,我国的经济和文化都达到了较高水平,人口也繁衍到将近

3 000万的巨大规模,不同人群之间的各种交往日益频繁,那种长期存在的方国林立、诸族争霸、小国寡民的状况再也不能继续下去了。正是顺应这样的历史潮流,秦始皇才完成了统一大业。他在以往基础上颁行了一系列中央集权制国家的政令,在全国范围内大体上完成了形成民族所必需的地域、语言、经济、文化四个共同化的过程。到汉武帝前后,这一过程最后完成了。这样,以华夏各部落为主体,融合了周边若干其他部落,终于组成了一个统一的民族共同体,这就是汉族。

汉族形成后,仍继续不断地成长发育,尤其是通过民族的迁移和融合,吸收了越来越多的新鲜血液,人口也日益繁衍,终于发展成为世界上人数最多的一个伟大民族。

我国历史上的民族迁移和融合可以说是贯穿古今,从未间断过,其中规模最大的有三次。

第一次民族大迁移、大融合发生在春秋战国时期。当时在中原广大地区内,华夏族和非华夏族广泛混居,通过和平交往和武力兼并,许多非华夏族相继融入华夏族,其余的逐渐从中原迁移到边远地区。

第二次民族大迁移、大融合发生在魏晋南北朝时期。这时原居住在我国北部和西部地区的少数民族,如匈奴、鲜卑、乌桓、羯、羌、氐等,大量迁入中原,在汉族先进生产方式的影响和文化的熏陶下,这些民族均渐次汉化。

第三次民族大迁移、大融合发生在辽金元时期。这三个王(皇)朝均由少数民族建立,统治了我国的部分或全部版图。为加强统治,有关的少数民族被大批迁入中原,如元朝时不仅把蒙古族大量迁入,还从中亚、西亚、东欧迁入了许多民族的成员。元朝灭亡后,上述内迁民族基本上都在我国境内留居下来,有的成为回、东乡、裕固、土、保安等民族的先祖,更多的则和汉族逐渐融合了。

毛泽东曾经指出:"汉族人口多,也是长时期内许多民族混血形成的。"[1]从以上历史看,情况确是这样。少数民族迁入或侵入汉族聚居区,虽然一时会因民族矛盾或民族战争造成社会动乱,有时损失是巨大的,但从长远来看,对经济、文化的发展还是起到了促进作用,在中华民族光辉灿烂的历史长河中,少数民族作出的贡献,无疑是应予以充分肯定的。

我国现存各少数民族绝大部分都是在我国境内土生土长的,其中不少原先也居住在中原地区,后来汉族长期处于主导地位,统治者的压迫和歧视迫使这些少数民族不得不迁往边远山区。虽然阶级社会中民族矛盾始终存在,但总的看来,相互联合和促进一直是我国各民族之间,包括汉族和各少数民族之间相互关系的主流。

新中国建立后,实行各民族一律平等、团结互助和民族区域自治的政策。各项民族工作蓬勃展开,使得不长时期内各少数民族地区都发生了天翻地覆的变化,这是旧社会的漫长历史所无法比拟的。

在各项民族工作中,很重要和具有前提性的一项就是民族成分的识别。应该承

---

[1]　毛泽东:《论十大关系》,见《毛泽东选集》,5卷,人民出版社1977年版,第278页。

认,民族成分识别是项困难的工作。首先,对民族的定义就有不同的理解,加上各地社会经济形态又千差万别,有时民族同其他形式的人们共同体之间即很难划出清晰的界线。此外,我国幅员辽阔,历史悠久,人口众多,环境复杂,许多民族都历尽沧桑变化,有的远途迁徙,有的分散离析,更多的则是交叉杂居,有着广泛的混合和融合,在许多地方真正达到了你中有我、我中有你的程度,他们的语言、文化、风俗习惯也互相渗透影响,有时差异确实难以区分。

旧中国经济、文化极端落后,加上统治者对少数民族的压迫和歧视,因此历来对全国民族成分组合的认识是相当模糊的(孙中山先生提出的汉、满、蒙、回、藏五族共和的思想反映了当时对这一问题的一般认识)。新中国成立后于1953年进行第一次人口普查时,全国登记的民族成分多达400余种,其中得到正式认定的有42种。1964年第二次人口普查时,登记的民族成分已减至183种,其中得到正式认定的有54种,在其他129种内,有74种被归并到已经正式认定的民族中,列为待识别和民族成分不详的分别为23种和32种。2010年第六次人口普查时,正式认定的民族共有56个,合计占全国总人口的99.95%,民族成分未识别的已不足0.05%。可以认为,这项十分重要的工作在我国已基本完成,从而为各项民族事业的大发展提供了必要的前提保证。

二、世界的民族结构和民族语言

(一) 世界的民族结构

当今世界上究竟有多少个民族,对这个问题很难作出精确的回答,一般所用的数字是大约2 000～3 000个。由于民族是一种社会分类,对定义有不同的理解,又牵涉到政治因素,因此要对世界民族作精确统计看来是不可能的。民族数量虽多,但其人口规模相差极大。世界上人数最多的民族是汉族,2010年仅在中国境内即超过12.5亿人,独占世界总人口的18.2%,比居第二位的印度斯坦族(2011年为5.6亿人)超出近1.2倍。汉族之所以能发展到如此巨大的规模,是由一系列因素造成的。

首先,汉族在从古至今基本的活动范围内,拥有广阔的土地和丰富的资源,各种自然条件之优越在世界范围内也不多见,从而为人口的增殖和民族的兴旺提供了基础。

其次,汉民族历史极其悠久。早在距今四五千年时,汉族的先民就已创造了世界四大古文明之一的黄河文明。此后,以汉族为人口主体的国家政权几乎从不间断地延续了几千年,其文明始终昌盛,其血胤从未中断。时至今日,依然生机蓬勃,方兴未艾。所有这些都是世界上其他任何民族,包括那些在历史长河的某一时段也曾写下过辉煌篇章的民族,均绝难企及的。

最后,汉民族从古代起就一直有着相对发达的经济和文化。尤其是她的文化,具有丰富的形态和独特的魅力,源远流长,历久而不衰。这种文化,以及在这个基础上产生的心理素质和民族感情,是促进民族统一的持久而强大的凝聚力量。此外,它也使得汉族成为民族融合的一个大熔炉,成为马克思所说的"野蛮的征服者总是被那些他们所征服的民族的较高文明所征服,这是一条永恒的历史规律"[①]的绝佳例证。值得指出的是,在古代和近代,长期在汉族中占统治地位的儒家思想,对民族的发展也历史性地发挥了一定的作用,低估或抹煞这一意识形态对基础的作用,显然是片面的。

除汉族外,1995年世界上还有7个民族人口超过1亿,它们是:美利坚人(2.05亿)、孟加拉人(2.0亿)、巴西人(1.55亿)、俄罗斯人(1.5亿)、日本人(1.24亿)、旁遮普人(1.1亿)、比哈尔人(1.0亿),合计占世界总人口的22.6%。此外,人口在1000万至1亿的民族大约有77个(如墨西哥人、德意志人、爪哇人、意大利人等),合计占总人口的36%;人口在100万至1000万的民族大约有230个,合计占总人口的7%。以上300多个民族合计占世界总人口的7/8,而其余2000多个人口少于100万的民族合计仅占1/8。这说明世界民族结构存在着明显的大型化趋势,未来还可能进一步加强。

与此形成对照的是,世界上也有一批只有几十人、几百人的小民族,如印度安达曼群岛上的明科皮人、美洲南端火地岛上的雅马纳人和阿拉卡卢夫人、巴西的博托库多人、印度尼西亚的托亚拉人等。这一类人数极度稀少的民族长期生活在近乎原始的生产方式和孤立隔绝的状态中,人类物质文明的不断发展和世界人口总量的日益膨胀,已经从根本上威胁到这些民族赖以生存的基础,其中相当一部分多年来一直处于消亡灭绝的过程中[②],大量宝贵的人类精神财富也随之永久地消失了。如何保护这些垂亡民族,已是当前摆在全人类面前的一项刻不容缓的任务。

世界上大多数民族在人种成分上都是单一的,但也有一些是跨种族的,如美利坚民族就既包括白人,也包括黑人。有一些原来的单一民族,由于向外地大量移民,结果在一段较长的历史时期内形成了新的民族。如英吉利民族移民的后裔在加拿大、澳大利亚等国就形成了新的民族,分别称为英裔加拿大人和英裔澳大利亚人,他们同原来的民族虽有某种文化上的继承关系,但主要的民族特性已有所区别。

(二) 世界民族的分布

在世界各大洲之间,民族的数量是很不平衡的。亚洲地大人多,差异显著,大小民族共有1000多个,占全世界一半左右;欧洲范围小,地理环境有利于不同人群之间的交往和融合,加上资本主义发展又最早,因此现有民族数不多,只有80多个,但它们都达到了一定的人口规模。此外,非洲有700多个民族,美洲和大洋洲各有二三百个民族。当然,这些只是粗略的估计,因为在撒哈拉以南的非洲、美洲的安第斯山区和亚马孙丛林,以及太平洋上的三大岛群,进行民族成分的识别是相当困难的。例如,仅在巴布亚新几内亚,语言和方言就多达700余种,如照此划分,民族数将大

[①] 马克思:《不列颠在印度统治的未来结果》,见《马克思恩格斯选集》,2卷,人民出版社1972年版,第70页。

[②] 至20世纪70年代,全世界仅赖渔猎采集为生的原始人群只剩下约20万人,近年又大幅度减少。这种减少既包括个体的大量死亡(不少群体已濒于灭绝),也包括在环境逼迫下,不得不放弃传统生活方式,向原始告别。

大增多。

在各国之间,民族结构的差异就更悬殊了,这不仅与版图大小、人口多少有关,也与历史发展进程和人口迁移有关。如美国,五百年前其种族和民族构成还非常单一,而此后世界各地的移民不断涌入,使之成为当今世界上一个种族和民族构成极其复杂的国家。其2010年人口普查即作了如下划分:

祖籍地,86个,如德国、法国等;

基本种族类型,10个,即单一血统的亚洲人、单一血统的白人、单一血统的夏威夷土著和其他太平洋岛民、其他单一血统的种族、两种或更多种族来源、任何种族的西班牙裔或拉丁裔、单一血统的黑人或非洲裔美国人、非西班牙裔或拉丁裔的单一血统白人、单一血统的美洲印第安人和阿拉斯加土著;

出生国,257个;

种族和民族,256个,如单一的中国人、单一的菲律宾人等;

部落,542个,主要是原住民(印第安人等)的内部划分。

当然,世界上的大多数国家很难实际上也没有必要作出如此详尽的划分,通常按照主要的民族,可把世界上的国家划分成以下几种类型:

1. 单一民族国家

如蒙古、日本、朝鲜等,少数民族所占比重极小。

2. 多民族国家

其数量最多,它们一般都有一个人数占优势的主体民族,如中国、俄罗斯等。

3. 两大民族并立的国家

为数较少,因为民族并立有时容易演变为民族对立,从而导致国家分裂。在现存的这类国家中(如加拿大、比利时、塞浦路斯)均程度不等地存在着民族对立的问题。

(三)民族语言及其分类

语言是民族成分划分的重要依据,一般说来,每个民族都有自己的民族语言,其名称往往与族名一致。但历史进程和人类社会形态的多变性也会造成一些特殊情况,有的民族并没有属于本民族的语言(如我国的回族),有的民族分属于几个互不相通的语言集团(如裕固族),至于改用或通用其他语言的民族就更多了。所有这些都反映出民族现象的复杂性。

世界上共有多少种语言? 这是一个如前述有多少个民族一样的很难精确回答的问题。多数学者的估计是共有两三千种或六千多种语言,其中使用人数超过12亿的只有一种汉语,1亿~4亿人使用的有英语、印地语、西班牙语、俄语、孟加拉语、阿拉伯语、葡萄牙语和日语,以上9种语言的使用人数合计占世界总人口的一半。其中一些语种,如英语、西班牙语和葡萄牙语,使用人数均大大超过主体民族的人口规模,说明它们已被其他民族广泛使用。全世界使用人数在百万人以上的语言共有近400种,合计占总人口的94%以上。而使用其余几千种语言的人口尚不足6%,其中相当一部分已处在难以挽回的消亡过程中,这将导致语言的种数逐渐减少,在当代经济发展不断走向全球化、一体化的大背景下,这确是大势所趋①。

根据语言词汇和基本语法相近似的程度,人们把它们分别组合为若干语系,下分语族和语支,这一体系是民族分类的基本依据。目前,国际语言学界较为公认的语系共有11个,它们是:

(1)印欧语系,共有400多种语言,流传于欧洲、美洲、大洋洲以及中亚、南亚的北半部和伊朗等地,并大量为其他地方的若干民族所通用,使用人数合计约占全世界的45%。其主要系属如下:

$$
印欧语系
\begin{cases}
日耳曼语族:英语、德语、荷兰语等 \\
斯拉夫语族:俄语、乌克兰语、波兰语等 \\
罗曼语族:法语、西班牙语、葡萄牙语、意大利语等 \\
希腊语族:希腊语 \\
印度语族:印地语、孟加拉语、旁遮普语等 \\
伊朗语族:波斯语 \\
其他:阿尔巴尼亚语等
\end{cases}
$$

(2)汉藏语系,以汉语为主,还包括藏、壮、彝、苗、缅、泰等400多种语言,主要流传于中国及其南侧周边地区,使用人数约占全世界人口的21%。

(3)尼日尔—科尔多凡语系,流传于撒哈拉以南的非洲,包括斯瓦希里等1 500多种语言,使用人数约占全世界人口的7%。

(4)南岛语系,又称马来—波利尼西亚语系,包括马来、爪哇等1 000多种语言,流传于东南亚和太平洋诸岛,还包括非洲的马达加斯加,使用人数约占全世界人口的6%。

(5)非亚语系,又称闪含语系,包括阿拉伯、希伯来等350多种语言,通行于西亚和北非,使用人数约占全世界人口的6%。

(6)达罗毗荼语系,有80多种语言,流传于南亚的南半部,使用人数约占世界人口总数的4%。

(7)阿尔泰语系,包括蒙古、维吾尔、土耳其等几十种语言,流传于亚洲的中部、北部和西部,使用人数约占世界人口总数的2.4%。

(8)南亚语系,有160多种语言,流传于亚洲的东南部,使用人数约占世界人口总数的1.7%。

(9)尼罗—撒哈拉语系,有近200种语言,分布于尼罗河上游至撒哈拉沙漠中部,使用人数约占世界人口总数的0.6%。

(10)乌拉尔语系,包括芬兰、匈牙利等30多种语言,使用人数约占世界人口总数的0.4%。

---

① 有学者指出,全世界约有6 000种语言,其中3 000种已没有儿童会讲,因而即将消失,只有300种语言有可靠的未来。见尤金·林登著,张善余译:《失去部落,失去知识》,《民族译丛》1993年第5期。

（11）高加索语系，由流传于高加索地区的 30 多种语言组成，使用人数约占世界人口总数的 0.11%。

以上 11 个语系有合计占世界 95% 的人口使用，其余 5% 的人口使用的是小语系或系属不明者，包括日语、朝鲜语、越南语等。

三、中国的民族结构和少数民族人口状况

中国是一个多民族的国家。全国共有 56 个民族，习惯上把除汉族外的其他各民族统称为少数民族。2010 年第六次人口普查[①]时，少数民族共有 11 379 万人，占全国的 8.49%。其中人数最多的壮族达 1 693 万人，占全国的 1.27%。其余各民族按人口规模可分为以下几级（由多至少排列）：

500 万～1 060 万人，包括回、满、维吾尔、苗、彝、土家、藏、蒙古等 8 个民族，人口合计占全国的 5.24%。

100 万～300 万人，包括侗、布依、瑶、白、朝鲜、哈尼、黎、哈萨克、傣等 9 个民族，人口合计占全国的 1.36%。

10 万～100 万人，包括畲、傈僳、东乡、仡佬、拉祜、佤、水、纳西、羌、土、仫佬、锡伯、柯尔克孜、景颇、达斡尔、撒拉、布朗、毛南等 18 个民族，人口合计占全国的 0.45%。

1 万～10 万人，包括塔吉克、普米、阿昌、怒、鄂温克、京、基诺、德昂、保安、俄罗斯、裕固、乌孜别克、门巴等 13 个民族，人口合计占全国的 0.026%。

1 万人以下，包括鄂伦春、独龙、赫哲、高山、珞巴、塔塔尔等 6 个民族，其中人数最少的塔塔尔族仅 3 556 人。

目前我国各民族使用的独立语言至少有 80 多种，分属 5 个语系，其中属于汉藏语系的有 29 个民族，其人数占全国的 98.5%，主要分布于昆仑山—阴山—大兴安岭一线以南；属于阿尔泰语系的有 17 个民族，人口占全国的 1.3%，主要分布于新疆和内蒙古；另有 3 个、2 个和 1 个民族分别属于南亚语系、印欧语系和南岛语系，还有一个民族的语言在分类上尚未确定。

我国少数民族占总人口的比重虽然不大，但地理分布范围很广，2009 年仅民族自治地方（5 个省级、77 个地级、698 个县级）总面积即达 611.7 万平方千米，占全国的 63.7%。它们共有人口 18 379 万，其中少数民族为 8 666 万，大约占全国少数民族总人口的 3/4，其余 1/4 则散居于汉族地区。与过去相比，少数民族在地理分布上有日益广泛的趋势，这一点从全国各省区民族个数的显著增加以及少数民族人口比重趋于上升两个方面都可以看得很清楚。

为了度量各民族人口按省区在全国地理分布的集中或离散状况，可引入离散度这一指标。设离散度为 L，则

$$L = 1 - \sum Xi^2/X^2$$

---

① 此次普查未包括香港、澳门、台湾地区。

式中 X 为某民族的总人口数，Xi 为该民族在各省区的人口数。如果该民族绝对均衡地分布于全国所有省区，则 $L=1$；如果该民族全部集中于 1 个省区，则 $L=0$。由于中国有不少民族不仅高度集中于个别省区，而且在该省区又集中于少数县市，因此如按县市计算离散度，将更能反映出人口分布的真实面貌。从图 3-3 可见，汉族按省区在全国的地理分布远较少数民族均衡，少数民族人口分布的离散度则小得多（其中以维吾尔、基诺、德昂等民族为最小），这显然是由历史等多种因素造成的。近年少数民族的离散度持续上升，这说明随着经济、文化和人口迁移流动的发展，少数民族正从以往僻处边陲的状态更多地走向全国，从而提高了各民族之间的混合度，这无疑将有利于增强国家的人口活力和经济活力[①]。但总的说来，少数民族的离散度与汉族相比，仍有很大距离。

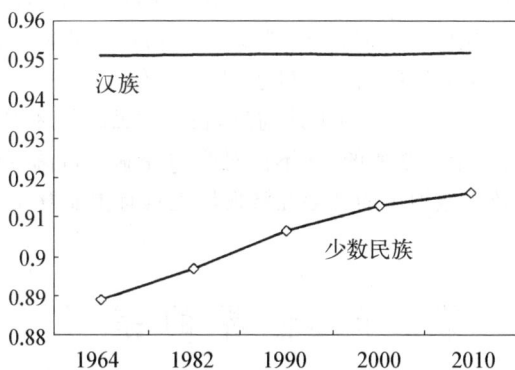

图 3-3　中国汉族和少数民族人口分布离散度的变动

我国的少数民族主要分布于国土的中西部，不同地区的民族结构差异很悬殊。根据 2010 年第六次人口普查的数据，可以把全国各省区按民族结构划分为以下四种类型：

第一类，少数民族在总人口中占大多数，包括西藏（91.83％）和新疆（59.9％）。

第二类，少数民族占 15％～47％，包括青海（46.98％）、广西（37.18％）、贵州、宁夏、云南、内蒙古、海南、辽宁等 8 省区，它们都有大范围的少数民族聚居区。

第三类，少数民族占 1％～10％，包括甘肃、四川、湖北、北京、福建、广东、吉林等 15 个省区，它们总体上属于汉族聚居区，但都有一定范围的少数民族聚居区。

第四类，少数民族比重小于 1％，包括山西（0.26％，为全国最低）、江苏、江西、安徽、陕西、山东等 6 省，基本上都属于纯汉族聚居区。近 20 年，随着人口迁移流动的大发展，上述第三、四类省区少数民族比重上升很快，如上海市 1982 年少数民族仅占 0.42％，2000 年升至 0.62％，2010 年已达到 1.20％。

同汉族一样，我国各少数民族也都有着悠久的发展历史。但在旧中国，由于生产方式的落后，尤其是统治者一贯奉行的民族压迫和歧视政策，少数民族的人口长

① 张善余：《少数民族人口分布变动与人口迁移形势》，《民族研究》2005 年第 1 期。

期陷于停滞,甚至萎缩。新中国建立后,各少数民族地区均发生了天翻地覆的巨大变化,其人口也转为持续增长。1953～2010年间,少数民族人口增长2.22倍,汉族仅增长1.24倍,前者占全国总人口的比重因此不断上升:1953年为6.08％,1982年为6.70％,2010年为8.49％。

社会经济环境的改善,提高了出生率,降低了死亡率,这是少数民族人口显著增长的主要原因。另一个原因是民族成分的识别和更正使一部分人恢复了少数民族身份。1964～1982年间,少数民族的自然增长率达到历史最高水平。此后,随着现代化进程加速,加上计划生育工作取得一定进展,自然增长率渐趋下降,与汉族的差距已明显缩小。不过也应该看到,迄今为止,大部分少数民族地区的人口发展速度在全国仍是最高的,对中国总的人口态势有着愈来愈大的影响。与汉族相比,少数民族一般都具有青少年比重大、生育惯性大、进一步降低死亡率的潜力大等显著特点。可以预计,在未来很长一段时期内,少数民族仍将保持显著高于汉族的人口增长速度。预计当2030年前后中国总人口达到14.5亿左右的历史峰值时,少数民族人口将接近1.3亿,占8.7％。面对上述前景,在少数民族中区别不同情况进一步实施计划生育工作无疑是十分必要的,这不仅对全国控制人口总目标的实现有举足轻重的影响,对加速少数民族地区的社会经济发展也具有重要意义。

第三节 世界的宗教

宗教信仰是一种意识形态,自古以来对人类社会就有着很大的影响。宗教与民族的关系十分密切,有时甚至直接成为区分民族的依据(如波黑的穆斯林族)。宗教对于人口再生产、人口分布和人口迁移也是重要的影响因素。

在原始社会中,宗教即开始萌芽。随着社会形态的发展和各种政权形式的出现,宗教由拜物教、多神教发展到一神教,由氏族图腾崇拜发展到民族神和民族宗教,最后又出现了世界性宗教。目前世界上主要的宗教有基督教、伊斯兰教、佛教、印度教、犹太教等,其中前三个并称为三大世界性宗教。这些宗教大体上都形成于公元前5世纪至公元10世纪这一时期,发祥地差不多都集中在亚洲的西部和南部,其中佛教起源于尼泊尔、印度毗邻地区;印度教起源于印度河中游;基督教和犹太教起源于巴勒斯坦;伊斯兰教则起源于阿拉伯半岛西部。

近几个世纪来,随着世界政治经济地图的巨大变动,各主要宗教从其发祥地逐渐向外扩散,终于遍布世界大部分地区。其中欧洲、美洲和大洋洲几乎为清一色的基督教,但基督教的几大教派在地理分布上却是壁垒森严的:天主教分布于意大利、法国、爱尔兰、西班牙、葡萄牙、波兰、匈牙利以及差不多整个拉丁美洲,还有亚洲的菲律宾;新教分布于北欧诸国、英国及其前殖民地(美国、加拿大、澳大利亚、南非等);东正教则分布在以俄罗斯为主的东欧国家及巴尔干半岛。伊斯兰教以西亚、北非为主要分布区,并伸展到西非、东非、中亚以及南亚和东南亚的部分地区。佛教目前主要流传于中南半岛国家和斯里兰卡(见表3-3)。

表3-3 世界主要宗教的分布(国家或地区数)

	以 基 督 教 为 主			以伊斯兰教为主	以佛教为主	其 他*
	新教	天主教	东正教及其他			
亚 洲	—	3	1	28	8	6
欧 洲	13	26	13	2	—	—
非 洲	14	10	—	24	—	8
美 洲	17	33	—	—	—	2
大洋洲	15	8	—	—	—	
合 计	59	80	14	54	8	16

* 包括以其他宗教为主以及宗教信徒比重不大的国家。

数据来源：http://www.nationmaster.com/country/。

关于各宗教的信徒人数,有一个大概的估计,即基督教信徒约占世界总人口的1/4,地区宗教和原始宗教信徒约占1/4,伊斯兰教信徒约占1/5,佛教信徒约占1/20,所有的宗教信徒合计约占世界总人口的3/4。由于孩子们在宗教信仰上往往跟随其父母,而信仰皈依在不同宗教之间转换的情况又较为罕见,因此人口自然变动对各个宗教的信徒人数影响很大。在这方面,伊斯兰教比较引人注目,伊斯兰会议组织(OIC)57个正式成员国1950年总人口(不全是伊斯兰教徒)占全世界的15.8%,2011年已增至26.8%,预计2050年还将达到28.8%。

宗教在中国主要流传于各少数民族之中,汉族中尽管有一部分人存在宗教信念,或受到宗教影响,但严格意义上的宗教徒却为数不多,即使在旧中国也是这样。目前在中国较重要的宗教有①: ① 伊斯兰教,多分布于西北地区,为回、维吾尔等10个少数民族的群众所信仰。这些少数民族总人口约2 100多万。② 佛教,信徒较多,出家僧尼约20万人。其中在汉族地区流传的主要是汉传佛教(汉语经典类佛教);在傣、阿昌、布朗等民族中流传的是南传佛教(巴利语经典类佛教);在藏、蒙古、门巴等民族中流传的是藏传佛教(藏语经典类佛教,又称喇嘛教)。③ 基督教,其中天主教和新教分别有信徒550多万人和2 300万人,前者多流传于北方,后者多流传于南方。

---

① 见"中国宗教概况",载国家宗教事务局网页(www.sara.gov.cn)。

第四章
人口再生产和人口转变

第一节 人口再生产概述

人口"是一个具有许多规定和关系的丰富的总体"[①]。这个总体由许许多多的个人组成,每时每刻都有人在经历着出生或成长、死亡的过程,生命不断更迭。作为其总和的人口也一刻不停顿地延续发展着,这个过程就是人口再生产。

对于人类来说,人口再生产是种的繁衍;对于一个国家或地区来说,人口再生产是构成人口状况的最基本的要素。它和人口迁移一起,不断塑造、改变着世界人口地理和区域人口地理的面貌,使其处于永恒的运动之中。

人口迁移通常被称为人口的机械变动;人口再生产则被称为人口的自然变动。苏联学者曾指出:"人口的自然变动,包括作为人的生物本性的直接后果和人类作为一个生物群所固有的那些人口过程。属于人口自然变动的事件有:死亡、出生、婚姻关系的聚散。人作为一个生物种别的特性,是上述每一事件的基础。但在人类社会中,这些事件都具有社会性。"[②]据此可以认为,人口再生产是人口的自然属性和社会属性辩证统一的过程,归根结蒂,它的运动规律要受到人们的物质生产方式,尤其是生产力水平的制约。

人口的自然属性,或人的生物性,是一个客观存在,它指的是自然规律对人的影响和作用。在人口再生产领域,它主要表现为新陈代谢的机制和种的繁衍的本能,人的出生、性别、发育、疾病、衰老、死亡、食欲、性欲以及繁殖过程中的遗传、变异等等,都受一定的自然规律的制约,就其本质来说,是不以人们自己的意志为转移的。现在是这样,将来还是这样。制定任何人口政策都不能忽视这个因素。

然而,人口再生产又决不是一种纯自然的生理现象。就是说,自然属性在其中并没有起着完全的主宰作用。诚然,在人类形成之初,人口再生产的规律同动物界几乎是一样的,但生活的实践使人类逐渐"意识到必须和周围的人们来往,也就是开

人口地理学概论(第三版)

---

① 马克思:《"政治经济学批判"导言》,见《马克思恩格斯选集》,2 卷,人民出版社 1966 年版,第103 页。

② 〔苏〕瓦连捷伊著,北京经济学院人口研究室译:《马克思列宁主义人口理论》,商务印书馆 1978 年版,第 51 页。

始意识到人一般地是生活在社会中的"①。正是这种社会存在赋予人口再生产以社会性,"生命的生产——无论是自己生命的生产(通过劳动)或他人生命的生产(通过生育)——立即表现为双重关系:一方面是自然关系,另一方面是社会关系"②,从此,人口再生产成了人口的自然属性和社会属性对立统一的过程,它影响和限制着自然属性的作用,使之与一般动物的繁衍有了本质的区别。

社会属性对于人口再生产的影响首先表现于婚姻制度和家庭的存在,它们均受一定的社会生产方式的制约,到了阶级社会,更受到阶级关系的制约。与此紧密联系的人口再生产,从此也打上了阶级的烙印,统治阶级的利益在其中起着明显的制约作用。在奴隶社会,奴隶主完全从人身上占有奴隶,对之掌有生杀予夺之权,直接干预他们的人口再生产,就是一个典型的例子。

由于社会属性的作用,人口再生产同物质资料的再生产一样,在相当程度上成了人们有意识、有目的的行为。正如马克思所说:"像其他一切商品的生产一样,对人的需求必然调节着人的生产。"③在这个过程中,人口再生产与物质资料的再生产之间形成了相互制约的密不可分的关系。

社会属性的影响还表现在社会意识、风俗习惯、伦理道德、宗教信仰等因素的作用上。存在于生物界的生存竞争和自然淘汰的法则在人类社会中受到了某种明显的限制,人的生、老、病、死不再是仅仅与个人有关的事,而是同一定的社会环境直接联系的。因此,不管人们的主观意愿如何,人口再生产总离不开特定的社会历史条件,有时这种环境对人的自然属性的影响会达到惊人的程度,某些宗教对待婚姻、生育、死亡的观念和实践就很能说明这个问题。

最后,随着社会的进步、科学的发展,人们对于自然规律和社会经济规律的认识逐渐深化,并从中产生出巨大的物质力量。在人口再生产领域,计划生育正在排斥生育的自发性或无政府状态;对疾病和死亡率的控制正不断取得新的进展。现在可以预料,在未来一百年左右的时间里,人口再生产在发展过程中将产生一个飞跃,进入一个全新的时期。那时人的自然属性的作用将进一步退居次要地位,生育中的自发性将减至最小,死亡率将大大下降,人口总量将趋于稳定,其自然结构和社会结构也肯定会更加合理化。

人类虽然永远也摆脱不了自然属性的作用,但随着对自然规律的掌握和利用,人类活动的天地是极其广阔的。以人体的衰老和死亡这种不可抗拒的生理现象来说,目前科学家都公认人的自然寿命可以超过 100 岁,④但中国人口的平均预期寿命

① 马克思和恩格斯:《德意志意识形态》,见《马克思恩格斯全集》,3 卷,人民出版社 1960 年版,第 35 页。

② 马克思和恩格斯:《德意志意识形态》,见《马克思恩格斯全集》,3 卷,人民出版社 1979 年版,第 33 页。

③ 马克思:《1844 年经济学哲学手稿》,见《马克思恩格斯全集》,42 卷,人民出版社 1979 年版,第 49 页。

④ M. Cetron, O. Davies. Extended Life-Spans: Are You Ready to Live to 120 or More? *Futurist*, 1998,32(3): 17-23. 另:人类得到权威部门确证的最长寿老人为法国的 Jeanne Calment (1875.2.21—1997.8.4.),她的寿命为 122 岁又 164 天。

只达到 73 岁,世界平均数还要低一些,这方面的改善余地就很大。人类社会在不断进步,自然界也在不断发展变化,永远不会停止在一个水平上。在这个过程中,人口再生产形势肯定也会随之发生种种变化,会不断出现新情况、新问题,这些都有待人们在实践中不断地加以探索、解决。

既然人口再生产受到人的社会属性的显著影响,那么,当社会进步到一定阶段,由社会或国家制定某种用以指导或调节人口再生产的政策,就是合乎逻辑的了。这种政策的制定出自人们对于人口运动规律的认识和预见,与各个国家、各个时期具体的社会、经济条件亦紧密相联,其目的归根结蒂都是为了协调人口再生产和物质资料再生产两者之间的关系。在世界范围内,以社会政策干预人口再生产可说是由来已久,我国近 30 余年实行的计划生育基本国策,无疑是其中规模最大、效益最佳、影响最深远的一项伟大实践,它对全人类实现可持续发展的积极意义,已经越来越明显地显现出来。

第二节　出生人口分析

一、分析出生人口的主要指标

出生和死亡是构成人口再生产的最基本的要素,人口再生产实际上就是出生和死亡对立统一的过程。与出生相比,死亡受到人的自然属性的更大制约。一般说来,人们决不会有意识地增加死亡,但受一个时期特定的社会、经济和医疗技术水平的限制,人们也难以显著地减少死亡;而出生则不同,它更多地受到人们的生育意愿的影响。任何人最终都无法避免死亡,而且只能死亡一次;在生育上却有着从零到许多的多种选择。显然,后者具有更强的社会性,是一个比死亡更活跃、能动的要素。正因为如此,一般所说的调节人口再生产实际上就是调节人口的出生或生育,控制人口数量实际上也只是指控制出生人口的数量。

分析出生人口主要有以下几个指标:

1. 人口(粗)出生率

一个时期内(通常为 1 年,下同)一个地区活产婴儿数同平均人口数的比率即人口(粗)出生率。它是衡量人口再生产状况的最重要的指标之一。从理论上说,对出生率进行精确统计并不困难,但一些社会因素的存在,往往干扰了这种统计的精确性。例如在旧中国,为了避免抽丁纳税,父母常有意识地隐瞒生育情况,溺婴、弃婴的影响则更大。即使在现阶段,医疗保健网已基本覆盖全国,户籍制度也相当严密,但在生育统计上仍难以完善,尤其是对于私生子、计划外生育、无户口外流人员的生育以及出生后不久即死亡的新生儿,瞒报漏报的现象并不鲜见,这样的情况在经济落后、交通闭塞、人口稀少的地区可能更多一些。近十余年,中国的出生漏报率估计超过 10%,这种误差是使用人口统计资料时应予注意的。

人口地理学概论(第三版)

2．育龄妇女生育率

出生率的计算和使用方便而简明，但仅仅靠它还不足以反映生育的真实水平。这是由于出生率是以人口总数为基数计算的，但生育却只涉及一部分女性，一个地区人口的年龄性别结构越是失衡，其出生率就越不能反映实际生育水平。为了对此加以修正，人口统计学上引入了育龄妇女生育率这个概念。所谓育龄妇女，指15～49岁的全体女性人口[①]，而不考虑其婚姻与生育状况。生育率的具体指标有：

（1）一般生育率

活产婴儿数与育龄妇女平均人数的比率为一般生育率。与出生率作一对照，可以看出一般生育率与育龄妇女占两性总人口比重的乘积就是出生率，正是这两个因素直接影响着出生率的高低。将一般生育率与出生率作比较是很有趣的。从表4-1中可见，阿拉伯联合酋长国的出生率比阿尔及利亚低得多，但两国的一般生育率却相差不大，原因就在于前者育龄妇女比重极小；尼日尔的一般生育率比阿尔及利亚高2.25倍，但出生率仅高1.43倍，这是"得益"于很低的育龄妇女比重，如果该比重达到阿尔及利亚的水平，出生率就将从48.6‰猛增至64.9‰。

表4-1　2010年4个国家生育状况的对比

	阿拉伯联合酋长国	阿尔及利亚	土库曼斯坦	尼日尔
人口出生率(‰)	13.15	20.00	21.60	48.60
一般生育率(‰)	63.20	69.15	75.37	224.44
育龄妇女比重(%)	20.81	28.92	28.66	21.65

大体上说，一般生育率反映了这一代育龄妇女的生育强度，育龄妇女比重则反映了上一代人的生育强度，它们共同制约着当前的出生人口状况。可见，任何一个时期的人口再生产，都会对二三十年以后的人口生育态势发生影响，这种影响就是通常所说的"人口惯性"或"生育惯性"。如果上一代人生育失控，导致大批青少年相继进入婚龄育龄，那么即使降低了一般生育率，在一段时期内出生率仍将保持在较高水平上，不少发展中国家目前就面临这种局面。

（2）年龄别生育率

一般生育率可以反映育龄妇女作为一个总体的生育强度，但它不能反映不同年龄妇女的生育强度，或者说，不能反映生育率在不同年龄之间的分布或差异。为此，必须计算年龄别生育率，其定义是一年中某一年龄或年龄组妇女的活产婴儿数与该年龄妇女平均人口数的比率。通过这一指标，可以清楚地看到生育高峰年龄段的存在，并可描述不同的人口生育模式。图4-1提供了不同类型国家的年龄别生育率，其中的波黑和尼日尔分别是全世界总和生育率最低和最高的国家。从图中可见，人类的生育高峰期总是在20～30岁之间，越过高峰期，生育率即迅速下降；发达国家最大峰值出现在

---

① 虽然世界上女性生育年龄的极限值达到5岁零8个月至72岁，但总的说来，女性在15～49岁年龄段以外的生育是比较罕见的。

27岁前后,发展中国家却在22岁前后,这一差异对两者终生生育水平影响很大。该图还清楚地反映出不同生育模式的差异:尼日尔所有的年龄别生育率都要超过波黑好几倍,直到45岁前后,仍不低于波黑的最大峰值,不同模式的对比极为鲜明。

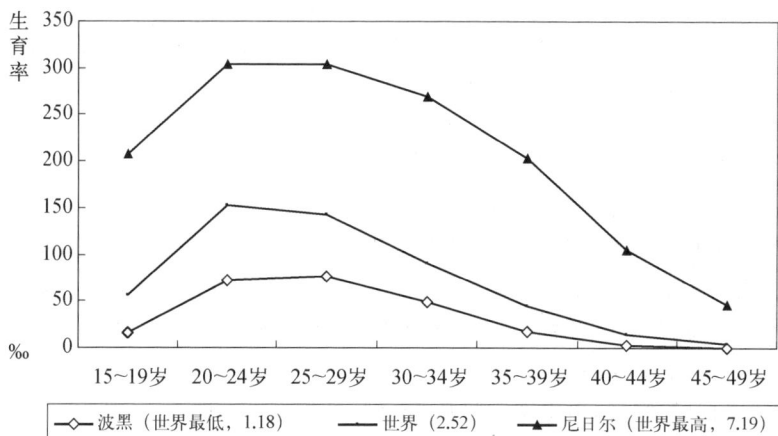

图4-1 2005~2010年育龄妇女年龄别生育率(括弧内为总和生育率)

(3)总和生育率

这是又一个度量某一时期育龄妇女总体生育水平的重要指标。在计算年龄别生育率的年龄分组组距为1岁的情况下,总和生育率等于各年龄生育率之和。其含义是:假定一批同期出生的妇女按这一年的年龄别生育率生育,并度过整个育龄期,她们每个人平均生育的子女数,就是总和生育率。由于它已实行了年龄标准化,因而不受年龄结构变动的影响,十分有利于进行纵向横向对比。如果绘制成图形(参见图4-1),总和生育率就是年龄别生育率曲线与坐标横轴之间的面积。数值为2.1左右的总和生育率,代表着世代更替水平,意味着每对夫妻生育2.1个子女,扣除死亡几率,正好维持世代更替。高于2.1时,人口总量将趋于膨胀,低于2.1时,则有可能趋于减少(人均寿命的延长是一个抵消因素)。

一般说来,当总和生育率降至2.1后,由于年龄结构的影响(育龄妇女比重等),人口总量还要维持若干年的惯性增长。在中国,这段时间大约长30~35年。

二、影响人口出生率和生育率的主要因素

在不受任何条件和人为措施限制的情况下,人类生理上能达到的最大出生率可超过60‰,总和生育率可达17[①]。但在实践中,这样的水平并不多见,主要是由于人口再生产不可避免地要受到各种因素的制约。不同种族的人群在自然和社会经济环境相仿时,"天然"生育率并没有实质性的差异,曾有学者根据种族混居地区的典型资料分析,认为生育能力以混血种人最高,黄种人次之,黑种人和白种人较低,[②]但

---

① 作为个体,当今世界一位女性生育子女数的最高记录是64个(智利的Leontina Albina)。
② Beaujeu-Garnier J. *Geography of Population*, London:Longman,1978, pp.127.

差异并不明显,而且其中究竟有多少是天然存在的,有多少是受后天因素影响而形成的,也很难加以分辨。所以,对这种"天然"差异通常都不作考虑。主要影响出生率和生育率的因素有以下几个:

(一) 物质生产方式和生产力发展水平

在任何社会中,人口的再生产都取决于物质生产方式对人口的经济需求,归根结蒂取决于生产力发展对劳动力的需求。当人口数量超越了社会物质资料生产所能提供的消费总量时,生育将受到遏制;当人口数量不能满足生产力发展对劳动力的需求时,生育将受到刺激。

旧中国生育率一向很高,从根本上说这是由那时的小农经济生产方式决定的。社会生产的基本环节由一个个家庭构成,又完全依赖手工劳动,在这种条件下,物质资料的扩大再生产与人口的扩大再生产之间几乎可以划等号,它要求不断增加人手,从而导致高出生率。产业革命以后,随着科学技术的进步和产业结构的变化,劳动生产率日益提高,这时生产力发展对劳动力数量上的要求就相对或绝对减少了,对其素质的要求却不断提高,促使子女的养育费用大幅上扬,从而明显地抑制了生育。以上这些经济因素是造成不同地区之间,特别是发达国家和发展中国家之间生育水平出现明显差距的基本原因。在一个国家内部,城镇和乡村之间以及较富裕地区与较贫穷地区之间往往也存在着同样的差距。例如,对 2000 年我国各省区的总和生育率和人均 GDP 作相关分析,其相关系数竟高达－0.8682,已呈高度相关。当一个国家不断推进工业化和现代化进程,人均 GDP 和城镇人口比重持续上升,人们的社会经济结构以及他们的生活方式和生育意愿都将发生显著变化,这是推动生育率下降的基本动力。所以说,现代化是控制人口的最好的方法。

值得指出的是,人口再生产是一种具有强大运动惯性的社会现象,历史传统或习惯往往会长期起作用,已经形成的人口结构(如过高的育龄人口比重)要很长时间才能扭转。因此,当经济需求业已改变时,人口再生产状况并不会及时作出反应,一旦两者之间的不相适应达到表面化,社会经济发展必将受到不利的影响。基于此,既要看到人口再生产受生产方式和生产力水平制约,又要看到人口状况反过来也会影响生产力的发展。这就需要正确认识人口发展规律,实行计划生育,把人口再生产同物质资料的再生产协调起来。当然,要真正做到这一点,只有在先进的社会制度下才有可能。正如恩格斯早已指出的:"如果说共产主义社会在将来某个时候不得不像已经对物的生产进行调整那样,同时也对人的生产进行调整,那末正是那个社会,而且也只有那个社会才能毫无困难地做到这点。"[1]

(二) 法律和人口政策

世界各国由于政治、社会、文化、宗教等等诸多因素的差异,法律制度和环境大

---

[1] 《恩格斯致卡尔·考茨基(1881 年 2 月 1 日)》,见《马克思恩格斯全集》,35 卷,人民出版社 1971 年版,第 145 页。

相径庭,其中涉及婚姻、生育等方面的内容,对人口状况很有影响。如中国宪法第49条规定:"夫妻双方有实行计划生育的义务。"此外,中国还专门制定了人口与计划生育法。其他国家在这方面差异很大。如有的国家在法律上认可同性婚姻,有的对离婚限制很严。对于人工流产,有的比较宽松,有的则比较严厉。目前全世界约有60%的人口居住在不同程度允许人工流产的国家中,1/4则居住在禁止人工流产的国家。每年人工流产的总数在 4 600 万次左右,相当于 1/3 的怀孕被终止,其中约2 000 万次是非法的。2011 年,联合国人口司汇总了 189 个国家和地区在何种情况下法律允许人工流产的材料,从中可以看出,大约有 2/3 的国家对人工流产有一定的限制(见图 4-2),反映了各国涉及人口问题的法律环境的差异:

为了挽救孕妇的生命——100.0%;

为了保护孕妇的健康——68.8%;

因强奸和乱伦而怀孕——50.3%;

因为胎儿发育不良——48.2%;

由于经济和社会原因——35.5%。

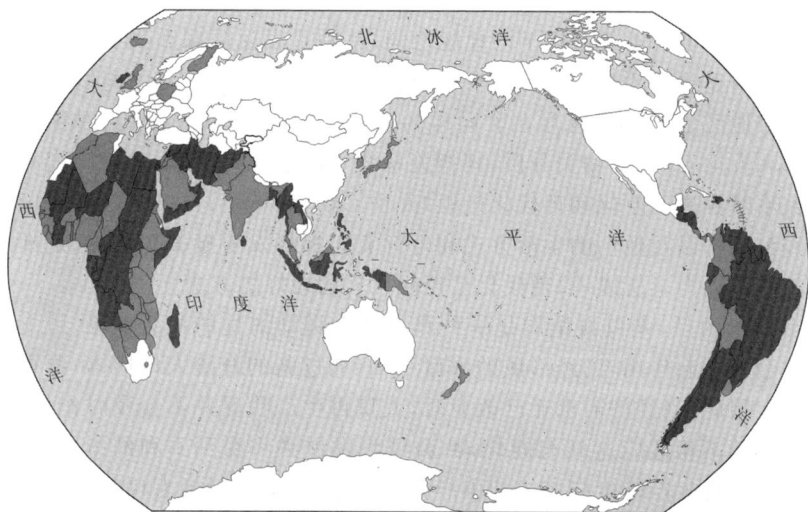

图 4-2　2009 年世界各国对人工流产的限制程度(颜色愈深,限制愈严)

除法律层面外,许多国家的政府为了应对包括人口在内的各种社会经济问题,往往会制定和采取不同的政策措施,其中就包括婚姻和生育政策,这样的情况在历史上可说是由来已久的。例如我国早在春秋战国时期,不少地方就设立了"掌媒"之官,使鳏夫寡妇结合,以促进生育。汉光武帝建武六年(公元 30 年)下诏规定"有产子者复以三年之算",就是用暂时免除赋役的办法来鼓励生育。

在现代,很多国家都制定了生育政策,按其性质可分为两大类:

1. 鼓励生育

采取这类措施的国家大多是人力资源不足或严重老龄化的发达国家,以及某些地广人稀的国家。典型的如苏联在第二次世界大战中遭受了巨大的人口损失,战争尚未结束即从经济补贴、社会福利、行政法律到文化宣传上提出了一整套鼓励生育的政策措施，先后颁发了 400 多万枚"母亲英雄"和"母亲光荣"勋章给生育 7 个子女以上的妇女。罗马尼亚前总统在 1986 年指出："生育是一种爱国主义义务，对于国家命运是决定性的因素。那些处心积虑不想有孩子的人，是企图背离民族延续法则的逃兵。"[①]为此，当时的罗马尼亚实行了一系列措施，如严格限制人工流产，对到 25 岁仍不结婚者征收占月薪 10% 的额外税金，对婚后两年无生理原因不生育者超额征税等。其他一些欧洲国家则采取了发放结婚购房贷款和生育津贴、延长有薪产假等鼓励生育的措施。

2．节制生育

采取这一政策的大多为人口压力较重的发展中国家，如我国即以实行计划生育为基本国策，提倡一对夫妇只生一个孩子，并区分不同情况制定了相应的实施细则，对控制人口数量发挥了巨大作用。

表 4-2 汇总了目前世界各国政府对本国人口生育率的态度和政策，其中认为生育率过高的占 37.4%，认为适中或满意的占 38.5%，认为过低的占 24.1%；采取了旨在降低生育率的政策措施的占 38%，采取了促升措施的占 22%，其余的 40% 则采取了不干预政策。以 2009 年与 1995 年相比，采取了降低生育水平政策的国家减少，而采取促升生育水平政策的国家则明显增多，从一个侧面反映出世界人口形势确实已发生了不小的变化。

表 4－2　各国政府对本国生育水平的态度和政策

态度	太　　高		满　　意				太　　低	
政策	降低	不干预	降低	维持	不干预	促升	不干预	促升
国家数（1995 年）	79	8	3	71		5	6	18
国家数（2009 年）	63	10	11	27	34	3	7	40
代表性国家	印度、印度尼西亚、巴基斯坦、坦桑尼亚	阿富汗、喀麦隆	菲律宾、墨西哥	中国、南非、泰国、土耳其	美国、巴西、英国	法国	肯尼亚、埃塞俄比亚	日本、韩国、俄罗斯、德国、意大利

此外，一部分国家认为政府无权干预公民的婚姻和生育，这些国家或者没有文字形式的人口政策，或者措词中性，如"巴西政府尊重每对夫妻自己决定想要多少孩子的权利，并提供资料让他们全面地考虑这个问题。希望这一个十年人口增长率将会下降，下一个十年这种下降希望能够加速"[②]，十分温和地表达出对于人口控制的态度。

① 引自张善余：《东欧国家人口再生产形势的变化》，载《苏联东欧问题》1991 年第 2 期。
② Stamper, B. M. *Population and Planning in Development Nations*, New York: Population Council, 1974, pp. 206.

(三) 婚姻家庭状况

自从人类确立了对偶婚姻制度以来,婚姻家庭状况同生育便结成了密不可分的关系。但近几十年来,在不少国家,特别是发达国家,上述关系有日渐松弛的趋势。如美国非婚姻生育占活产婴儿的比重不断上升,1970 年为 11％,2007 年已达 40％,在美国黑人中该比重已高达 71％。与此相应的则是结婚率逐渐下降,不婚者明显增多,美国 35～39 岁女性中的未婚者,1970 年占 5.4％,2009 年已占 16.4％。发达国家结婚率下降的趋势近年已"蔓延"到不少工业化进程较快的发展中国家。英国《经济学人》周刊最近载文指出:"亚洲富裕地区的许多妇女都实行了'婚姻罢工',宁愿单身生活,也不愿套上婚姻的枷锁。这有助于解释为什么她们的生育率会下降。但亚洲在这方面并非单干。按照联合国的数据,全世界现在有 83 个国家和地区的妇女已不会有足够的女儿来取代自己,……照此办理,德国、意大利、日本、俄罗斯和西班牙将不会看到下一个千年,即使中国也只能存在大约 1 500 年。"[1]虽然不结婚不等于不生育,但这种状况将明显降低生育率,则是毫无疑义的。由于它事关人类可持续发展的前景,理应引起人们足够的重视。

在多数国家,婚姻家庭状况与生育仍有着十分密切的联系,其中直接起作用的因素首先是婚龄。据研究,在不采取任何节制措施的情况下,一个刚刚性成熟就结婚的妇女,[2]一生中平均可生育 10 胎,若在 20 岁结婚,平均只可能生育 8.4 胎,25 岁为 6.2 胎,30 岁只有 4.2 胎,可见早婚与高生育率有着非常明确的因果关系。从世界范围来看,高生育率国家普遍早婚,低生育率国家则普遍晚婚,这从表 4-3 两个国家(地区)新婚夫妇年龄结构的鲜明对比上可以看得很清楚。

表 4-3 2008 年巴勒斯坦和日本新婚夫妇的年龄结构 ％

年龄(岁)		15	20	25	30	35	40
巴勒斯坦	新郎	—	7.6	39.3	34.6	9.8	3.2	5.5
	新娘	2.1	49.6	33.6	9.1	2.9	1.5	1.2
日 本	新郎	—	1.1	12.6	33.4	26.2	13.8	12.9
	新娘	—	2.3	18.8	38.6	23.3	10.2	6.8

说明:2005～2010 年间巴勒斯坦的总和生育率为 4.65,日本为 1.32。

鉴于婚龄的早迟与生育率高低之间的密切关系,近二三十年来,为了调整生育率,不少国家都提高了法定最低婚龄,如中国、印度、南非等,其中中国规定的男 22 岁、女 20 岁,在世界上已属最高之列;瑞典、丹麦等国则降低了法定最低婚龄。从实

---

[1] End of history and the last woman, how long do countries have until their populations disappear? *The Economist*(*Daily chart*),Aug. 22nd, 2011.

[2] 近几十年来,由于营养结构改变及多种环境因素,人类的性发育显著提前,当代青少年比其父母一辈已提前达 4～5 年。

人口地理学概论(第三版)

际平均初婚年龄看,绝大多数发达国家和发展中国家都推迟了 1～3 岁,乃至更多。如 2008 年和 1970 年相比,丹麦女性由 22.8 岁延至 32.4 岁,法国由 22.4 岁延至 29.6 岁,成为促成世界平均生育率下降的重要因素。我国女性的平均初婚年龄为 23.1 岁(2000 年),虽比过去推迟,但仍然偏低。

除婚龄外,婚姻状况的稳定性对生育率影响也不小。近几十年来,离婚和分居显著增多已成为国际上的普遍现象。美国 1970 年结婚数与离婚数之比为 3∶1,自 80 年代中期起已达到 2∶1,这种情况显然会导致生育率的下降。不仅是由于离婚和分居大大缩短了夫妻共同生活的时间,还由于对婚姻的草率态度必然会降低夫妻双方生儿育女的意愿。

某些国家在历史上形成的多妻制对生育也是一个消极因素,那些有能力娶很多妻子的往往都是些富有而比较年老的男子,这必将造成一些穷人娶不到妻子。曾有过这样的例子,一位阿拉伯苏丹娶妻 600 个,而子女总共仅 100 个,显然,如果实行一夫一妻制,这一批妇女必将生育出多得多的子女。在伊斯兰教国家和非洲,过去男子中多妻的占 1/5～1/3,现在这种情况已趋于减少,但仍是常见的。[①]

与人类婚姻制度密切相关的家庭,是影响人口再生产的一个重要因素。自产业革命特别是近几十年来,家庭作为社会生产单位的功能减弱,婚姻和养老功能也减弱,伴随着城镇化和人口迁移的发展以及生育率下降,传统的大家庭日趋瓦解,家庭规模不断缩小已成为世界家庭结构变化的重要特征,如美国每户平均人口数长期以来一直在减少,1900 年为 4.9 人,1970 年为 3.3 人,进入 21 世纪已不足 2.6 人,这一变化在日本、中国及其他国家均概莫能外。与此同时,家庭结构呈现出多样化的趋势,核心家庭(指由夫妻和未婚子女组成的家庭)比重下降,空巢家庭、丁克家庭、单身家庭、单亲家庭等则越来越多。这一切与生育率的下降显然有着互为因果的密切关系。

(四) 医疗卫生事业的水平

对生育进行有意识的控制是人们长期以来的愿望,但过去在技术上是不易做到的,人们只能较多地采用堕胎和溺婴等办法来被动地调节妊娠和生育过多的矛盾。近几十年来,避孕和人工流产的先进方法日益普及,对降低生育率起到了很大作用。但上述普及程度在不同国家之间以及城市和乡村之间相差很悬殊。目前,全世界仍有 3.5 亿对育龄夫妇缺乏避孕知识和服务,每年计划外怀孕人数多达 7 500 万,其中至少有 40% 最终生下了孩子,在世界总出生人数中几乎占了 1/4。很显然,只要改善医疗卫生条件,普及避孕知识和服务,相当一部分计划外生育是完全可以避免的。从图 4-3 可以看到,虽然影响夫妻避孕率的因素很多,但它与计划生育要求能否得到满足之间,确实存在着明确的相关性。国际人口联合会在评估各国的计划生育工作强度时,使用了 15 个指标,其中包括对所有已婚育龄妇女是否提供了计划生育服务;在全国的普通商店里是否可以方便地获得避孕药具;是否有进行家庭访问的专

---

① 全世界现有 20 个亚洲国家、29 个非洲国家的民法承认多妻制,美国亦有以多妻制驰名的摩门教。

门指导员;政府是否为计划生育拨付相当的资金,等等。所有这些都清楚地说明了社会经济发展特别是医疗卫生事业的水平对生育状况的巨大影响。

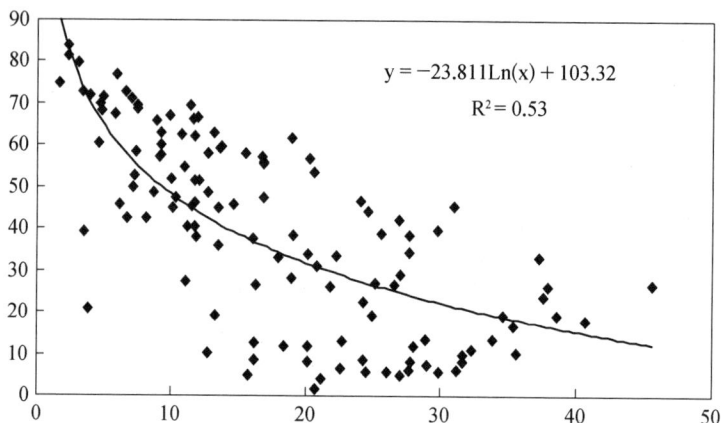

$$y = -23.811Ln(x) + 103.32$$
$$R^2 = 0.53$$

图4-3 2004～2009年间123个国家计划生育要求未满足率(x)与现代方法避孕率(y)相关图(%)

(五) 教育和性别平等

国际经验表明:文化教育水平的提高,妇女就业的增加,娱乐和户外活动的普及,都有助于降低生育率。工人、农民的出生率高于知识分子,这在许多国家都是普遍现象。我国第六次人口普查数据表明:育龄妇女的平均活产子女数,未上过学的为2.52,初中毕业的为1.27,高中毕业的为0.72,大学本科毕业的为0.56,平均每多受1年学校教育,以后将少生育0.12胎。究其原因,除了婚龄早迟以外,很重要的就是文化层次上升对其社会经济职能及生育意愿必然造成变化。教育与生育率关系的另一方面表现为随着人们受教育水平的上升,将一个孩子抚养成人的成本或费用也水涨船高[①],其中教育费用所占的比重越来越大,已成为许多夫妻降低生育意愿的一个重要因素。

根据对全世界约140～150个有数据国家所做的分析,女性小学入学率与育龄妇女总和生育率的相关系数为−0.5423,影响度较小;女性识字率与总和生育率的相关系数为−0.7855,影响度已明显增大;而女性中学入学率与总和生育率的相关系数则达到−0.8394(见图4-4),女孩子的中学入学率每提高10个百分点,平均就可以降低总和生育率0.5,允分说明中学教育因正当人生成长发育的关键时期,对女性一生的许多方面,包括其婚姻观和生育观,影响很大。联合国开发署(UNDP)为衡量各国的妇女发展状况,设计了性别平等指数(Gender Equality Indices,数值越大,越不平等),它涉及劳动参与、受教育水平、政治参与度、少女生育、孕产妇死亡率等

---

① 有学者测算,2004年在中国城市,0至16岁孩子的抚养总成本达到25万元左右,如加上上大学,则高达48万元。见徐安琪:《孩子的经济成本:转型期的结构变化和优化》,《青年研究》2004年第12期。

指标,与育龄妇女总和生育率也有很高的相关性(见图4-5)。

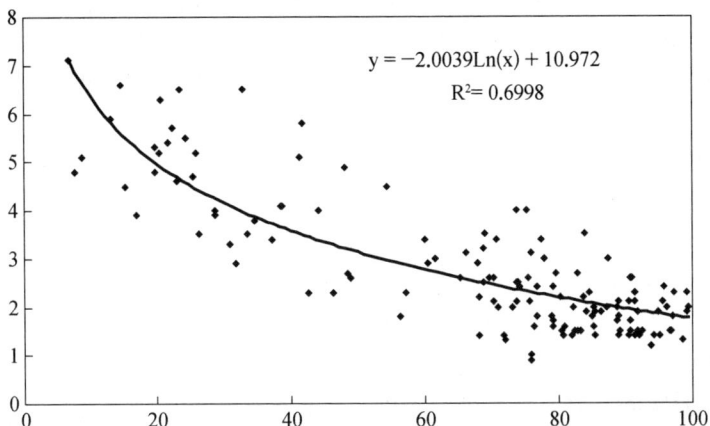

$$y = -2.0039\text{Ln}(x) + 10.972$$
$$R^2 = 0.6998$$

图4-4　世界各国女性中学入学率(x,%)与育龄妇女总和生育率(y)相关图
说明：共包括137个有数据的国家,统计时间分别介于2003～2008年间。

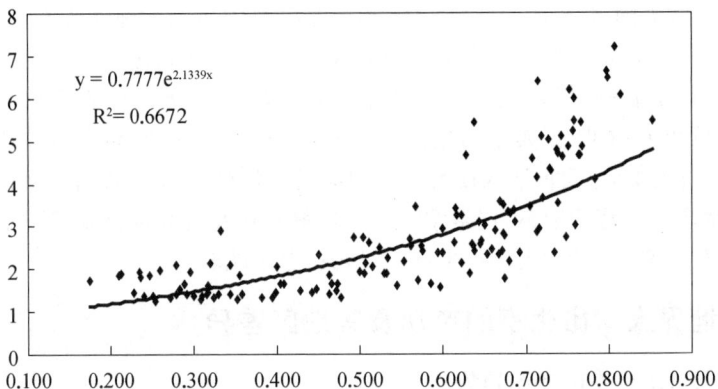

$$y = 0.7777e^{2.1339x}$$
$$R^2 = 0.6672$$

图4-5　世界各国性别平等指数(x,%)与育龄妇女总和生育率(y)相关图
说明：共包括138个有数据的国家,统计时间分别介于2005～2010年间。

最近,美国《国家地理》杂志发表了题为"女强人"的长文[1],多侧面地分析了巴西女性因教育水平大幅度提高而社会经济地位发生显著变化这一现象(女性平均受教育年数由1960年的2年,提高到2000年的8.6年,已经明显超过男性;15岁以上女性的经济活动参与率从1980年的39%上升到2000年的54%),尽管巴西直到1977年以后才允许合法离婚,而且政府一直严格限制人工流产,但上述变化还是强有力地促成了总和生育率的迅速下降(1960～1965年为6.15,2005～2010年为1.90)。本书前文中曾指出,现代化是控制人口的最好方法,教育现代化在其中无疑占有突出地位。

① Cynthia Gorney. Machisma. *National geographic*, September, 2011.

伦理道德包含着历史的和民族的深刻烙印,有些对人口再生产很有影响。如我国历来就存在着"传宗接代"、"多子多福"、"重男轻女"等传统观念,孟子更直接提出"不孝有三,无后为大",其影响可谓深远之至。当然,对这些也应从历史的角度进行考察。事实上,在古代的社会状况和生产方式下,产生这类观念也是很自然的。随着社会经济生活的现代化,这类观念的影响减小了,但还存在。对此除应加强宣传教育外,发展和完善社会养老保障体制也有着重要意义,它有助于消除"养儿防老"、"重男轻女"等观念的影响。值得指出的是,在社会日益走向现代化的大背景下,伦理道德在某些方面正在发生蜕变,西方国家表现得尤为明显。如婚姻家庭关系日趋松弛、性道德错乱等(美国同性恋者不断增多,现已占总人口的 1‰～3‰;荷兰更于2001 年成为世界上第一个承认同性婚姻合法的国家[①]),这些对于正常的生育意愿以及保持正常的人口出生率显然都是消极因素。

各民族的风俗习惯中有不少与婚姻和生育关系密切。如有些民族原始婚姻制度的残余比较浓厚,性生活相当自由,而且开始得很早,从而造成很高的少女生育率。但这种放纵,往往导致性病(包括艾滋病)的流行,反而摧残了民族的繁殖能力。我国苗、布依、侗等少数民族婚龄虽早,但有"不落夫家"的风俗,女子结婚后必须立即返回娘家,不与丈夫同居,一般为期两三年,甚至七八年,从而有效地降低了生育率。

宗教作为一种特殊的社会意识形态,一向是直接或间接地干预世俗生活的。如伊斯兰教允许多妻制,伊斯兰教地区通常生育率较高[②];天主教谴责离婚和节制生育;佛教鼓吹出家遁世;更典型的是流传于我国蒙、藏地区的喇嘛教,曾有学者明确指出:新中国成立前"蒙古地区极力尊崇和提倡喇嘛教,使蒙古族近半数的男性人口成为不事生产和生育的喇嘛,这是蒙古族人口得不到发展的重要原因"[③]。随着社会的进步,总的看来,宗教对人口再生产的影响已趋于减弱。

三、世界人口出生率的变动及其地区差异

(一) 人口出生率的变动趋势

产业革命以前,世界人口出生率长期保持在 40‰乃至更高的水平上,只有这样才能略微超过死亡率,使人口总量得以缓慢增长。19 世纪后半期,即欧美主要国家相继完成产业革命后,世界人口出生率第一次出现下降势头,起先缓慢,尔后加速,1965 年跌破 35‰,用了大半个世纪的时间才降低了 5 个千分点。而相比之下,第二次世界大战后世界人口死亡率的下降速度却要快得多,这一速差致使人口增长率上升到人类全部历史的最大值,从而引起了人们普遍的忧虑。1968 年出版的《人口炸弹》一书和随后发表的研究报告《增长的极限》就集中反映了这种忧虑,并在世界范围内产生了广泛的影响。在这种形势下,开展计划生育、控制人口增长的理念为越

---

① 除荷兰外,目前全世界还有 6 个国家(比利时、加拿大、西班牙、南非、挪威、瑞典)、美国的 5 个州以及拉丁美洲的某些城市已将同性婚姻合法化。

② 有学者指出:"从伊斯兰教义观点看,计划生育在伊斯兰教经典上有很多依据,不仅不反对计划生育,而且提倡计划生育。"(于华学:《伊斯兰教和计划生育》,《阿拉伯世界》1989 年第 1 期)。

③ 张植华:《清代至民国时期内蒙古地区蒙古族人口概况》,《内蒙古大学学报》1982 年第 3～4 期。

来越多的人所接受。进入 70 年代,由于中国等一批发展中国家在控制生育上取得了显著进展,加上许多发达国家人口日趋老龄化,世界人口出生率的下降逐渐加速,降低 5 个千分点的时间缩短至大约十几年,1976 年跌破 30‰,1993 年跌破 25‰,2008 年跌破 20‰,[①]预计 2045～2050 年间将降至 14.2‰。从总和生育率看,20 世纪 50 年代初为 4.99,90 年代后半期为 2.79,到 2065 年前后可望降至世代更替水平的 2.10。

近二三十年世界人口出生率和生育率的下降速度,超出了人口专家们原先的预想(如 1982 年联合国人口司中位预测 2005～2010 年世界人口出生率为 2.11‰,而实际为 2‰)。20 世纪 50 年代前半期,全世界总和生育率低于世代更替水平的国家只有 5 个,合计仅占世界总人口的 0.4%,1975～1980 年间分别为 26 个和 20.8%,而 2005～2010 年间竟猛增至 73 个和 47.1%,其中一些国家的总和生育率已在 1.2～1.3 的极低水平上徘徊多年。面对如此变化,生育率过低的问题引起了不少人的忧虑,除了学术研究成果外[②],甚至美国《时代周刊》、英国《经济学人》这样的主流媒体也刊登了多篇文章,其中颇具代表性的一篇即题为"如何应对人口萎缩——对人口爆炸的忧虑已为害怕人口减少取代"[③]。

对于世界人口形势因生育率快速下降而发生的一系列变化,以及由这种变化而产生的广泛的社会经济效应,毫无疑问应引起高度重视,但过度的忧虑和害怕,似乎也没有必要,因为这种变化毕竟是一个较长期的、大体上可以预见的趋势性过程,而非突发事件,人们完全有时间未雨绸缪,采取多方面的应对措施。此外更要看到,从某种意义上讲,出现上述变化正是人们自己追求的结果——几十年来那么多国家宣传和开展计划生育,其主要的目标不就是要拔掉那颗"人口炸弹"的引信吗?因此,我们应该更多地从积极的一面,而不是消极的一面,来看待生育率的下降。人们既然能够扭转"人口爆炸"那样严峻的形势,相信面对老龄化等等新难题也绝不会束手无策。在这方面,美国的摩根教授讲得很好:"无论如何在我看来,低生育力不是二十一世纪的危机。它确实是一个问题,但却是我们想要有的问题,也就是说,它是解决了人口持续增长这样一个更大、更具威胁性的社会问题的结果,它还是一个可以

———————————

① 近几十年来,环境污染和不良生活方式对人类生殖能力的损害日趋明显,尤以滥用雌激素、过量摄入氯化物和酗酒危害最甚。与 50 年前相比,目前欧美国家男子精液中的精子含量已减少大约一半,睾丸癌、隐睾症、阴茎发育不全、尿道开裂等也有所增多,已成为不孕率增大(过去为 5% 左右,现已增至 15% 左右)、生育率下降的重要原因之一。为资改善,生殖医疗科技发展很快,1978 年全球第一个试管婴儿在英国诞生。此后,各类新技术层出不穷,但副作用也不容忽视,尤其是多胞胎,包括六、七、八胞胎,异乎寻常地大量增多(1980～2008 年间,美国全部出生婴儿增加 0.17 倍,其中双胞胎增长 1 倍,三胞胎及以上更猛增了 3.7 倍),这对提高人口素质不利,已引起科学界的严重关注。

② 著名的有菲利普·朗曼(Phillip Longman):《空空的摇篮:出生率下降如何威胁世界的繁荣》(The Empty Cradle: How Falling Birthrates Threaten World Prosperity)。该书对近期世界人口出生率的快速下降进行了分析,认为年轻人口数量的萎缩、劳动力缺乏和老龄化程度不断加深将带来严重的社会经济后果。《空空的摇篮:出生率下降如何威胁世界的繁荣》与前述《人口炸弹》在出版时间上相隔 36 年,真可谓"三十年河东,三十年河西"。

③ How to deal with a falling population — Worries about a population explosion have been replaced by fears of decline, The Economist, Jul. 26th, 2007.

通过公众政策和体制调整来加以解决的问题。"[1]

(二) 人口出生率的主要地区差异

世界人口出生率的地区差异主要表现在发达国家和发展中国家之间,充分体现出生产方式和生产力水平对生育状况的制约作用。

作为一个整体,发达国家人口出生率的下降始于19世纪后半期。到20世纪40年代,受第二次世界大战影响,出生率已降到20‰,比1850～1900年间下降了18个千分点。由于战后补偿性生育高峰的作用,50年代的出生率回升至21.8‰。此后又呈连续下降趋势,至2005～2010年间仅为11.4‰。总和生育率则从50年代前半期的2.81降到90年代后半期的1.55,已显著低于世代更替水平。此后有所回升(部分得益于来自发展中国家的移民),预计这一回升趋势将继续保持,直至达到2.1的世代更替水平。但由于老龄化程度的加深,出生率还将下降一段时间,然后可望大体稳定在11‰左右的低水平上。在发达国家内部,出生率的下降以作为产业革命策源地的西北欧国家为最早,南欧、东欧和日本则较晚。但近几十年来,后一类国家的下降势头更猛。目前,波黑、斯洛伐克、波兰、日本等已成为世界上总和生育率最低的国家。而前一类国家由于接纳了不少外国移民,又采取了鼓励生育的措施,反而在较低水平上相对稳定下来,甚至还出现回升势头,如瑞典1980～1985年间总和生育率为1.65,近年已回升至1.9,法、英、荷、比、芬等国亦相类似[2]。

发展中国家作为一个整体,直到20世纪40年代出生率仍高达40‰,50年代由于一大批国家获得民族独立或解放,社会经济环境改善,出生率竟增至42.5‰,直至进入70年代才出现显著的下降势头,近年已降到21‰。其总和生育率在20世纪50年代前半期为6.07,近年为2.6,至2065～2070年可望降至2.10。在发展中国家里,中国、韩国、泰国、古巴等出生率较低,而非洲特别是撒哈拉以南的非洲的高出生率则非常引人注目:2005～2010年间,全世界出生率超过40‰的17个国家有16个在撒哈拉以南的非洲,最高的尼日尔达到49.5‰。除了生产方式落后、生产力水平低下这一基本原因外,还有一些因素也促成了非洲的高出生率[3]:

1. 民族和部落的生存竞争

非洲撒哈拉以南的广大地区存在着许多民族和部落,农村在社会结构上长期保留着部落或村社制度,在彼此之间强烈的生存竞争中,各方均热切地希望自己的人口增多,以增强本民族、本部落的实力。典型的例子是尼日利亚。这个非洲人口最多的国家计有250多个民族和部落,最大的是北方的豪萨族、南方的伊博族和约鲁巴族。1962年人口普查时,一些南方的政治家希望其人口超过北方,这样在议会选举、收入分配等方面都有好处。当公布数据与此相反时,他们非常失望,并企图否定

---

[1] S. Philip Morgan. Is Low Fertility a Twenty-First-Century Demographic Crisis? *Demography*, 2003, 40(4): 589–603.

[2] 张善余:《总量开始减少的欧洲人口形势分析》,《欧洲研究》2005年第2期。

[3] 参见张善余:《世纪之交的非洲人口形势》,《西亚非洲》2005年第3期。

普查结果。不久前,美国一位公共卫生专家在分析非洲的生育控制问题时也指出:"非洲国家常常由于宗教信仰,或者误认为人多的国家将更加繁荣,因而缺乏对计划生育的支持,例如,乌干达总统约韦里·穆塞韦尼就一再说他的国家——世界上人口增长最快的国家之一,是'人口稀少'的。"[1]显然,在上述情况下,要切实推进控制人口的计划是很困难的。

2. 早婚多育的传统习俗

在婚姻制度和生育观念上,受传统习俗的影响,非洲一向有结婚早、育龄长、生育率特高的显著特点。未满 15 岁的妇女已生育数胎、45～49 岁妇女的生育率仍高于 20‰的情况并不鲜见,有的国家一年新生婴儿中第 10 胎和更高胎次竟占到 3％～4％,对比之下,日本还不到 0.01％。

3. 缺乏避孕措施

非洲收入低,文盲率高,加上不少国家不重视甚至不开展节制生育的宣传,故已婚育龄夫妻避孕率极低,一般仅在 1％～8％之间,生育基本上都处于自流状态。

4. 婴幼儿死亡率过高

非洲的婴幼儿死亡率极高,一部分国家有 1/5～1/4 的儿童在 5 岁前夭折,从而助长了父母"多生保险"的心理。不少人为了保证自己有 5 个子女,不得不生 8 个,以防万一。

上述状况除了非洲以外,一定程度上在西亚、中亚、南亚及拉丁美洲部分国家中也有表现,归根结蒂都受着生产方式和生产力发展水平的制约。

展望未来,发展中国家的人口出生率和生育率将继续下降,发达国家则将在低水平上稳中略升。到 21 世纪末、22 世纪初,两大类型国家存在了约两个世纪之久的生育率差异将基本消失,大体上都在一个能保证人口自身可持续发展的适度生育水平上稳定下来,整个人类的人口再生产形势由此将进入一个新的阶段。

四、中国人口出生率的变动及其地区差异

旧中国的人口出生率在 38‰左右。新中国成立后的 20 世纪 50 年代和 60 年代,除 1959～1961 年的经济困难时期外,出生率多年保持在 30‰～40‰的高水平上,其中带有补偿性的 1963 年竟高达 43.4‰,直到 1970 年仍达 33.4‰。大约从 1971 年开始,计划生育工作得以逐步展开,加上婚龄推迟,促成出生率大幅下降,到 1979 年已降至 17.8‰。不到 10 年时间,竟下降了 16 个千分点,这在世界人口史上也是罕见的。进入 80 年代,由于前一次生育高峰的惯性作用使育龄人口激增,加上《新婚姻法》的颁行使婚龄提前,导致出生率出现反弹,1987 年达到 21.0‰。此后即重新进入下降轨道,至 2011 年已降至 11.93‰,成为发展中国家里出生率最低的国家之一。这一下降趋势预计将持续下去,2020 年以后可望降至低于 10‰的极低水平。上述期间内,我国的总和生育率也大幅下降;即从 20 世纪 50～60 年代的 5.7 左右降至 2010 年的 1.6 左右,低于世代更替水平已近 20 年,前后变化之剧,在世界范

① Josh Ruxin. Crowd Control in Rwanda. *Nature*,2011,474(7353):572-573.

围内也不多见。联合国人口司预测中国的总和生育率在 2015 年左右将降至历史最低点,然后缓慢回升,21 世纪末可望重新回到世代更替水平——2.1,如能较早地实现这样一种前景,对于中华民族的盛兴及永续发展,无疑是有利的。

我国人口出生率的迅速下降,是社会经济生活加速迈向现代化的成果,而 20 世纪 70 年代起坚持不懈的、高强度的计划生育工作更起了举足轻重的作用,至少已使我国累计少生了大约 3 亿人,这一历史性成就的伟大意义是怎样估计也不为过的。否则,增加如此巨量的青少年人口,定会使我国承受远比现在沉重的人口压力,并成为实现现代化和可持续发展难以化解的消极因素。

中国的计划生育在取得举世瞩目的伟大成绩的同时,也伴生了一些问题,除了工作过程中局部失之简单粗暴以外,主要就是人口结构出现了一定程度的失调,应该说这些问题早就引起了人们的高度重视,领导层也已采取多方面的措施来加以综合治理。然而,有人却就此对中国的计划生育横加非议①,他们有的大肆宣扬人多的"优越性",对中国即将失去数量上的"人口优势"忧心忡忡,有的则提出不搞计划生育,通过发展教育,提高现代化水平,也可以解决中国的人口问题。

由于不少发展中国家人口仍在快速增长,中国占世界人口的比重正在逐年明显降低,大约在 2025 年前后,中国在头上已戴了几千年的"第一人口大国"的桂冠就要转手他人,这一态势并不会对中国增强综合国力有什么不利影响,没有任何理由要对之感到惋惜和留恋。更何况中国人口数量将长期稳居世界第二位,超过日本 10 倍,超过包括俄罗斯在内的整个欧洲 1 倍到半倍,人力资源仍将是非常丰富的。而且,如果我们在思考"人口优势"这样的问题时,老是不能将基本理念从"数量"转移到"素质"上,中国恐怕将很难成长为一个高收入国家。

还应该看到,尽管生育率显著降低,但中国迄今人口压力依然沉重,这种压力充其量只是初见缓和,认为中国已经或者即将不存在数量上的人口压力,显然是不负责任的,恐怕绝大部分中国人都不会认同。人口压力在中国一如既往地涉及就业、住房、教育、医疗、交通、旅游等国计民生的每一个方面,仅就最直观的拥挤而言,绝大多数中国人都不能厕身其外。"人怎么这么多?"大概每个人在很多场合都会有这样的感慨。外国人对此也有评论:"中国的挤跟新加坡的挤在程度上差别巨大。中国的挤,是有肉体接触的,以'摩肩接踵'形容之并非比喻或象征,而是实际情况的描述。""我始终认为这与中国人的本质无关,而是环境所迫。"②身受如此重压,仍然要宣扬保持人口数量优势,甚至侈谈人多的"优越性",纯属无可理喻,误国误民。

至于不搞计划生育、通过现代化也可以较快地降低生育率,世界上的确有这样

---

① 有人认为,以深受优生学、种族主义和马尔萨斯主义影响的美国垄断巨头洛克菲勒三世和基辛格博士为代表,一些美国政客和学者很早就鼓吹应该控制发展中国家的人口,以便减轻负担,让美国能更多地掠夺其资源。为实施其计划,他们采取了各种措施,并在世界范围内产生了广泛的影响。以上这些观点中,包含了过多的想象和自我推断的成分。尤其是其中认为由毛泽东主席推动的中国计划生育有着"洛克菲勒阴谋"的国际背景,以及认为联合国人口基金会是帮助那些美国政客诱导发展中国家通过控制人口、自我"种族灭绝"的工具,显然缺乏起码的可信度。

② 伍德扬:《推挤之邦》,新加坡《联合早报》,2011 年 10 月 23 日。

的情况,如前文提到的巴西,但只要对中国的国情有一点了解,就会明白,中国没有人家那样可以从容淡定的条件,因为中国太穷,人口压力太大。中国开始大规模推进计划生育的 20 世纪 70 年代,生产力水平处在世界最低之列,直到 1980 年,人均 GDP 按汇率计也只有巴西的 1/7,按购买力平价计,更只有 1/15。巴西拥有世界上最广阔的人迹罕至的热带平原,而那时的中国却几乎已是到处"人满为患"了。在如此贫弱、全国连解决区区高考试卷用纸都颇感困难①的条件下,想仅靠发展教育、搞现代化来促使人们自觉地转变生育观念和生育行为,其艰难漫长是无法想象的,到头来中国人口总量将不知膨胀到何种程度了。正是由于推行了大规模的计划生育,迅速减轻了人口压力,提前收获了丰硕的"人口红利",为改革开放创设了有利的人口环境,中国的生产力才能高速增长,短短 30 年,人均 GDP 与巴西的差距,按汇率计已由 1/7 缩小至 2/5,按购买力平价计,更已由 1/15 缩小至 7/10。面对如此巨变,又怎么能否认人口工作在其中的突出贡献呢?

当然,在肯定计划生育基本国策和前期人口工作成绩的前提下,也要看到,中国大规模推行计划生育已 40 年,总和生育率低于世代更替水平已近 20 年,大多数人的生育观念已发生了显著变化,在这样的情况下,我们理应更多地从可持续发展的理念来审视中国当前的人口形势。面对老龄化的压顶之势,以及大约 20 年后即将来临的人口零增长和负增长,不少学者已一再呼吁调整生育政策,事实上早在 1980 年中共中央在关于控制人口增长的公开信中就已明确提出:"到 30 年以后,目前特别紧张的人口增长问题可以缓和,也就可以采取不同的人口政策了。"此后生育政策即时有微调,山东、四川、广东、河北、湖南、安徽、山西、江西等 27 个省区均在 20 世纪 80 年代、90 年代逐步实行了双方均为独生子女的夫妻可以生育第二胎的政策,湖北、甘肃、内蒙古等三省区在 2002 年,河南省在 2011 年也推行了这个政策。现在,面对新的人口形势,关于中国的生育政策需要进一步适当调整的问题,原则上已没有太多异议,但究竟如何调整,考虑到中国国情的复杂性和差异性,很多事情牵一发而动全身,还是应该审慎,以先局部试点,再逐步推开为好,决不能简单地一放了之。

调整生育政策这样的情况,在世界范围内并不少见,如韩国和我国台湾省,前三四十年因地窄人稠,曾大力推动节制生育的工作,并取得显著成效,但现在发现生育率太低了,想鼓励人们多生一些孩子,但效果却很不理想②。要逆转一种已经形成的趋势,毕竟不是那么容易的。这样的"殷鉴",很值得引起重视。

中国人口出生率和生育率的地区差异非常明显,主要表现为:乡村高于城镇(2010 年乡村育龄妇女一般生育率为 39.04‰,城市和镇则分别为 26.41‰、31.48‰),少数民族地区高于汉族地区,生产力发展水平低的地区高于较发达地区,人口迁入区高于人口迁出区,计划生育强度小的地区高于强度大的地区。所有这些

---

① 《1977 年(恢复)高考纸荒:中央停印"红宝书"改印试卷》,作者:凌志军、马立诚,来源:凤凰网读书,2011 年 6 月 8 日。附注:1977 年中国纸的人均产量不足巴西的 1/5 和美国的 1/60。

② 过去三四十年,台湾实行"两个孩子恰恰好,男孩女孩一样好"的人口政策,随着生育率大幅下降,当局开始提倡"三个孩子更热闹",但目前生育率仍已降至世界最低水平。

差异的综合表现是：西部省区高于中部省区,更高于东部省区。事实上,上述差异反映的正是影响人口出生率的一些基本因素。当前全国人口出生率以东北三省为最低(比全世界最低的德国还要低),原先最低的以上海为代表的东部大城市,因外来人口大量涌入,使出生率有所抬升,若予扣除,户籍人口的生育率仍属全国乃至世界最低。在内陆省区中,出生率以四川、重庆、陕西等较高,人口大量外流对之很有影响。全国出生率最高的省区包括新疆、西藏、海南、青海、宁夏和广西,其少数民族人口比重都比较大。而即使是新疆,也比不包括中国在内的发展中国家平均数低 8 个千分点以上,这清楚地说明,中国在总体上已是一个低出生率国家。

第三节 死亡人口分析

一、分析死亡人口的主要指标

死亡是和出生同等重要的人口再生产因素。分析死亡人口,对掌握人口动态,以及为社会福利、保险业、医疗保健事业的发展和管理提供科学的数据资料,都是十分必要的。

分析死亡人口主要有以下几个指标:

(一) 人口(粗)死亡率

为一个时期内(通常为 1 年,下同)一个地区死亡人数同平均人口数的比率。

(二) 年龄别死亡率

由于受人的生理发育特点和环境因素的制约,不同年龄人口的死亡几率相差很大。为加以反映,可使用年龄别死亡率,它是一个时期内某年龄(组)的死亡人数同该年龄(组)平均人口数的比率。根据此数据,可以绘制年龄别死亡率分布曲线。其基本特征是:从 0 岁组开始急剧下降,12 岁前后达到最低(2009 年中国 12 岁为 0.11‰,是所有年龄中最低的),然后缓慢上升,50 岁后上升斜率逐步增大,70 岁后则急剧增大。这种分布特征在任何死亡模式中概莫能外。

(三) 婴儿死亡率

为一个时期内不满周岁死亡的婴儿同全部活产婴儿数的比率。就反映人口身体素质、社会经济环境,特别是医疗保健事业的水平而言,婴儿死亡率远比前述(粗)死亡率更能说明问题。这是因为它不受人口年龄结构的影响,而且按当代科技水平,完全有能力把它降至极低,这同老年人的死亡率是有很大区别的。

(四) 平均预期寿命

为根据年龄别死亡率计算出来的假定一批人的平均死亡年龄,这一批人可以是

0岁组,也可以是其他任何年龄组。它反映的不是该时期人口的实际寿命,而是死亡水平。应该说,平均预期寿命有时会引起一些人的误解,把它同当年实际死亡人口的年龄或寿命等同起来,其实,前者是按统计范围内全部人口逐龄死亡概率计算出来的可存活年数的平均预期值,与当年实际死亡人口的年龄或寿命显然不是一回事,因为后者只涉及死亡人口(如果统计范围小一点,其数量和年龄都是很随机的),而前者则是全部人口。

同样地,平均预期寿命即使较高,与一般所说的长寿也属于两种概念,它们有联系,但又有区别。世界上包括中国的不少长寿地区,出生婴儿的平均预期寿命并不高,如我国新疆,被列为世界五大长寿区之一,但2000年0岁组平均预期寿命在全国31个省区中仅为第27位,著名的"长寿之乡"广西的巴马县平均预期寿命就更低了。其原因就在于决定平均预期寿命,尤其是低龄人口死亡概率高低的,主要是社会经济包括医疗卫生事业的发展水平,而决定老人能否长寿的因素则更多,其影响机制与前者有不小的差别。

(五) 标准化死亡率

前述(粗)死亡率是反映死亡水平的很常用的指标,但它受人口年龄结构的影响太大。一个人口严重老龄化的国家,尽管社会保障体制完善,医疗保健事业高度发达,所有的年龄别死亡率都在世界最低之列,但其平均(粗)死亡率却可能比世界上大多数国家都高;相反,一个人口年轻的国家,尽管社会经济条件很差,各年龄别死亡率都很高,但平均(粗)死亡率却可能很低。这两类国家可分别举德国和蒙古为例,以分析其各年龄别死亡率的对比(见表4-4)。

表4-4 2008年德国和蒙古各年龄别死亡率的对比 ‰

年龄组(岁)	德 国	蒙 古	年龄组(岁)	德 国	蒙 古
0	3.5	22.0	50~54	4.0	11.3
1~4	0.2	1.7	55~59	6.1	14.7
5~9	0.1	0.5	60~64	9.4	21.6
10~14	0.1	0.4	65~69	13.7	30.7
15~19	0.3	0.7	70~74	21.7	
20~24	0.4	1.3	75~79	38.9	
25~29	0.4	2.0	80~84	67.2	
30~34	0.5	2.5	85~89	121.3	67.9
35~39	0.8	3.5	90~94	225.4	
40~44	1.3	5.6	95+	247.1	
45~49	2.4	7.6	总平均	10.3	5.8

德国各年龄组死亡率都大大低于蒙古,但作为总平均的(粗)死亡率却大大高于蒙古。为了对这类现象进行校正,可以采用标准化的方法,即对比各方用自己的年龄别死亡率和同一个人口年龄结构来计算标准化死亡率(对生育率等指标也同样可以标准化),这样就可以消除双方因年龄结构不同造成的不可比性。例如,蒙古用德国的年龄结构计算出来的标准化死亡率是 16.2‰,这就表明它真实的死亡水平不是比德国低得多,而是高得多。为了更好地说明这个问题,可以参看图 4-6,从中可见,日本的粗死亡率近 30 年来明显回升,但采用 1925 年的年龄结构计算出的标准化死亡率却持续下降,很显然,后者才是死亡水平的真实反映。

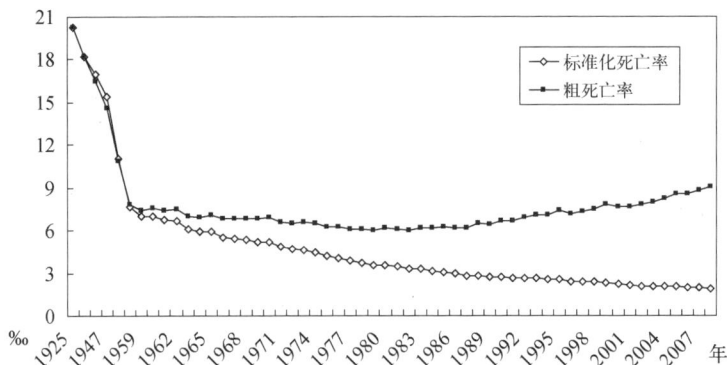

图 4-6　1925~2009 年日本粗死亡率和标准化死亡率变动的对比

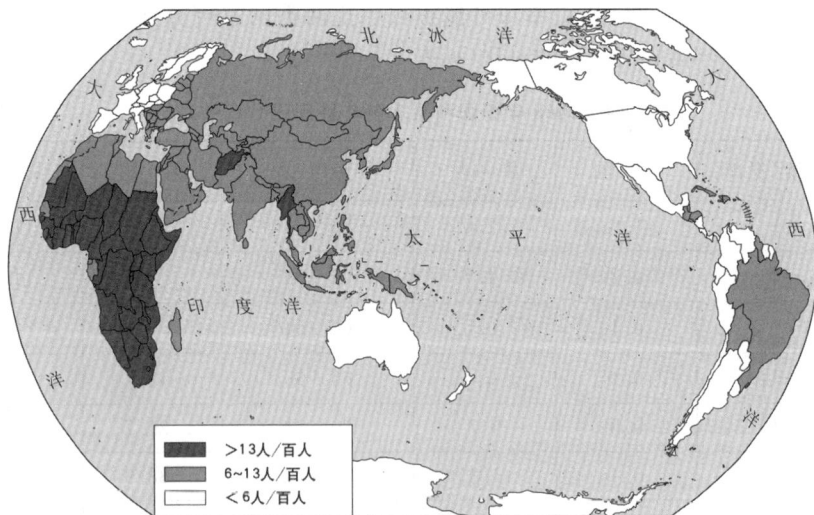

图 4-7　2008 年世界各国标准化死亡率　‰

二、影响人口死亡水平的主要因素

(一) 生理因素

　　与生育相比,死亡受到人的自然属性和社会属性的更多的制约。任何人,只要愿意,就可以避免生育,却毫无例外地不能避免生理发育过程、疾病以及最终的死亡,这些都是生理因素或生物学因素作用的结果。其中,与人口的死亡水平关系最密切的生理因素有年龄、性别和疾病。

从前述对年龄别死亡率的分析中可以清楚地看到,低龄组死亡率较高,青年和壮年组较低,老龄组则迅速升高,这是一个普遍的规律,与不同年龄的生理特点关系极为密切。例如,儿童死亡大部分集中于不满1足岁的婴儿,婴儿死亡大部分集中于不满1足月的新生儿,而在新生儿的死亡中,不满1星期者又占了大部分,这3个"大部分"显然是由生理因素造成的。近两百年来,人口死亡率明显下降,这种下降遍及各个年龄,但通常以低龄组降幅相对较大,与生理因素显然也有关系。

图4-8为世界分年龄的死亡原因构成,从中可以清楚地看出,不同年龄人群的死亡原因差异很大,与生理发育等因素显然关系密切。这也说明一个国家或地区人口的年龄结构对死亡水平乃至医疗卫生等各项事业确有重要影响。

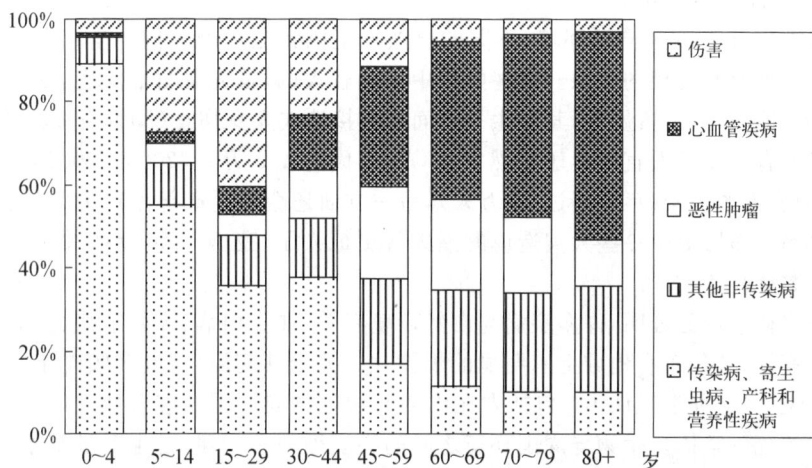

图4-8　2008年世界分年龄的死亡原因构成

从性别看,男性各年龄别死亡率都比女性高,平均预期寿命比女性短,这是当今世界范围内的一个普遍现象。2010年,世界男性出生时平均预期寿命为66.4岁,女性为70.8岁,相差4.4岁。过去几十年中,这一差距一直在逐渐扩大,但今后预计将在4.5岁左右相对稳定下来。

造成男性死亡率较高的原因是多方面的。从生理因素看,女性的免疫力较强,其体内产生免疫抗体的基因比男性多1倍,这些免疫基因载于X染色体上,女性有一对,男性只有一个,故后者较易受到病毒和病菌感染。从社会因素看,在历史上形成的男女社会分工有一定的区别,男子在职业上承受着较大的压力和风险。此外,一些不良嗜好也主要与男子有关。由于以上两种因素的共同作用,许多主要疾病的发病率和死亡率都是男性高于女性,这也是一个很普遍的现象。当然,在过去极端贫穷落后的情况下,妇女承受生活重压,又在不卫生的条件下频繁地妊娠和生育,加上"重男轻女"的社会通病(最野蛮的表现就是溺杀女婴),往往会导致女性死亡率高于男性,但这显然是和正常生理因素无关的社会现象。目前全世界唯有津巴布韦等少数几个国家女性平均预期寿命低于男性，看来主要就是由此类社会因素造成的。但反过来，女性平均预期寿命大大超过男性也不正常，如 2010 年，俄罗斯、白俄罗斯、乌克兰、哈萨克斯坦等前苏联国家，女性超出男性竟达 12 岁左右，这清楚地说明男性死亡机率过高，人们普遍把这种现象与酗酒(1990～2001 年间俄罗斯 15～54 岁死亡人口约有一半死因和酒精有关)、暴力、严寒等因素联系起来，也反映出一种社会失常。

疾病一向是导致人口死亡的最主要的原因之一，其发生与生物学因素关系非常密切，特别是各种慢性非传染性疾病的发生，在相当程度上受到人的遗传、生理因素的制约，即使是传染病，其影响程度也与人的免疫能力直接有关。研究表明，某些疾病对不同的种族会因其生理遗传性状的差异而有不同的影响，如镰形血球贫血症，即只在黑种人中传播。

(二) 自然环境因素

人类生存离不开自然环境，不同的自然环境因素制约着人们的生存条件，与人口死亡水平有着直接的关系。这些因素中影响较大的，首先是自然灾害，如水灾、旱灾、风灾、地震、火山爆发等，其发生一方面会直接造成人身伤亡(20 世纪 80 年代，全世界年均有 7.5 万人直接死于自然灾害，90 年代为 4.3 万人，2000～2009 年为 7.8 万人，而多灾的 2010 年竟超过 20 万人)，另一方面还会通过破坏生产力间接促升人口死亡率。而历史上一些大灾造成的损失就更惊人了，我国 1556 年的关中大地震，死亡人数竟高达 83 万。

现代科学业已证明，许多疾病与自然环境有关，如克山病、大骨节病、大脖子病、某些癌症等，其分布在地域上有明显的规律性。关于其病因，一般多倾向于"生物地球化学说"。这种学说认为：包括人在内的一切生物同周围的整个地理环境是个有机联系的统一整体。生物与周围环境之间的物质循环和代谢，是生命最基本的特性之一。由于各地自然条件的差异，维系生命的化学元素在地理分布上具有显著的不均衡性。某些化学元素过多、过少或比例严重失调，均将引起地方性生物反应——或者是变异，或者是疾病。目前已发现至少有十几种化学元素含量异常，与某些人类疾病有关联，如碘、硫、硒、铍、镁、钼、铜、锰、锌、氟等。在所引起的疾病中，大骨节病病区的化学地理特征是硫、硒偏低，而锶偏高；克山病带与粮食低硒带基本上能很好地吻合；食管癌高发病区死亡率地理分布都呈不规则的同心圆状，与土壤中钼、铜、锰、锌等微量元素缺乏有关。在这些地区的人口死亡原因中，特殊的自然环境因素显然具有很大的影响。

地形，尤其是海拔高程是又一个影响人口死亡水平的因素，高寒缺氧的高山环境对死亡率有强烈的促升作用，对婴幼儿尤其是这样。当人进入高海拔缺氧区时，身体会产生一系列代偿性调节，以便能获得更多的氧气来满足消耗。如果氧气的供给与消耗出现失衡，身体就会产生一系列生理或病理变化，这就是一般所说的高山反应和高山病。对某些人来说，在 1 800 米高程即可出现高山反应，3 000 米以上就将导致高山病，对健康非常不利。加上在这种环境下社会经济发展必然受到诸多制约,故高原山区人口死亡率普遍偏高,并随高程上升而增大。《中国人口》丛书西藏分册即指出:"居民平均居住高度与标准化死亡率有密切关系,海拔高,其标准化死亡率也高。西藏各地、市标准化死亡率与居民居住平均海拔高度的关系经回归分析处理,两者有很强的正相关,相关系数为 0.962($P<0.01$)。居民居住海拔高度每上升 1 000 米,标准化死亡率增加 0.90 个千分点。"1990 年西藏第四次人口普查数据也清楚地表明出生时的平均预期寿命同海拔高程成反比(见表 4-5)。

表 4-5　海拔高程与人口预期寿命的关系(1990 年,西藏)

地　区	林　芝	昌　都	山　南	阿　里	那　曲
平均居住海拔高程(m)	3 000	3 550	3 770	4 300	4 400
出生时平均预期寿命(岁)	60.23	58.74	57.79	54.50	50.23

气候条件对人口死亡水平的影响比较复杂。一般说来,良好的气候对人体健康总是有利的,这一点可以间接地从死亡率的季节差异中反映出来。多数情况下,热带、亚热带地区的炎热季节,寒带地区的寒冷季节,死亡率都比较高[1],换季期也有这种现象,婴幼儿和老人对气候条件尤为敏感。气候对死亡水平的影响还表现在许多严重的传染病和寄生虫病都发源于并主要发生于热带、亚热带地区,如疟疾(见图 4-9)、黄热病、昏睡病(见图 4-10)、血吸虫病、脑炎、登革热、丝虫病、弓形体病、艾滋病等。这是由于高温、高湿环境加速了生物过程,使病菌、病毒及其媒介(蚊子、白

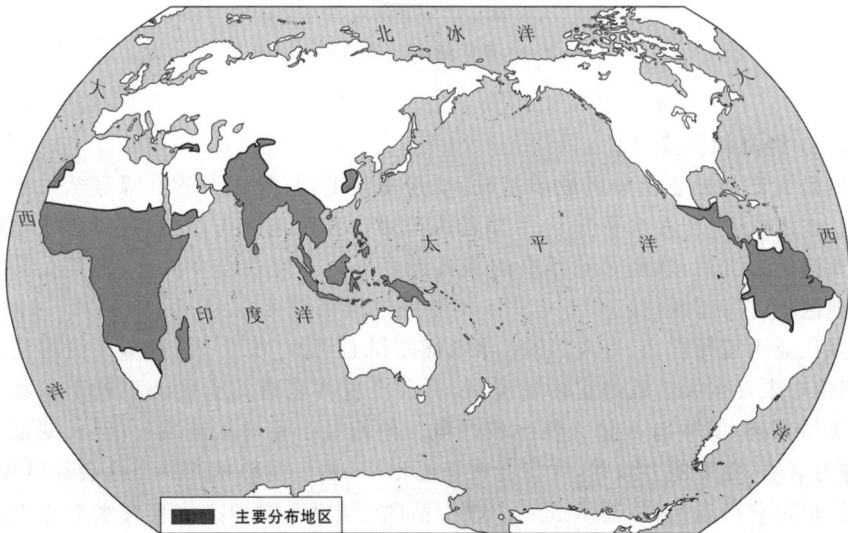

图 4-9　2010 年世界疟疾分布图

---

[1]　如 2009 年日本各月的死亡率以 7 月最低(8.1‰),而寒冷多雪、心脑血管疾病高发的 1 月最高(10.7‰),反映了日本作为一个地处北温带、深度老龄化国家的特点。

蛉子、萃萃蝇、钉螺等)容易滋生。最近若干年来,全球气候变暖对人类健康产生了不少消极影响,一方面使得疟疾、登革热等原先局限于热带、亚热带的传染病,有向温带地区蔓延的趋势;另一方面,气候变暖将影响到传染病病原体的变异、媒介昆虫的消长、宿主动物种群的演变、病种的流行特征及区域分布。从 20 世纪 70 年代到 90 年代,地球上新发现 30 余种传染病,如艾滋病、埃博拉病毒病、军团病、拉沙热、莱姆病、O139 霍乱、H5N1 流感、裂谷热、丙型及庚型病毒性肝炎等,很可能与上述因素有关,已引起人们的广泛重视。

图 4-10 传播昏睡病的萃萃蝇的分布区

(三) 经济和科技因素

这是人们与死亡抗争的物质基础,其强弱高低,与死亡率的升降显然关系十分密切。在古代,生产力水平低下,大量的人群难以稳定地获得温饱,有时会发生席卷广大地区的大饥荒,从而导致很高的冻馁死亡率。即使在当今世界,饥荒在某些国家或地区仍时有所闻,如 1971~1974 年孟加拉国饥荒死亡 76 万人,1972~1974 年埃塞俄比亚饥荒死亡 20 万人,1979 年柬埔寨饥荒死亡 45 万人,等等。值得注意的是,即使在未发生大饥荒的正常情况下,目前全世界也有约十亿人口处于未获温饱的半饥饿状态,其中有 8 亿人情况较严重。他们虽不致马上被饿死,但长期发育不良,体力衰竭,免疫能力减弱,这将增大其死亡率,是显而易见的。当社会经济发展,人们能稳定获得温饱,并逐步进入小康生活时,医疗保健和文化教育水平比以往显著提高,死亡率将迅速下降。当进入中等发达水平以后,人均寿命大大延长。随着经济发展,死亡率(标准化)虽仍保持下降趋势,但速度比过去大为减缓,表明社会经济因素对死亡的抑制作用已接近由科学技术水平决定的时代极限,要进一步增强这种抑制作用,将有待于科学技术取得新的重大突破。

上述演变过程,在人类几千年的纵向发展史上可以看得很清楚,同样地,在当代各种类型国家的横向对比中也能看到类似的规律。目前,世界各国贫富差别十分悬殊,2010 年最富的国家人均 GDP 比最穷的国家超出竟达 260 倍(购买力平价)。穷国缺衣少食,必然导致缺医少药,在抑制死亡上是软弱无力的。发达国家早已衣食有余,从社会到个人都可以将巨大的财富通过各种途径用于医疗保健长寿,也就是同死亡抗争上。这两者之间的对比十分鲜明。表 4 - 6 显示了几个国家的个人消费水平、结构与平均预期寿命。其中的食品消费支出占总支出的比重以恩格尔系数驰名,国际上一般认为该系数可以较好地反映一个国家的生活水平。该系数大于 60%者为贫困,50%～60%为温饱,40%～50%为小康,低于 40%为富裕。表 4 - 6 中的几个国家,菲律宾是典型的发展中国家,立陶宛为转型国家,墨西哥和美国则分属中等发达和高度发达国家。从表中可见,美国的医疗保健支出远远超过其他三国,为提高平均预期寿命提供了坚实的物质基础。世界上一些最不发达国家缺此种统计,否则对比将更加鲜明。

表 4 - 6　四个国家个人消费水平、结构与平均预期寿命的对比

	消费额(2005 年不变国际美元)				消费结构(%)			2000～2005 年平均预期寿命(岁)
	合计	饮食	医疗保健	其他	饮食	医疗保健	其他	
美国,2005 年	15 816	2 543	1 068	12 205	16.1	6.8	77.2	77.2
墨西哥,2002 年	3 034	827	87	2 120	27.3	2.9	69.9	74.9
立陶宛,2005 年	4 390	1354	190	2 846	30.8	4.3	64.8	71.9
菲律宾,2003 年	2 130	928	48	1 154	43.6	2.3	54.2	67.1

数据来源:http://www.worldsalaries.org/personal-consumption-expenditure.shtml。

　　显而易见,平均预期寿命与人均 GDP 高度相关(见图 4 - 11)。根据斜率,两者的相关曲线可分为几段,它们实际上正反映了经济发展对死亡水平抑制作用的几个不同阶段。图 4 - 11 中相关曲线的发展中国家部分,斜率极大,人均 GDP 每增加 1 000 美元(购买力平价),平均预期寿命将延长 2～4 岁。介于发展中国家平均水平与发达国家平均水平之间的曲线第二段,斜率明显趋缓,人均 GDP 每增加 1 000 美元,平均预期寿命只延长 0.9 岁。至曲线的发达国家部分,斜率更小,人均 GDP 每增加 1 000 美元,平均预期寿命仅延长 0.2 岁。

　　图 4 - 11 中各国 2005～2010 年男性平均预期寿命与 2008 年人均 GDP(购买力平价)的相关系数 r 为 0.8365,女性则仅为 0.8051,其主要原因就在于,相对于女性,男性与经济活动的关系更为密切,而女性的寿命在某些国家往往较多地受到社会和文化因素的影响。

　　从图 4 - 11 中可以看到,有一些国家偏离相关曲线稍远,这有两种情况:一是人均 GDP 较低,而平均预期寿命较长,也就是死亡水平低于相应的经济发展水平,其典型的例子是我国。如果是在其他社会制度或社会状况下,按现有的人均收入,我

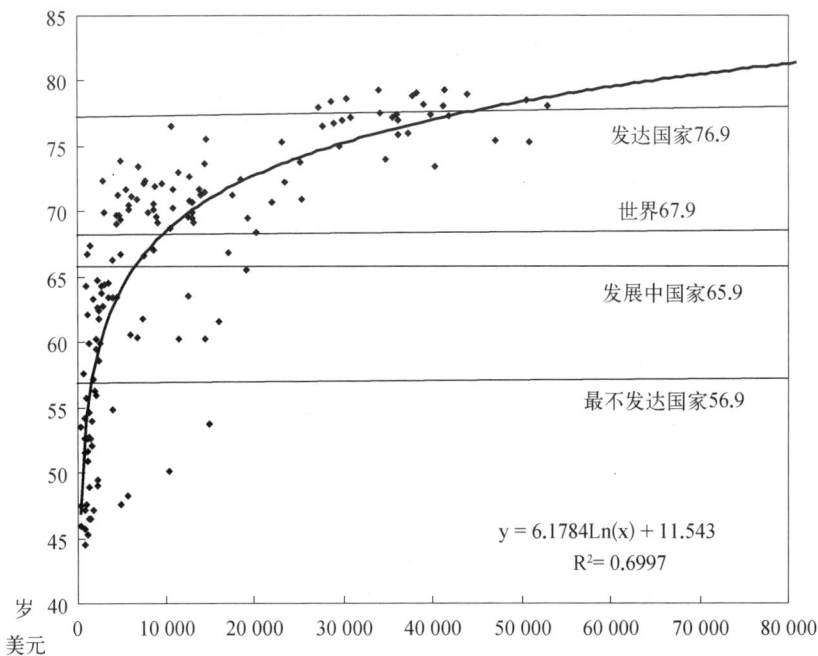

图 4 - 11　世界各国(人口＞100 万)2005～2010 年两性平均预期
寿命与 2008 年人均 GDP(购买力平价)相关图

国的平均预期寿命至少要减少 5 岁。另一种情况是人均 GDP 较高,平均预期寿命较低,死亡水平高于相应的经济发展水平,其典型的例子是美国。在 2010 年全世界有可比数据的 174 个国家和地区中,尽管美国的人均 GDP 高居第九位,但平均预期寿命却仅居第 32 位,甚至还低于古巴、哥斯达黎加这样的发展中国家,其原因当然是多方面的,肥胖、车祸、吸毒、暴力、艾滋病等等都增大了富裕生活下的死亡率,而社会财富和社会资源分配的严重不均显然也有很大的影响,其突出的表现就是,2008 年美国男性黑人的平均预期寿命比白人低 5 岁,他们的平均个人收入比后者低大约三成、大学入学率低大约四成显然是其中一个重要原因。

　　现代经济生活的发展虽然为降低死亡率提供了雄厚的物质基础和强大的物质手段,但还应看到,在这个过程中,作为经济发达的"副产品",在一定的社会条件下,也出现了一些以往少见的促升死亡率的新因素,如污染[①]、喧嚣、紧张、过于安逸、营养过剩、社交频繁、娱乐过多而休息时间减少[②]、生物钟节律紊乱,等等,给人们的生理、心理上都带来了一些新的负担,产生出一些所谓的"文明病"。世界卫生组织(WHO)干脆把心脑血管病、糖尿病、肥胖症、癌症等慢性非传染性疾病称作"富贵

---

　　① 与工业化以前相比,现代人类周围的生态环境已经发生了很大变化,或者说已经大大恶化,尤其是几乎无处不在的化学污染、放射性污染、烟尘污染、废弃物污染等,对人们的身心健康非常不利。例如,仅仅过去几十年中,就有大约 75 000 种人工合成的化学成分进入地球环境,其危害或威胁正日益显露出来,有一部分与某些疾病的增多有关已确定无疑。

　　② 1910 年美国人平均每天睡眠 9 小时,目前仅约 7 小时。全国约 7 000 万人有不同程度的睡眠障碍。

病",认为除遗传因素外,这些疾病在很大程度上是生活富裕后的不良生活习惯造成的。如脑力劳动者伏案或在电脑前长时间地工作以致活动量过小,空调使人减弱了适应天气变化的能力,家务劳动的电器化使人们更加缺乏体力活动,在饮食中摄入过多的动物脂肪和热量,以及酗酒、吸烟、滥用药物和滋补剂,等等。此外,世界卫生组织还认为,城市的不断膨胀,交通运输和旅游业的大发展,客观上增大了交通事故和其他意外事故的死亡率,[①]同时也加剧了传染病的扩散、传播。对这些在现代化进程中出现的新问题、新矛盾,确应引起更多的重视。

主要受经济发展水平制约的科学技术水平,对人口的死亡态势也有很大的影响。近代以来,死亡率大幅下降,在很大程度上要归功于医药科学技术的进步和卫生保健事业的发展[②]。每当医药科学取得一项重大突破,人口平均预期寿命曲线随之就会明显地上扬(见图4-12)。典型的如18世纪末牛痘免疫技术的发明;20世纪前半期磺胺类药物、维生素、抗生素以及滴滴涕等有机杀虫剂的发明、生产和推广使用,其中仅抗生素的使用就使得世界人均寿命至少延长了10岁。这些新科技成果在一段时期内使得常见传染病的死亡率下降到极低的程度,有的疾病甚至已经销声匿迹。例如天花——过去人类总死亡数的1/10和儿童死亡数的3/10应归咎于它——即已被根除,世界卫生组织已宣布1979年10月25日为人类天花绝迹日。鉴于上述各项伟大成就在挽救和延长千百万人生命上所作出的不可磨灭的贡献,它们的首创者在20世纪内差不多全部荣膺诺贝尔奖。

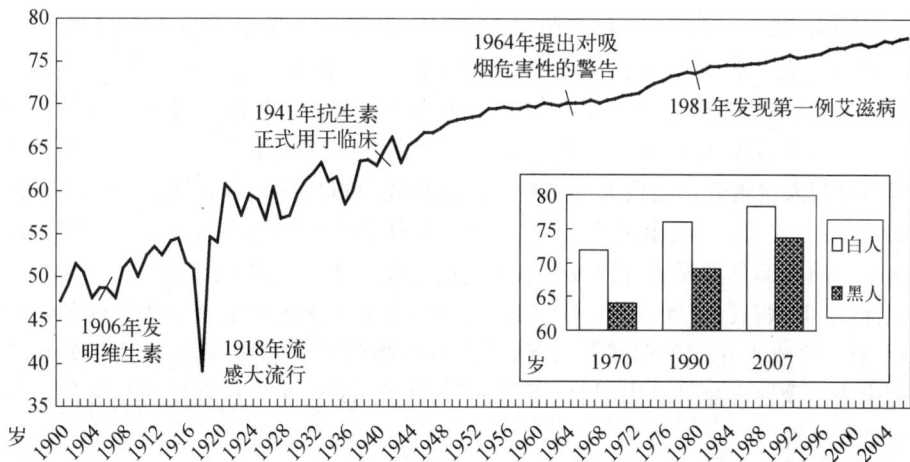

图4-12 1900～2007年美国平均预期寿命的延长及其种族差异

---

① 仅以汽车车祸为例,从1886年第一辆汽车问世,至2010年已导致全世界3 000多万人死亡,伤残者则更多。

② 联合国人口与发展委员会的一份报告曾指出:"跨国统计分析表明,在1930年至1960年期间,就存活率而言,仅1/3的改善是社会经济因素(即收入、识字和营养)所致,其余2/3的改善是其他因素所致,例如抗疟疾方案、免疫运动和促进个人保健的活动。"见联合国经济及社会理事会人口与发展委员会:《1998年世界人口监测的简要报告:健康与死亡率》,第17页。

科学技术的进步,使得在降低死亡率上过去要花很长时间才能达到的目标,现在只要较短时间就能实现。如英国从 1850 年起用了 110 年才将死亡率从 23‰降到 11‰,而日本从 1920 年起只花了 30 年就走完了同样的路程,我国所花的时间则更短。对医疗科技新成果的分享,是发展中国家得以大大缩小同发达国家死亡率差距的重要原因。

近来年,世界范围内人口死亡率的下降渐渐失去了前一时期那样的势头,一方面大量慢性非传染性疾病远未被征服,另一方面新传染病不断出现,加上病原体和传播媒介的耐药、抗药性日益增强,显著加大了防病治病的难度,[①]使得一些已被控制的传染病大有死灰复燃之势,如结核病、白喉、疟疾、霍乱、鼠疫、登革热等。19 世纪,世界总死亡人数的 50%～60%死于传染病,20 世纪 50～60 年代已减至 10%以下,而近年竟又大幅回升。世界卫生组织已就此发出警告:"我们正处在一场传染病全球危机的边缘,没有一个国家可以躲避这场危机。"这些都说明人类依靠社会经济发展和科学技术进步同死亡的抗争,仍然是任重道远的。

(四) 社会因素

社会因素影响人口的死亡水平,是人的社会属性的必然体现,它的最极端的表现形式就是战争。

自进入氏族社会以来,战争这个人杀人的怪物就一直是造成人口死亡的重要原因。据研究,从公元前 3600 年到公元 1960 年,世界上共发生战争 14 531 次,死亡 36.4 亿人。尤其是近代以来,杀伤技术日臻精良,战争带来的破坏达到了空前的程度,其中最突出的当然是两次世界大战,它们造成的死亡人数分别高达 1 650 万和大约 7 000 万,而且绝大部分集中于苏联、中国、德国、日本、波兰等少数国家内(见表 4-7),对其人口过程产生极大的影响。在分析战争造成的人口损失时,除军队的直接伤亡外,还要注意到平民的伤亡,[②]其中一部分直接死于敌人的屠杀(如奥斯维辛和南京),而大部分则死于各种战时原因造成的死亡率的上升,如饥饿、疾病流行、长途颠沛、恐惧、悲哀、屈辱等等,这类间接的损失可能大大超过直接损失。此外,还要看到,有一大批人在战争期间并未死亡,但身心受到严重摧残,有不少成了残疾人,他们未来的预期寿命必将因"战争后遗症"而大大缩短,这一点是显而易见的,但却难以进行统计。

在和平时期,社会因素对人口死亡水平的影响主要表现在阶级差异、城乡差异、文化差异,以及社会意识和社会风气上。

---

① 在 1941 年,1 万单位青霉素(每日 4 次,共 3 日)可治愈肺炎,而现在 1 天的最大用量可达 2 400 万单位,疗效仍不理想。中国当前抗生素人均年消费量是美国的 10 倍,后果非常严重。

② 在战争和武装冲突造成的人口损失中,平民所占比重正趋于增大。据估计,该比重在第一次世界大战时为 25%,第二次世界大战时为 60%,进入 20 世纪 90 年代已高达 90%～95%,这表明战争已变得愈来愈野蛮和不人道。

表 4-7　第二次世界大战造成的人口损失　　　　　　　万人

	军人死亡	平民死亡	合　　计	合计数对 1939 年全国人口的比率(%)
中国	300~400	700~1 600	1 000~2 000	1.93~3.86
苏联	880~1 070	1 270~1 460	2 340	13.88
英国	38	7	45	0.94
美国	42	0.2	42	0.32
波兰	240	538~558	562~582	16.10~16.70
德国	553	110~315	663~868	8~10.50
日本	212	50~100	262~312	3.67~4.37
世界	2 257~2 549	3 759~5 521	6 217~7 851	3.10

数据来源：en. wikipedia. org/wiki/World_War_II。

自进入阶级社会后,在富裕阶层和广大劳动人民之间即出现了死亡水平的明显差异,这完全是由各自的社会经济地位造成的。在西方发达国家,这种差异在 19 世纪中叶达到最大。此后,由于社会经济条件的改善,基本的医疗服务逐渐普及,差距趋于缩小,但仍是明显的。如巴黎贫民区的死亡率在 1817 年比富人区高 0.47 倍,1850 年高 0.50 倍,到 1891 年和 1946 年分别缩小至 0.42 倍和 0.26 倍,但不受年龄结构影响而基本上完全由父母的社会经济条件制约的婴幼儿死亡率差异则要更大一些。世界银行的《2004 年世界发展报告》即指出:"在一些中低收入国家,最贫穷的 1/5 人口其 5 岁以下儿童死亡率是最富裕 1/5 人口的 2.3 倍。"①

死亡水平的城乡差异是多种社会经济因素共同作用的结果。在资本主义发展的早期,工业城市迅速膨胀,大批破产农民被一下子抛进拥挤肮脏的城市中,贫民窟如雨后春笋般建立起来,妇女大量就业,童工广泛使用,罪恶势力嚣张,这一切曾在一个时期内导致城市死亡率急升,如英国的曼彻斯特在 1840 年有 4/5 的儿童活不过 5 岁。此后,当社会经济条件和卫生状况得到一定改善之后,城市在降低死亡率上所具有的有利因素——如居住较集中、交通便利、居民较年轻、收入较高且稳定、文化程度高、容易获得医药等——逐渐占据主导地位,使死亡率降至乡村水平以下。目前世界上几乎所有的发展中国家和部分发达国家都处于这种状况,如我国,2000 年第五次人口普查表明,城市的出生时预期寿命比县约高 4.6 岁。在一些地理环境差异不大的发达国家中,城乡之间在经济文化上基本上已没有什么显著差别,乡村同样能享受到发达的交通和医疗之便,个人收入甚至比城市更高,这时乡村环境就更有利于降低死亡率了。原因是:① 乡村居住密度低,传染病少;② 环境污染少;③ 没有城市生活中的那种紧张喧嚣,生活方式更符合健康原则。在这些情况下,城乡死亡率的对比遂发生逆转,即乡村低于城市。如荷兰乡村几乎所有的年龄别死亡

① 世界银行:《2004 年世界发展报告》,中国财政经济出版社 2004 年版,第 134 页。

率都低于城市,类似的还有英国、丹麦、波兰等。

文化水平的高低对死亡水平也很有影响。我国人口普查数据显示,标准化死亡率随受教育程度上升而下降,每多接受学校教育一年,就可以提高平均预期寿命大约 0.7 岁。不久前,有专家分析了一些欧洲国家不同受教育程度人群死亡水平的差异,发现两者之间普遍存在着明显的反向相关,这种反向相关度男性强于女性,中青年强于老年,如 2007 年爱沙尼亚 40 岁男性中,按受教育程度分成较低、中等和较高三类,其平均预期寿命分别为 20.9 岁、31.3 岁和 38 岁[1],差异确实相当悬殊。分析其原因,主要有以下几点:① 入学和升学的过程,排除某些对个人可能不完全公平的客观因素外,主要是智力和体力上的优胜劣汰;② 较高的文化程度常常同较高的社会经济地位相联系;③ 文化知识水平愈高,一般说来,对身心保健就愈重视,愈有利于健康。

社会意识和社会风气对死亡水平的影响比较复杂,显而易见的是,健康良好的社会意识和社会风气有助于降低死亡率,反之则将促升死亡率。例如,很多国家都存在的"重男轻女"意识,对女性的保存就是一个不利因素。一位法国学者就此曾明确指出:"男孩比女孩死亡多,是生理因素造成的。凡是与此相反地方,不是由于统计上的差错,就是由于特殊的社会环境,如有些落后国家,女孩有病却不给治疗。"[2]过去,南亚地区较普遍地存在着女性相对于男性死亡率过高的现象,近几十年已有明显改善,但直到 2002~2006 年间,印度人口众多的比哈尔邦、北方邦和中央邦女性出生时的平均预期寿命仍然低于男性,其中比哈尔邦相差达 1.8 岁。

从对死亡原因的分析上,也能清楚地看出社会因素的影响。如原属苏联的一些国家近 20 年来自杀率特别高(2008 年立陶宛、哈萨克斯坦、俄罗斯、白俄罗斯分列世界第二、三、五、七位),与社会因素显然关系密切。而某些拉丁美洲和非洲国家他杀率则极高,其中危地马拉以 0.749‰(2008 年)居世界之冠。这就更是地地道道的社会问题了。最后,应予指出的是,不少国家世风日下,吸毒、淫乱等社会丑恶现象丛生,由此显著增大了相关年龄段的死亡率,其中艾滋病在 20 世纪 80 年代末成为美国青壮年男子的头号杀手,就是一个典型实例。

三、世界人口死亡水平的变动及其地区差异

(一)死亡水平的变动趋势

从古代到中世纪,受社会经济发展水平的制约,世界人口死亡状况具有以下几个显著特征:

1. 死亡率高,平均寿命短

据研究,从史前时代到中世纪的漫长历史时期内,世界各地不同人群的(粗)死亡率一直波动在 30‰~50‰ 的高水平上,时空变化很大,但总体水平的改善则极其

---

① Veronica Corsini. Highly educated men and women likely to live longer. *EUROSTAT Statistics in focus*, 24/2010, 1.

② [法]索维著,查瑞传等译:《人口通论》,下册,商务印书馆 1982 年版,第 103 页。

缓慢。由原始社会到奴隶社会和封建社会,生产力确实有了很大发展,但在减缓了某些死亡因素的同时,却又培育了新的死亡因素,致使世界平均死亡率直到产业革命发端的 18 世纪后半叶,仍高达 36‰,比过去并没有质的改善。古代死亡人口年龄重心很低,原始社会平均寿命不超过 20 岁,纪元初年为 22 岁,中世纪为 26.5 岁,历时几万年仅提高了大约 7 岁。

2．死亡原因复杂多变

冻馁死亡、疾病死亡、暴力死亡、意外事故死亡均占相当比重,且随环境不同因地因时而异,与当代人绝大部分死于疾病完全分属两种模式,充分反映了古代人们生存环境的恶劣和不稳定。直到现在,世界上某些尚生活于石器时代的孤立民族死亡状况仍与之类似,如分布于南美洲巴拉圭东部森林中的阿切人,在 20 世纪 70 年代儿童死于被杀、疾病、冻馁和意外事故的,大约各占 1/3,成人则有 73％死于暴力冲突和意外事故(蛇咬、从树上坠落、受野兽攻击等)。[①]

3．时空变化剧烈

风调雨顺的和平时期,死亡率较低,一旦发生天灾人祸,死亡率将急升,甚至导致广大地区内人口的几乎绝灭。典型的如我国的四川省,素称"天府之国",但在明末清初的大动乱中,全省近千万居民绝大部分在很短时期内均死于非命,史籍记载当时的四川"人类几灭"、"榛榛莽莽,如天地初辟"[②]。由于人烟极少,野兽猖獗,尤以虎患为烈。清朝顺治七年(1650 年),"南充县知县黄梦卜申称:原报招徕户口人丁五百零六名,虎噬二百二十八名,病死二百二十三名。新招人丁七十四名,虎噬四十二名"[③],已无异人间地狱。除社会动乱外,瘟疫的大流行也造成死亡率急升,如 1347 年鼠疫在黑海地区爆发,随即以惊人的威势和速度横扫了整个欧洲:1348 年 1 月到达意大利,9 月跨过英吉利海峡,翌年 12 月进入斯堪的纳维亚,最后于 1353 年越过莫斯科,所到之处,立即尸横遍野,仅高峰期的两年内,全欧洲的人口就损失了 1/3,推计死亡率,当高达 150‰以上!

产业革命以来,世界人口死亡水平进入了实质性的持续平稳下降时期:平均死亡率从 18 世纪后半期的 36‰锐降至 1950～1955 年的 19.7‰,至 2005～2010 年仅为 8.2‰;平均预期寿命则由 30 岁分别提高到 46 岁和 68 岁。短短两个世纪中,在抑制死亡上取得的成就竟大大超过以往一切世代的总和。这里就需要谈到一个可能常常引起误会的问题:是什么因素导致战后世界人口的高速增长,以至有人称之为"人口爆炸"?是生育太多吗?实际上出生率并没有超过以前,甚至或多或少还有些下降,20 世纪后半期,世界平均出生率为 27.9‰,比前半期下降了 7.1 个千分点。那么是什么原因导致人口高速增长呢?原因就在于死亡率下降得比出生率更早更快,而且这种下降又主要集中于低龄人口,即生育潜力最大的那部分人群;20 世纪后半期世界平均死亡率比前半期下降了 15.3 个千分点,降幅比出生率大 8.2 个千分

---

① 参见希尔著,张善余译:《美洲的狩猎—采集民族》,《民族译丛》1991 年第 2 期。
② 民国《温江县志·民政·户口》。
③ 《四川巡按张琠揭贴》,载《明清史料》,甲编第 6 本。

点,正是这一差距点燃了"人口炸弹"。

预计今后十几年内世界平均死亡率将基本稳定在当前的 8.2‰左右的历史最低水平上,到 2025 年前后将因老龄化而逐渐回升,21 世纪末可能达到 11.5‰,但世界平均预期寿命仍将不断上升,2085 年前后可望超过 80 岁。

(二) 死亡水平和死亡原因的主要地区差异

产业革命后,由于生产力水平的差异,人口死亡率在发达国家和发展中国家之间出现了悬殊差距。前者死亡率在 18 世纪即开始下降,1750～1800 年间为 34‰,1960～1965 年间降至 9.4‰的历史最低点,此后趋于回升,2005～2010 年间为 10.0‰;而后者直到进入 20 世纪后才开始下降,1910～1920 年间为 37‰,当前已降至 8‰以下,已明显低于发达国家;但两者的平均预期寿命仍有很大差距,2005～2010 年间发达国家为 76.9 岁,发展中国家为 65.9 岁,相差达 11 岁,但与 20 世纪 50年代初的 23 岁相比,差距已大大缩小。

目前世界上死亡水平最低的国家是日本(其女性的长寿优势尤其突出),其次是一些西欧北欧国家,它们的平均预期寿命均达到 80～84 岁(见图 4-13)。波斯湾南岸诸石油输出国因人口特别年轻,粗死亡率为世界最低,其中阿拉伯联合酋长国仅为 1.4‰,但这些国家的平均预期寿命仍比日本低 10 岁乃至更多。世界上死亡水平最高的是撒哈拉以南的一些非洲国家,其粗死亡率一般为 15‰～17‰,平均预期寿命在 45～55 岁之间,大约相当于发达国家一百年前的水平。值得强调指出的是,自20 世纪 90 年代以来,艾滋病在撒哈拉以南非洲迅速蔓延,使其人口死亡态势雪上加霜;2009 年全世界共有艾滋病毒携带者 3 330 万,死亡 180 万人,撒哈拉以南非洲均占了 2/3,不少国家的平均预期寿命因此出现断层式下降。大致同期内前苏联东欧

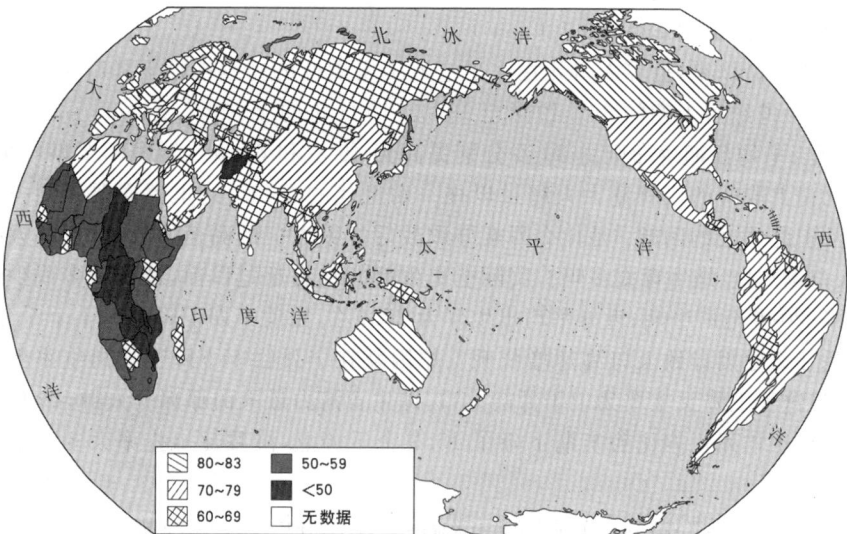

图 4-13　2009 年世界各国的平均预期寿命(岁)

地区因社会经济剧变导致平均预期寿命剧降也非常引人注目,其幅度之大,令人心惊(1987年俄罗斯男子的平均预期寿命为64.7岁,本已明显偏低,而1994年竟猛降至57.8岁),其破坏力恐怕不次于一场战争。

发展中国家平均预期寿命与发达国家的明显差距,说明两类国家人口死亡的年龄重心完全不同,前者偏于低龄人口,后者偏于老龄人口(图4-14)。事实上,发展中国家死亡水平高,其症结主要就在于低龄人口,尤其是婴幼儿。图4-15显示,与发达国家相比,发展中国家(不包括中国)0~14岁少年儿童的死亡机率相差将近10倍,而15~60岁的青年和成年人只相差0.7倍。对于控制绝大部分低龄人口的死亡率,当代医学并不存在什么困难,问题主要还是在于社会经济发展水平。

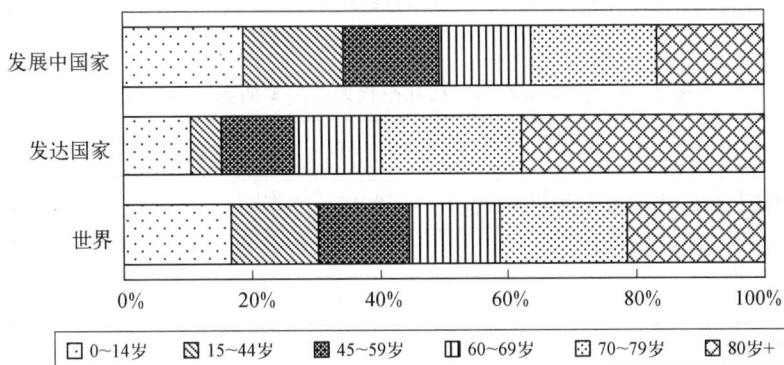

图4-14 2008年世界死亡人口的年龄结构

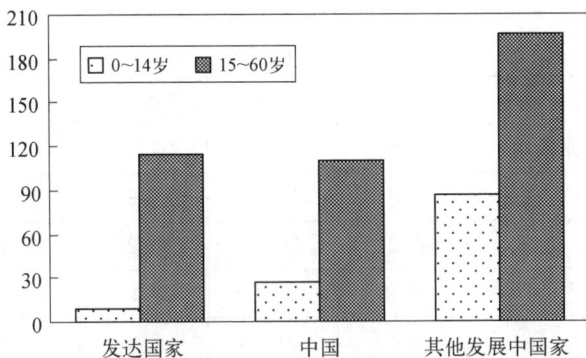

图4-15 2010~2015年几类国家人口的死亡机率 ‰

死亡原因构成及其差异性也是死亡人口分析的重要内容。与古代死亡原因中冻馁、疾病、事故、暴力等均各占相当比重不同,现代国家中疾病已占到死亡原因的绝大部分,世界卫生组织把所有的死亡原因归纳为55种,其中1~49种均为疾病。2008年疾病(含分娩原因)即占世界死亡总数的91%,而各种非故意性伤害事故(车祸、火灾等)占6.4%,故意性伤害(自杀、他杀和战争)占2.7%。

死亡原因变动和分布具有很明显的规律性。它首先受到人口的性别和年龄结构的影响,不同人群各有其不同的特征,如事故和暴力死亡多集中于青少年,尤其是男性;贫穷国家育龄妇女中怀孕和分娩死亡率很高,而且由于分娩次数多,再加上不洁性生活的影响,这些国家女性宫颈癌发病率很高。相反,欧洲国家女性生育晚而少,乳腺癌成为一大杀手。

其次,随着时代变迁,主要疾病的构成不断变化,如日本在 20 世纪 30 年代以前,第一位死亡原因是肺炎和气管炎,30～40 年代为结核病,50～70 年代为心血管疾病,从 80 年代起则为恶性肿瘤,这反映了社会经济环境、医疗卫生事业的发展水平及人口年龄结构变动的影响。近年来,发达国家以及一部分社会经济发展状况较好的发展中国家,死亡原因均以慢性非传染性疾病占极大比重,而最不发达国家则多以传染病、寄生虫疾病、和营养缺乏有关的疾病为主(见表 4 - 8),反映的也是这种差异性。

表 4 - 8 世界(2008 年)和几个代表性国家的死亡原因构成　　　　%

死 亡 原 因	世 界	发达国家	发展中国家
传染病、寄生虫病、产科和营养性疾病	27.5	6.5	34.0
恶性肿瘤	13.7	22.6	10.9
心血管疾病	30.5	44.6	26.1
其他非传染病	19.4	19.2	19.4
伤害	9.0	7.1	9.6

死 亡 原 因	埃及 (2008 年)	萨尔瓦多 (2006 年)	美国 (2005 年)	日本 (2008 年)	法国 (2007 年)
传染病和寄生虫病	3.3	4.3	2.7	2.2	1.9
内分泌、营养和代谢疾病	2.1	5.3	4.2	1.8	3.6
恶性肿瘤	5.4	10.8	22.8	30.0	28.8
循环系统疾病	45.1	18.3	35.2	29.3	27.9
其他疾病	40.2	41.2	27.9	30.2	30.8
伤害	3.9	20.2	7.2	6.4	7.0

最后,有一部分死亡原因具有很强的地理性[1],除了气候带和海拔高程带这类大的环境背景外,一些特殊的自然条件以及人们的生活方式也很有影响。例如,芬兰是世界上心血管疾病发病率最高的国家之一,2008 年仅缺血性心脏病(心肌梗塞)即占死亡总人数的 24%,比重大大超过自然和社会经济环境十分相似的各个邻国。韩

---

[1]　目前全世界每年约有 10 万人死于蛇咬,2 900 人死于河马攻击,80 人命丧狮口,150 人死于雷击,60人被龙卷风吹走……这一类事故死亡,地理性均极强。

国和日本则是胃癌的高发国,在死亡总人数中约占 5%,比同纬度的其他发达国家高出 5～10 倍,一些日本侨民移居美洲多年,胃癌发病率仍不能明显降低,对这一类现象尚需作更深入的研究。

艾滋病——非洲之殇

1981 年,美国发现第一例艾滋病人,随即这种新传染病掀起了不小的波澜,但持续时间并不很长,到 90 年代中期,由于新疗法的推广,艾滋病在美国大体上得到了控制,迄 2007 年,美国因艾滋病死亡 57.6 万人,只占同期总死亡人数的 1.1%。然而,这一"世纪瘟疫"却在美国以外的不少地方酿成巨灾,撒哈拉以南非洲就是突出的重灾区。

艾滋病在撒哈拉以南非洲大约从 20 世纪 90 年代初开始传播,并迅速以惊人的威势席卷广大区域,尤以南部非洲最为严重。究其迅速蔓延的原因,主要是:① 贫困使得许多国家缺乏防治艾滋病的物质条件(每个病人一个月的治疗费用约为 400 美元);② 人们的生活方式和某些涉及性的传统习俗起了火上加油的作用;③ 南部非洲庞大的采矿业每年吸引数以十万计的青壮年"契约劳工",他们背井离乡,缺乏正常的家庭生活,由此出现兴旺的性产业,形成一条条"艾滋高速公路";④ 非洲人遗传基因上的某些特点,使之在生理上相对缺乏对于艾滋病的抵抗力。

经过几年的潜伏期,从 90 年代中后期起,艾滋病巨大的杀伤力开始显现,不少国家的死亡水平急速上升,如津巴布韦女性的平均预期寿命从 1985～1990 年间的 63.5 岁一下子降至 2000～2005 年间的 42.4 岁,博茨瓦纳从 65.8 岁降至 48.4 岁,南非从 64.7 岁降至 54.2 岁,南部非洲其他国家情况亦大致相仿。到 2009 年,全世界艾滋病毒携带者累计达到 6 000 万人,死亡 2 500 万人,其中撒哈拉以南非洲占了大部分。

2007/2008 年成年人艾滋病感染率(%):

世界	0.8	莱索托	23.2
撒哈拉以南非洲	5.2	南非	18.1
斯威士兰	26.1	纳米比亚	15.3
博茨瓦纳	23.9	津巴布韦	15.3

艾滋病的流行给非洲重灾区各国带来了浩劫,整个社会经济受到了极大的负面影响,其突出表现是青壮年大量死亡,使国家失去栋梁,而高速前进的"人口列车"也因此明显减速。近几年,通过国际合作,相关国家在艾滋病的防治上倾注了巨大努力,其发病和死亡高峰期已渐渐渡过,但展望未来,仍存在多方面的不确定性,尤其是遗留下总共 1 700 万"艾滋孤儿",其前景堪忧,已引起国际上的广泛关注。

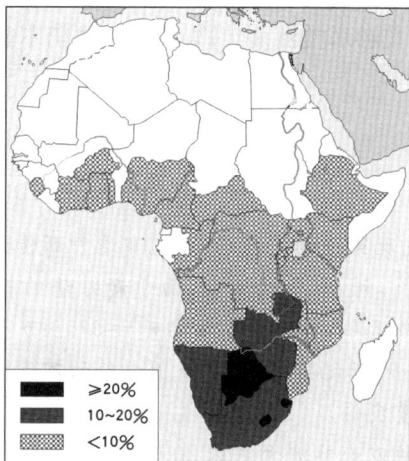

图 4－16　艾滋病阴影笼罩下的撒哈拉以南非洲

（成年人艾滋病感染率）

四、中国人口死亡水平的变动及其地区差异

旧中国人口（粗）死亡率极高，抗日战争前为 28‰左右，1949 年仍达 20‰。新中国建立后，除 1959～1961 年的困难时期外，死亡率均呈连续下降趋势。自 70 年代末以来，一直微幅波动于 6.5‰上下。平均预期寿命则从 30 年代的大约 35 岁提高到 2000 年的 71.4 岁，增幅高达 1 倍，是近几十年中世界上平均预期寿命增长最快的国家之一。由于老龄化来势较猛，我国的（粗）死亡率已失去下降势头，并已于 2003 年开始缓慢回升，预计到 21 世纪中期将升至 14‰以上。但平均预期寿命仍将持续增长，并可望于 21 世纪中叶接近 80 岁大关，届时"人生七十古来稀"将成为一句地地道道的古谚。

必须看到，我国进一步降低死亡率的难度是不小的，已取得的成就在相当程度上是依靠社会体制的优越部分抵消了生产力水平的欠缺，而抑制死亡归根结蒂还是要靠强大的物质力量。此外，我国地理环境复杂，地方大，人口多，还有许多少数民族，全国的乡村人口占了近半数，有数以亿计的人口散布于高原、高山、草原、沙漠和森林，客观上也给医疗保健事业的发展增大了困难[①]，对降低婴幼儿死亡率尤其不利。今后，在社会经济发展进程中，如何不断地健全、完善社会保障体系和多级医疗保健网，不断提高全体人民的身体素质和文化素质，确是一个任重道远的艰巨任务。

我国人口死亡水平地区差异的总态势，首先是乡村高于城镇，2010 年乡村（粗）死亡率为 7.30‰，城市和镇分别仅为 3.47‰和 4.49‰，其原因除医疗保障、地理环境等因素外，与人口的年龄构成也很有关系，城镇青壮年人口的比重显著超过乡村，

---

① 一个典型例子：内蒙古自治区傲汉旗牛古吐乡 18 个人，历时 11 个多小时，赶 25 千米雪路，把一位病人抬到医院（新华社呼和浩特 2007 年 3 月 10 日电）。

这部分人群的死亡机率在所有人口中是最低的。其次是西部较高,中部较低,东部最低。根据地形划分则是第一阶梯较高,第二阶梯较低,第三阶梯最低,与社会经济发展水平和地理环境的特点关系十分密切。我国平均预期寿命最长的是上海市,为82岁(2011年),已超过美国。其他大部分省区在68岁至73岁之间。最低的云南和西藏分别为66岁和64岁,考虑到"世界屋脊"的特殊地理条件和社会环境,应该说,这样的水平是不低的。因为,与仅一岭之隔的"高山王国"尼泊尔相比,西藏的平均预期寿命高了6岁之多。

上述地区差异与民族成分有着密切的关系。众所周知,旧社会我国许多少数民族在社会发展形态上非常落后,有不少还停滞在原始的石器时代,因而死亡率极高,平均预期寿命极低(1940年,内蒙古部分地区的蒙古族人口平均预期寿命仅为19岁)。新中国建立后,少数民族地区发生了天翻地覆的巨大变化,死亡率呈断层式剧降,目前一部分少数民族的平均预期寿命已经赶上甚至超过了汉族(如满族,原因是城市人口比重大)。其他的与汉族一般只是几岁之差,偏低一些的只是少数,如珞巴、拉祜、撒拉、门巴、怒等族,比汉族约低15~18岁。这些民族多散居于深山老林之中,社会经济发展确实有不少客观上的困难。

我国人口的死亡原因结构过去属典型的发展中国家类型,即传染病占很大比重。新中国建立后,这一结构迅速发生变化,至20世纪80~90年代,我国城市人口死亡原因中,脑血管疾病、心血管疾病和癌症这三大"老年病"合计已占60%,乡村为40%~50%,均已与发达国家65%左右的比重相当接近。同其他许多国家一样,近年我国也面临着传染病的新的冲击,一方面是如何防止老的传染病,包括结核病和性病东山再起;另一方面是如何防止新的传染病,特别是艾滋病的入侵扩散,这是应引起全国人民高度重视的大问题。

第四节　人口再生产类型及其转变

一、人口再生产类型的划分

一个国家或地区在某一时期内人口总量的变动受两个因素制约,一是自然增长,二是人口迁移。前者为人口(粗)出生率抵消(粗)死亡率的余数,当迁移人口数量很少时,可以把它看做是该国或该地区人口的实际增长率。世界人口的自然增长率就是实际增长率。

自然增长率的高低清楚地反映出一个国家或地区人口增长的快慢(表4-9)。但应予注意的是,自然增长率相同,其社会经济背景或人口学涵义可能差异很大。如自然增长率为0,可能是出生率和死亡率均为45‰,也可能是均为10‰,其中的差别反映了两个大相径庭的人口过程。根据与不同社会经济发展水平相应的出生率、死亡率、自然增长率以及其他人口指标,一般可以在世界上划分出以下几个人口再生产类型:

表 4-9 2005～2010 年世界及代表性国家的人口自然增长率　　‰

	出生率	死亡率	自然增长率		出生率	死亡率	自然增长率
世界	20.0	8.4	11.6	巴林	20.7	2.8	17.9
发达国家	11.4	10.0	1.4	印度	23.1	8.3	14.8
发展中国家	21.9	8.0	13.9	阿拉伯联合酋长国	14.0	1.4*	12.6
最不发达国家	34.5	11.0	23.5	中国	12.9	7.2	5.7
尼日尔	49.5*	13.8	35.7*	德国	8.4*	10.3	-1.9
中非共和国	35.6	17.6*	18.0	乌克兰	10.4	16.7	-6.3*

说明：* 为世界最高或最低。

1．原始型

特点是高出生率，高死亡率，在不同环境条件下均可达到 35‰～50‰。婴儿死亡率超过 200‰，半数儿童活不过 5 岁，自然增长率因此极低，人口总数增长非常缓慢，甚至长期停滞不前，遇到天灾和疫疾流行，还会有所减少。产业革命以前，世界各国基本上都属于这种类型。在当今世界上，就一个国家而言，属于这一类型的已经没有了，但不少发展中国家的个别地区，特别是一些尚处在史前时代的孤立民族，有不少仍属于这种类型。随着社会的进步，处于原始型的人口可望逐步减少。

2．年轻型

生产力水平的提高，使死亡率渐趋下降，而出生率则持续偏高，两者之间的差距显著拉大，促使人口迅速增长，年龄结构走向年轻化。目前世界上大多数发展中国家都属于这一类型，其每年的自然增长率介于 15‰～35‰ 之间，跨度很大，故从中又可区分出几种不同的类型。

（1）原始型向年轻型的过渡类型

该类型仅包括一部分最不发达国家，人口的出生率和死亡率在世界上都是最高的，前者仍保持在原始阶段的高水平上，后者则有一定的下降。由于死亡率高，自然增长率仅属中等，大约为每年 20‰ 左右。代表性国家是中非共和国。

（2）典型的年轻型

其出生率与过去相仿，死亡率则大幅下降，故自然增长率是世界上最高的，可达 25‰～35‰，乃至更高。代表性国家是尼日尔。

（3）年轻型向成年型的过渡型

该类型的生育得到了一定程度的控制，自然增长率降至 15‰～20‰ 左右，人口年龄结构的年轻化趋势初步得到遏制。代表性国家是印度。

3．成年型

此类型包括一些近二三十年经济发展快、人口控制成效显著的发展中国家及部分发达国家。其死亡率很低，出生率也已降至较低水平，自然增长率大约为 5‰～10‰，年龄结构逐步向老龄化方向演变，或已初步老龄化。代表性国家是中国。

4．衰老型

其出生率降至最低水平，死亡率因人口老龄化而由低谷回升，与出生率逐渐靠拢，自然增长率趋近于零，甚至降到负数，从而成为零增长国家或负增长国家。自1971 年德国成为世界上第一个人口零增长国家后，此类国家不断增多，现已覆盖大半个欧洲。东欧和苏联原先距零增长尚小有距离，但 20 世纪 90 年代社会剧变后，自然增长率呈断层式剧降，已成为世界上负增长率最高的国家，如拉脱维亚、爱沙尼亚、俄罗斯、乌克兰、匈牙利等。

二、人口再生产类型的转变

（一）人口转变的涵义和阶段划分

从以上人口再生产类型的划分中可以看出，这种类型的分布和演变并不是杂乱无章的，而是有其一定的客观规律性。1934 年，法国人口学家兰德里在《人口革命》[①]一书中第一次提出人口再生产类型随生产力发展的历史阶段而转变的观点，认为西欧人口再生产类型的转变经历了三个序列或历史阶段。第一个序列又称原始阶段，特点是人口出生率和死亡率均极高，自然增长率则极低，简称为"高高低"类型，这一阶段覆盖了整个古代。第二个序列又称中间过渡阶段，出生率和死亡率均稍有下降，但自然增长率仍然很低，其延续时间为中世纪。第三个序列又称现代阶段，它由产业革命揭开序幕，特点是死亡率持续下降，但在一段时期内出生率却维持不变，故人口加速增长，这时属于"高低高"类型。此后，出生率也转为持续下降，人口增速大减，演变为"低低低"类型。

1944 年，美国人口学家诺特斯坦发展了兰德里的"三个序列"理论，第一次提出了"人口转变"的概念，并将它推广应用到发展中国家，对这些国家将经历一次人口高速增长作了准确的预言。诺特斯坦将兰德里的第三个序列划分为三个阶段，即"高低高"阶段、过渡阶段和"低低低"阶段。后来诺特斯坦的学生寇尔对他的理论作了深化，并对人口转变模式提出了如表 4－10 所示的定量划分标准。

表 4－10　人口转变模式的划分标准　　　　　　　　‰

指　标	原始静止时期	前现代时期	转变时期	现代时期	现代静止时期
出生率	50.0	43.7	45.7	20.4	12.9
死亡率	50.0	33.7	15.7	10.4	12.9
自然增长率	0	10.0	30.0	10.0	0

---

① Adolphe Landry. *Révolution démographique*. Institut National Etudes Démographiques（Nov. 1, 1982）.

英国人口学家布莱克提出的人口转变五阶段模式,融会了兰德里和诺特斯坦的观点,在国际上影响很大。他划分的5个阶段是:

(1) 高位静止阶段

出生率基本被死亡率抵消,人口增长极为缓慢。

(2) 早期扩张阶段

死亡率先于出生率下降,人口增长逐渐加速。

(3) 后期扩张阶段

在死亡率继续下降的同时,出生率也开始下降,人口增长势头趋缓。

(4) 低位静止阶段

出生率和死亡率均降至低水平,人口出现零增长。

(5) 绝对衰减阶段

出生率极低,死亡率因人口老龄化而回升,人口出现负增长。

布莱克划分的前4个阶段得到了广泛的认同,第5个阶段在一部分发达国家中也已出现,很可能成为全球性的长期趋势,但也有不同的看法。

上述理论[①]统称为人口转变论。不同类型国家的经验都表明,这个理论的基本观点是符合实际的,对于人们科学地认识人口运动的客观规律起到了不可磨灭的积极作用。决定人口转变过程的经济基础是生产力发展水平,与生产力水平相适应的经济发展阶段则构成了人口转变的社会基础。此外,不同的历史背景和上层建筑特点,对人口转变也有加速或延缓的作用。

(二) 几种人口转变的国家模式

由于发展背景因素的不同,各国的人口转变虽然在总的方向上是一致的,但演变过程却各有特点,据此,一般可以在世界范围内划分出以下几种有代表性的人口转变模式:

1. 西北欧模式

代表了大部分发达国家。它们最早进行并完成了工业化,加上部分国家通过殖民掠夺获得大量财富,故生产力水平和生活水平长期在世界上处于显著的领先地位,而工业化过程中产生的农村剩余劳动力通过向海外移民也得到了化解。因此,这一模式的人口转变完全是伴随社会经济发展的自发性过程,即经济增长促成了生活方式的改变和生活质量的提高,社会经济结构包括家庭结构及其功能也随之发生变化,这一切均导致死亡率和出生率自然、平稳、缓慢的下降。整个转变过程历时长达一个多世纪,期内人们的生育意愿和生育行为之间基本上一直保持和谐,"发展是最好的避孕药",可以说是这一转变模式的一个恰当的总结。

在属于西北欧模式的诸多发达国家中,一般认为瑞典的人口转变最具典型性,这是由于它既是一个工业化早、发达程度高的国家,又没有受到战争和人口迁移的

① Kirk, D. Demographic Transition Theory. *Population Studies*, 1996,50(3):361-387.

显著影响,因而人口变动曲线显得更为"自然"(见图4-17)。19世纪20年代以前,瑞典在人口转变上处于高位静止阶段,死亡率和出生率均未出现实质性的下降,年均人口增长率波动在6‰上下,有的年份还会因死亡率剧增导致负增长(如1772年、1773年的自然增长率分别为-8.6‰和-27.3‰)。19世纪20年代至20世纪初是早期扩张阶段,这时产业革命促使死亡率大幅降低,出生率则下降不多,年均人口增长率提高到10‰～15‰。第一次世界大战至70年代为后期扩张阶段,显著特点是出生率大幅下降,人口增长率减至6‰左右。此后则进入了低位静止阶段,人口增长率已跌至3‰。预计到21世纪20年代,有可能进入绝对衰减阶段,由于瑞典是一个突出的地多人少的福利型国家,这种衰减的强度可能相当微弱。

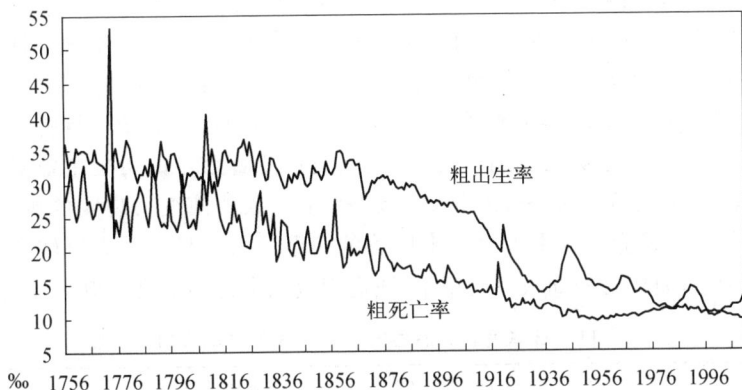

图4-17 1756～2010年瑞典粗出生率和粗死亡率的变动

2.日本模式

与西北欧国家相比,日本产业革命进行得较晚,整个19世纪大体上均处在高位静止阶段。19世纪末至第二次世界大战前夕属于早期扩张阶段,其中20世纪20年代人口年均增长率达15.6‰,比19世纪60年代的5.1‰超过了2倍多。

第二次世界大战期间,日本人口增长放慢,但战后即进入生育高峰,1948、1949两年自然增长率竟高达21.6‰和21.4‰,这是它整个历史上超过20‰的仅有的两年。自然增长率的猛升,加上600多万日本军人和平民自海外被遣返回国,使总人口急剧膨胀。而战后这几年正是日本百业凋敝之际,新增的大量人口给全社会造成了巨大压力,在此背景下,日本于1948年在世界上率先颁布了"优生法",承认人工流产(这是当时控制生育最有效的方法)是合法的,不久又大规模推行节制生育活动。据统计,1950年全国施行人工流产32万例,1958年达113万例,平均有40%的妊娠被中止了,由此促成出生率急速下降,1957年自然增长率仅为8.9‰。在世界人口发展史上,人为控制生育取得如此迅速而明显的成效,过去还没有先例。

20世纪50～70年代是日本的后期扩张阶段,进入80年代已进入低位静止阶段,90年代中期自然增长率仅为3‰,2007年起已进入绝对衰减阶段。

与西北欧模式相比,日本的显著区别是采取了强有力的人为干预生育行为的措施,故人口转变速度快,势头猛,在几十年内走完了西北欧国家一二百年的道路。值得注意的是,如此剧烈的人口转变并未引起人们生育意愿上的明显抵触,原因主要是日本战前工业化已有相当基础,20世纪50～60年代又以世界罕见的高速度实现了国家的现代化,从而为人口转变提供了坚实的经济基础。此外,日本人文化教育程度高,地窄人稠的岛国环境和大战失败的心理重压,使很多人都有民族危机感,因而能自觉地认同和支持政府实施的生育控制政策。当然,日本由于快速推进人口转变,近年来人口老龄化对社会经济生活的压力已日趋沉重,这也说明人口数量控制和自然结构优化,是人口转变相辅相成、不可偏废的两个方面。

鉴于日本已明确进入人口负增长阶段,且亏损逐年增大(2007年自然增长为−0.2万人,2008年为−3.4万人,2009年为−5.9万人,2010年为−10.5万人,2011年为−20.4万人),因而引起人们对日本人口发展前景的深切关注。日本本国的学者理所当然地早已对这个问题进行过反复的深入研究,权威的日本国立社会保障·人口问题研究所根据不同参数,建立了多个预测模型。值得注意的是,按照其中一种预测,日本人口将持续不断地减少下去(见表4−11),公元3200年将剩下最后一个日本人(此人是男是女无从确定)。虽然人类在几百万年的历史中曾多次濒临灭绝,但后来都顽强地复兴起来,因此笔者认为,上述预测演变为现实的概率不大,当然这毕竟是一个只能由日本人自己来回答的问题。由于日本在人口转变进程上比中国早几十年,而成为一面极好的镜子,我们理应从中得到宝贵的借鉴。

表4−11　日本民族的消亡?——对未来日本人口的预测

年　份	1998年预测	2006年预测
2012年3月31日(实际)　126 659 683人		
2050	90 331 750	88 956 470
2100	45 919 576	41 087 460
2200	11 779 854	8 516 799
2300	3 018 358	1 764 326
2400	773 373	365 440
2500	198 167	75 694
3000	219	29
3200	15	1
3400	1	0

预测数据来源:日本国立社会保障·人口问题研究所,2006。

3. 中国模式

旧中国的人口再生产一直属于或近似于高位静止的原始型。新中国建立后,死亡率剧降,一下子进入了早期扩张阶段。此时如能借鉴日本模式,国家的现代化将获益良多。但由于当时的政治因素,加上经济、文化的总体性落后,中国失去了一次难得的历史机遇。1950～1970年间,中国人口年均自然增长20.4‰,而日本仅为11.4‰,相比之下,20年里中国累计"多生"了1.2亿人。到70年代初,一方面人口压力日趋沉重,另一方面国民经济持续低迷,两者之间的不相适应越来越表面化、严重化。正是在此背景下,中国开始实行大规模、全方位、高强度的计划生育政策,迅速地大幅度降低了出生率,一下子跨入了后期扩张阶段。到2011年,自然增长率已降至4.79‰(见图4-18)。预计2020年前后,中国将进入低位静止阶段,2030年前后,将进入绝对衰减阶段。

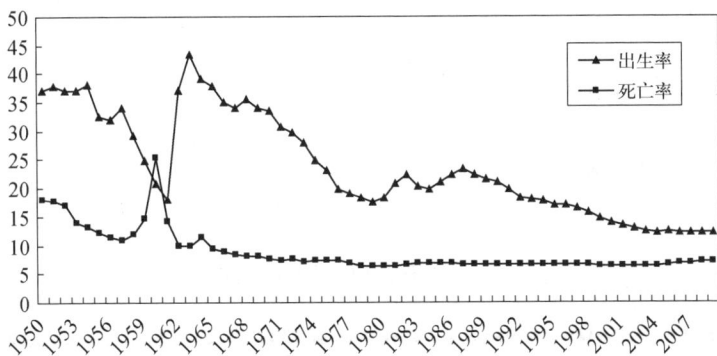

图4-18　1950～2009年中国人口出生率和死亡率的变动　‰

与前两个模式相比,中国模式的特点是:经济、文化发展水平较低,生育控制因素作用更强。如果说西北欧模式是先转变生育观念再转变生育行为,日本模式是两种转变大体同步进行,观念转变稍稍领先的话,那么中国模式也是两种转变大体同步进行,但局部地区或部分人群观念转变稍稍滞后,少数的则明显滞后。当20世纪70年代中国大规模推进计划生育时,人口转变的经济基础与上层建筑的政策导向之间,以及人们的生育意愿与生育行为之间,确有某种程度的不和谐,事实表明,这是一道必须跨过去的"坎"。

如果要问以中国为代表的一大批人口压力沉重的发展中国家能否沿着西北欧国家的老路,从容自然地顺利完成人口转变呢?我们认为这几乎不可能,原因就在于与当初那些欧洲国家相比,现在发展中国家人口转变的时代背景是完全不同的。

首先,对殖民地财富和资源的掠夺,大大增强了欧洲国家人口转变的物质基础,而发展中国家却是被掠夺者。

其次,新大陆为欧洲国家剩余劳动力的转移提供了广阔天地,现在却已没有大移民的可能。

第三,多次战争使不少欧洲国家一代又一代的青壮年男子受到极大损耗,客观上减轻了人口压力,尤其是就业压力。

第四,后发效应,特别是对医药新成就的分享,使现在发展中国家死亡率下降比当初的欧洲国家快得多。

很显然,如果无所作为地静候人口转变自然地、自发地进行,中国人口总量将不知膨胀到何等程度了。近30年中国生产力高速发展,大大增强了人口转变的经济基础和社会基础,上述不和谐已明显地趋于减弱。"发展是硬道理",对于人口转变无疑也是完全适用的。

中国与前两种模式的另一个显著区别是内部差异大,多种人口转变阶段同时并存于一国之内,这在世界范围内也是不多见的。其原因就在于中国地大人多,地理环境(包括自然的和人文的)和社会经济发展水平的地区差异性极大,在此背景下,计划生育的政策强度也各不相同。如果说 20 世纪 50～60 年代中国各地都处在同一个人口转变阶段即早期扩张阶段的话,那么到 90 年代已大相径庭。据此,可把全国各省区作如下区分:

上海:绝对衰减阶段(1993 年起);

东部其他省区:低位静止阶段;

中部:后期扩张阶段向低位静止阶段演化;

西部:后期扩张阶段。

关于人口负增长问题

当前中国人口转变形势与三四十年前相比已发生明显变化,其未来前景及对策引起了人们广泛的关注。有国情专家认为:2030 年以后,中国人口条件将发生巨变,与印度相比,劳动力减少会使中国在国际经济发展竞争中处于劣势,从这个意义上说,"防止人口负增长"是一条底线。[①] 笔者认为,中国未来至少在一段较长时期内人口和劳动力减少是必然的,但中国将在国际竞争中"处于劣势"则未必,因为众所周知,在这种竞争中决定孰优孰劣的因素很多,其中劳动力数量可能并非是最重要的。过去中国的劳动力数量长期遥居世界之首,而又有几个中国人感觉到了自己身处竞争优势呢?著名的"世界经济论坛"每年要发表世界部分国家和地区的竞争力排名,2010 年中国排在第 27 位,印度为第 51 位,蝉联冠军的是瑞士,其劳动力数量仅为中国的 1/186。可见与中国的"国情专家"相比,人家"世情专家"并没把劳动力多少太当回事。

至于将"防止人口负增长"设定为底线,则更有可以讨论的余地。

首先,"底线论"有悖于已得到广泛验证的"人口转变论"。后者在人口发展过程中划分有低位静止阶段和绝对衰减阶段,也就是说,人口负增长是必然要出现的。其理由就在于随着生育率下降,老龄化加速,粗死亡率将上升,终至超过出生率,出现负增长。而且,没有一段时间的负增长,就无法克服几个世纪人口快速发展形成的巨大惯性,人口就将不断增长下去。这种不断增长将持续到什么时候呢?这个问题与"人类文明还能存在多长时间"一样,既有趣,又难以回答,而且两者之间似乎又有着很紧密的联系。人类文明已存在了 1 万年,如果把至少再存在 1 万年定为"底线",大概不会有很多异议。为了不出现负增长,未来这 1 万年中的人口年均增长率必须为正数,假设为 0.5‰,1 万年中总量将增长 148 倍;假设为 1‰,则 1 万年中总量将膨胀 21 916 倍,届时中国人平均

---

① http://news.163.com/06/0812/04/2OA3RTUM0001124J.html.

占有的空间面积仅为 0.3 平方米,任何地方的稠密拥挤程度要比当今的大学课堂超出好多倍,这种全国从珠穆朗玛峰顶直到黑龙江黑瞎子岛都是"人肩摩,连衽成帷,举袂成幕"①的景象无疑壮观,但在这种状态下如何进行生产和生活,却是一个很大的疑问。

其次,"底线论"与世界人口发展的实际状况不符,因为负增长早就出现了,而且越来越普遍。1971 年,德国成为世界上第一个在和平时期人口负增长的国家②,此后这类国家迅速增多,迄 2010 年已达 20 个,它们合计占世界总人口的 8.3%。预计今后负增长国家还将不断增加,2030 年前后中国的加入,此类国家占世界人口的比重将超过 1/4。再往后几十年,巴西、印度尼西亚、墨西哥、印度、巴基斯坦等人口大国的负增长,将使上述比重突破 60%(见表 4-12)。综上所述,可以认为一段较长时期的人口负自然增长,很可能是人口发展进程中概莫能外的必经阶段。提出"防止人口负增长是一条底线",作为一种学术理念,在实践上和理论上都毫无依据;而如果作为政策建议和舆论导向,则是不负责任的和有害的。

表 4-12　世界各国各地区*人口负增长的出现时间

出现年份	国家数	人口占世界(%)	累积国家数	负增长国家合计占世界人口(%)	代表性国家
1980~1990	2	0.4	2	0.4	匈牙利、保加利亚
1990~2000	15	5.5	17	5.8	俄罗斯、乌克兰
2000~2010	3	3.4	20	8.3	德国、日本、古巴
2010~2020	3	1.0	23	8.3	意大利、葡萄牙
2020~2030	13	18.5	36	25.9	中国、韩国、荷兰
2030~2040	10	1.0	46	24.8	泰国、瑞士、奥地利
2040~2050	14	6.8	60	29.4	巴西、越南、西班牙
2050~2060	21	11.2	81	38.2	印度尼西亚、墨西哥、土耳其
2060~2070	18	24.7	99	60.4	印度、巴基斯坦
2070~2080	10	4.0	109	61.4	埃及、埃塞俄比亚
2080~2090	8	1.2	117	59.8	马来西亚、布隆迪
2090~2100	1	0.2	118	57.5	玻利维亚
迄 2100 年未出现	70	42.5			美国、英国、法国、尼日利亚、刚果(金)

*未计入 2010 年人口少于 10 万的国家和地区。美、英、法等国未出现负增长主要是由于移民。

① 《战国策·齐策》。
② 由于人口迁移和出生、死亡数量的变化,一个国家的人口数量常有波动起伏,因此对何时进入负增长的判断有一定难度。例如德国人口在 1970、1974~1978、1982~1985 等年份都比上一年有所减少,但随后又转为少量增加。然而自 2003 年起就一直逐年减少,且减幅有所扩大,大致就此判断,德国已明确进入人口负增长。

大约从 2030 年前后起,中国将出现一段较长时期的人口负增长,最大减幅可能达到三成,这是一个确定的、大体上可以预见的趋势,我们应该顺势而不是逆势而为。要提供资料让人们全面地理解这种新形势,及其正、反两方面的效应,着力解决涉及人口的包括结构、素质、分布、生殖健康、社会保障以及与经济、资源、环境协调发展等相关的问题,同时采取适当的社会政策和经济政策,力求负增长相对温和,使生育率能适时地、逐步地向世代更替水平回归,以利于中华民族永续发展。

4. 印度模式

直到 20 世纪第二个 10 年,印度的人口一直处于高位静止阶段,如 1911～1921 年间人口出生率为 48.1‰,死亡率为 48.6‰,自然增长率为 -0.5‰。1921 年被认为是印度人口史上一个"重大的转折"[1],从此进入了早期扩张阶段。20 世纪 50～60 年代,印度的人口自然增长率同中国相仿,都高于 20‰。至 90 年代中期仍未出现明显的下降势头,直到近年才进入后期扩张阶段,比中国大约晚了 25 年。印中两国生产力发展水平没有质的区别,人口转变进程出现如此差异,主要是印度生育控制因素较弱,政府和有识之士虽然早就认识到促进人口转变的重要性(如提出到 20 世纪末实现零增长),但多属纸上谈兵,或遇难而退,实效都不大。这在不少发展中国家中是有代表性的。

面对积重难返的人口难题,2000 年印度政府终于通过了一项新的人口政策,规定近期应满足群众对计划生育服务的需求,中期要求到 2010 年实现一对夫妇只生两个孩子,远期则要求到 2045 年实现人口零增长。由于政府对计划生育只提供服务和正面的奖励,而较为硬性的措施不多,因此总的说来,迄今成效并不十分明显,2010 年总和生育率仍高于 2.6,虽比 2000 年的 3.1 有所降低,但与一对夫妇生育两个孩子的政策要求尚有距离,而联合国人口司 2010 年预测印度零增长的时间,也要比印度政府晚 20 年。

然而,对印度人口转变的滞后,近年国际上却有人为之唱起了颂歌,如英国《金融时报》曾发表了题为"印度经济能够超越中国吗?"的文章,提到有些人认为,与中国相比,"印度的人口状况相对有利"。[2] 所谓"有利",指的主要就是人口年轻,发展潜力巨大,而中国则将受困于老龄化。该观点不能说全无道理,但很明显,这种"有利"只是潜在的,要使之转化为真实的生产力,无疑是一项长期的、极其浩大的社会工程,其间显然存在着多方面的不确定性。而无论如何,只强调人口快速增长的正面效应,却无视其多少年来在全世界许多地方,包括在印度触目可见的负面效应,对那些尚待完成人口转变的发展中国家可能将构成误导。几十年来,印度在人口总量上一直在不断缩小与中国的差距,而人均 GDP 距离中国却越来越远(见图 4 - 19),这里显然包含着两国不同人口转变进程的影响,从一个侧面反映出推动人口转变顺

---

① S. N. Agarwala. *India's population problems*. Bombay : Tata McGraw-Hill, 1978, pp. 33.

② http://www.ftchinese.com/story/001002958, Feb 17, 2006.

利完成对于实现现代化的重要意义。

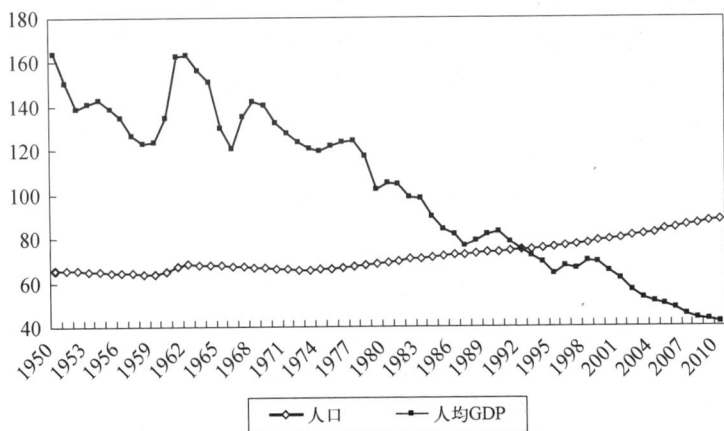

图4-19　中印两国人口与人均GDP(2010年购买力平价)的对比

(均以中国为100,数据来源：The Conference Board Total Economy Database。)

以上4种模式大体上涵盖了世界上的所有国家。其中发达国家就整体而言已进入低位静止阶段,人口转变已经基本完成;发展中国家则处在早期或后期扩张阶段,人口转变尚任重道远。全人类的人口转变可望于21世纪末至22世纪完成,届时世界人口总数将在大约100亿~110亿的水平上实现低位静止。

三、稳定人口或现代静止人口的实现

在以往漫长的人口发展史上,高位静止阶段占据了时间跨度的绝大部分。相比之下,历时仅1~2个世纪的人口转变期不过只是历史的一瞬间。然而,对于人类的发展而言,人口转变虽然历时短暂,却是非常必要的。它的意义,或者说出现的必然性在于:首先,人类必须克服高死亡率,这种高达50‰左右的死亡率自人类诞生起就如影随形地一直与人类社会紧紧相伴,它的存在显著增大了培育和积累人力资源的成本,阻碍了生产力发展和社会的进步(因为归根结蒂,社会进步靠的是每个人一生中创造财富超过消费余额的积累。而死亡率高,寿命短,尤其是未成年人的大量夭折,对增大平均余额非常不利),对改善生活质量和增大生存的乐趣也是突出的消极因素。因此,人口转变的第一个目标或首要的意义就是大幅度降低死亡率。这一目标在20世纪后半叶已基本实现,它与生产力的大发展和社会的进步显然是互为因果关系的。

死亡率大幅度降低的最直接的后果是人口总量的迅速膨胀,其规模和速度是人类以往一切时代难以想像的,从而为世界的工业化创设了必要的人口条件。但是,人类社会以及支撑人类社会的整个地球生态系统,不可能长时间承受如此高速度的人口膨胀。很明显,按照1950~1995年间世界人口18.37‰的年均增长率,人口总量只要38年就翻一番,200年后将增长到原来的38倍,500年后将增长到原来的9 000倍!这样的前景无疑是十足的灾难。因此,人口转变还肩负着第二项历史使命,那就是在降低死亡率之后降低出生率,使两者趋于平衡,使人口总量回复到更高层次的静止状态。否则任其无限度地膨胀下去,人类社会必将遭到自然法则的严惩。事实上,在以往的历史中,人类社会的各个局部已多次地受到了这种性质的惩罚,许许多多的社会动乱和冲突,说到底,都不同程度地存在着人口压力的背景。从这个角度考察,可以认为人口转变是人口再生产对于环境再生产的一种适应,无疑具有关系人类生存与发展前景的重大意义。

人口总量必须重新回到静止状态,这是历史的必然。从高位静止到低位静止,从零增长再回到零增长,这就是人口转变,有人把它称为"人口革命"。但很明显的是,同为静止或零增长,其社会经济意义或人口学意义却有着本质的区别。前一种静止是死亡压迫人类,人类不得不被动地通过提高出生率来加以抵消,使种的繁衍得以延续;后一种静止则是人类在成功地降低死亡率之后,主动地调低出生率,以维持自然的平衡,其意义与前者显然不可同日而语。人类摆脱前一种静止,依靠的是生产力大发展和科学技术的革命。同样地,人类要进入后一种静止,也必须依靠生产力进一步的大发展和科学技术的新的革命。只有进入知识经济时代,其发展不再需要增加劳动力的绝对数量,而只取决于智力开发成果的时候,静止人口才能实现。

因此,人口转变就是一条通向现代静止人口或稳定人口之路,这种人口状态以总量和自然结构趋于稳定、合理为其特征。一部分发达国家目前大体上已达到了这一目标,而发展中国家与之尚有相当的距离(见表4-13)。这些国家如何合理地、能动地推进人口转变,不仅对其自身摆脱不发达状态有举足轻重的影响,与全人类实现可持续发展也有着密切的关系。

表 4-13　从 2000 年到稳定人口实现之间的人口增量及其构成　　　　亿人

地　区	2000 年人口	稳定人口	增　量	增 量 来 源		
				增长惯性	生育率变动	死亡率变动和移民
全世界	60.57	102.50	41.93	19.48	8.11	14.34
发达国家	11.91	11.29	−0.62	0.37	−1.98	0.99
中国	12.75	14.75	2.00	1.60	−1.07	1.47
其他国家	35.91	76.46	40.55	16.91	12.35	11.29

第五章
人口的性别结构和
年龄结构

第一节　人口的性别结构

一、概述

　　人口的性别结构指一个国家或地区两性人口数量的比例关系,它通常由性别比这个指标加以度量。性别比为平均每 100 个女性所相应的男性人口数量,如大于 100,表明男性人数多于女性;小于 100,则说明男性人数少于女性。此外,两性分别占总人口的比重也是个常用的指标。

　　性别是人的最基本、最明显、最恒定的特征之一。对于一个社会的人口状况而言,性别结构在其中始终起着举足轻重的影响。马克思曾经指出:"人和人的最直接的、自然的、必然的关系是男女关系。"①而性别结构就是影响着男女关系,或者说人口的婚姻、家庭和生育状况的一个基本因素,与人口再生产、人口的分布和迁移以及包括劳动就业结构在内的其他人口结构也均有直接的关系。性别比过高或过低显然都是不正常的,由此可能会导致一系列的社会问题。当发现性别结构出现明显失衡时,首先应判断这种失衡主要出现在什么年龄段,及其人口学涵义;其次应分析导致失衡的原因,并由此探寻改善性别结构的对策与措施。在控制人口增长、对人口实行科学管理的过程中,性别结构无疑是一个必须加以掌握的重要方面。

　　除了总人口的性别结构外,不同地区(如城镇和乡村、山区与平原)、不同人口类型(如从业人口、文盲人口、死亡人口)、不同年龄组(如婴儿组、婚龄组)也都有性别结构的问题。相对于作为一个整体的平均性别比而言,这种局部的性别比往往具有更为直接的社会经济意义。

二、影响人口性别结构的因素

　　人口的性别结构受到人口的自然属性和社会属性的双重制约,就是说,其中既有生物学因素,又有社会经济因素。前者决定了受胎和出生时性别的原始差异,而对整个人口过程中的性别结构而言,后者的影响往往处于主导地位。具体说来,一

---

　　① 马克思:《1844 年经济学哲学手稿》,见《马克思恩格斯全集》,42 卷,人民出版社 1979 年版,第 119 页。

个国家或地区总人口的性别结构主要受以下几个因素影响：

1. 出生婴儿性别比和性别偏好

据研究，受胎时性别比为 120 左右。由于死胎、流产的几率以男性较大，故到出生时性别比降至 105 上下。无论古今中外，出生婴儿性别比都是基本恒定的，而且在一般情况下，总是男性多于女性。如世界上最具连续性和完整性的瑞典出生登记数据表明，近两个半世纪中其出生婴儿性别比一直稳定在 104.4～105.8 之间。联合国人口司提供了 2005～2010 年全世界 194 个国家和地区的出生性别比，其中 43 个为 101～103，138 个为 104～107，9 个为 108～110，4 个为 111～120，可见绝大部分都在 105 上下。这种对男性稳定的生育倾斜，显然是对于出生后男性死亡几率高于女性的一种生物学上的平衡。当然，也有某些人口学因素和社会经济变量可能会对出生婴儿性别比产生一点影响。不少国家的研究表明，生育率的下降，特别是流产率的下降，会提高出生婴儿性别比。此外，黑种人的出生婴儿性别比略低于黄种人和白种人，也是一个较普遍的现象（全世界最低的 12 个国家都在撒哈拉以南非洲）。

近 20 年来，中国、印度等一批东亚国家在人口控制背景下出现了出生性别比过高或偏高的问题，引起了国际上的广泛关注。以中国接近 118、居世界第一的出生性别比来说，清楚表明至少有 1/10 的女性胎儿因为堕胎而未能降临人世[1]，其影响未来婚姻性别比的严重后果是显而易见的。究其原因，正如专家所指出的，是"性别选择技术的获得，对生育男性的偏好，以及来自低生育率的压力"。[2] 上述问题，已经引起中、印等国的高度重视，近年情况已有好转迹象（如中国出生人口性别比自 2008 年达到 120.56 的峰值以来，已连续三年出现下降，2011 年为 117.78），但由于陈腐社会习俗的顽固，要彻底扭转，尚需作出更大的努力。

应该强调指出，人口性别比的形成中含有明显的社会经济因素，而决非单纯的生物学事件，强烈影响某些国家出生性别比的对生育男性的偏好，实际上从父权社会确立、人类文明发端之日开始，就已经存在了，原始社会普遍流行的男性生殖崇拜即为其明证。究其原因，从根本上说，乃是男性在体力和某些生理特征上对女性的优势，能够成为群体安全的守护者和生活资料的主要提供者[3]。然而，经过几千年的变迁，世界现在已进入了工业化和后工业化时代，尽管在某些文化中，男性仍保持着优势地位，但在另一些国家，这种优势业已日薄西山。最近，美国的《大西洋》月刊发表了题为"男性的末日"的文章[4]，对这一新趋势进行了深入剖析。文章开宗明义就

---

① 科学家指出，在地球上数以千万计的物种中，有针对性地杀死自己特定性别后代的情况极其罕见，已知的，一种是雌性折衷鹦鹉（*Eclectus parrot*），一种是人。见 Robert Heinsohn. Adaptive Secondary Sex Ratio Adjustments via Sex-Specific Infanticide in a Bird. *Current Biology*, October 2011, 21（20）: 1744 - 1747。

② Christophe Z. Guilmoto. The Sex Ratio Transition in Asia. *Population and Development Review*, 2009, 35(3): 519 - 549.

③ 据研究，南美洲在 20 世纪 70 年代尚处于原始社会的阿切人，饮食总热量的 87%，以及蛋白质和脂肪的将近 100%，由男子通过渔猎等途径提供。参见希尔著，张善余译：《美洲的狩猎—采集民族》，《民族译丛》1991 年第 2 期。

④ Hanna Rosin. The End of Men. *Atlantic Magazine*. July/August 2010, pp. 56 - 72.

人口地理学概论（第三版）

说:"2010年初,美国历史上首次出现女性劳动力的人数超过男性的现象。""后工业经济无关男子的身材和体力。"一下子就揭开了发生变迁的根源。文章认为:"从蒙昧时期起,男性一直都是主导性别。然而,这种情况在人类历史上首次发生了变化,而且速度惊人。文化和经济的变化总是相辅相成的。全球经济的发展,正在世界范围内侵蚀着人们对男性的历史性偏好。"文章还列举数据,显示美国家庭的性别偏好已经很明确地由男孩转向了女孩,并说类似的变化也发生在包括东亚地区在内的越来越多的国家,似乎将是一种全球化的趋势。这一趋势对未来世界人口性别构成会产生何种影响,无疑是一个令人很感兴趣,而且也必须加以重视的问题。

2．两性死亡率或保存几率的差异

前文已经指出,由于生理机能的不同特点,男性的死亡率在一般情况下均高于同年龄的女性,越往高龄,差别越大,因此随着年龄的增长,同龄人的性别比呈连续下降趋势,中年以后尤为明显,这是全世界的一个普遍规律(见图5-1)。

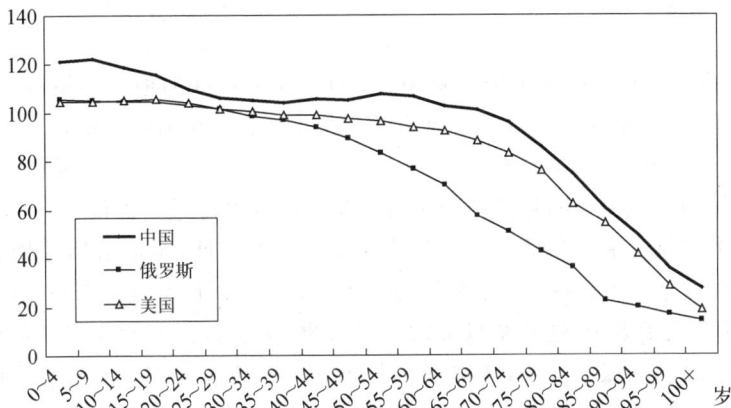

图5-1　2010年三个代表性国家分年龄性别比的变动

一般说来,上述规律在发达国家中表现得较为典型,而在发展中国家,重男轻女的意识影响较大,往往会使两性保存几率的差异及性别结构受到干扰。一些发达国家也存在着某种程度的重男轻女意识,但主要表现在参政、就业和劳动报酬等方面,对女性保存几率尚不至于产生消极影响。以上两类国家的差别在中、美两国的对比中可以看得很清楚(见图5-1):美国以及其他许多国家,分年龄性别比到33岁左右降至100以下,从而保证了青年婚恋期两性人数的"和谐",为一夫一妻制提供了"物质基础";而中国分年龄性别比要到70岁才跌破100,其反常及负面影响不言而喻。而且中国的变动曲线远不及美国平滑,这说明中国的人口再生产更多地受到非生物学因素的影响。在图5-1中还可以看到,俄罗斯的分年龄性别比在大约40岁以后就开始快速下降,显示其成年男子的保存几率过低,显然,这也和生物学因素无关。

另一个对人口性别结构影响很大的社会因素是战争,它造成大量人口死亡,其中主要是男性,而在武装部队的伤亡中,则基本上全为男性。因此,一场大战之后,有关国家的人口性别结构将严重失调,在青壮年中尤为明显,俄罗斯就是这样一个典型实例。该国在 20 世纪前半期相继卷入多场战争,生命财产的损失极为惨重,所导致的性别比失调在世界上是罕见的。从图5-1中可见,俄、美两国在 40 岁以前性别比十分相似,以后则差别极大。俄罗斯85～89 岁和90～94 岁年龄组(第二次世界大战时为 20 岁左右和25 岁左右)的性别比分别仅为 22 和20;对比之下,美国则分别为 54 和41,相差竟达 1 倍以上。一般说来,战争所造成的人口总量上的损失比较容易弥补,而所造成的性别比失调却很难恢复。

3. 人口的年龄结构

由于低年龄组性别比通常都高于高年龄组,因此一个国家或地区的人口年龄结构对总人口的性别结构影响很大。人口较为老化者,出生率低,少年儿童比重小,平均寿命长,这些均会降低总人口的性别比;相反,人口较为年轻者,出生率高,少年儿童比重大,加上其平均寿命较短,不利于女性充分发挥愈往高龄相对于男性保存几率愈大的优势,因此其总人口性别比都比较高。这是发达国家人口性别比普遍低于发展中国家的基本原因。以上这种普遍现象中也有一些例外,如我国的西藏,过去少年儿童比重比较高,总人口性别比则比较低。究其原因,很重要的一条就是西藏受传统习俗影响,不存在重男轻女意识。[①] 加上当地特殊的地理环境和生产方式,(相对于女性)不利于提高男性的存活几率,故出生婴儿性别比偏低,而少、青、壮年死亡人口性别比则偏高,从而产生了年轻型人口、低性别比这一特殊现象。

除了总人口性别比外,年龄结构对婚龄期人口性别比影响也很大。在正常情况下,出生婴儿性别比在 105 左右,由于男性保存几率较低,至婚龄期性别比已降至100 左右,从而为婚姻配偶提供了平衡的选择。但因为两性生理发育特点的不同,丈夫的年龄通常大于妻子,这是全世界的普遍现象,大多数国家所规定的最低法定婚龄也是男大于女(一般大 2 岁,如中国。也有的大 3 岁、4 岁或 1 岁),这样就把年龄结构同婚龄性别比挂上了钩。尽管同龄性别比是正常的,但若按男大于女 2 岁计算,就有可能出现某种失衡,当出生率变动激烈、年龄结构迅速收缩或膨胀时,尤其会这样。如我国,据第六次人口普查,0～30 岁各岁性别比均在 100～121 之间,属正常偏高。但按男大 2 岁计则失衡非常明显(见表 5-1),这对未来婚姻状况可能会产生何种影响,需要引起重视。

表 5-1 按男大 2 岁计算的性别比(2010 年,中国)

年　龄	男 4 岁 女 2 岁	男 9 岁 女 7 岁	男 15 岁 女 13 岁	男 20 岁 女 18 岁
性别比	116	126	135	142

4. 人口迁移

同总人口一样,迁移人口也有性别结构。迁入人口中男多于女者,将使迁入区性别比上升,反之则下降;迁出人口中男多于女者,将使迁出区性别比下降,反之则

---

① 据清代《西藏志》记载,"西藏风俗女强男弱","生育以女为喜","轻男重女"。

上升。在迁出区和迁入区之间,存在着此消彼长的关系。根据 2010 年第六次人口普查数据,人口迁移对我国各省区性别比的的差别影响,可以区分为四种情况:

- 人口迁移致使性别比上升

(1)男性净迁入＞女性净迁入——北京、天津、辽宁、上海、江苏、浙江、福建、广东、海南、西藏、青海、宁夏、新疆。

(2)女性净迁出＞男性净迁出——山西、云南。

(3)女性净迁出,男性净迁入——内蒙古。

- 人口迁移致使性别比下降

(4)男性净迁出＞女性净迁出——河北、吉林、黑龙江、安徽、江西、山东、河南、湖北、湖南、广西、重庆、四川、贵州、陕西、甘肃。

三、世界人口的性别结构

世界人口的性别比长期以来一直微幅波动在 100 上下,保持着自然的平衡状态。就 20 世纪后半期而言,性别比略有上升,即从 1950 年的 99.8 升至 1995 年的 101.6,主要原因是由于一些国家受第二次世界大战影响而过于降低的性别比逐渐得到了恢复。此外,1950～1960 年代平均年龄结构的年轻化也很有影响。进入 21 世纪,世界性别比一直停滞于 101.7 的高位,预计从 2025 年起,上述相对高位将随着老龄化程度加深而趋于回落,到 2080 年可望降至 100 以下。但总的说来,上述变动是十分平缓的。

世界人口性别结构的地区差异主要表现于发达国家与发展中国家之间,这是由双方不同的人口经济态势造成的。

发达国家较早完成了人口转变,出生率低,老龄化程度深,平均寿命长,加上两次世界大战的影响,均降低了性别比,1950 年仅为 90.9,已属相当程度的失衡。此后渐趋恢复,2010 年已回升至 94.6。值得指出的是,来自发展中国家数以千万计的高性别比移民在这一恢复过程中发挥了不小的作用。上述回升趋势预计还将持续一段较长时期,到 2100 年性别比可升到 99.1。

发展中国家出生率高,人口偏于年轻化,加上重男轻女意识比较浓厚,故性别比明显高于发达国家。随着人口转变的推进,性别比呈微幅下降趋势,1950 年为 104.4,2010 年降至 103.4,这一趋势今后可望加速,2100 年将降至 99.8。

预计到 22 世纪,人类最终全部完成人口转变,进入稳定人口状态时,发达国家与发展中国家之间已持续了一两个世纪之久的性别结构差异将不复存在。

从世界上各个国家的情况来看,绝大多数性别比均在正常或基本正常范围以内,明显偏低或偏高的仅为少数。其中偏低的有两种情况:① 受两次大战破坏最严重的东欧、中欧国家,20 世纪 90 年代以来其社会经济环境发生的剧变,堪称雪上加霜,2010 年拉脱维亚性别比仅为 85.2,是世界上最低的。② 大强度输出青壮年劳动力的一些发展中国家,如萨尔瓦多、波多黎各等,其劳动年龄组性别比特低;至中老年后,随着外出劳工的退休返回,性别比反而显著上扬,与性别比失衡主要集中于老年组的东欧、中欧国家性质完全不同。性别比明显偏高的基本上都是大强度输入青壮年男性劳动力的国家,特别是波斯湾产油国,2010年卡塔尔高达311,是世界上最高的,居第二位的阿拉伯联合酋长国也高达228.3。由于这些输入劳工一般都不可能在侨居国婚配,因此上述高性别比并未造成严重的社会失衡。

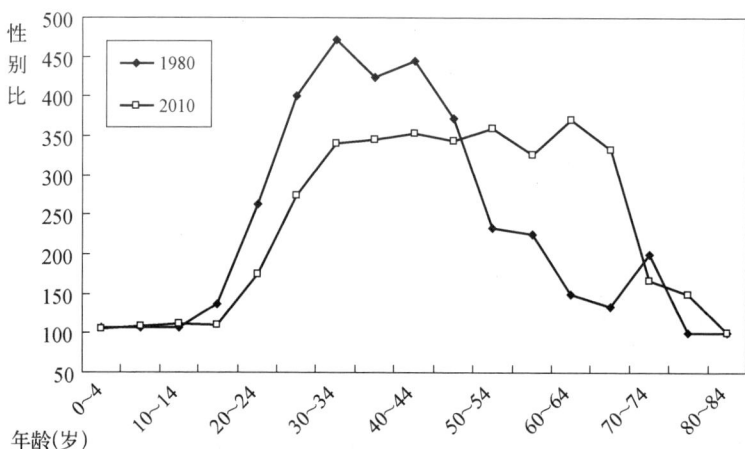

图5-2 大量迁入外籍劳工的阿拉伯联合酋长国的分年龄性别比

四、中国人口的性别结构

旧中国的人口性别比明显偏高,1946年达109.6。新中国成立后,社会经济环境的极大变化,促使性别比持续下降:1957年为107.3,1982年为106.3,经小幅反弹后又重新下降,2011年已降至105.18。促成这一变化的主要因素是人口转变不断推进,平均寿命大幅延长,以及妇女地位的显著提高。尤其是旧中国女性妊娠生育频繁,且孕产妇死亡率很高,生育成了女性人生路上的一道"鬼门关"。而近二三十年来,生育率和孕产妇死亡率均大幅下降,从而显著增大了女性存活几率。目前,我国人口的性别比仍高于发展中国家的平均水平,预计今后将进一步下降。

中国的平均性别比虽属正常,但也存在着一个应引起重视的问题,那就是近20年来,在实行计划生育的大背景下,出生婴儿性别比明显地趋于上升,比正常水平的上限高出十几个百分点。扭转上述现象,除了应加强宣传教育、完善法规制度外,不断健全养老保障体制也具有重要意义,它将有助于消除重男轻女的意识。

中国人口性别结构的地区差异很明显,根据2010年第六次人口普查的数据,可以把全国各省区划分为以下三种类型:

1. 性别比低于105,属正常

包括(由低向高排列):江苏(101.54)、河南、山东、重庆、辽宁、吉林、河北、四川、黑龙江、安徽、甘肃,共11个省区。

2. 性别比为105~107,属正常或略偏高

包括宁夏、新疆、湖北、山西、浙江、西藏、湖南、福建、上海、北京、贵州、陕西,共12个省区。

3. 性别比高于107,属略偏高或偏高

包括青海、江西、云南、内蒙古、广西、广东、海南、天津,共8个省区,其中天津达到114.52。

与2000年第五次人口普查相比,2010年全国有24个省区性别比下降,重庆、广西、河南、四川、安徽、湖南、贵州等人口迁出大省降幅均达到3～5个百分点,从一个侧面反映出全国人口迁移的新形势。性别比上升的7个省区人口迁入的强度都比较大,其中天津升幅高达10.7个百分点,广东也达到5.3个百分点。

以上低性别比的省区,大都位于国土的东部,其生产力和城镇化水平高,第二、第三产业比重大,生活相对富裕,加上社会保障机制较完善,故重男轻女意识较淡薄,且这些省区的人口转变进行得比较早,这些均有利于增大女性比重。有的省(如山东、江苏)因生活富裕,对外省女性颇有吸引力,她们的婚姻迁入进一步降低了性别比。中国性别比偏高的省区多位于国土的中、西部,地形上多属高原山区,生产条件差,经济水平处于全国的下游,加上出生率高,平均寿命低,女性人口大量迁出,这些均对性别比起了促升作用。北京性别比(106.75)略偏高的原因主要是因为它作为全国政治、科学、高等教育中心的地位,每年迁入大量人口,其中男性显著多于女性。若扣除迁移人口,北京的性别比与其他东部省区是很近似的。

中国各省区之间性别结构虽有明显差异,但基本上都在正常范围之内。而且与过去相比,差距已显著减小(1964年各省区性别比的最大差值为32个百分点,2010年为13个百分点)。在地区差异上应引起重视的,是一部分贫困地区,特别是贫困山区性别比持续偏高的问题。纵观全国各地,性别比最高的,除个别工矿城市外,差不多都是本省区地理位置最偏僻的贫困山区。典型的如河北省的太行山区、安徽省的黄山山区、浙江省的浙南山区、福建省的太姥山区、陕西省的秦岭山区、湖北省的荆襄山区等,其中的高山区往往又高于低山区,有的深山乡性别比竟超过200,确实达到了严重失衡的程度。究其原因,主要是山区女子往外嫁,山外女子却不愿嫁进来,说到底都是生活条件和经济收入的问题。结果造成不少山区男子的婚姻成为老大难问题,甚至出现了所谓的"光棍村"、"和尚屯",成为阻碍山区开发的严重社会问题。

在城乡之间,过去的很长时期里,性别比差异传统上主要表现为集镇高于城市,城市高于乡村,如1990年的平均性别比,镇为111.7,市为107.4,县为105.1。这种格局的形成,与城乡不同的产业结构、传统的两性劳动分工特点,以及长期实行的户籍管理制度有着密切的关系。城镇均以第二、第三产业占绝对优势,在中国的现实条件下,其就业环境和生活水平均明显优于乡村,对广大农民很有吸引力,不少人都愿意弃农进城务工经商。一般说来,这种职业和空间转移更适合于男性,他们相对于女性有着更高的文化和劳动素养,又较少家务拖累,所以丈夫或兄弟在城镇工作,妻子或姐妹在乡村务农的情况,在中国是很普遍的。而相对于城市来说,集镇在地缘和血缘上与周围乡村更为接近,对劳动技能的要求较低,户籍控制也较松,因而吸引了更多的农民。这些是形成上述城乡差异的基本原因。近十余年,就性别结构而言,中国的人口迁移流动形势发生了很大变化,移民中的男性优势减弱,从而导致城乡性别比出现了倒转,2010年中国城市人口性别比为104.65,镇为103.15,而乡村

太白县王家楞乡204.82

白云乡190.82

秦岭

黄柏塬乡126.79

嘴头镇110.88

长安县郭杜镇104.45

杜曲镇101.91

陕西省渭河谷地

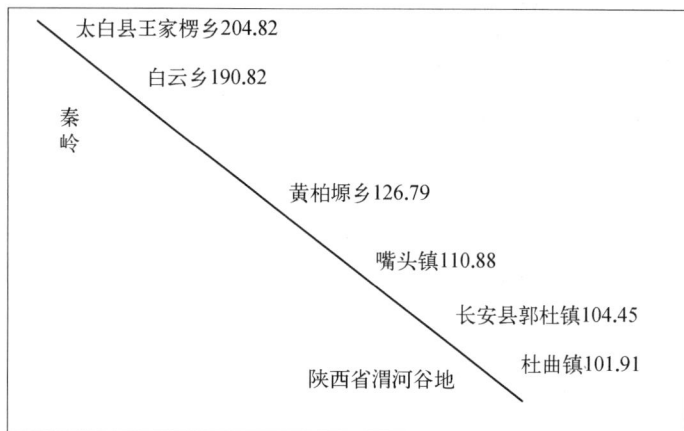

图5-3 垂直差异:由山地向平原性别比不断降低是普遍现象(第五次人口普查)

则为104.87,这种状态有可能是一个较长期的趋势。

在各种类型的城市之间,性别比也有一定差异。在一般情况下,综合性城市因经济活动部门多,有利于两性分别就业,性别结构较为平衡。而某些专业性强的工矿业城市,特别是在其建设初期,性别比会偏高甚至过高,如大同、石嘴山、攀枝花、铜陵等,在这些工矿业城市周围,城乡性别比差异往往表现得特别悬殊。

第二节 人口的年龄结构

一、人口年龄结构的度量和划分

人的年龄由生理过程决定,和性别一样,都是人的自然标志或特征。一个国家或地区人口的年龄结构指总人口中不同年龄组人口的数量比例关系,它虽然也受到人的自然属性的影响,但本质上是一种社会现象。

人口的年龄组可以逐龄计算,如0岁(未满1足岁),1岁,2岁……也可以按5年分档,如0～4岁,5～9岁,10～14岁……国际上更通常的做法是把全部人口划分为三大类,即0～14岁为少年儿童,15～64岁为青年和壮年,65岁及以上为老年。与社会经济活动状况结合起来,还可以作一些特殊的分组,常用的有0岁婴儿组、1～6岁学龄前儿童或幼托组、7～12岁小学年龄组、13～18岁中学年龄组,以及各国具体标准不一的劳动年龄组、兵役年龄组等等。

度量和分析人口年龄结构主要有以下几个指标和方法:

1. 人口比重(或人口系数)

少年儿童、老年等人口占总人口的比重称为人口比重,其中:

$$少年儿童比重 = \frac{0\sim14\ 岁人口数}{总人口数} \times 100\%$$

$$老年人口比重=\frac{\geqslant 65\ 岁人口数}{总人口数}\times 100\%$$

2．老少比

老年人口与少年儿童人口之比率称为老少比。

$$老少比=\frac{\geqslant 65\ 岁人口数}{0\sim 14\ 岁人口数}\times 100\%$$

3．抚养比

少年儿童人口或/和老年人口与劳动年龄人口之比率为抚养比。按国际常用的划分方法，又有以下三种指标：

$$少年儿童抚养比=\frac{0\sim 14\ 岁人口数}{15\sim 64\ 岁人口数}\times 100\%$$

$$老年抚养比=\frac{\geqslant 65\ 岁人口数}{15\sim 64\ 岁人口数}\times 100\%$$

$$总抚养比=少年儿童抚养比+老年抚养比$$

近年，联合国人口司将以上计算公式中的 0～14 岁更改为 0～19 岁，15～64 岁更改为 20～64 岁，显然有一定道理。但本书受数据局限，仍沿用原定义。

抚养比是衡量劳动人口负担的很常用的指标。当生育率伴随少年儿童比重开始下降时，由于老人比重一时不会明显上升，因此总抚养比连续降低，其时间一般将持续几十年，这时因劳动力供给充沛，劳动人口负担轻，而被称为"人口红利期"。直到老人比重的增大超过少年儿童比重的减小，使总抚养比上升，"红利"窗口即告关闭。图 5-4 显示了代表性国家总抚养比的变动。其中日本"人口红利期"大致为1950～1975 年，1990 年以后，总抚养比迅速上升，预计 2060 年前后将达到峰值。中国的人口转变迟于日本，"人口红利期"大致为 1970～2015 年，期内总抚养比无论下

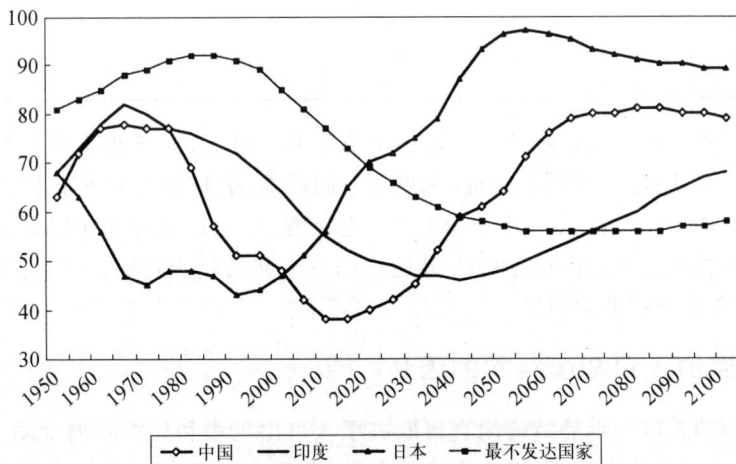

图 5-4　代表性国家总抚养比的变动(％)

降的速度还是幅度,在世界范围内均属少见,"人口红利"可谓丰厚。未来中国的总抚养比将持续上升至少半个世纪,但峰值仍明显低于日本。印度人口转变速度不快,"人口红利期"将从 1970 年延续至 2040 年,时间长,变化平缓,但总抚养比的降幅不如中国。48 个最不发达国家人口转变相对滞后,"人口红利期"将从 1990 年延续到 2060 年以后。

4．年龄中位数

年龄中位数为把人口总数分成以上、以下两等份的年龄值。

以上几个指标均可从不同侧面反映人口年龄结构的特点,可视情况多选用几个指标进行综合对比,以减少单一指标有时可能带来的片面性。

5．人口性别年龄金字塔

这是一种把性别结构和年龄结构结合在一起,形象直观地用几何图形的形式表示出来的方法。该金字塔由位于中轴两侧的许多横条组成,男性在左,女性在右,每一条代表一个等距年龄组,横条长短与实际人口数成比例,年龄按从小到大、由下往上顺序排列(见图 5-5)。根据不同的分析目的,可以用绝对数或相对数编绘金字塔。应予以注意的是,这里所说的相对数是每一性别年龄组占两性合计总人口的比重。

人口的年龄结构是一段长时期内自然变动和迁移变动综合作用的结果,根据它可以大致判断未来人口再生产的发展趋势。为此,国际上常依据前述几项指标,将各种年龄结构划分为三种类型:其中属于静态的为年轻型、成年型、老年型;属于动态的为增长型、稳定型、减少型。它们之间是相互依次对应的,其涵义是指属于年轻型者,人口数量将逐渐增长,成年型则相对稳定,老年型将趋于减少(见表 5-2)。

表 5-2 人口年龄结构类型划分标准

类　　型	0～14 岁（%）	≥60 岁（%）	≥65 岁（%）	老少比（%）	年龄中位数（岁）
年轻型(增长型)	＞40	＜5	＜4	＜15	＜20
成年型(稳定型)	30～40	5～10	4～7	15～30	20～30
老年型(减少型)	＜30	＞10	＞7	＞30	＞30

以上三种类型在人口年龄金字塔的图形上差异很大,年轻型塔形下宽上尖,呈典型的金字塔状;成年型塔形较直,仅顶部急剧收缩;老年型塔形下窄上宽,成矩形甚至钟形。图 5-5 是日本三个年份的年龄金字塔,其中 1930 年属年轻型,其金字塔的外形相当标准;1970 年属成年型,其图形的下半部已趋于收缩;2005 年则属于老年型,下半部收缩得非常明显。

二、制约人口年龄结构的因素

任何时期人口的年龄结构均直接取决于人口出生率和死亡率的变动。当出生率上升时,人口总量膨胀,少年儿童比重上升,老年人口比重则下降,年龄结构趋于年轻化。反之则趋于老龄化。死亡率变动对年龄结构的影响则比较复杂。曾有学

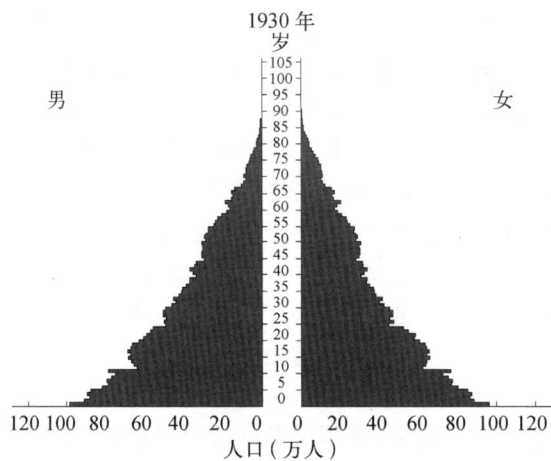

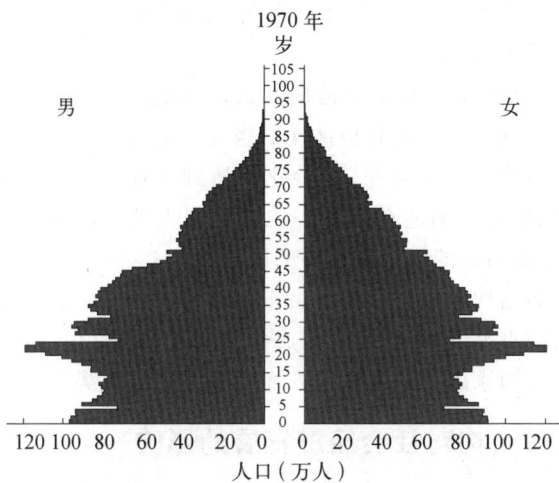

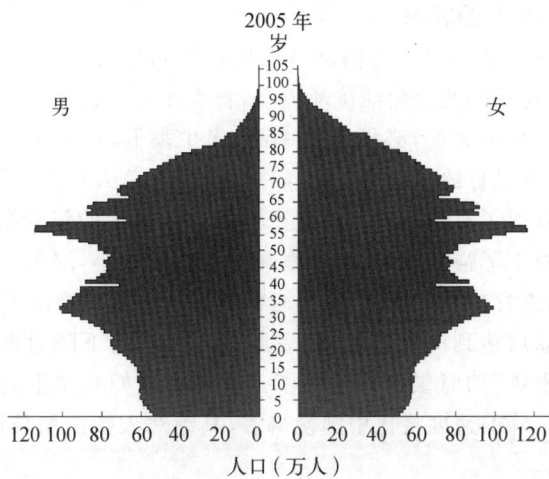

图 5 - 5　日本 1930 年、1970 年和 2005 年的人口年龄金字塔

者认为:"随着各年龄组死亡率逐步下降,各年龄组人口生存率和平均预期寿命必然提高,年龄较大的人口占总人口比例必然上升,人口趋于老化,甚至年龄构成类型变成老年人口型。"[1]从表面上看,情况确实如此,死亡率下降,人的寿命延长,老寿星越来越多,但这是否就会导致"年龄较大的人口占总人口比例必然上升"呢?实际情况往往正相反!之所以会出现这种似乎是反常的现象,原因就在于"各年龄组死亡率逐步下降"其幅度是大不一样的。本书第四章第三节中已经指出,近代以来各年龄组人口的死亡率都下降了,其中幼年组下降幅度最大,而成人特别是老年人,其下降幅度相比起来就小得多。下降幅度的这种显著差距,使少年儿童比重增大,老年人口比重则相对减小。例如,20世纪50~60年代,我国人口与过去相比明显地趋于年轻化,但期内人口出生率仍大致停留在过去的水平上,并没有上升,死亡率却有了引人注目的下降,正是这种下降,确切地说,是少年儿童死亡率比老年人更大幅度的下降,成了导致年轻化的基本原因。美国学者也认为:"老年人数量的增加确实是不断控制了死亡的结果。然而,死亡率的降低在婴儿和儿童中是最显著的,他们较大的存活率延缓了人口的老化。"[2]

当然,老人死亡率的下降确实也是推动人口向老龄化演变的动力,在儿童死亡率已降至很低水平的发达国家尤其是这样。当几大老年性疾病的防治取得突破后,这些国家的平均寿命将进一步延长,老龄化将达到更深的程度。而发展中国家,包括我国在内,目前儿童死亡率还有着不小的甚至很大的下降余地,在未来一段长时期内,这将是影响年龄结构的一个很重要的因素。

人口迁移对年龄结构也很有影响。由于移民中青壮年往往占绝对优势(参阅第十章第二节),他们因此将增大迁入区的成年人口比重,减小迁出区的成年人口比重。美国和某些欧洲国家因移民大量迁入而减缓了老龄化势头。

三、人口年龄结构对社会经济发展的影响

(一)对人口再生产的影响

人口再生产包括人的出生、婚姻、生育、死亡等几方面的内容,它们与年龄结构均有直接的关系。在相同的社会经济环境下,青少年人口比重大的,必然死亡率低,出生率高;老年人口比重大的,必然死亡率高,出生率低,这是由人的自然属性制约的。由于人口出生率是育龄(15~49岁)妇女(占两性总人口的)比重与其生育率的乘积,因此该比重就成了对当前人口再生产形势影响最大的年龄结构因素。近二三十年来,我国生育率下降幅度很大,出生率降幅则相对较小,原因就在于育龄妇女比重迭创新高。由于生育控制的成效,我国育龄妇女比重及其绝对人数分别已在2005年前后和2010年前后达到历史峰值,此后即进入长期的下降通道,这清楚地显示,中国人口控制最"困难"的时候已经过去了。世界育龄妇女比重大致与中国同一时间也开始下降,但下降的速度将比中国慢得多,其绝对人数的增长则要到2080年前

---

[1] 刘铮:《衡量人口年龄构成类型的基本指标》,《人口研究》1980年第2期。

[2] Petersen, William. *Population*. New York: Macmillan Publishing Co. 1975, pp.74.

后才能达到拐点。

(二) 对经济发展的影响

这一影响主要表现在劳动适龄人口的规模和比重及其与被抚养（从属）人口的比例关系上。所谓劳动适龄，按国际常用的标准，指 15～64 岁，以上和以下即为被抚养人口，他们之间的比例就是前文中提到的抚养比。众所周知，任何国家，任何时代，社会生产劳动基本上都是由劳动适龄人口承担的，但他们创造的社会财富，被抚养人口也要分享一部分。[①] 对于老人，这种分享是过去劳动的报偿；对于少年儿童，则是一种提前支付。很显然，两者之间必须要有一个适当的比例，畸高畸低都对经济发展不利。如果劳动适龄人口比重过低，生产者和消费者数量相差过于悬殊，就难以增加积累；但如该比重过高，社会又无法充分满足他们的就业需求，也会成为消极因素。

目前多数发达国家都面临着老年抚养比过高的问题，与日俱增的养老负担已把一些国家压得喘不过气来。其问题的严重性表现在：① 相比较而言，交纳养老保险基金的人越来越少，享受者则越来越多。1990 年欧盟(12 国)在职职工人数与养老金领养者之比大约是 1.5∶1(30 年代为 5∶1)，50 年后将演变至 1∶1.5。② 50 年前一个现欧盟国家的人 60 岁退休后平均只领取养老金 6 年，现因长寿已延长至 16 年。③ 费用上涨，养老医疗保健开支越来越庞大。

面对以上难题，有关国家不得不纷纷采取措施，诸如增加老人就业(见图 5-6)、推迟法定退休年龄(参阅第七章第一节)、推迟领取或变相减少养老金[②]、鼓励个人储蓄养老等。但只要青少年相对越来越少，这个问题就很难得到根本改善。

图 5-6 应对老龄化——美、加、德、英、澳等国≥65 岁老人经济活动率显著上升

在相当一部分发达国家，日趋严重的老龄化对经济发展的负面影响还表现在人们对未来的收入预期降低，由于老年人的消费需求总的说来不如中青年那样旺盛(尤其是在住房、汽车、饮食、服装、娱乐等方面，见表 5-3)，加上面对日趋长寿的前景，许多人不得不为养老而增加储蓄，所有这些均降低了现实的消费力，成为导致经济萧条的重要原因，这在日本表现得最为典型。

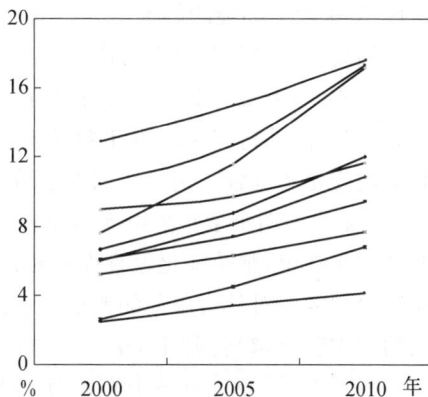

---

① 据我国部分农村地区的典型调查，劳动适龄人口(15～64 岁)在社会生产总量中占 91.5%，在消费总量中仅占 65.0%，少年儿童这两个比重分别为 3.0%、12.5%，老人为 5.5%、22.5%。

② 如日本人目前到 60 岁就可以提取养老金，从 2013 年起则必须等到 65 岁；2011 年 10 月日本厚生劳动省发表了养老金改革修订草案，要求把提取养老金的年龄从 65 岁进一步推后三到五年。

表 5−3　美国不同年龄人口人均消费量的比较(以总平均数为 100)

	<25 岁	25～34 岁	35～44 岁	45～54 岁	55～64 岁	65～74 岁	>75 岁
饮食(在家)	62.1	91.0	114.9	122.7	102.3	89.8	71.6
饮食(在外)	75.8	109.0	126.5	115.9	96.0	77.8	48.4
居住	57.6	101.2	121.0	114.0	101.1	87.0	69.5
交通	62.1	106.6	113.8	120.8	105.7	78.7	55.8
保健	24.2	56.9	81.8	103.4	122.7	155.6	150.5
娱乐	48.5	89.2	121.5	123.7	107.4	93.5	54.7

数据来源：US Consumer Expenditure Survey，2010。

大多数发展中国家情况则正相反,其共同面临的问题是少年儿童抚养比过高,对加速经济发展也很不利。

(三) 对社会环境的影响

人们处在不同的生长发育阶段,对社会环境会有不同的要求和影响。社会的物质消费结构、各类文化教育设施的配置、医疗保健工作的重点以及住宅、交通建设等,莫不与年龄结构有关。当年龄结构发生变动时,有关的一切社会职能都要随之作相应的变化和调整。例如我国许多地区从 20 世纪 90 年代初期起学龄前人口开始减少,90 年代中期小学年龄组人口也开始减少,这种减少很快地就会轮到中学年龄组和大学年龄组,整个文化教育事业必须适应这一变化,适时进行调整。同样地,不同年龄段的老人对社会服务的要求也不同,如美国的数据表明,年龄越大,进养老院生活的需求就会越高,其中 60～70 岁的人进养老院的比例约为 1％,70～80 岁为 3％,80～90 岁为 20％,90～100 岁为 30％,百岁老人则为 40％。这就显示出年龄结构对若干社会职能所具有的"指导性"。

四、世界人口的年龄结构

(一) 年龄结构的演变趋势

产业革命以前,世界人口的年龄结构大致属于年轻型与成年型之间的中间类型,在漫长时期内其变化十分缓慢。产业革命后,发达国家相继进入人口转变期,促使世界人口年龄结构向成年型过渡。第二次世界大战后,各参战国进入补偿性生育高峰期,许多原殖民地国家相继赢得民族独立,社会经济环境显著改善,加上医疗保健事业的进步,不少严重威胁人类特别是儿童生命的疾病得到显著抑制,使得世界人口年龄结构重新走向年轻化。这一势头在 20 世纪 60 年代中后期达到顶峰。此后,由于中国等一大批国家的人口出生率显著下降,发达国家老龄化程度加深,从而促使世界人口年龄结构最终摆脱年轻化趋势,完全进入成年型。大约从 90 年代起,老龄化的势头日渐明显,世界平均的

65岁及以上老人比重已在2001年突破7％,使人口年龄结构达到老年型,此后老龄化的速度还将进一步加快(见表5-4)。

表5-4 世界人口年龄结构的变化   ％

时　　期	0～14岁比重	15～64岁比重	≥65岁比重	老少比	总抚养比
史前时代(约数)	36.2	60.9	2.9	8.0	64.2
18世纪(约数)	37.8	58.8	3.4	9.0	70.0
1950年	34.3	60.5	5.2	15.2	65.6
1965年	37.7	57.0	5.3	14.0	75.4
2010年	26.8	65.6	7.6	28.4	52.4
2050年(预计)	20.5	63.3	16.2	79.2	58.0

在世界人口加速老龄化的进程中,特别应予注意的是80岁及以上的高龄老人比重急剧增大。第二次世界大战以前,世界范围内高龄老人尚为数甚少,此后即日渐增多,2010年全世界80岁及以上老人已多达10 525万,其中90岁以上为1 216万,100岁以上为29万。预计2010～2050年间,世界百岁老人将增长10倍,80岁以上老人增长2.8倍,65～80岁的低龄老人增长1.6倍,15～64岁的青壮年增长大约0.3倍,而15岁以下的少年儿童仅增长3％。这种越往高龄人口增长越快,越往低龄增长越慢的现象,将在不长时间内从根本上改变世界人口年龄分布模式(见图5-7)。

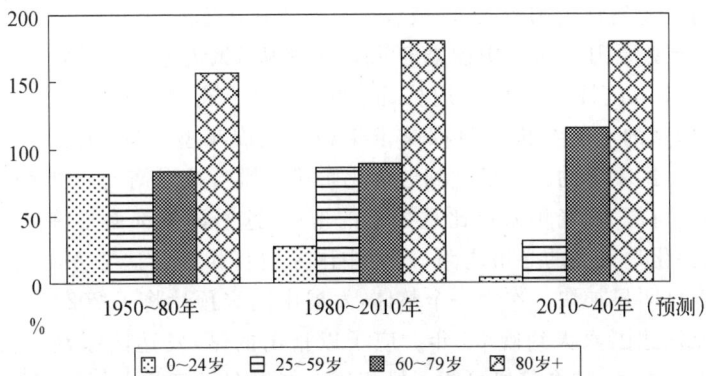

图5-7 世界不同年龄组人口增长率的对比

(二)年龄结构的主要地区差异

世界人口年龄结构最基本的地区差异表现在发达国家和发展中国家之间,这完全是由它们在人口转变上所处的不同阶段决定的(表5-5)。

	0～14 岁比重		≥65 岁比重		老少比		总抚养比	
	1950 年	2010 年	1950 年	2010 年	1950 年	2010 年	1950 年	2010 年
发达国家	27.3	16.5	7.9	15.9	28.9	96.6	54.3	47.9
中国	33.6	19.5	4.5	8.2	13.4	42.1	61.6	38.3
发展中国家(含中国)	37.6	29.0	3.9	5.8	10.3	19.9	70.9	53.4
发展中国家(除中国)	39.7	32.1	3.6	5.0	9.1	15.5	76.4	59.0

　　发达国家年龄结构的特点是老龄化,这一进程首先是从产业革命的策源地西北欧开始的。如以老年人口比重达到 7％为标准,则法国于 1865 年成为世界上第一个进入老龄化阶段的国家。其余大部分发达国家在第二次世界大战前的一二十年中也相继进入这一阶段,最晚的是俄罗斯、波兰、日本等,时间是 20 世纪 60 年代后半期,比法国晚了一个世纪。到 80 年代,几乎所有的发达国家老年人口比重均已越过 10％,最高的瑞典 1990 年已达到 17.8％。预计未来这些国家的老龄化进程还将继续,但速度将有很大差异:西北欧国家开始得最早,但进程缓慢。相反,有一些开始得较晚的国家,特别是意大利、西班牙和日本,其生育率目前已属世界最低,故老龄化速度很快,已全面赶超西北欧国家,成为世界上老龄化程度最高的国家,预计到 2040～2050 年间,其老年人口比重均将高达 32％～35％。

　　老龄化的速度主要受人口转变的速度制约。西北欧国家的人口转变进行得平缓自然,老龄化因此相对缓慢。瑞典老年人口比重从 7％升至 14％用了 84 年,而人口转变速度很快的日本只用了 28 年。相比较而言,老龄化对前者社会经济生活的冲击较小,对后者的冲击则较大,已被认为是导致日本进入 20 世纪 90 年代以来经济长期萧条的重要原因之一。中国老年人口比重从 7％升至 14％预计只需 25 年(2000～2025 年),比日本更短,理应从日本的经验中获得警示和教益。

　　发展中国家的年龄结构一般都属于年轻型或成年型,仅中国、乌拉圭、巴巴多斯、阿根廷等不到 1/5 的国家已达到老龄化阶段。撒哈拉以南的非洲和西亚是世界上少年儿童比重最大、老年人口比重最小的地区,这些国家都面临着巨大的人口增长惯性。老龄化是人类的必由之路,发展中国家也将相继朝这个方向前进,进入 21 世纪,其速度已明显加快。作为一个整体,发展中国家预计将于 2020 年以前进入老龄化阶段,比发达国家大约晚 85 年。应予以指出的是,发达国家是先富裕再老龄化,而在发展中国家,这个趋势可能正好相反。如何在经济收入相对较低、社会保障机制尚不完善的情况下迎接老龄化时代的到来,对于不少发展中国家来说,无疑具有更大的挑战性。

五、中国人口的年龄结构

(一)中国人口年龄结构的变动特点

　　旧中国人口出生率高,死亡率也高,年龄结构仅稍偏于年轻化。新中国建立后,低龄组死亡率大幅下降,推动年龄结构迅速走向年轻化。20世纪60年代中后期,中国人口的年轻化达到了最大值。此后出生率锐减,使中国在年龄结构上进入了一个年轻化终止,老龄化趋势才刚刚露头,劳动适龄人口比重大、负担轻的"黄金时代",为加速生产力发展提供了难得的历史机遇。

上述变动趋势从总体上看是符合国际上的一般规律的,但若就各个年份作深一步的观察,可以发现整个过程中存在着一系列的波动,其发生次数之多,波幅之大,均属世界罕见,对此应有足够的重视。

20世纪50年代时中国低龄人口迅速膨胀。50年代末、60年代初全国经济发生严重困难,出生率剧减,从而在年龄结构变动曲线上留下一个深刻的凹槽。从1962年起,全国进入补偿性生育高峰(1963年出生的人比1961年多1.5倍),其余波一直延展至70年代初。此后随着出生率下降,变动曲线迅速收缩,但到80年代中后期又出现反弹,原因就在于60年代高峰期出生的那一批人此时进入了婚育期。预计变动曲线上的这一次次波动还将长期延续下去,曲线要最终趋于平滑,100年恐怕是不够的。

这种峰谷相间的变动特点,不利于社会经济的平稳发展和各种社会设施的合理配置,从妇幼保健到托儿所、幼儿园,直至小学、中学,在不长时期内将相继经历由过载到过剩的冲击,某些年份在就学就业的安排上会面临特殊的困难。峰谷相间的特点还增大了婚姻配偶年龄选择上的不平衡,促使传统的配偶年龄选择模式发生一些变化,在某种程度上还增多了独身和早婚现象。

(二) 未来中国人口年龄结构的变动趋势

目前中国的人口转变正在继续推进,年龄结构将加速朝平均年龄增大和老龄化的方向发展,不同年龄段的人口比例也将出现一些新的特点:幼托组人口早已开始减少,小学组和中学组人口也分别在2005年和2010年前后开始减少,而育龄和劳动年龄人口则将持续增长,直到2030年前后才会随总人口一起在高位趋于稳定,而老年人口数将快速大幅扬升,这是未来年龄结构变化的最显著的特点。中国的老年比重在2000年前后已越过7%,进入老龄化阶段。随后大约再用25年,即到2025年前后,该比重将翻一番,到达14%,到21世纪中后期,老年比重还将进一步增至30%左右。这些说明中国的老龄化具有来势猛、速度快的显著特点。其另一个特点是老年人口绝对数量很大,2011年已超过1.2亿,预计2060年将达到3.5亿以上的最大峰值。2010~2060年间,中国总人口将减少10%,少年儿童减少37%,而老年人口将猛增2.25倍,届时中国将是一个老人大大多于儿童的国家。

对于上述趋势,首先应视为一件好事。老龄化是人类社会发展的必然,它标志着生产力得到大发展,人口数量得到了控制,人的寿命也得到了延长。西北欧国家老年人口比重早就达到了15%~18%,他们并没有因此失去民族的活力,中国至少还要20年才会达到这一程度。未来社会将会有很大进步,科学技术包括医疗保健事业会有很大的发展,与现在相比,衡量老龄化的标准肯定会有所不同。所以,对中国老龄化的前景,要全面、客观地分析,不能老想着用放弃生育控制作为应对措施。

当然,快速老龄化对社会经济环境所必然造成的多方面的影响,也必须引起高度重视。在这方面,从发达国家已有的经验中可以获得很多启示和教益。当前,我国针对老年人独特的生理和心理状况的各类生活、文化、医疗设施还比较薄弱,照顾孤寡病残老人的社会机制还有待完善,尊老养老的社会风尚也需要不断提倡,尤其是还应进一步健全社会养老保障体制。中国是一个社会主义国家,中华民族又历来崇尚孝道,只要全社会加以重视,随着经济、文化事业的发展,以上问题都是可以解决的。

(三) 中国人口年龄结构的地区差异

中国人口年龄结构在地区和城乡之间存在着明显差异,总的态势是:东部沿海地区偏于老龄化,内地和边疆偏于成年型;城市偏于老龄化,乡村偏于成年型。近一二十年来,人口迁移流动的大发展,数以亿计的青壮年人口从乡村和中西部地区流入城镇和东部地区,使得人口年龄结构的地区差异出现了不小的变动。人口流出区不仅少年儿童比重大,老人比重也大,而这两个比重在人口流入区则相应地有所减小(见表5-5)。原因就在于乡村的人口出生率本来就比城市高,而迁人城市的青壮年,有许多把老人和孩子留在了家中,他们被称为"留守老人"和"留守儿童",其数量目前分别均多达几千万人,从而对人口年龄结构产生重大影响。此外,不少早期迁入城市的移民,在到达退休年龄后往往返回乡村养老,那里生活成本低,压力小,生态环境比较适宜,有利于老年人的健康长寿,这也加大了乡村的老年人口比重。总的说来,大规模的人口迁移流动,缩小了城乡之间和地区之间年龄结构的差异,使之更趋近于全国平均数。

表 5-5 2010 年中国人口年龄结构的城乡差异　　　　　　　　%

	总抚养比	少年抚养比	老年抚养比	老少比
全国	34.28	22.30	11.98	53.72
城市	24.86	15.27	9.59	62.80
镇	33.07	22.45	10.62	47.31
乡村	41.29	27.07	14.21	52.49

由于上述"分子"、"分母"不均衡流动的效应,我国各省区人口年龄结构的格局与过去相比,也发生了很大的变化,重庆的老年人口比重竟然超过了老龄化程度一向在全国显著领先的上海,而广东则成了全国一个相对年轻的省份,由此足见人口迁移流动的影响之大。

根据 2010 年第六次人口普查的数据,可把各省区按年龄结构划分为以下几种类型:

1. 显著老龄化型,65 岁及以上老年人口比重超过10%

包括(比重由高向低排列)重庆(11.56%)、四川、江苏、辽宁、安徽、上海六省区。

其中重庆、四川和安徽在很大程度上是因为青壮年人口大量迁出、"分母"减小所致，而江苏和上海由于接纳了数量巨大、相对年轻的外来人口，老龄化反而有所冲淡。如计算老少比，就可以看出两者之间的差别：前三个省区在57%～68%之间，而后三个省区则高得多，其中上海达到117%，在全国高居首位。但即使是上海，与世界上老龄化程度最高的日本相比（老少比170%），仍有一段不小的距离。

2. 初步老龄化型，老年人口比重为7.5%～9.8%

包括山东、湖南、浙江、广西、湖北、北京、贵州、陕西、天津、吉林、河南、黑龙江、河北、甘肃、福建、海南、云南、江西、山西和内蒙古等20个省区，它们老年人口比重虽然比较接近，但老少比却差异悬殊，其中北京达到101%，而贵州和江西则不到35%，这也反映出人口迁移对年龄结构的巨大影响。

3. 成年型，老年人口比重为5%～6.8%

包括广东、宁夏、青海、新疆、西藏（5.09%）5个省区，其中的广东显然与青壮年人口大量迁入有关，该省老年人口比重与西藏相差不大，老少比则高出1倍（40%对20.9%）。

年龄结构省区类型的划分，与前文中人口再生产类型的划分非常近似，少年儿童比重与人口出生率几乎完全呈正比例关系。较年轻的省区多属西部少数民族地区，而即使是最年轻的西藏，老年人口比重和老少比也要高于不包括中国的发展中国家的平均水平。

第六章
人口的素质

第一节 概　述

一、人口素质的涵义及其重要性

世间万物都是数量和质量的辩证统一。人口作为兼具自然属性和社会属性的一种客观存在,也包含数量和质量两方面的内容。它们彼此之间有着密切的联系,且有相互制约的关系,共同构建了人口这一"具有许多规定和关系的丰富的总体"(马克思语)。

对于人口的质量,一般称之为人口的素质,其涵义指的"是一个国家的人民在改造自然和改造社会过程中所具有的体魄、智力、思想道德的总体水平".[1] 简言之,它包括人口的身体素质、科学文化素质和思想素质三个方面的内容。从以上定义中可以看出,人口素质所包含的内容不仅与人口学有关,还涉及政治学、社会学、经济学、地理学和医学等,而人口地理学对人口素质的研讨,其核心主要是人口的身体素质和科学文化素质的地域差异性及其与自然的和人文的各种因素之间的关系,并在这个范围内探讨提高人口素质的途径。

人口素质作为构成人口总体状况的一个基本因素,从根本上制约着人们认识世界、改造世界的条件和能力。世界银行指出,目前已进入知识经济时代,世界财富的64%依赖于人力资本,说到底就是依赖于人的素质。对于一个国家来说,人口素质是综合国力的重要体现,是国际竞争力的重要方面,是国家经济和社会发展的基础。纵观世界各国的发展,可以清楚地看到,国家的强大、民族的振兴,取决于多方面的因素,而良好的国民素质,无疑是其中最重要和最具潜力的因素。现代国家之间的竞争,涉及政治体制、经济规模、科技水平、军事实力等许多方面,而所有这些归根结蒂都是人的素质的竞争。一个孱弱、封闭、愚钝的人群,同另一个强健、开放、聪慧的人群之间,事实上不可能展开势均力敌的竞争,在这种情况下,人口数量的多少反而成为次要因素。在一个国家内部,发展水平的高低与历史基础、地理区位、自然资源等条件都有关系,而人口素质无疑是其中一个非常重要且最具能动性的方面,"治贫

---

[1] 《人民日报》社论:《着力提高国民素质》,1997年10月20日。

人口地理学概论(第三版)

先治愚",这显然是对于人口素质极端重要性的一个生动而朴素的概括。

前文中曾强调指出,人类在种属上是统一的,不同种族之间在基本的生理机能和遗传性状上没有任何实质性差别,这就为现代不同人群人口素质的形成和培育提供了同一的生物学基础。宣扬不同种族的人口素质天生有优劣之分的种族主义言论纯属伪科学,与本书将要研讨的人口素质的地域差异是完全不相干的。这种地域差异的形成,虽然确实受到地理环境的某些影响,但社会经济因素却始终起着基本的或主要的制约作用。千百年来,世界各国各民族之间在社会经济发展水平上出现了种种悬殊差距,目前有的已进入知识经济和信息时代,有的还停滞于石器时代,其人口素质不能不受到巨大影响。先进者当然并非由于天生优越,而是多少代人长期努力的成果;落伍者亦非由于天生低能,其中既有客观因素的作用,又有主观因素的影响。承认差距,图变求进,对所有的落伍者都是非常必要的。以中华民族来说,曾经为人类创造过灿烂的文化,但由于长期的落后和不发达,现在我国的国民素质已远不能适应现代化建设的要求,已经成为国家经济和社会发展的严重制约。不奋起直追,迅速造就浩浩荡荡的高素质的劳动大军,包括巨大数量的各类专门人才,未来的中华民族就难以自立于世界民族之林。对此,必须要有足够的紧迫感,甚至危机感。在这个过程中,既要看到人口素质主要受社会经济因素制约,又要看到发展社会经济必须提高人口素质,这两者之间无疑是一种辩证统一的关系。

二、反映人口素质的主要指标

人口地理学主要研讨人口素质中的身体素质和科学文化素质。反映这些素质的指标很多,主要有:

(一)关于身体素质

1. 用于分析人口死亡状况的各项指标

如死亡率、平均预期寿命等。

2. 用于分析现存人口生存质量的各项指标

如营养水平、发病率(尤其指慢性病和遗传性疾病)以及残疾人比重等。一些社会经济指标,特别是人均 GDP,以及反映医疗保健、公用事业、住房、环境保护、文体娱乐方面的指标也有意义。

3. 反映体质和体格发育形态的各项指标

如身高、体重、胸围、肩宽、血压、脉搏、肺活量、速度、耐力、臂力、柔韧性等,以及综合性指标如体质指数[BMI,体重(kg)/身高(m^2)]。

(二)关于科学文化素质

1. 文盲率

我国第四次人口普查定义的文盲半文盲是指≥6 岁(不含小学在读),不识字或识字少于 1 500 个(乡村)～2 000 个(城市和乡镇企业职工),不能阅读通俗书报,不能写便条的人。其他国家定义基本相似。

2．大、中、小学入学率

为大、中、小学生人数与相应学龄人口数的比率，国际上一般定小学学龄为 6～11 岁，中学为 12～17 岁，大学为 20～24 岁，学生年龄的实际跨度当然超过这一范围。

3．成年人中不同文化教育程度者所占比重

根据这一比重以及不同文化程度者受教育年限（大学本科可设定为 16 年，研究生 19 年，大学专科 15 年，中专和高中 12 年，初中 9 年，小学 5 年，未上过学为 0），可计算出平均受教育年限。

4．其他

如经济活动人口中具有中高级专业技术职称者以及从事智力型职业者所占比重。

以上指标均分别反映人口的身体素质或科学文化素质。能不能用一个指标对人口素质作综合性反映呢？1990 年，联合国开发计划署（UNDP）设计了一个人类发展指数（HDI，Human Development Index），它由三个指标构成：出生时平均预期寿命、教育获得水平和人均国民收入（GNI），以分别反映一个国家人民的长寿水平、知识水平和生活水平。设计 HDI 的本意是反映一个国家人民的生活质量或发展水平，用以弥补 GDP 指标的不足。但由于他们选用的几个参数与人口素质关系极为密切，因而被普遍地用来作为衡量人口素质的一个综合性指标。

HDI 及其计算

HDI 涉及出生时平均预期寿命、教育获得水平和人均国民收入（GNI）等 3 个指标，其中教育获得水平用成人平均受教育年数与学龄儿童预期入学年数共同衡量，人均 GNI 则使用购买力平价（2005 年不变美元），以对数计算。

为构建 HDI，以上 3 个指标都设定了世界范围内的最小值和最大值，其中出生时平均预期寿命的最小值设定为 20 岁，教育指标为 0，人均 GNI 为 100 美元，最大值则为 1980～2011 年间在各国观察到的实际值（见表 6－1）。

对于 HDI 的任何组成部分，该指数都可以用以下公式来计算，即指数值＝（实际值－最小值）/（最大值－最小值）。以下计算中国的 HDI，作为一个实例：

表 6－1　用于计算 HDI 的基础数据

指　　　数	已知世界最大值(A)	世界最小值(B)	中　国
出生时平均预期寿命（岁）	83.4（日本，2011）	20	73.5
成人平均受教育年数（≥25 岁）	13.1（捷克，2005）	0	7.5
学龄儿童预期入学年数	20.6（澳大利亚，2002）	0	11.6
教育指数	0.978（新西兰，2010）	0	
人均 GNI（购买力平价，2005 年不变美元）	107 721（卡塔尔，2011）	100	7 476

数据来源：http://hdr.undp.org/en/statistics。

人口地理学概论（第三版）

平均预期寿命、平均受教育年数和预期入学年数 3 个指数＝（实际值－B)/
(A－B)，据此可计算出中国该指数分别为 0.844、0.573、0.563。

$$教育指数＝[(0.573*0.563)^{1/2}-0]/(0.978-0)=0.581$$

$$GNI 指数＝(\ln 7476-\ln 100)/(\ln 107721-\ln 100)=0.618$$

$$HDI＝(0.844*0.581*0.618)^{1/3}=0.687$$

　　2011 年世界平均 HDI 为 0.682，发达国家普遍在 0.85 以上，而最不发达国家均低至 0.5～0.3。中国稍高于世界平均数，在有数据的 187 个国家中列第 101 位，与 1980 年在 95 个国家中列第 71 位，1990 年在 118 个国家中列第 89 位相比，有一定的进步。从表 6－2 可见，不少国家都有发展不平衡的问题，如科威特的短项是教育，俄罗斯是平均预期寿命，中国则是人均 GNI。HDI 至少还要提高 30 位，中国才能达到中等发达水平。

表 6－2　2011 年世界及部分国家的 HDI

排序	国　　家	HDI	平均预期寿命（岁）	平均受教育年数	预期受教育年数	人均 GNI
	世界	0.682	69.8	7.4	11.3	10 082
1	挪威	0.943	81.1	12.6	17.3	47 557
4	美国	0.910	78.5	12.4	16.0	43 017
12	日本	0.901	83.4	11.6	15.1	32 295
63	科威特	0.760	74.6	6.1	12.3	47 926
66	俄罗斯	0.755	68.8	9.8	14.1	14 561
84	巴西	0.718	73.5	7.2	13.8	10 162
101	中国	0.687	73.5	7.5	11.6	7 476
134	印度	0.547	65.4	4.4	10.3	3 468
156	尼日利亚	0.459	51.9	5.0	8.9	2 069
187	刚果（金）	0.286	48.4	3.5	8.2	280

第二节　人口的身体素质

一、人口身体素质的进化及存在问题

（一）身体素质的进化与人类物质、社会生活的进步紧密相关

　　自人类诞生以来，发展生产力的需求，对环境的适应和改造，以及人的社会性的增强，促使人口的身体素质不断进化。以形成人类思维和语言能力（这是人类区别于其他一切动物的最主要的标志之一）的大脑容量来说，200 万年前平均仅为 600～

700 毫升,100 万年前增至 800～1 000 毫升。此后由于火的发明和使用,人类的食物范围扩大,营养改善,并由生食改为熟食,至 20 多万年前脑容量已达 1 300 毫升。[①]近几万年来,人类婚姻制度的进步,以及人类在居住空间上的大扩散、大迁移,促成了不同人群之间日趋广泛的交融,再加上农业生产的发展,对人口身体素质的改善起了巨大的推动作用。正如著名人类学家摩尔根所阐明的:"没有血缘亲属关系的氏族之间的婚姻,创造出在体质上和智力上都更强健的人种。"[②]产业革命以来,这一进化过程进一步加速,据英国科学家研究,从 19 世纪中叶到 20 世纪中叶,男子平均脑容量从 1 372 毫升增加到 1 424 毫升,女子由 1 242 毫升增加到 1 266 毫升,增长速度比过去快了好多倍。脑容量的扩大,增强了人类思维能力的物质基础,无疑是人口身体素质进化的一个重要标志。

从反映人口身体素质的一些其他指标,如身高、体重等来看,也普遍比过去有所提高,如近几十年世界人口平均身高即以年均 1 毫米的速度上升[③]。因此完全可以说,现代人与父辈、祖辈乃至祖先相比,更为高大强壮,也更为聪明,平均身体素质有了明显改善,这一切与人类物质、社会生活水平的不断提高显然有着非常密切的关系。

(二) 问题和隐忧

世界人口身体素质的现状中也存在着不少问题或隐忧,其表现主要有以下几个方面:

1. 疾病及次健康状态

全世界有 10 多亿人患有疾病,患病率达 1/5 以上。其中各类残疾人有 5 亿多,占 1/10;因战争、意外事故、营养不良和疾病而致残的人,每年均多达 1 500 余万。在所患各种疾病中,遗传性或与遗传因素有一定关联的疾病占了相当比重,不仅使病者本人的健康遭到损害,对其后代的身体素质也很不利。在未患病的人当中,真正符合世界卫生组织提出的健康标准的人实际上只是一部分,其余的大多处于轻度失调的"次健康"或"亚健康"状态[④],身体素质并不理想。值得强调指出的是,由于遗传、环境、污染等内外因素的影响,出生缺陷已成为当今世界上的一个严重问题,仅中国每年先天残疾的新生儿即多达 80～120 万,占出生人口的 4％～6％,中西部高原山区问题尤为严重,这不仅给家庭和社会带来了沉重的精神和经济负担,对改善总体人口素质也是突出的负面因素。

---

① 恩格斯多次指出食物范围扩大、营养改善对人口素质进化的重要意义,如"既吃肉也吃植物的习惯,大大地促进了正在形成中的人的体力和独立性。但是最重要的还是肉类食物对于脑髓的影响……因此它就能够一代一代更迅速更完善地发展起来"。摘自《自然辩证法》,见《马克思恩格斯选集》,3 卷,人民出版社 1966 年版,第 514 页。

② 马克思:《摩尔根〈古代社会〉一书摘要》,人民出版社 1965 年版,第 34 页。

③ 从 19 世纪中叶到 20 世纪末,美国成年男子平均身高从 167.6 厘米增至 176.7 厘米,荷兰更从 162.6 厘米增至 178.6 厘米,后者已取代美国,成为当今世界上人口身材最高的国家。2010 年中国 25～29 岁男子平均身高为 170.7 厘米,女子为 158.7 厘米,比过去也明显增高。

④ 据近年调查,我国心身健康者只占总人口的 5％～15％,"次健康"者占 50％～60％,已出现慢性疾病早期症状者占 17％～20％,15％已患病。见费智平:《次健康状态亟待注意》,《解放日报》,1998 年 2 月 17 日。

人口地理学概论(第三版)

2．某些身体素质指标正朝消极方向演化

突出表现是相当一部分人群对自然环境及其变化的适应能力和免疫能力减弱，体力下降和体重超标也愈来愈普遍，如 1961～2008 年间美国成年人中肥胖者(体质指数≥30)从 13.4％增至 34.3％，极度肥胖者(体质指数≥40)从 0.9％增至 6％。世界卫生组织估计，到 2015 年，全世界将有 23 亿成年人体重过重，超过 7 亿将患上肥胖症。即使在并不富裕的中国，2010 年成年人和老年人的超重率也已分别达到 32.1％和 39.8％，10 年间增长的体重几乎等同于西方人在过去 30 年的增量，在儿童中"胖墩"越来越多，高血压、高血脂、高血糖这"三高"已成为危害健康的突出因素。

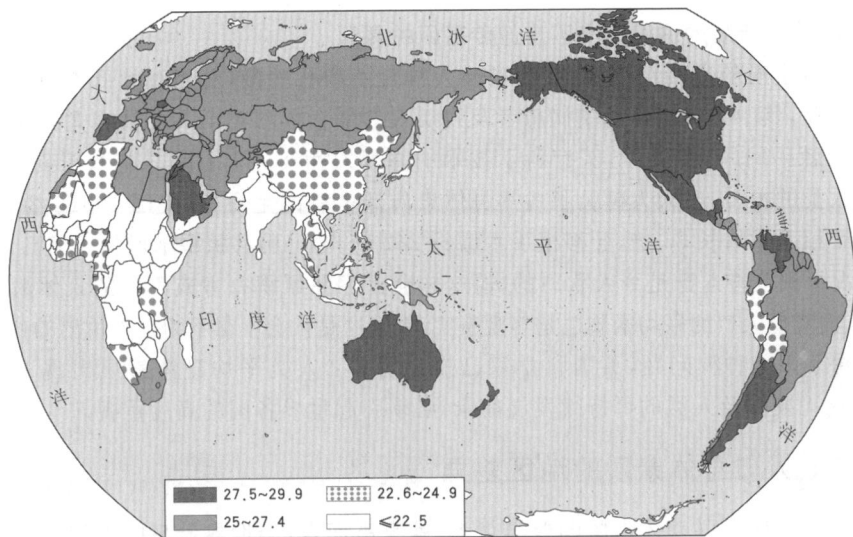

图 6-1　2008 年成年男子平均身体质量指数(BMI，≥20 岁)

3．不良生活方式和环境污染的危害

人们的不良生活方式，尤其是吸毒、药物滥用、酗酒、过量吸烟等，在许多国家愈来愈成为严重问题，其中吸毒和药物滥用以美国最普遍(见表 6-3)，酗酒是俄罗斯的痼疾，香烟消费量则以中国为最大，这些均对人口身体素质非常不利。而世界范围内愈演愈烈的环境污染，已造成许多地区人们不同程度的慢性中毒，其中铅中毒、苯中毒、镉中毒以及汞中毒对身体素质的危害尤为严重。

表 6-3　美国青少年和成人有不良生活方式者所占比重　≥12 岁，％

	曾经有不良生活方式		当前仍有不良生活方式	
	2003 年	2008 年	2003 年	2008 年
任何非法药物和毒品	46.4	47.0	8.2	8.0
大麻	40.6	41.0	6.2	6.1
可卡因	14.7	14.7	1.0	0.7
海洛因	1.6	1.5	0.1	0.1

	曾经有不良生活方式		当前仍有不良生活方式	
	2003 年	2008 年	2003 年	2008 年
致幻剂	14.5	14.4	0.4	0.4
依赖心理治疗	20.1	20.8	2.7	2.5
饮酒	83.1	82.2	50.1	51.6
吸烟	68.7	65.1	25.4	23.9

4．人口素质的逆淘汰和不良遗传基因的累积

人口素质的逆淘汰现象,指高素质人群自然增长缓慢,而相对的低素质人群则增长迅速,其中各类遗传性疾病患者及残疾人的生育权利对于人类社会尤其是一个敏感的棘手问题。① 此外,医疗科学技术的高度发达实际上也是一把双刃剑:既增进了人类的福祉,又大大延长了各类身体素质低劣者的生命(如美国 1981～2009 年间心移植手术增长 35 倍,肝移植手术增长 242 倍,心—肺移植手术增长 5 倍)。病人的情况得到改善本身是令人欣慰的,但这样会保存并累积有害或不良的人体遗传基因,从而降低人口的平均素质也是客观事实,看来这是社会不得不为个人付出的代价。

鉴于以上种种问题,英国科学家已提出警告:人类平均身体素质出现下降趋势②,这无疑涉及人类的可持续发展前景,必须引起世界各国的高度重视。

二、人口身体素质的地区差异

世界各地人群身体素质的差异很大,就身高而言,全世界最高的民族是生活在非洲苏丹南部热带草原和沼泽区的丁卡人,其成年男子平均身高达 181.6 厘米,而散布于非洲赤道丛林中的俾格米人平均身高仅为 145.0 厘米,是世界上最矮的民族。但这类差异反映的只是一般的地理事实,就人类发展历程和地理环境的千差万别来说,都是不足为奇的。为反映不同人群之间社会经济意义较显著的身体素质差异,一般可从以下几个方面进行研讨:

1．发病率

世界平均人口发病率为 20%,发展中国家明显高于发达国家,撒哈拉以南的非洲高达 30%～35%,是世界上最高的。所患疾病主要是传染病、寄生虫疾病和营养

---

① 有些国家和我国的部分省区已立法禁止某些类型残疾人(主要是严重的智力残疾)的生育,这确实很有必要,但实行中无疑必须十分慎重。过去几十年中,若干欧洲国家和澳大利亚曾对一些所谓"低素质者"进行了强制性绝育,这是否都经过严格的立法,以及是否都符合科学原则和人道主义精神,是有不少疑问的。

② 英国基因学家估计,几百万年来人类平均每一代会出现 4.2 种遗传基因变种,其中 1.6 种属有害变化。他们认为,过去医学落后后,含有有害或不良基因的人在能够繁衍下一代以前一般就已死亡,这种自然淘汰规律有利于提高人类生理素质。而现代医学的进步,使许多原本难以存活的人得以活命,有的还繁衍了后代,从而导致有害基因得不到剔除,并越聚越多,长此以往,人类在基因素质上会日趋恶化,必须通过优生优育来加以扭转。见 Adam Eyre-Walker and Peter D. Keightley. High genomic deleterious mutation rates in hominids. *Nature*,1999,397(6717):344－347。

性疾病等,疟疾、丝虫病、血吸虫病、麻疹、腹泻等尤为普遍,对人口特别是儿童的身体素质影响很大。地球上的高发病率地区主要位于热带,除社会经济因素外,自然条件也有一定影响。

2．残疾率

20 世纪 70 年代,世界平均人口残疾率为 10％,2010 年增加至 15％,其中 2％～4％的人存在严重的功能性障碍,人口老龄化和慢性疾病迅速蔓延是残疾率显著上升的主要原因。在残疾率的地理分布上,发展中国家大大高于发达国家,南亚和撒哈拉以南的非洲尤为突出(如丝虫病在流行区的致盲率很高)。一般说来,残疾率在乡村高于城市,山区高于平原,贫穷地区高于富裕地区。根据 2007 年中国第二次全国残疾人抽样调查,在各省区中,残疾率以广西、河北、甘肃、河南、西藏最高,中西部其他省区次之,东部平原尤其是城市则较低。即使在东部平原,也存在着类似的差异。如浙江省的人口残疾率在乡村比镇高 0.2 倍,比市高 0.6 倍,全省残疾率最高的是浙南贫困山区,其次为沿海岛屿。看来,相对于平原来说,山区和海岛环境包含着较多的不利于人口身体素质的因素,其中很重要的就是婚姻圈的大小[①]。

3．体重

体重对于反映身体素质有一定的社会经济意义。如中国和日本相比,同龄青少年的平均身高相差不大,但平均体重则相差明显,说明中国青少年比较瘦弱。[②] 前文述及的一些国家成年人体重超标日趋严重的现象也很能说明问题。更具有可比性的一个指标是 5 岁以下儿童(或新生儿)的体重,它与婴幼儿死亡率有极高的相关性,能很好地反映出一个国家或地区的人口素质及生存质量的优劣高低。世界卫生组织把 5 岁以下儿童体重低于世界平均值 2 个标准差者定义为体重过轻,这些儿童基本上分布在发展中国家。2010 年,发达国家学龄前儿童体重过轻者比重为 1.5％,而发展中国家平均却高达 17.9％,其中,南美洲和北非该比重较低,东亚、西亚和中美洲次之,南亚和撒哈拉以南非洲则最高,这充分反映出社会经济发展对人口素质的制约作用。由于婴幼儿期是人的一生中智力和体力发育的最关键时期,因此体重过轻所造成的素质损失是以后很难弥补的。

4．其他指标

如速度、耐力、爆发力等,均可从不同侧面反映身体素质的优劣。据测验,中国学生的跑步、立定跳远、仰卧起坐、立体位前屈、斜身引体、引体向上等项指标均弱于加拿大和日本的同龄人,这反映了身体素质上的差距。

三、影响人口身体素质的主要因素

人口身体素质的形成,主要受两类因素影响:一类是自然因素和遗传、变异等人

---

① 一个典型例子是孤悬天涯的特里斯坦·达库尼亚群岛,它位于大西洋最南部,是世界上最偏远孤独的有常住居民的岛屿,距离最近的"邻居"2 816 千米;居民共 80 户,264 人(2010 年),他们的共同祖先是 1816～1908 间从欧洲来岛的 8 男 7 女。由于婚姻圈过于狭小,这里很多人患有哮喘和青光眼之类的遗传疾病。

② 中国四部委联合主持撰写:《中国学生体质与健康研究》,人民教育出版社 1987 年版,第 110 页。

类生物学因素,另一类是后天的各种社会经济因素。但两类因素的影响孰重孰轻,却难以作定量的区分。表6-4和表6-5提供的数据有一定的意义,但对其理解不能绝对化。

表6-4　几项身体素质指标与影响因素的关系　　　　　　　　　%

指　　标	身高	体重	胸围	背肌力量	快跑	最大脉搏率
遗传因素	75	63	64	25	78	86
后天外部因素	25	37	36	75	22	14

数据来源:本书编写组:《人类遗传学基础》,高等教育出版社1987年版,第198页。

表6-5　中、美两国前十位死亡原因的影响因素比较　　　　　　%

国家(年份)	人类生物学因素	环境因素	生活方式和行为	医疗保健制度
中国(1981~1982)	31.5	20.0	37.7	10.8
美国(1977)	23.2	17.6	48.9	10.3

数据来源:潘纪一主编:《现代化进程中的人口素质》,百家出版社1990年版,第255页。

(一) 人类生物学因素

在人类生物学因素中,主要包括遗传和变异两个方面。它通过生殖过程对人的后代的身体素质产生很大影响。目前已知的遗传性疾病多达4 000余种,其共同的特点是难以治愈(按当代医疗科技水平),特别是在婴幼儿的死亡原因中占有很大比重(全世界婴儿活产总人数中,先天缺陷者约占3.0%,遗传生化异常者占1.0%,染色体异常者占0.5%),对后天的体格和智力发育也有多方面的影响。据调查,父母均智力正常者,其子女的智力正常率较高;父母双方或其中一方智力低下或有缺陷者,其子女智力正常率即较低。

由于遗传因素与人口素质的密切关系,人们早就注意到实行合理的婚姻生育制度的重要性。除了夫妇双方都应有健康的体格以及育龄不宜过早或过迟外,很重要的一条就是应当排斥血亲和近亲婚配。据研究,近亲婚配所生育子女的遗传异常率比随机婚配高十几倍,新生儿死亡率高1.5倍,婴儿死亡率高0.8倍,少年儿童死亡率高0.4倍。因此,人口的迁移流动性大,活动范围广,对降低近亲婚配率以及提高人口素质是很有利的,这是工业国与农业国相比,城镇与乡村相比,平原与山区相比,中原与边陲相比,大陆与海岛相比,人口的身体素质通常较优的一个重要原因。

(二) 社会经济因素

生产力发展水平决定了一个国家或地区人民平均的营养状况、卫生保健和科学、文化、体育事业的发达程度以及总的生活质量,对人们身体素质的后天发育起着基本的制约作用,其水平较高者,对一些先天性的不利因素也有较强的抑制能力。故人口身体素质的高低与生产力水平大体成正比例的关系,这是全世界的一个普遍现象。

食物中的营养是人类生存和身体素质发育的物质基础。世界银行专家指出:"充分的营养和健康的体魄提高了儿童的学习能力。""降低蛋白能量营养不良的程度,增加铁和锌等微量元素的摄入,可以通过提高精神和身体的能力来促进劳动生产率。对印度和菲律宾农村家庭的分析发现,体重/身高比(测量长期营养状况的指标)和身高(儿童营养状况的集中代表)都与每位劳动者更高的成年时的产出密切相关。"[1]联合国儿童基金会(UNICEF)发表的《1997年世界儿童状况》也明确指出:营养不良是每年700多万5岁以下儿童夭折和几百万儿童致残、弱智的重要原因。这些都十分清楚地说明了物质条件对人口身体素质的重要作用。

将现代与历史时期相比,人类的平均营养状况已大为改善,对提高人口素质起到了显著的促进作用,在由贫穷走向温饱、小康的发展阶段中,这一作用尤为明显。但在各国各地区之间,营养状况差异悬殊。据世界粮农组织统计,目前营养水平最高的美国、荷兰、新西兰等国与最低的热带非洲国家相比,每天人均从食物中摄入的热值要高1倍多,蛋白质高2倍多,脂肪超出近10倍,而动物性食物竟超出达30倍左右,饥肠辘辘与脑满肠肥的对比十分鲜明,人口身体素质出现明显差异也就不足为奇了。发达国家由于收入高,有能力在保健上大量投入。如美国2005年人均医疗卫生费用达2 543美元,人均购买体育用品180美元。对比之下,一些最不发达国家人均GDP仅数百美元。至于发达国家拥有较高的科学文化水平,有利于改善人口素质,就更不必说了。

然而,"福兮祸所伏",高收入也有产生负面影响的可能,如营养过剩、活动量太小、不良嗜好,以及动辄投医问药,反而使自身的免疫能力减弱。与农业国相比,工业化国家车祸伤残多,因经常乘坐飞机和使用各类电器而接受的辐射多,接触化学制品的机会也多,而环境污染的影响则更为严重,前文中提到的欧美国家男子生殖能力大幅下降就是典型例子。这些说明经济水平与人口身体素质并非是简单的正比例关系。

(三) 地理环境因素

世界上不同人种在身体素质上有一定的差异,这在很大程度上是适应当地地理环境的产物。各种自然因素,除直接影响人的生理机能外,还通过食物结构和生产方式的地域差异性作用于人口身体素质。例如,热带雨林地区气候终年湿热,人体散热条件差,基础代谢作用降低,脂肪不易积累,加上性成熟早,素食占极大比重,故人的身材较矮小瘦弱;热带和温带草原地区,气候干爽,人体散热条件好,加上以肉食为主,因此人的身体较为高大健壮;寒带地区性成熟晚,肉食比重大,人的体格也

---

① 世界银行:《1995年世界发展报告》,中国财政经济出版社1996年版,第36页。

较为粗壮强健。

地形对人口身体素质的影响也很大。在山地和高原，气压较低，致使人体内血氧减少，加上气温随高程递减，这些均延缓了人的生理发育，其体格一般都比较矮小。但山民肺活量大，血红蛋白含量高，耐力足，身体素质也有某种优势。

地球化学元素提供了人体生长发育不可缺少的物质成分，一些土壤或地层中含有较多的有益元素且比例合理的地区，在其他条件的配合下，往往会使当地居民形成优良的身体素质：或者健康长寿，或者体形俊美，或者灵巧聪明。所谓"物华天宝，人杰地灵"，形容的就是这种情况。这样的实例在中国就可举出不少，如"长寿之乡"以及一些民间所说的"美人窝"、"秀才村"等等，其作用机制还难以阐明，但地球化学环境（即所谓的"水土"条件）有利，看来是肯定的[①]。当一个地区某些化学元素过多、过少或比例严重失调，特别是含有有害成分时，就会对人口身体素质产生不利影响。如锶、钡过多而钙不足，就会使人长得矮小，关节变形，以至出现佝偻病；而克汀病、克山病、大脖子病、大骨节病以及某些癌症等均属于与地球化学环境关系密切的地方病。全世界地方病患者有4亿多人，受威胁的人口更多达20余亿，其分布相当有规律，成为危害当地人口身体素质的突出因素。

这里应予以强调指出的是，不少地区土壤中缺碘，其后果非常严重，不仅对体格发育不利，还导致痴傻人多，一般人的智力发育也受到影响。有人在分析我国山西省某些山区的贫困问题时即指出："那里的人从小就没被给予一个健全完整的大脑，缺乏抽象思维能力。你对他讲让他吃饱穿暖，发财致富，他们就是没兴趣，注意力就是集中不起来。这是缺碘现象造成的。"[②]类似的缺碘区在中国分布相当广，确是一个应予以高度重视的问题。

最后要指出的是，在某些特殊地理环境下，封闭凝固的人口分布方式对改善人口身体素质很不利，尤其是在一些高深偏远山区，山高、谷深、坡陡，单位土地面积上的人口承载力很低，迫使人们不得不分散居住。由于空间和地形阻隔显著拉大了人和人之间的距离，人们只能在与他人、与社会基本隔绝的状态下自生自灭，过着近乎赤贫的生活。极小的社交圈，必然导致极小的通婚圈，因此这些地区近亲婚配十分普遍，对人口素质有着近乎摧毁性的严重后果。这样的情况在发展中国家是很常见的，如我国不少汉族山区近血缘婚配率均达5％～10％，某些少数民族山区更是达到了25％～45％。因此，提高人口身体素质要同改善人口分布方式结合起来，归根结蒂就是要增强人口的活力。

---

① 经国际自然医学会认定，世界有五大"长寿之乡"，它们是亚欧之间的高加索、巴基斯坦的罕萨、厄瓜多尔的比尔班巴、中国新疆的南疆一带以及中国广西壮族自治区的巴马县。它们多处温带山区，气候、地形和地球化学条件良好（如巴马的土壤、水源中富含溴、碘、锌、锂、硒等十多种对人体有益的微量元素），且地理位置偏僻，外界不良减寿因素难以进入，再加上当地居民的遗传优势和健康的生活方式，从而促成了突出的长寿现象。除以上地区外，还有一些范围更小的"长寿之乡"，如辽宁省辽阳市兴隆村、贵州省毕节市店子村等，其长寿可能与有利的地球化学环境关系更为密切。

② 郭裕怀：《山西省扶贫开发的回顾和展望》，《山西农经》1993年第3期。

人口地理学概论（第三版）

第三节　人口的文化素质

一、世界人口文化素质的演进及其社会经济意义

文化泛指人类在社会发展进程中所创造的物质财富和精神财富的总和。狭义理解则专指其中的精神财富，如文学、艺术、科学、教育等，它包括了人类在认识自然、改造自然、发展生产力过程中积累的经验和知识，以及在这个基础上形成的各种意识形态。因此，人口的文化素质指的就是其智力水平或知识水平。

鉴于文化内涵的丰富性和多样性，难以定量地对其发展水平进行测度，因此国际上往往都用较具可比性和可测度性的受教育程度来反映人口的文化素质[①]，这两者之间虽不能绝对地划等号，但文化素质与受教育年限的长短成正比例关系，一般是得到公认的。

人类发明最初的文字迄今已有 6 000 多年，从那时起直到现在，识字和书写能力一直是判别文化程度的基本标识。在古代，识字者，即有文化的人在总人口中始终只占极小比重，这批人的基本组成部分在中国被专称为"士"，春秋时期，只占到齐国总人口的 6%，[②]以此推计当时的文盲半文盲率显著高于 90%。这种状况直到产业革命前夕在世界范围内始终没有大的变化。其根本原因就在于生产力水平低下，社会经济缺乏对文化的需求，也难以供养更多的脑力劳动者。

产业革命后，世界进入了工业化时期，以一系列新技术的发明和使用为标志，生产力水平发生了一次又一次巨大的变革，由此不断产生出对更高文化素质的社会经济需求，而生产力的发展也使社会和个人有能力进行更多的智力投资。这一切推动了人口文化素质的迅速提高，如美国成年人中达到高中毕业及以上文化程度者，在 1870 年仅占 2%，1920 年占 16%，2010 年已达 87%。

近两个世纪，世界人口文化素质的演进大体上可分为三个阶段，即第一次科技革命产生的蒸汽时代发展的主要是小学教育，第二次科技革命产生的电气时代发展的主要是中学教育，第三次科技革命产生的电子时代发展的则主要是大学教育。造成这种阶段性差异的基本原因就在于社会经济需求的不同。很显然，蒸汽时代对劳动者的文化素质要求与农耕时代对农牧民的要求是不同的。同样地，电子时代对劳动者文化素质的要求与蒸汽时代也不同。这正是推动人口文化素质不断进步的基本动力。从西欧发达国家教育事业的发展过程来看，其小学教育主要是 19 世纪发展的，此后即进入饱和；中学教育主要是 20 世纪的前 2/3 时段内发展的，此后亦渐趋

---

① 从 20 世纪 70 年代起，发达国家开始用对科学术语（如计算机软件、分子、DNA、克隆等）和基本概念的理解程度来评估国民科学素质，这对受教育程度是个很好的补充。中国科协采用国际通用的指标体系和统计方法，前后已进行了八次公民科学素质调查。调查显示，2010 年全国公民具备基本科学素质的比例为 3.27%，明显低于发达国家。在国内的城乡之间，东中西各地区之间，差距也很大。

② 管仲：《国语·齐语》。

饱和;大学则主要是 20 世纪后半期发展的,迄今距饱和尚有一定的距离。

经过一个多世纪,特别是最近半个世纪教育事业的大发展,世界平均的人口文化素质已有了极大的提高,目前世界学龄人口的平均入学率,小学超过 86%,中学超过 60%,大学也接近 26%;平均文盲半文盲率降至 20% 以下,与半个世纪前的 45%,一个多世纪前的 90% 相比,进步确实非常明显。这一切适应于社会经济发展的需求,反过来,对新的社会经济发展又产生了强大的推动力。近几十年来,发达国家经济总量的增长大部分,甚至绝大部分依靠的都是劳动者平均劳动生产率的提高,而不是其数量的增多;而在劳动生产率的提高中,劳动者文化技术素质进步的贡献率一般均占 40%~45% 左右,其余的由各种生产要素,包括技术装备在数量和质量两方面的改善所贡献,实际上后者与人的文化素质也有着密不可分的关系[①]。世界银行专家指出:"在日益一体化和竞争日趋激烈的世界经济中,提高劳动者的技能和能力是获得经济成功的关键。""现在全世界都认识到了投资于人力资本,尤其是投资于教育对经济增长和居民福利的重要性。""教育是提高个人劳动生产率的关键。"[②]这段话无疑是对人口文化素质重大社会经济意义的一个恰当总结。

二、影响人口文化素质的主要因素和分布差异

前已述及,生产力发展水平决定了对人口文化素质的需求程度以及培育这种素质的社会能力,因而对各国各地区之间人口文化素质的差异起着基本的制约作用。在这方面,发达国家与发展中国家之间有着一道清晰的鸿沟。目前,前者小学、中学教育已基本普及,成年人识字率接近 100%,而大学入学率平均亦达到 70% 左右。相比之下,最不发达国家识字率为 60%(2008 年,≥15 岁),最低的仅为 26%(马里),初、中级教育远未普及(刚果民主共和国小学入学率不到 1/3,莫桑比克中学入学率为 6%),大学入学率一般仅在 1%~3% 左右。这种状况造成了各国人口平均文化素质结构的悬殊差距:尚停滞于农业社会的国家文盲仍占人口的大部分,处于工业化初、中期的国家以中、低文化素质者为主,进入后工业化阶段的国家则以中、高文化素质者为主。如中国,近几十年来文化教育事业发展很快,但与发达国家相比,差距仍然极大(见表 6-6)。目前,全世界拥有高等学历的 2.55 亿成年人中,有 26% 在美国,比任何其他国家都高;中国虽然排在第二位,但比重仅为 12%,相对于总人口,与美国的差距达十倍。"百年树人",时不我待,如何加快发展速度,缩小文化素质差距,确实具有头等的重要性。

值得注意的是,生产力水平高虽然对改进人口文化素质非常有利,但两者之间有时并不是简单的正比例关系。其他一些因素,如社会和政府对教育的重视程度,包括历史传统的影响也不小。人们发现,东亚所谓儒家思想圈内的一些民族,历来

---

① 1820~1992 年间,美国就业者人均受教育年数由 1.75 年提高到 18.04 年,增长 9.3 倍,同期内社会平均劳动生产率则提高了 20.9 倍,清楚反映出劳动者文化素质提高与生产力发展的密切关系。见麦迪森著:《世界经济二百年回顾》,改革出版社 1997 年版,第 172 页。

② 世界银行:《1995 年世界发展报告》,中国财政经济出版社 1996 年版,第 36 页。

表 6-6　2010 年中、美两国青年和成人文化结构的对比　≥18 岁,%

受教育程度	中　国	美　国
博士	研究生 0.40	1.22
硕士		8.05
大学本科	4.33	18.01
大专	6.48	27.96
高中和中专	15.39	38.21
小学和初中	68.14	6.18
文盲和半文盲	5.27	0.37

对教育比较重视,其学生在世界同龄人中学业往往最为优秀,而西方那些高度发达的国家均瞠乎其后。经合组织(OECD)国际学生评估项目(PISA)最近发表的测试结果显示,2009 年在所包括的约 60 个国家和地区中,中国的上海在所有三个科目中——阅读、数学、科学——均居首位,中国香港、韩国、新加坡等也居最前列,而美、英、法等发达国家仅为中等或中偏上水平,与上海相差甚远[①]。这说明发达国家依靠雄厚的财力、物力可以使几乎所有的适龄人口都达到较高的学业阶段,从而保证了国家总体文化素质的高水平。在这方面,它们对于发展中国家确实具有显著的优势;但若在接受同等程度教育的单个人之间对比,则发达国家并无优势可言。这是由于影响文化素质的除了社会经济方面的客观条件外,还有历史传统与家庭、个人的主观能动性等问题。

城镇化和非农化水平对人口文化素质影响很大,这在城乡差异悬殊的发展中国家表现得最为明显。我国人口普查数据表明,各省区人口平均受教育年限与非农业人口比重之间有着非常强的正相关。究其原因,主要是受生产力水平、生产方式、经济结构、人均收入等因素制约,这与前述发达国家和发展中国家之间的差异是相似的。应予以指出的是,城乡人口不同的居住密度和分布方式对此也很有影响。城镇人口密度高,分布集中,有利于儿童就近入学,也有利于提高教育的投入产出比;乡村特别是山区则正相反,人口密度低,居住分散,对发展初、中级教育很不利。儿童上学路远,[②]安全难以保证,是造成低就学率、高辍学率的重要原因。《人民日报》曾载文谈到:“崇山中,交通不便,使许多孩子中途辍学。”“最近连日下雨,山路不好走,又有一些家长不让孩子来了。山区群众居住分散,有些孩子上学要走两小时的路,

---

①　http://stats.oecd.org/PISA2009Profiles.
②　我国城镇小学的服务半径(以正六边形分布的平面直线距离计)均小于 1 千米,乡村小学的服务半径则长得多。如湖北省,在海拔 1 000 米以下的平原、丘陵、低山区为 1.45 千米,在 1 000～1 500 米的中山区为 1.85 千米,1 500 米以上的高山区为 2.05 千米。山区由于地形起伏,道路弯曲,学生行走的实际距离比平面直线距离远得多。参阅张善余等编著:《人口垂直分布规律和中国山区人口合理再分布研究》,华东师范大学出版社 1996 年版,第 51 页。

第六章　人口的素质

家长不放心也在情理之中。"①为了方便学生上学,不得不多设学校和教学点。如我国云南省40％的小学只有一位教师,几个甚至两三个学生,处境均十分艰难。目前我国义务教育经费是按学生人数下达的,师生比过低,教师吃饭都成问题,遑论提高教学质量了。

人口文化素质的性别差异也很明显,男性的平均文化素质高于女性,从母系氏族社会颠覆、人类文明发端之日起,就一直是这样。目前在发达国家,这一差异经过长时期的缩小后已基本弥合,在某些最发达国家,女性甚至已有后来居上之势。如美国,中、小学两性入学率的差异早就不复存在,长期显著落后的女性大学入学率在20世纪70年代也得到了扭转,1979年获得学位的女学士人数第一次超过男学士,1981年女硕士超过男硕士,2008年女博士又超过了男博士。当然,或许是受到性别特性的影响,女性在高等教育中对语言、文学、教育、艺术等较"软"的学科有很高的倾斜度,而在数学、计算机、机械、化工、建筑等较"硬"的学科中,男性仍占据绝对优势。在发展中国家,上述性别差异虽也趋于缩小,但迄今仍很明显。相对而言,在小学、中学阶段该差异较小(入学率相差5～40个百分点),大学阶段则较大。看来要改变这种状况,既要发展生产力,又要扭转社会传统观念,实际上这两者也是相辅相成、紧密联系的。

综上所述,人口文化素质主要受以下几个因素影响:① 生产力发展水平,② 对教育的重视程度,③ 城镇化和非农化水平,④ 性别,由此形成了人口文化素质一些基本的分布差异。

三、中国人口的文化素质

旧中国文化教育事业非常落后。到新中国建立之初,文盲半文盲比重仍高达80％。此后,除了十年动乱的那十年以外,中国的文化教育事业有了很大的发展,以2011年与1952年相比,全国人口增长1.34倍,而高等学校在校学生数增长了119.7倍,中等学校增长了29.9倍,文盲率(≥15岁)在1964年已降至38％,2010年又进一步下降到4.1％。

2010年第六次人口普查数据表明,中国总人口中,具有大学文化程度者占8.9％,高中文化程度者占14.0％,初中文化程度者占38.8％,均比过去显著提高。

上述文化程度构成在不同人群和不同地区之间差异很明显,其总的态势是:男性高于女性;青年高于中年更高于老年;汉族高于少数民族;城镇高于乡村;东部地区高于中西部地区。

由于历史原因,加上重男轻女的传统意识,中国女性受教育的机会显著低于男性,近几十年来这一差别逐渐缩小,但迄今依然存在,从而在文化程度构成上形成了明显的男女差异。2010年,全国≥6岁人口中,文盲的平均性别比为35.4,表明其女性人数比男性超出近两倍。在有文化的人口中,性别比随文化层次的升高而迅速增

---

① 周朗:《面对庞大的失学群:广西北部山区三个民族自治县基础教育状况的调查》,《人民日报》,1993年6月8日。

大,其中小学为 89.1,初中为 116.7,高中为 125.9,大学专科及以上为 119.5,表明男性人数越来越多地超过了女性。生产力发展水平较低的地区,上述差异往往表现得愈加明显。女性文化程度偏低,对她们充分发挥社会经济职能以及提高自身的社会经济地位显然是不利的,对于控制人口数量、改善人口素质也是个消极因素(妇女生育率与文化程度成反比)。当前,与成年女性的文化教育问题相比,如何进一步提高学龄女性人口的入学率,降低其辍学率,尤其具有紧迫性。女孩子过早地离开了学校,对她们本人,对整个社会,无疑都是一个损失。因此,今后不仅要努力提高全体学龄人口的入学率和巩固率,还要尽快消除其中长期存在着的性别差异。由于母亲的素质高低对子女影响极大,这对改善未来的中国人口素质具有重要的意义。

青年的文化程度高于中年,更高于老年,反映了社会进步的成果。2010 年,全国 25～29 岁人口平均受教育 10.1 年,35～39 岁为 8.4 年,45～49 岁为 7.6 年,70～84 岁仅为 5.5 年,且两性的差距跟随年龄上升也越来越大。

文化素质的民族差异首先表现在汉族的文化程度高于各少数民族的平均水平,2010 年,≥6 岁的人口中未上过学的人所占比重,前者为 4.7%,后者却达 8.3%,相差约 3.6 个百分点。而高文化层次者的比重前者明显超过后者,这种在历史上长期形成的差异确实难以在短短几十年中消除。在各少数民族中,文化构成差异也很大。按前述文盲比重计,较低的是锡伯族、塔塔尔族、俄罗斯族和朝鲜族,较高的是东乡族、门巴族、藏族和拉祜族。这种差异的形成,与生活方式和自然环境有关,更重要的是各民族在新中国建立时所处的社会发展阶段。一些当时尚处在原始公社制或奴隶制社会的民族,生产力水平极低,又长期与外部世界隔绝,有不少尚没有本民族的文字,发展文化教育事业显然具有特殊的困难。总的说来,分布于北方的各少数民族文化程度较高,分布于西南高原山区的民族则较低。

文化素质的城乡差异也很明显。2010 年,市镇≥15 岁人口中,文盲占 2.7%,乡村这一比重却达 7.3%,相差确实很悬殊,这说明中国扫盲和普及初等教育的重点(也是难点)是在广大乡村,尤其是在贫困山区。在高层次人才的分布上,城乡差异则更为明显,如每 1 万人口(≥6 岁)中达到大学本科程度者,市为 1 012 人,镇为 312 人,乡村为 51 人,相差达几十倍。如何进一步培养和吸引高层次人才,确是当前农村发展中一个亟待解决的问题。

以上各种差异最终在省区差异上得到综合性的反映,其最显著的特点就是东部文化程度较高,中部次之,西部较低。根据 2010 年≥6 岁人口平均受教育年数,可以把各省区划分为以下四种类型:

1. 文化程度较高

包括(按平均受教育年数由多至少排列,下同)北京、上海、天津三个直辖市,分别为 11.4 年、10.4 年和 9.9 年。

2. 文化程度中等

包括辽宁、吉林、广东、山西、黑龙江、江苏、陕西、湖北、内蒙古、海南、湖南、湖北、新疆、山东、福建、河南、浙江、江西、重庆、宁夏、广西,共 21 个省区,年数为 8.1～9.2 年。

3. 文化程度较低

包括安徽、四川、甘肃、青海、云南和贵州,共 6 省,年数为 7～7.8 年。这些省多位于西部地区,少数民族比重大,经济发展水平长期处在全国的下游,而文化程度相对较高的青壮年大量外流,也颇有影响。

4. 文化程度很低

仅包括西藏,为 4.8 年。

总结中国人口的文化素质,首先要看到其平均水平与过去相比已有了大幅度的提高,其次,也存在着几个带有全局性的不容忽视的问题:

(1) 总体文化水平仍然偏低,不仅与发达国家相差甚远,在发展中国家里亦仅处于中游,总人口中文盲半文盲仍占相当比重,全国的教育重心明显地偏于较低层次,且结构调整难度很大。

(2) 学龄人口远未得到充分的受教育的机会,新的文盲正在继续产生,在全国真正普及九年义务教育仍是一项艰巨的任务。

(3) 教育资源分配不均衡,从而导致受教育水平在两性之间、各民族之间、城乡之间,以及各地区之间出现显著差异。这种差异主要来自历史因素,但也反映了当前区域社会经济发展的不平衡。如不能及早合理地加以解决,势必会对全国的协调持续发展产生不利影响,还可能引发种种矛盾。

应当指出,上述问题已经受到全社会的普遍重视,随着现代化进程的不断推进,它们将逐步得到解决或改善,这是完全可以预期的。

第七章
劳动力和经济活动人口

第一节 概念、统计口径和一般特征

一、研究劳动力和经济活动人口的意义

人口作为一个整体,具有社会生产和社会消费对立统一的双重功能。其中消费功能是每一个人都具备的;而生产功能则仅存在于一部分人群中,其主体就是劳动力和经济活动人口,他们是构成社会生产力的基本要素之一,是连结人口过程和经济过程的重要纽带。经济过程通过它对不同量和质的劳动力的需求及其开发利用程度制约着人口过程;人口过程则通过不断为社会再生产提供劳动力和消费力而对经济过程施加影响。劳动力和经济活动人口的数量、素质、结构和分布与社会经济发展有着十分密切的关系,如果其数量适当、素质优良、结构和分布合理,将对社会经济发展起到积极的推动作用,反之,则将成为消极因素。因此,人口地理学研究劳动力和经济活动人口,就是着重从空间差异的角度,分析其数量、素质、结构和分布的演变规律、特点和趋势,探讨合理开发利用劳动力资源、实现劳动力区域供求平衡的途径,不断促进资源要素的优化配置,这些对于人口与经济的协调发展,无疑具有重要的意义。

二、劳动力人口

劳动力人口,或劳动力资源人口,指的是总人口中具有劳动能力的那一部分人,而不涉及其参加劳动与否。但所谓具有劳动能力,是一个因人因时因地而异的比较模糊的概念。为了精确地进行统计,各国一般都把某一年龄区间规定为劳动年龄,在此范围以内的全部人口均称为劳动年龄人口,减去其中不具备或已丧失劳动能力者,加上不在劳动年龄以内但实际参加了劳动的人数,就是劳动力人口。在一般情况下,可以把劳动年龄人口视作劳动力人口。

关于劳动年龄的界限,国际上无统一规定。我国的规定是:男子 16～59 岁,女子 16～54 岁,与一些国家所实行的男女皆为 15～64 岁的标准相比,约少 1/10。很显然,劳动力人口的数量及其占总人口的比重,与人口总量、年龄结构(以及较小程度上的性别结构)关系很密切。

成年型的年龄结构类型,其劳动力人口比重高于老年型,更高于年轻型。如

2010 年，统一按男女皆为 15～64 岁的标准计算，属于初步老年型国家的中国劳动年龄人口占总人口的比重高达 74.5％，比非劳动年龄人口超出近两倍；而明显老年型国家则不足 65％，其中日本为 64％；年轻型国家则普遍在 55％以下，尼日尔仅为48.8％，即非劳动年龄人口比劳动年龄人口更多，与中国形成鲜明对照。在由年轻型向成年型过渡时，劳动年龄人口比重不断增大，其增长速度明显高于非劳动年龄人口，为生产力发展提供了丰富的劳动力资源，但就业市场也将面临较大压力；在由成年型向老年型转化时，劳动年龄人口比重渐趋下降，客观上提出了加快技术进步和调整产业结构的要求，这对提高社会平均劳动生产率是有利的。

表 7-1 提供了 1950～2010 年几个国家劳动年龄人口和非劳动年龄人口的增长率，从中可见，明显老年型国家瑞典和年轻型国家尼日尔非劳动年龄人口都比劳动年龄人口增长率更大，前者是由于老龄化，后者则是由于出生率高。中国和日本劳动年龄人口的增长率显著高于非劳动年龄人口，其中中国这两个增长率的差距之大，在世界范围内亦属少见，充分显示出劳动力的数量优势。

表 7-1　1950～2010 年几个国家两类人口的增长率　　　　　　　　　　　　　%

	劳动年龄人口(15～64 岁)	非劳动年龄人口
日　本	65.0	37.6
瑞　典	31.5	38.0
中　国	195.8	60.1
尼日尔	520.5	539.5

对于劳动力资源的数量和变动与社会经济发展的中长期趋势不相适应的矛盾，基本的解决途径是调节人口再生产，改变人口增长速度，但这需要若干年才能见效。一些发达国家为了尽快缓解劳动力资源不足的矛盾，还采取了增加国际移民、延长劳动年限等措施，如意大利 1994 年颁布的"政令法"规定，2005 年前把男性退休年龄从目前的 60 岁提高到 65 岁，女性到 2016 年前由目前的 55 岁提高到 60 岁。捷克新出台的"养老保险法"则规定 1996～2007 年间，男子退休年龄每一年均比前一年推迟两个月，女子推迟 4 个月。通过这些措施，劳动年龄人口与非劳动年龄人口的比率将会得到适度的改善。由于人的平均寿命正不断延长，而劳动时的体力负担正趋于减轻，因此在 21 世纪，适当推迟劳动年龄的上限，可能会成为一个更普遍的趋势。

三、经济活动人口

(一)经济活动人口的涵义

经济活动人口指在某一年龄下限以上，有劳动能力，参加或要求参加社会经济活动的人口，由从业(就业、在业)人员和失业(待业)人员两部分人口组成。其中的从业人员,指从事一定的社会劳动并取得劳动报酬或经营收入的全部劳动力;失业人员则指一定劳动年龄内,有劳动能力,无业而要求就业,并在就业服务机构进行了求职登记的人员。

经济活动人口的统计,在年龄上没有上限,其下限在多数国家一般定为15岁或16岁,但少数发展中国家把15岁以下的儿童也列入统计。

以上可见,经济活动人口与劳动力人口是两个概念,它们有联系,又有区别,前者属于经济范畴,以是否从事或要求从事职业活动为划分的标准,后者则属于社会范畴,基本以年龄为划分标准。在劳动年龄人口中,以下几部分人员不包括在经济活动人口之内:① 在校学生;② 单一从事家务劳动者;③ 依赖养老金或租金、利息为生者;④ 靠社会救济或依附他人为生者。反之,经济活动人口也包含了一些不在法定劳动年龄范围以内的人口,如不少发展中国家长期大量使用童工(7~14岁)。国际劳工组织(ILO)估计,目前全世界童工总数达2.15亿人,其中约半数在危险条件下工作,童工(世界银行称之为"经济活动儿童")占同龄人比重最高的达到75%(贝宁)。中国虽然在2002年由国务院颁布了《禁止使用童工规定》,但非法雇佣童工的事件迄今仍时有所闻,这一问题无疑应引起高度重视。

(二) 影响人口经济活动率的主要因素

经济活动人口同年龄下限以上总人口数的比率,称人口的经济活动率或参与率,从业人口同总人口数的比率,称人口的从业率,它们都是人口经济学中的重要指标。影响人口经济活动率的因素是多方面的。

首先,它和经济文化、社会福利水平以及产业结构有关。在古代,由于生产力发展水平低下,剩余产品不多,一个劳动者除自己外能供养的其他人很少,人口的经济活动率无疑是极高的。直到工业化时代的初期,情况仍大体是这样,那时在欧洲国家中,许多儿童从5~8岁起就不得不受雇参加职业活动,工人们要操劳终生,很少能享受到退休待遇。近一个世纪以来,随着生产力的发展和社会的进步,上述状况逐渐发生了变化。一方面,儿童在校学习时间延长(这是社会经济发展对智力开发的客观需求),童工减少,开始从事职业活动的平均年龄显著增大;另一方面,退休制度建立并逐步改善,如意大利在1886年制定了"童工法",1919年建立了"养老保险法",其他发达国家情况大致相似,从而使人们退出职业活动的平均年龄相对于寿命有所提前[①],这一切显著降低了经济活动率。因此,当今世界上一个国家或地区经济、文化、教育事业发达,生活富裕,社会保障体制较完善,青少年中在校学生比重必然较大,老年人也必然较早、较完全地退出职业活动,这样自然会降低其人口的经济活动率[②]。反之,就会相应提高。另一方面,经济发达,生活富裕,必然使因健康原因(肢体残缺、智力残缺等)不能参加经济活动的适龄人口相对减少,而在经济落后、生

---

① 以日本女性为例,1920年退休与死亡平均间隔10.3年,2009年则达28.5年。

② 如美国≥65岁的男子中,参加经济活动的在1900年占2/3,1944年占1/2,1990年仅为17.6%,2008年上升至21.5%。

活贫穷的地区,特别是一些偏远闭塞的山区,这一比重必然相对较大(参见第六章第二节有关内容)。此外,产业结构的影响也很值得注意。一般说来,发展中国家农业比重大,其技术构成低,对劳动者的素质要求不高,可以广泛容纳从低龄至高龄的各类人口。相比之下,第二、第三产业则对劳动力有较多、较高的素质要求,除文化技能外,在年龄、性别上也有着比农业更多的限制。因此,一个地区的产业结构如果比较均衡,就有利于不同性别、不同文化素养的劳动适龄人口从事经济活动。如果结构比较畸形,过于偏重于某一专门化方向,如一些矿区、林区和重工业城市,就会抑制经济活动率。

其次,人口的经济活动率与一个国家的政治体制、经济政策、社会习俗等有关。如我国在新中国成立后确立了社会主义制度,在经济领域长期实行普遍就业、男女平等的政策,从而显著地提高了经济活动率。而在资本主义国家,食利者的存在,就业中的性别歧视[①]等,都是对经济活动率的抑制因素。在某些伊斯兰教国家,妇女参加职业活动受到诸多限制,其经济活动率均很低。

第三,年龄结构对按总人口计算的平均经济活动率很有影响,但年龄别经济活动率则与之无关。

(三) 经济活动率的基本分布差异

世界平均经济活动率自 1989～1990 年达到 66.5% 的高点后开始下降,2010 年已降至 64.6%,预计这一趋势还将继续保持。驱动该比重向下的因素主要是老龄化加深,以及中学和大学教育更加普及,而反向的驱动力则是妇女就业增加。

发达国家和发展中国家由于社会经济发展和人口结构的不同特点,经济活动率差异很明显。前者总抚养比低,尽管教育普及,退休制度相对完善,经济活动率仍较高,且各国差异小,一般均达 50%～70%。后者平均的经济活动率比前者高 5 个百分点,但在 65 岁及以上老龄组中却高 14 个百分点,在 15～19 岁学龄组也高出 8 个百分点,而青壮年反而低于前者。后者的内部差异也大得多,2010 年经济活动率最高的达到 89.5%(布隆迪),最低的仅为 37.5%(所罗门群岛)。

两性人口的经济活动率一向存在明显差异,其中既有生理原因,更有社会原因。近几十年来,妇女地位不断有所提高,加上婚姻家庭状况的变化,使女性人口经济活动率大幅上升,如美国已婚并有 6 岁以下子女的妇女的经济活动率 1960 年仅为 18.6%,而 2009 年已跃升至 61.6%。即使在伊斯兰教国家,亦已吹进了变革之风,妇女得以较多地参与经济活动。但尽管如此,经济活动率的性别差异仍是明显的,在某些西亚、北非国家,其差距可达 3～4 倍(过去曾达几十倍)。在撒哈拉以南的一些非洲国家,该差距最小,个别的甚至女性高于男性,这在世界上是很少见的。总的来说,男性经济活动率在各国之间差别不大,女性则差别很大,这是影响两性平均数的最主要的因素(参见表 7-2 和图 7-1)。

---

① 男女同工不同酬是很普遍的现象。如美国,直到 1964 年才颁行同工同酬法。

表 7 - 2　　2010 年世界部分国家和地区人口经济活动率　　≥15 岁,%

	合　计	男　性	女　性	性别差（倍数）
世界	64.6	77.7	51.6	0.50
发达国家	60.6	68.4	53.4	0.28
发展中国家	65.7	80.0	51.2	0.56
布隆迪	89.5*	87.6	91.2*	-0.04
中国	73.5	79.6	67.2	0.18
瑞典	64.9	69.2	60.6	0.14
俄罗斯	63.2	69.5	58.0	0.20
日本	59.1	71.2	47.8	0.49
卡塔尔	84.6	93.2*	50.5	0.85
伊拉克	41.3	68.7	13.9*	3.95
所罗门群岛	37.5*	50.1*	24.2	1.07

* 世界最高或最低。

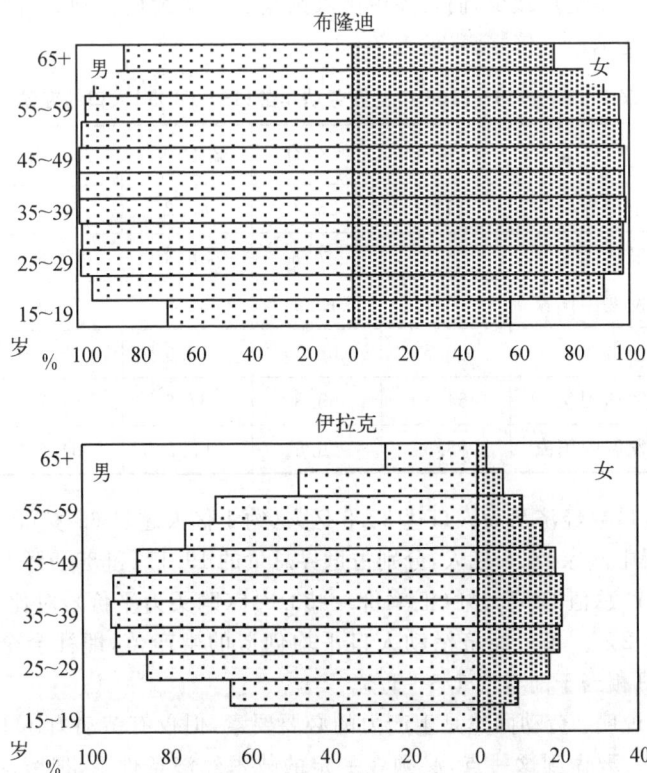

图 7 - 1　2010 年两个国家人口经济活动率年龄金字塔图(≥15 岁)

经济活动人口的年龄结构在两性之间也有区别。男子以 30～50 岁为就业高峰,任何国家概莫能外,这部分人堪称"社会中坚",是生产力的柱石。60 岁以后,其经济活动率即迅速下降。女子承担的社会职能与男子有明显区别,在婚后的妊娠、生产和抚育子女期间,其经济活动率会出现马鞍形,待子女长到一定年龄后为增加家庭收入或者为实现自我价值往往重新参加职业活动,这种结构特点在日本和韩国表现得最为明显。

四、世界的劳动力和经济活动人口

第二次世界大战以后的生育高峰,使世界平均年龄结构趋于年轻化,劳动年龄人口(统一按 15～64 岁计算)占总人口的比重渐次下降,至 1965 年跌至谷底,仅为 57.1%,比 1950 年降低 3.4 个百分点。此后,世界人口的年轻化趋势终止,并开始向成年型演化,前一比重遂止跌回升,2010 年已达 65.6%。预计这一上升势头还将持续几年,至 2015 年前后达到大约 66% 的峰值后,将因老龄化程度加深而重新回落。发达国家由于总抚养比低,劳动年龄人口比重多年来一直高于发展中国家,这一状况预计将在 2015 年前后发生逆转。此后,发展中国家将逐渐超过发达国家。从劳动年龄人口的绝对数量看,发展中国家总量大、增长快的特点十分明显:1950 年总量比发达国家超出不到 1 倍,而 2010 年已达 3.4 倍。预计 2010 年前后,发达国家劳动年龄人口将开始绝对减少,而发展中国家则至少要持续增长到 21 世纪末,届时其总量将超过发达国家 6 倍之多(见表 7-3)。

表 7-3　1950～2100 年世界劳动年龄(15～64 岁)人口的变动

年　份		1950 年	1980 年	2010 年	2050 年	2100 年
总量(亿)	全世界	15.3	26.2	45.2	58.9	60.5
	发达国家	5.3	7.1	8.3	7.6	7.5
	发展中国家	10.1	19.0	36.9	51.3	53.0
占总人口（%）	全世界	60.5	58.7	65.6	63.3	59.8
	发达国家	64.8	65.8	67.6	57.7	56.1
	发展中国家	58.5	56.5	65.2	64.2	60.3

2010 年全世界经济活动人口达 32.8 亿人(约 1 亿人超过 65 岁),其中发达国家 6.3 亿人,发展中国家 26.5 亿人,分别占世界总量的 19.1% 和 80.9%。然而,前者却提供了世界生产总值的 66.9%(汇率价)～53.8%(购买力平价),对比之下,后者仅为 33.1%～46.2%。每个经济活动人口平均创造的生产值,即社会全员劳动生产率,后者大约只相当于前者的 1/9～1/5。

以上事实说明:劳动固然是生产力的必要要素,但仅有劳动力还不能形成现实的社会生产力。要做到这一点,必须在一定的技术经济条件下,把劳动力资源同自然资源结合起来。联结两者的基本环节,乃是受资本和智力开发因素制约的生产工

人口地理学概论(第三版)

具和其他技术手段,它们本身既是劳动者作用于自然资源的产物,又是劳动者体力和脑力的延伸和外在物化,其数量和质量制约着人类开发利用自然资源过程中所能获得的物质资料的数量和质量,以及劳动生产率。也就是说,它制约着社会生产力所能达到的深度和广度。在这方面,发展中国家确实与发达国家存在着很大的差距。

其次,资本、技术、自然资源等要素与生产力发展之间只是一种单向的正比例关系,不存在过多或过于先进的问题。劳动力要素则不同,其数量过少固然对生产力发展不利,而数量过多,超出了一定历史条件下与资本、技术、自然资源的合理比例,加重了劳动就业的压力,延缓了产业结构的调整和社会劳动生产率的提高,无疑也是生产力发展的消极因素。应该说,很多发展中国家,包括我国,都程度不同地存在着这样的问题。

最后还要看到,劳动力资源应是数量和素质的辩证统一。一个国家固然应该根据本国劳动力资源数量和素质的现状选择适当的经济发展战略,把侧重点或者放在劳动密集型产业上,或者放在技术密集型产业上,但总的说来,劳动力的素质优势在很大程度上可以弥补数量劣势,而素质上的劣势却很难由数量上的优势来弥补。因此,发展中国家都必须把提高劳动力素质放在极端重要的位置上,只有这样,才能追赶国际水平,缩小同发达国家的差距。

五、中国的劳动力和从业人口

(一) 劳动力资源概况

中国是世界上人口最多的国家,劳动年龄人口总量十分庞大,且增长迅速。按本国男 16～59 岁,女 16～54 岁的统计口径,1953 年其总量为 3.0 亿,2010 年已超过 8.7 亿,57 年中增幅达 1.9 倍,而同期内总人口仅增长了 1.3 倍。目前,这种快速增长势头仍在持续,每年新进入劳动年龄的人数显著超过当年总人口的增长量。对这一态势及其对全国劳动市场可能产生的冲击,必须引起足够的重视。到 2020～2030 年,当 20 世纪 60 年代生育高峰中出生的人口陆续退出劳动市场时,全国劳动年龄人口在达到 9 亿左右的历史峰值后可望趋于稳定或回落,其时间与全国总人口的峰值相比,大约早 20 年。

目前,我国劳动年龄人口约占总人口的 63％。由于年龄、性别结构的不同,该比重在各地区之间差异颇大。大体上说,人口转变较早、较快的东部地区该比重较高,可达 60％～66％,其余地区仅为 54％～60％。这种分布特点与当前生产力和投资水平的地区差异是基本吻合的,表现在生产力和投资水平较高的地区劳动年龄人口比重较大,反之则较小,客观上对人口经济状况的地区差异起了一定的缓解作用。但从发展的眼光看,东部地区老龄化来势较猛,劳动年龄人口将趋于相对的和绝对的减少,而其他地区还将保持长时期的上升势头。未来的这种新变化,提出了进一步进行人口迁移的需求。而更重要的是,应适时地把建设重点从东部地区逐步向广大中西部地区转移,以实现资本和劳动力资源的最佳匹配。

(二) 从业人口的发展及其矛盾

2011 年,我国就业人口达 7.64 亿(经济活动人口将近 7.9 亿),比 1952 年增长了 2.7 倍,而同期内 15～64 岁劳动年龄人口仅增长 1.8 倍,总人口则仅为 1.34 倍,就业率由 36.1％锐升至 57.0％。与国外相比,中国不仅就业人口总量远远超出,就业率也高居前列,这表明劳动力资源得到了较充分的开发利用。除了社会制度外,长期保持较高的经济发展速度对此也起了保证作用。我国的就业人口虽然持续、大量增长,但社会平均劳动生产率仍得以更大幅度的提高:1952～1978 年间,其年均增长率为 3.4％,1978～2011 年间为 7.8％。在前 26 年国民生产总值的增量中,得自劳动力增多的约占 2/5,得自劳动生产率提高的约占 3/5。而后 33 年,这两个比重分别演变为 1/8 和 7/8,这说明我国从业人口增长与经济发展之间基本上是协调的。

当然,这里所说的基本协调也是从我国现实的人口、经济国情出发的。事实上,众所周知,我国存在着由历史原因和 20 世纪 50～60 年代生育失控造成的沉重人口压力,这种压力不可能不在劳动就业领域反映出来,其最直接的表现就是就业人口增长过多过快,对进一步加速提高劳动生产率和投资效益带来不少消极影响。多年来,我国的平均劳动生产率虽持续上升,但总的看来速度不快。目前其水平不仅比发达国家相差甚远,即使在发展中国家里亦仅处于中下游。我国就业人口总数大致相当于所有发达国家的总和,或巴西的 10 倍,泰国的 20 倍,韩国的 33 倍,这与我国占世界生产总值的份额是很不协调的。就业人口增长过多过快的压力,使得我国的产业结构不得不长期向劳动密集型倾斜,这对于经济增长方式从粗放到集约的转变起了明显的拖后腿的作用。在中国经济迈向中等发达水平的进程中,加速提高社会平均劳动生产率,无疑具有十分重要的意义①。

当前,中国正处在由计划经济转向社会主义市场经济的改革过程中。在劳动就业问题上,过去长期由国家全包下来的做法已转变为"在国家统筹规划和指导下,实行劳动部门介绍就业、自愿组织起来就业和自谋职业相结合"的方针;着重开辟集体和个体经济中的就业渠道,同时改革用工制度,实行劳动合同制;举办劳务市场,推进再就业工程;建立职工待业失业保险制度,旨在逐步实现企业自主用工、劳动者自由择业、让市场对劳动力资源配置起基本制约作用的目标。上述改革实施几年来,总的情况是良好的。全国就业人口继续增长,其结构和分布也有所改善,基本上满足了劳动者就业和企业用工两方面的需求,尤其是较为顺利地转移了两亿多农村剩余劳动力,具有非常重要的社会经济意义。当然,另一方面也要看到,在这个过程中,全国城镇登记失业率有所上升(1987 年为 1.8％,2011 年为 4.1％),不少下岗待业人员生活面临暂时困难;而国有企业存在大量冗员的问题尚远未得到妥善解决;农村剩余劳动力的转移更是任重道远。中国一定要吸取某些欧美发达国家"重资本、轻就业"的教训,在发展进程中必须始终高度重视改善劳动就业的问题。

---

① 张善余:《中国劳动人口就业形势的差异分析》,《人口学刊》2004 年第 2 期。

(三) 就业人口结构特点

中国就业人口的性别、年龄和文化结构，受总人口的结构制约，但又有自身的特点。

2010 年的全国就业人口中，男性占 55.3％，女性占 44.7％，性别比达 123.9，比总人口的性别比约高 18 个百分点。其原因虽与女性退休年龄较早有关，但主要的还是反映了两性就业率的不同，即女性单一从事家务劳动而不参与职业活动的人数明显超过男性。但中国女性的就业率与其他国家相比，仍在最高之列。

就业人口年龄结构过去的显著特点是年轻，这不仅是由于人口出生率高，还由于青少年受教育时间短，很早就投入了经济活动。近一二十年来，中国人口转变进展迅速，而教育事业大发展又显著延长了青少年的在校时间(15～24 岁人口的在校比率从 1982 年的 14.6％增至 2000 年的 27.5％)，从而促使就业人口年龄结构在短时间内发生了急剧变化。具体地说，就是彻底摆脱了年轻化，年龄结构重心迅速上移，呈现为典型的成年化，并已显露老龄化的迹象。从表 7－4 中可见，以 1982 年与 2000 年和 2010 年相比，16～19 岁、20～24 岁以及 25～29 岁三个年龄组占全部就业人口的比重均大幅度下降，而 35～54 岁中年组的比重则已接近一半，重心上移的程度不仅远远超过了印度尼西亚、墨西哥这样的发展中国家，也明显超过了美国这样的发达国家。中国 1982 年 16～19 岁的就业人数尚接近 35～54 岁人数的一半，而 2010 年已剧降至不足 6.6％，对比之下，印度尼西亚为 15％，美国也达到 9.5％。面对这种变化，人们显然有必要思考这样一个问题，即一向雄居世界之首的庞大的中国劳动大军，是不是有后继乏人之忧？

表 7－4　几个国家就业人口年龄结构的对比　　　　　　　　　％

年龄组 （岁）	中　　国			美国	印度尼西亚	墨西哥
	1982 年	2000 年	2010 年	2008 年		
16～19	15.6	5.7	3.2	4.4	6.3	7.5
20～24	13.7	10.2	11.1	9.8	12.1	12.4
25～29	17.1	14.2	11.1	11.2	13.9	12.5
30～34	13.5	16.1	11.0	10.4	13.2	12.6
35～54	32.5	42.9	48.6	46.1	41.7	41.6
55＋	7.6	11.0	14.9	18.1	12.8	13.4

中国就业人口的平均文化程度高于未就业人口，但其中未上过学、小学和初中所占比重仍分别高达 3.4％、23.9％和 48.8％，而大学本专科仅占 10％。根据这一状况，可以说，中国增长得过多过快的只是低素质的劳动者，而高层次人才则严重匮乏，这对社会经济的现代化，包括劳动人口自身的结构优化，都是不利因素。从分年龄组的情况看，目前在就业人口中承担主力军作用的中年人文化程度明显偏低，其中35～39 岁组平均受教育年数为 8.4 年，初中尚未毕业。45～49 岁组为 7.6 年，只

相当于初中一年级。年轻人的程度高一些,其中 25～29 岁组达到 10 年,但与发达国家相比,仍相差 3～4 年。

近年来,中国就业人口的增长速度较前期已明显放缓,1990～2005 年间年均增长率尚超过 1%,此后已降至 0.7%,考虑到年龄结构等因素,预计这一增长率还将继续下行。大致从 2017 年起,随着 20 世纪 60 年代生育高峰期出生的人相继退休,上述增长率可能降至极低,因此有必要未雨绸缪地思考推迟退休年龄的问题。作为第一步,可以先分年推迟女性的退休年龄,她们的平均预期寿命比男性大约长 4 年,却早退休 5 年,劳动潜力是很大的,然后再考虑推迟男性的退休年龄。到 2030 年前后,中国总人口达到 14.5 亿左右的最高峰值时,两性退休年龄分别达到 60～65 岁可能是比较适当的。届时就业人口总量约为 8.6 亿,就业率与现在持平。

第二节　经济活动人口的产业结构

一、经济活动的部门分类

生产力和社会劳动分工的不断发展,促使人类的经济活动在内容上逐渐由简单、狭窄走向复杂、广泛,形成越来越多的被称为产业或行业的部门。经济活动人口的产业结构,指的就是他们在不同产业或行业部门之间的分布及其比例关系。

由于各国自然、历史、社会条件的差别以及生产力发展水平和经济体制的不同,对经济活动的部门分类也各不相同。为使各国的分类在国际间具有一定的可比性,并有利于国际经济交往,联合国统计委员会于 1948 年第一次制订了《全部经济活动的国际标准产业分类》(ISIC),并于 1958 年、1968 年、1989 年和 2006 年作了 4 次修订。在最近一次的修订目录中,ISIC 将全部经济活动划分为 21 个门类,下分 88 个大类,233 个中类和 419 个小类。参照这一目录,并结合本国国情,我国政府有关部门也制订了《国民经济行业分类》,将国民经济分为 20 个门类,96 个大类,432 个中类,1 094 个小类。

三次产业划分是当今世界上比较通用的分类方法,它实质上是对 ISIC 各门类的再组合。其基本依据是社会生产活动的历史顺序,产品直接取自自然界者称第一产业,对初级产品进行再加工者称第二产业,为生产和消费提供各种服务者称第三产业。在中国,三次产业划分具体范围如下:

第一产业:农、林、牧、渔业。

第二产业:(1)采矿业,(2)制造业,(3)电力、燃气及水的生产和供应业,(4)建筑业。

第三产业是指除第一、二产业以外的其他行业。包括:(1)交通运输、仓储和邮政业,(2)信息传输、计算机服务和软件业,(3)批发和零售业,(4)住宿和餐饮业,(5)金融业,(6)房地产业,(7)租赁和商务服务业,(8)科学研究、技术服务和地质勘查业,(9)水利、环境和公共设施管理业,(10)居民服务和其他服务业,(11)教育,

（12）卫生、社会保障和社会福利业，（13）文化、体育和娱乐业，（14）公共管理和社会组织，（15）国际组织。

二、经济活动人口产业结构变动和分布的一般规律

（一）产业结构变动的几个阶段

经济活动人口产业结构的形成和演变，是生产力和社会劳动分工不断发展的结果。随着生产力水平的提高，社会劳动分工愈来愈细，生产和服务逐渐走向专业化，并不断涌现出新的生产和服务部门，促使着经济活动人口的产业结构及其空间分布格局不断发展变化。反过来，经济活动人口的产业结构又是反映一个时代、一个国家或地区生产力和社会劳动分工发展水平的显著标志。

在漫长的旧石器时代，生产力水平极其低下，所有的人类均无例外地依赖采集和渔猎为生，这时还谈不上社会劳动分工。距今 1 万年前后，原始农业和原始畜牧业开始出现，这第一次社会大分工使经济活动人口有了农业人口和畜牧业人口之分。进入金属时代以后，社会生产和生活的需要促使手工业逐渐从农业中分离出来，这第二次社会大分工在经济活动人口中增添了手工业劳动者这一新门类。进入奴隶社会，由于生产力的大发展，商品交换日趋频繁，农业中又分离出一个新部门——商业，这就是第三次社会大分工。此外，随着这一时期阶级与国家的出现，以及文化和科学的发展，诞生了军队和各类文职管理人员，体力劳动和脑力劳动逐渐分离，经济活动人口的产业结构明显地趋于复杂化。但总的说来，第一产业始终占极大的比重，这一基本特征在整个封建社会中始终没有发生大的变化。

产业革命及其后几次科技革命的发生，强有力地推动了人类生产力和社会劳动分工的发展，使之不断走向更大程度的复杂化和高度化，社会平均劳动生产率的迅速提高是过去任何时期都绝难比拟的。随着工业化的进程，第一产业的比重大幅下落，第二产业逐渐成为主导部门。第二次世界大战后，一些生产力最发达的国家和地区，相继进入后工业化时期，整个经济活动的重心愈来愈朝着第三产业倾斜。

（二）生产力水平对产业结构的制约作用

以上几个阶段的演变特点说明：生产力发展水平是经济活动人口产业结构的决定因素，而农业劳动生产率，即每个农民除了自己还能供养多少其他人，在其中又起了根本性的制约作用。正如马克思所指出的："社会为生产小麦、牲畜等等所需要的时间越少，它所赢得的从事其他生产，物质的或精神的生产的时间就越多。"[①]也就是说，农业生产愈发达，就可以从中分离出更多的劳动力进入其他产业部门；而其他产业部门的发展，将为农业生产的进步提供强大的物质手段和科学动力，使其劳动生产率不断提高，从中又可以分离出更多的劳动力。在第二产业和第三产业之间，也存在着类似的良性互动关系。总之，劳动生产率的提高，及其在不同产业和行业部

---

① 马克思：《政治经济学批判》，见《马克思恩格斯全集》，46 卷，上册，人民出版社 1980 年版，第120 页。

门之间的不平衡,是促进经济活动人口产业结构调整的推动力,而产业结构的优化又是不断提高社会平均劳动生产率的积极因素。此外,生产力的发展,改善了人们的生活,使之可以在物质上和精神上追求更多更高的享受,这对经济活动人口产业结构的演变也有影响(如从事文化、艺术、体育、生活服务的人不断增加),这种变动与提高社会平均劳动生产率虽然没有很多的直接联系,但广义的或间接的联系仍是显而易见的。

上述演变趋势在美国经济活动人口产业结构的变动中可以看得很清楚(见表7-5)。美国直到19世纪初仍属于农业社会,第一产业占了极大比重。进入20世纪后,美国成为高度工业化国家。第二次世界大战以后,美国开始进入后工业化时期,第三产业的主导地位愈来愈突出,第一产业比重则降至极低。其结构转变历时近两个世纪。日本工业化进程比美国晚,但速度更快,在结构转变上只用了大约一半的时间就达到了与美国相似的程度。与美、日等发达国家相比,大多数发展中国家直到第二次世界大战以后才陆续开始实施工业化,实质性的结构转变迄今只有短短几十年,要实现产业结构的现代化,仍然任重道远(至20世纪90年代中后期,发展中国家第一产业的平均比重仍未跌破50%,仅相当于美国1870年或日本1920年的水平)。

表7-5 几个国家经济活动人口产业结构的变化　　　　　　　　%

类　别	美　　国				日　　本			印　　度		
	1820年	1880年	1950年	2009年	1880年	1950年	2009年	1901年	1971年	2009年
第一产业	72.4	49.4	12.5	1.5	82.3	48.3	4.0	71.8	72.6	52.0
第二产业	12.3	25.5	37.0	17.6	5.6	21.9	25.5	10.0	11.0	14.0
第三产业	15.3	25.1	50.5	80.9	12.1	29.8	70.5	18.2	16.4	34.0

值得注意的是,一部分发展中国家,典型的如印度和20世纪50~70年代的中国,在工业化取得不小进展的同时,经济活动人口产业结构的转换却明显地相对滞后,第一产业所占比重始终居高难下。究其原因,很重要的就是人口增长过多过快,人口素质不高,源源不断成长起来的劳动大军,超出了二、三产业的吸纳能力,很多人不得不长期滞留于第一产业中,显著地拖了社会平均劳动生产率的后腿,延缓了产业结构的转换,这也从一个侧面反映出人口压力对生产力发展的消极作用。

对于发达国家来说,其工业化过程中人口因素对产业结构转换一般均未产生明显的滞后影响,原因在于:① 大体上同步进行了人口转变;② 向海外大量移民(以上两个因素均显著减轻了人口压力);③ 从殖民地半殖民地国家大量获取廉价农产品和原料,这有助于降低第一产业比重;④ 地处新大陆的美、加、澳等国,地旷人稀,农业发展进程与工业化几乎同步,有必要也有可能利用产业革命成果,建立大规模机械化高效农业,所投入的劳动力很少,产量却很大,得以支撑起庞大的二、三产业。这样的国际、社会和地理条件,是现阶段的发展中国家不可能具备的。

(三)产业结构的国家类型

如前所述,经济活动人口的产业结构主要取决于生产力发展水平,而反过来,它又是反映生产力发展水平的重要指标之一。据此,可以把现阶段世界各国各地区划分为以下几个类型(参见表7-6)。

表7-6 代表性国家和地区经济活动人口产业结构的对比　　　　%

	布隆迪	印度尼西亚	罗马尼亚	墨西哥	南非	阿拉伯联合酋长国	日本	澳大利亚	中国香港
第一产业	93.6	40.3	27.4	13.1	5.7	4.3	4.2	3.3	0.2
第二产业	2.3	18.8	31.0	25.7	25.7	24.4	27.4	21.6	13.8
采矿业		1.0	1.1	0.4	2.4	2.0	0.1	1.2	0.0
制造业		12.2	20.4	16.5	14.3	8.7	18.4	10.3	5.5
水、电、煤气		0.2	1.7	0.5	0.7	1.4	0.5	0.9	0.4
建筑业		5.3	7.8	8.3	8.3	12.4	8.4	9.2	7.9
第三产业	4.1	40.9	40.9	61.2	68.6	71.4	68.5	75.1	86.0
商业、餐饮、旅馆		20.7	13.9	29.2	22.9	20.2	23.6	24.0	32.8
运输、电信、仓储		6.0	5.2	4.6	5.6	7.2	6.1	6.5	10.8
金融保险、房地产		1.4	4.2	5.9	12.0	11.2	14.7	16.1	16.3
公共与私人服务		12.8	18.4	21.5	28.1	32.7	24.1	28.5	26.1

统计时间:除布隆迪为2002年外,均为2008年。

第一类国家,其工业化尚未开始,经济活动人口的产业结构与古代没有实质性区别,第一产业所占比重极大,包括布隆迪等地处撒哈拉以南非洲和南亚的几十个最不发达国家,它们的人均GDP(按购买力平价计算,下同)仅为美国的3%左右。

第二类国家,处于工业化的起步阶段,经济活动人口的产业结构与古代相比已发生一定变化,但第一产业仍占绝对优势,包括喀麦隆等一批发展中国家。其中有些国家经济发展速度并不慢,但人口增长过快,对产业结构转换的阻滞作用十分明显。这一类国家的人均GDP大约相当于美国的5%左右。

第三类国家,处于工业化的中途,生产力水平有明显提高,人均GDP达到美国的15%左右,经济活动人口的产业结构与古代相比已发生很大变化,第一产业比重降至40%以下,一条腿已跨进工业社会,其典型代表就是中国。旧中国第一产业始终占85%以上,而2011年已降至34.8%,二、三产业则大幅扬升。但以上转变还只是初步的,要实现中国从业人口产业结构的现代化,使之达到中等发达水平,第一产业比重必须再降15个百分点,到达20%,这一目标可望在2040年以前,即中国总人口达到历史峰值后实现。届时第二产业比重为25%,第三产业为55%,前者比现在下降4个百分点,后者上升20个百分点。图7-2和图7-3分别反映了我国产业结构的城乡差异和省区差异。图中显示,各省区就业人员中第一产业比重与人均 GDP 呈现密切的负相关,说明生产力发展水平是产业结构基本的制约因素,而城乡差异在其他国家也是普遍的。

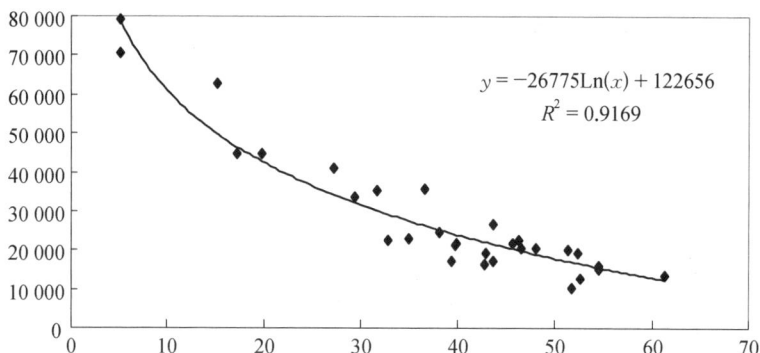

$$y = -26775 \mathrm{Ln}(x) + 122656$$
$$R^2 = 0.9169$$

图 7 - 2　2009 年中国 30 个省区(不含内蒙古)人均 GDP(y,元)
与就业人员中第一产业比重(x,%)相关图

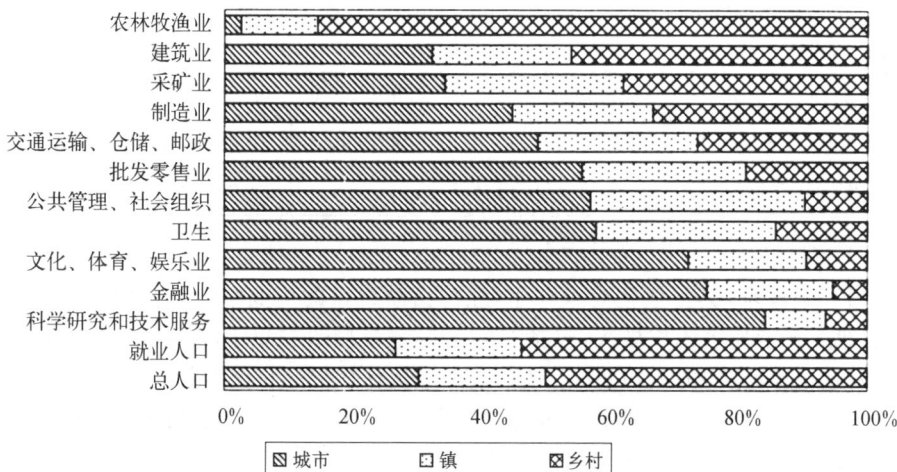

图 7 - 3　2010 年中国各行业就业人口的城乡分布

第四类国家,处在工业化的中后期,人均 GDP 达到美国的 25% 左右,第一产业明显地退居次要地位,二、三产业则上升为主导部门,包括罗马尼亚、马来西亚等一批已达到或接近中等发达水平的国家。

第五类国家,其工业化已经完成,不同程度地进入了后工业化时代,第一产业比重降至很低或极低,第二产业比重在达到峰值后也趋于回落,而第三产业则逐步占据绝对优势。这一类国家基本上均属发达国家,其典型代表是美国。

应予以指出的是,经济活动人口的产业结构不仅仅受总的生产力发展水平影响,其他一些因素,如地理的、历史的和经济结构上的特点也都有一定的作用。有

人口地理学概论(第三版)

的国家因版图太小或自然条件的限制,农林业规模很小,第一产业的比重便极低,新加坡、科威特、卡塔尔等就属于这种情况;有的国家占据特殊有利的地理位置,商业贸易、金融保险和转口运输等行业非常突出;还有的国家资源贫乏,唯有气候宜人,风光明媚,又靠近欧、美等大客源地,致使旅游业一枝独秀。所有这些都会使第三产业在国民经济中占据特殊地位。属于这一类情况的有新加坡、摩纳哥以及加勒比海地区的一些岛国,有一些第三产业占经济活动人口的比重竟高达85%。

三大产业内部的行业结构与地理条件关系则更为密切。世界上多数国家第一产业均以种植业为主,但索马里、蒙古等国则是畜牧业占优势,其牧民要占经济活动人口的一半,甚至更多。一些矿产资源丰富的发展中国家,采矿业就业人员占经济活动人口的比重会大大超过世界各国的平均数,如南非即高达2.4%(2008年),对比之下,中国仅为1.2%,日本则仅为0.05%,但这里所说的采矿业,指的只是固体矿产(尤其是井下开采),石油和天然气开采在技术上属于另一种类型,其劳动生产率较高,所需要的劳动力较少,即使波斯湾地区的大产油国,经济活动人口中采矿业亦只占1%左右。

由于影响经济活动人口产业结构的因素是多方面的,因此在进行国际对比时必须注意要进行历史的、全面的分析。例如美国目前第一产业比重是世界上最低的国家之一,第二产业的比重在发达国家中也处于最下游,然而它具有世界最高的劳动生产率,各大产业部门的发达程度在世界上均为首屈一指,不仅大量输出各种高技术含量的工业产品和文化产品,农产品的输出量也远远超过其他任何国家。

综上所述,经济活动人口的产业结构主要取决于以下几个因素:

1. 生产力发展水平

它直接制约着社会劳动分工的发达程度、社会平均劳动生产率的高低,以及人们物质的和精神的消费水准和特征。

2. 人口数量和人口素质与经济发展相互适应的程度

它们对产业结构有很大影响,实际上与生产力发展水平也是有所联系的。

3. 其他地理、历史和经济结构因素

主要指地理位置、自然条件、资源赋存状况、传统的产业特色等,它们与国内、国际劳动地域分工关系很密切。

三、各产业部门经济活动人口的人口学特征

(一) 性别

各产业部门经济活动人口的性别结构差异很大,这是两性不同的社会分工的反映。其中既有历史的和其他社会、经济因素的影响,也与两性生理机能的差异有关系。女性的体力不如男性,并较多地受到生理因素的限制,从各国的现实情况看,女性的平均文化、技术素养一般都比男性低。这些差异有的会随着社会、经济条件的改善而发生变化,有的则将长期存在。正如列宁在谈到妇女解放问题时

所说的:"这里指的不是要使妇女的劳动生产率、劳动量、劳动时间和劳动条件等等同男子相等。"[1]可以说,不同产业部门经济活动人口的性别结构差异还将长期存在下去(我国政府制定了《女职工特殊劳动保护条例》,其中明确列出若干女职工禁忌劳动范围,这无疑是非常必要的),当然其表现特点会有所变化。一般说来,重体力劳动、井下、水上、高空、高温作业,以及某些需要经常离开家庭的工作,较为适宜于男性而不是女性承担,所以采矿和多数重工业、林业、渔业、建筑业、地质勘探业、交通运输业等经济部门中,男职工往往要明显多于女职工,女性则多集中于轻工业、商业、餐饮服务业、医疗卫生、学前和中小学教育等行业(见表7-7)。

表 7-7　2010 年中国各行业就业人口性别比

全部就业人口	123.9	住宿和餐饮业	86.1
农林牧渔业	103.4	金融业	101.6
采矿业	465.4	科研、技术服务和地质勘探业	191.4
制造业	127.5	教育	80.2
建筑业	594.1	卫生、社会保障和福利业	67.7
交通运输仓储邮政业	514.2	文化、体育和娱乐业	116.9
批发和零售业	89.6	公共管理和社会组织	209.1

由于以上特点,一些产业结构专门化程度较高的地区,如林区、矿区和重工业城市,经济活动人口的性别比都比较高,甚至会使总人口性别比出现某种失衡。这就要求区域经济结构应适当多样化,不要把发展方向搞得过于狭窄,以便为女性就业创造一定的条件。

(二) 年龄

不同产业部门经济活动人口的年龄结构主要取决于该产业部门对劳动者文化、技术素养的要求。这种要求较高者,入学年数短、专业经验少的低龄经济活动人口所占比重就较低。反之,即较高。前一类产业部门以科学研究和综合技术服务为主,还包括国家机关、政党机关和社会团体,以及卫生体育和社会福利事业;后一类产业部门以农林牧渔业最典型,还包括工业和一般的服务业。2010 年,我国农林牧渔业就业人口中,16~19 岁组占 3%,而科学研究和技术服务业则仅为 0.5%。进入成年期后,不少农林牧渔业劳动者为取得更高的收入,往往向其他产业部门转移,因此其中 25~44 岁组所占比重在所有产业部门中是最低的。进入老年期后,由于农村缺乏像城市那样的退休制度,故就业人口中的老人比重显著超过了其他各业。2010 年,60 岁及以上老人占中国农林牧渔业就业人口的 13.45%,而其他所有行业合计仅为 1.87%。类似的特点在其他国家也很普遍,如日本近几十年来农业劳动力

---

① 列宁:《论苏维埃共和国女工运动的任务》,见《列宁选集》,4 卷,人民出版社 1965 年版,第 73 页。

的老龄化甚至高龄化越来越明显。2005年,农林牧渔业经济活动人口中55岁以上的中老年人竟占72.6%,对比之下,其他所有产业部门该比重平均仅为25.8%。2002～2007年间,美国45岁以下的农场主人数减少21%,65岁及以上的却增长了18%,反映的也是同样的趋势。

(三) 文化程度

发展中国家受生产力水平限制,人口的总体文化程度较低,工农业生产的技术装备落后,脑力劳动和体力劳动之间存在着悬殊的差距,这些都造成各产业部门经济活动人口在文化程度上的差异特别明显。大量低文化素质人口集中于一般仍以手工劳动为主的农业,以及制造业和商业、餐饮服务业中,而少量的高文化素质人口则集中在科技、教育、文化、卫生等行业及国家机关中,其对比十分鲜明。如我国2010年全部就业人口平均受教育8.8年,其中农林牧渔业仅为7.2年,建筑业为8.8年,批发零售商业为10年,金融业和科学研究技术服务业则分别达到13.5年和13.8年,高低落差非常悬殊。发达国家已实现了现代化,各产业部门经济活动人口文化程度的差异比过去已大大缩小,如美国的农林牧渔业的从业人员中,具有大学本科文化程度者已占到10%(中国为0.1%),与其他部门的差异远没有发展中国家那样悬殊。"没有文化,就去种田",这在现阶段的发达国家中是行不通的。

第三节　三大产业经济活动人口分析

一、第一产业

(一) 第一产业经济活动人口的变动趋势

第一产业为人类最古老的产业活动,它所生产的粮食和其他产品,是人类生存与发展的必要的物质基础,在任何时代都具有特殊的重要性。其劳动生产率的高低,决定了社会劳动分工的发展程度。对此,马克思指出:"超过劳动者个人需要的农业劳动生产率,是一切社会的基础,并且首先是资本主义生产的基础。"[①]这一思想无疑是极其重要的。

产业革命后,工业和科学技术的大发展为农业劳动生产率的提高提供了强大的物质手段,在农业产量大幅增长的同时,其经济活动人口则显著地趋于减少。这种减少可分为两种情况,即相对减少和绝对减少。在发达国家,第一产业经济活动人口的相对减少,即所占比重的下降,早在工业化的初期即已开始,但绝对数量的减少则晚得多。最早进行产业革命的英国,从19世纪中叶起大力推行自由贸易和依赖从殖民地输入农产品的政策,1851年即成为世界上第一个农业劳动力开始绝对减少

---

① 马克思:《资本论》,见《马克思恩格斯全集》,25卷,人民出版社1974年版,第885页。

的国家。这一历史性转折在美国出现于 1910 年,法国于 1921 年,加拿大于 1931 年,其他发达国家大体上也都在 20 世纪 30～50 年代出现了这种转折(见表 7 - 8)。近几十年来,生产力和科学技术的新发展,以及人口态势的变化,促使发达国家的农业劳动力出现了前所未有的快速下降势头,其相对比重目前均已降至 1％～10％的极低水平。

表 7 - 8　世界第一产业经济活动人口(农业劳动力)的变动和分布

	总　　数(万人)				2011 年占经济活动人口 ％	一个农业劳动力可供养人数**
	1913 年	1950 年	1991 年	2011 年		
全世界	47 000	65 500	106 096	107 924	33.1	6.0
发达国家	12 000	11 000	5 624	2 578	4.1	43.6
日本	1 150	880	443	133	2.1	36.0
美国	1 450	1 530	360	246	1.5	134.4
发展中国家	35 000	54 500	100 472	105 346	40.0	4.9
中国*	13 500	17 500	39 098	26 594	34.8	4.1
其他	21 500	37 000	69 075	78 752	42.1	5.3

　　* 世界粮农组织(FAO)有关中国第一产业经济活动人口的数据与中国本国统计相差太大,本表采用中国统计,世界和发展中国家总数也作了相应调整。
　　** 为计入食品进出口因素的约数(含本人,2007 年),所谓"可供养",其实际消费水平因国而异。

　　农业劳动力减少的基本推动力在于劳动生产率的提高。20 世纪初,一个美国农民一年生产的食物可满足 8 个人的需要,而近年已增加到 130 人,即增长了将近 15 倍。供养比例的这种变化,使得美国的农业劳动力比重不仅可以降至极低水平,而且必须降至极低水平。其他发达国家的情况与美国亦基本类似。①

　　农业劳动生产率的上述进步,毫无疑义是多种技术和经济因素共同作用的结果,应予以强调的是农业机械化作出了巨大贡献。20 世纪初,农业机械化首先在美国开始得到推进,1910 年,美国仅拥有 1 000 台拖拉机,与 1.3 亿公顷的耕地相比,数量是微乎其微的,而此时其他国家基本上还没有拖拉机。可是到 40 年代末,全世界拖拉机总数已逾 500 万台,近年已达 2 700 万台以上,达到了不足 60 公顷耕地就拥有 1 台的程度,从而为大大减少农业劳动力提供了保证。

　　以上变动特点在发展中国家总的来说也是有所体现的,但受生产力水平限制,所达到的程度与发达国家相差很远。发达国家农业劳动力的绝对数量早就开始迅速减少,而发展中国家作为一个整体,相对比重虽趋于下降,绝对数量则仍在不断地膨胀。1950～2011 年间,所有发达国家的农业劳动力减少了大约 3/4,而发展中国家却增加了近一倍。就农业劳动生产率而言,两大类型国家之间存在着一道鸿沟,而且还在逐渐加深加宽:1913 年两者相差 4.5 倍,1950 年相差 11.5 倍,2010 年已达到

---

　　① 参见张善余:《世界农业八十年》,《世界农业》,1989 年第 2～3 期。

15.7倍。于是,就产生了这样一种发人深省的现象:大部分人扑在农业上的国家,农产品消费水平很低,甚至还需要进口;反之,很少一点人搞农业的国家,不仅消费水平高,有不少还能大量出口农产品。2010年,全世界第一产业占经济活动人口比重最大的三个国家是尼泊尔、不丹、布基纳法索,平均每个农业劳动力净出口农产品(减去进口)最多的三个国家是荷兰、丹麦、比利时,试看其对比(第一产业比重,%;劳均净出口农产品,美元):

	%	美元		%	美元
尼泊尔	93.0	−41	荷兰	2.5	152 944
不丹	92.8	−260	丹麦	2.5	99 320
布基纳法索	92.1	5	比利时	1.3	69 831

造成以上悬殊差距的原因虽然是多方面的,但只要对其技术装备作一对比就足以说明问题了:2007年,发达国家集中了全世界72%的农业机械设备(按价值计),按农业劳动力平均计算,比发展中国家超出112倍。

应予以强调指出的是,农业劳动力的相对和绝对减少,必须以人均农业产量增长和农业劳动生产率提高为必要的前提,只有这样,才能保证国民经济健康协调地发展。然而,近几十年来,一些国家并不具备这样的前提,也出现了大幅度的劳动力产业转移,对这种现象必须予以辩证的认识。首先,各国之间农业自然资源分布很不平衡,有的国家气候良好,土地辽阔,具有发展大规模高效农业的优越条件,如美国、加拿大等;而另一些国家相比较而言则不具备这样的条件,如日本以及科威特等沙漠国家,但它们一般也都有自身的优势,或者制造业发达,或者矿产资源丰富。在国际经济日益走向一体化的大背景下,各国扬长避短,发展优势产业,充分利用国际劳动地域分工,无疑是合理的、有利的。在这种情况下,日本等国大幅度降低了第一产业的比重,以大量出口工业产品来换取农产品,这样的战略选择显然是符合它们自身国情的。反过来说,近几十年来,如果日本不是把本国人力资源和自然资源主要用来研制索尼彩电、丰田汽车、佳能照相机等产品上,而是去种粮、养鸡、养猪,它能成为一个高度发达的国家吗?

虽然扬长避短、积极参与国际劳动地域分工的原则对任何国家都是必要的,但是也要看到,由于历史条件和地理条件的限制,大多数发展中国家要像日本、科威特、新加坡那样在短时期内实现跳跃式的产业转移,是很困难的,甚至是不可能的,而只能循序渐进地通过不断地积累求得发展。在这个过程中,产业转移进行得过快过猛,会在社会经济领域产生多方面的消极影响,主要是农业基础遭到削弱,城市就业压力增大,国民经济出现种种结构失衡。典型的如墨西哥,其第一产业经济活动人口比重近一二十年来一直以每年大约1个百分点的速度下降,而全国人均农业和食物生产指数也以大致相同的速度下降,这两者之间显然有着一定的因果关系。造成不少发展中国家农业劳动力过快流失的原因,主要是比较利益的不同,以及受社会的和自然的多种因素的影响,农业生产条件渐趋恶化,而国家又对此缺乏必要的引导和调控。长此以往,必将给国民经济的可持续发展造成严重的不良后果。

(二) 中国农村剩余劳动力的转移问题

中国是世界上人口最多的发展中国家,其总人口占世界的19%,农业劳动力则占25%,在实现工业化和现代化的进程中,如何合理推动农业劳动力向其他产业转移,以促进生产要素的优化配置和产业结构的高度化,无疑是一个事关社会经济发展全局的重大问题。旧中国第一产业经济活动人口比重长期保持在85%以上的极高水平上,充分反映出生产力的落后状态。新中国建立后,开始迈出工业化的步伐,产业结构亦有所变化,根据其演变特点,可划分出对比鲜明的前后两个阶段。1975年以前,受多种政治、经济因素的影响,农业生产发展缓慢,人口却增长过快,致使从业人口中第一产业的比重虽趋于下降,但速度十分缓慢,即从1952年的83.5%降至1975年的77.1%,23年中仅降低6.4个百分点,年均约0.3个百分点。进入改革开放的新时期后,我国农业发展迅速,人口压力亦初见缓和。第一产业比重至2011年已锐减至34.8%,与1975年相比,36年中共降低42个百分点,年均超过1.2个百分点。尤其值得指出的是,我国第一产业从业人口的绝对数量从1991年起出现连续下降,至2011年已减少12 500万人,这在我国几千年的社会经济发展史上无疑具有里程碑的意义。

按1975年的比重(并考虑到自然增长因素)推计,其后36年中我国共由第一产业向二、三产业转移了2亿多从业人口,这一历史性的大转移对全国社会经济发展的巨大促进作用,那是怎样估计也不为过分的。首先,农业劳动生产率在这36年中增长近3倍,对比之下,此前的23年中仅增长0.5倍。其次,促使二、三产业空前壮大,这36年中全国二、三产业从业人口共增加近4亿人,大部分由第一产业转移而来。第三,大大改善了农民生活,36年中农民家庭人均收入增长大约8倍,在生产性收入中,二、三产业比重由8%猛增到60%。最后,产业大转移以及由此带动的人口大流动,极大地焕发起几亿农民的聪明才智和生产潜能,他们的生活方式开始发生巨变,素质得到显著提高,这些无论对增强国家的经济活力还是人口活力,都是非常重要的。在这36年中,我国第一产业从业人口比重迅速下降的同时,农业生产却获得了世人瞩目的大发展,增幅高达3倍,人均农产品产量也显著增长。这一成就不仅在我国历史上是空前的,在世界范围内也十分罕见。它充分说明前述农业劳动力的产业转移,尽管规模极大,速度很快,但性质是健康的,产生出非常良好的社会经济效益。

我国农业劳动力的产业转移主要有两种形式。第一种形式是就地在农村(包括集镇)兴办二、三产业,这种形式俗称为"离土不离乡"。36年中,全国兴建了大约4 000万个属于二、三产业的乡镇企业,吸纳职工1.5亿多人。这些乡镇企业不仅已成为今日农村经济的骨干,在全国经济总量中也占有举足轻重的分量。随着相当一部分农民的产业非农化,我国农村的城镇化也驶进了快车道。第二种形式被称为异地转移,即通过迁移流动进入城市和其他经济相对发达地区,其数量达1.5亿人,在前述2亿多人的总转移量中约占六成多,对流入地的经济发展亦起了显著的促进作用。

　　受制于经济发展速度以及生产力和投资水平,我国各地区之间农业劳动力的转移态势相差很悬殊,而不同的人口状况(数量和素质)对此也很有影响。总的说是东部沿海地区转移速度很快,中西部则相对滞后。前者不仅相对比重大幅下降,绝对人数亦显著减少,如广东省 1980~2009 年间第一产业从业人口比重由 70% 锐降至27%,降幅达 43 个百分点,绝对人数也大量减少;而后者相对比重只有中等程度下降,绝对人数仍在继续膨胀,如贵州省上述期间比重由 83% 降至 52%,降幅仅 31 个百分点,绝对人数则增加了将近 1/3。

　　在转移的产业方向和地域方向上,东部和中西部差异也很明显。前者资金雄厚,工业和建筑业非常兴旺,是吸纳农业劳动力的主体;后者资金缺乏,故主要向无需大量投资的第三产业,特别是餐饮旅馆服务业转移。

　　在地域方向上,东部地区基本上是就地转移,出县出市的不多,出省的则更少;而中西部出省的比重则大得多,并由此形成了从中西部向东部沿海地区转移的打工者洪流。值得注意的是,东部沿海地区的农村在农业劳动力大量向城镇转移的同时,却又吸纳了许多来自中西部的农民打工者,他们在某种程度上是在填补前者转移后留下的职业空缺;而中西部农村则只是农民打工者的纯流出地,流入者极少。对比就是这样的鲜明。

　　无论东部还是中西部,实现了产业转移的农业劳动力有几个方面的特点是共同的,即以男性为主,以青年为主,绝大部分仅具有初中以下文化水平,80% 左右未经过专业或职业培训,这就决定了他们只能主要从事低技术层次的体力劳动,如建筑工、纺织工、缝纫工、服务员等,但产业转移也给他们提供了重新学习和创业的广阔道路。

　　近 30 年来,虽然我国在农业劳动力的产业转移上取得了历史性的巨大进展,但以社会经济现代化的目标来衡量,这一进展还只是初步的。进一步推进产业转移依然是任重道远,任务艰巨。应该看到,目前我国第一产业从业人口总量仍十分庞大,比所有发达国家的总和多 9.3 倍,比美国竟超出 107 倍。与庞大的劳动力相比,我国的农业自然资源却相对贫乏,尤其是耕地不足,且逐年减少,致使每个劳动力平均负担的耕地面积迅速下降:1952 年为 0.62 公顷,1978 年为 0.47 公顷,2011 年仅为0.45 公顷,已处在世界各国的最下游。与美国比,尚不足其1/140,与人口更为稠密的日本相比,亦不足其 1/6。这种状况对提高我国的农业劳动生产率显然非常不利。几十年来,尽管我国的农业技术装备有了很大的改善(2010 年全国农业机械总动力比 1952 年增长了 5 150 多倍),尤其是改革开放以后,农业生产面貌变化十分明显,但就农业劳动生产率而言,迄今在世界上仍是突出的后进国家之一,不仅与发达国家相差非常悬殊(目前大约比美国低 48 倍,比日本低 5.5 倍),即使与发展中国家相比,也仅属于中偏下水平。究其原因,当然非出一端,但劳动力过多,劳均占有的农业自然资源过少,以致"英雄无用武之地",无疑是最重要的原因。

　　我国农业劳动力严重过剩,在今后一段很长时期内需要大规模地向二、三产业转移,这一点已成为人们的共识。关于过剩的具体数量,难以作出精确的度量。国家统计局的一项研究认为，"中国农业初期集约化经营水平可以达到农村劳均耕地0.67～1公顷"，[①]这个估计看来是适当的。按0.67公顷计，比现在高0.5倍。农业劳动力（不考虑自然增长）应再转移出8 000万人，使总数降至1.8亿人。按1公顷计，比现在高1.2倍，农业劳动力应再转移出一大半，使总数降至1.2亿人。以实现现代化的要求衡量，上述目标是一定要实现的，否则"中等发达水平"无从谈起。但考虑到中国现实的人口、经济国情，则必须对实现上述目标所需的时间及可能面临的困难有足够的认识。

近年来，随着人口年龄结构迅速变化、青少年在校时间延长，以及人们生活理念的改变，从农村流出的剩余劳动力似乎有逐渐枯竭的迹象，不少地方因此出现了招工难，用工成本也显著攀升，学术界不少人因此认为"刘易斯拐点"在中国即将来临。所谓"刘易斯拐点"，是指在工业化和人口转变过程中，随着农村剩余劳动力向非农产业不断转移，其数量逐渐减少，最终枯竭，劳动力供求由过剩转变为短缺。然而从中国农业的现状来看，劳动力仍多达2.6亿，耕地却只有1.2亿公顷，无论用什么标准衡量，至少还应该有1亿多人的富余。既然如此，为什么会出现上述那样似乎是矛盾的现象呢？我们认为，主要有以下原因：

（1）目前农业约2.6亿的劳动力中，中老年和妇女占了很大比重，相当一部分为少数民族，就其年龄、家庭、文化和劳动素质等几个方面而言，向外地的二三产业转移，都有一定困难，他们自己也未必有进行这种转移的迫切愿望。

（2）中国地域辽阔，产业重心偏于沿海沿江，而农村剩余劳动力主要分布在中西部广大的丘陵山区，供和求在空间上匹配度不高，从而增加了转移的成本和难度。

（3）中国农村的家庭承包制和土地制度，对农民是一种保障，但对他们向非农方向转移在某种程度上却又是一种羁绊，同时也不利于通过生产单位的兼并重组不断提高农业劳动生产率。这就是说，农业劳动力转移面临着一定程度的制度性障碍。中国农村直到现在本质上仍是小农经济，约2亿多农户，2.6亿劳动力，每户平均种0.5公顷田，而且土地很难流转和集聚。对比之下，2010年美国共有农场（相当于农户）220万个，平均每个农场有劳动力1.18人，实际种植面积56.8公顷。照此标准衡量，中国农村劳动力进一步转移的潜力无疑是巨大的，当然，这需要制度创新。

鉴于以上情况，似不应轻言"刘易斯拐点"将临，而是要针对存在问题采取适当的措施，如加强对农民的培训、调整产业布局、改革土地制度等，以利于充分发挥广大农民的劳动潜能，提高全民劳动生产率。

综上所述，中国农业劳动力的产业转移确是任重道远，任务艰巨，在时间上将要贯穿现代化的整个进程。在这个长期的过程中，必须始终把控制农村人口自然增长放在重要位置上。就经济发展而言，广大农村除了应通过自身的积累和国家的适当扶持努力发展壮大二、三产业，以吸纳剩余劳动力外，在第一产业内部也应不断朝着生产的广度和深度进军，以充分发掘劳动力的潜能，在这方面还有着很大的发展余

---

① 国家统计局编：《1990年人口普查数据专题分析论文集》，上卷，中国统计出版社1995年版，第673页。

地。受国情所限,我国的农业劳动生产率也许很难达到美国那样的高度,但我们在提高单位面积农用地的产出率上,可以而且完全应该向着世界先进水平前进,从中走出一条有中国特色的农业现代化道路。

二、第二产业

(一) 第二产业经济活动人口的变动趋势

产业革命以来,第二产业经济活动突飞猛进,使世界迈入了工业化时代。目前,世界上大多数国家的第二产业部门在国民经济中均占据着举足轻重的地位。它所提供的生产资料决定着一个国家生产力的技术装备水平,它所提供的生活资料在人们物质消费总量中所占的比重也不断趋于上升。第二产业部门的劳动生产率在三大产业中一般均处于领先地位,如我国 2009 年即比第一产业高 5.1 倍(1978 年高 6 倍),比第三产业高 0.3 倍(1978 年高 0.4 倍)。在发达国家中差异没有这么悬殊,但第二产业仍明显高于第一产业。因此,第二产业的发展及其占经济活动人口比重的上升,可以认为是生产力进步的一个标志。

然而,在一些经济最发达的国家中,第二产业比重在第二次世界大战前后即已达最高峰,此后转为下降。1957 年,英国成了世界上第一个第二产业经济活动人口开始绝对减少的国家。此后,美、法、日等国也相继出现了类似的情况(见图 7-4),这说明它们已进入工业化以后的新时期。

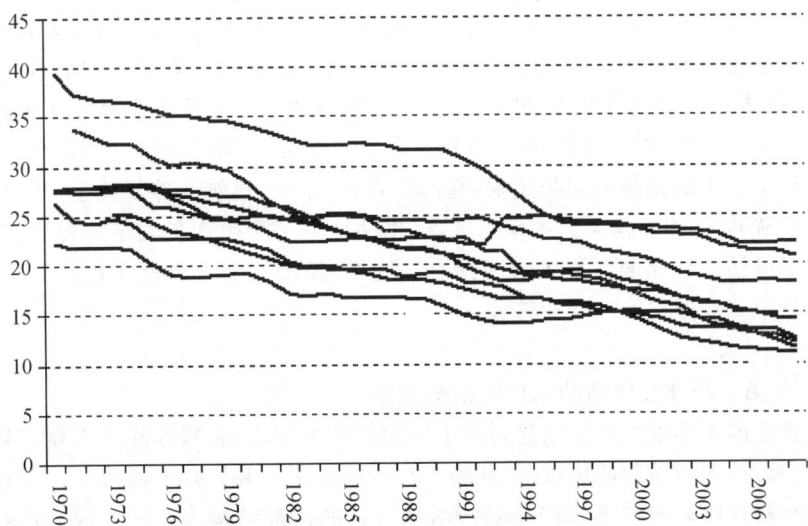

图 7-4 后工业化——美、英、德、日、法、意等十个发达国家
制造业占经济活动人口的比重持续下降 %

与英、美等国不同,世界大部分国家第二产业经济活动人口仍在继续增长,其中包括一部分工业化稍晚的发达国家,以及几乎所有的发展中国家(见表 7-9)。近二三十年来,东亚地区的高速度增长尤其引人注目。与这一过程相伴随的是世界工业重心的逐渐转移。过去一个多世纪中,美国在制造业生产规模上一直高居世界首

位,至 2011 年已退居中国之后,无疑具有里程碑的意义。

表 7 - 9　1981~2008 年间第二产业经济活动人口增长和减少的代表性国家

	减少		增长不到 1 倍		增长 1~1.5 倍	增长 1.5 倍以上
代表性国家	匈牙利 英国 瑞士 瑞典 法国	荷兰 比利时 日本 意大利 美国	斯里兰卡 巴西 以色列 韩国 新加坡	西班牙 希腊 加拿大 澳大利亚 塞浦路斯	哥斯达黎加 菲律宾 委内瑞拉 埃及 智利	中国 马来西亚 泰国

造成发达国家第二产业就业人员绝对减少的原因是多方面的。首先,科学技术和生产组织形式的变革大大提高了劳动生产率,其典型的例子就是电脑科技彻底改变了印刷业的面貌。其次,在科技革命背景下发生的工业结构调整,使不少工业部门沦为"夕阳产业",长期处于萧条甚至绝对衰减状态,职工人数因此大减,如美国 1982~2008 年间,纺织业就业人员减少了 79%,印刷业减少了 52%,基础金属冶炼及加工业、一般机器制造业减幅接近五成,采矿业也减少了 43%。其中的采矿业,由于许多国家越来越依赖从海外(主要是以澳大利亚和巴西为代表的南半球国家)进口优质矿产品,衰退尤其明显。第三,发达国家利用发展中国家劳动力廉价的条件,加速向外输出资本,其重点主要放在劳动密集型的工业部门上,并在很大程度上以相关产品的进口取代了本国的生产。如美国的纺织品、服装、鞋帽、玩具、日用杂品、自行车、钟表等即主要靠中国、墨西哥等国生产,这也在一定程度上减小了本国的第二产业比重。最后,随着经济的发展和消费水平的提高,第三产业各部门在国民经济和人们生活中的地位越来越重要,它们在农业、工业、建筑业等物质生产部门发展中所起的作用也越来越大。在发达国家,据估计每一个生产工人平均要有 1.5 个,甚至更多的辅助性或服务性人员相配合。这样,经济活动人口就不仅从第一产业,而且也从第二产业向第三产业转移。

(二)第二产业经济活动人口的结构差异

在发达国家和发展中国家这两种不同的经济类型之间,差异除了表现在第二产业占经济活动人口总数的比重上(从表 7-5 可见,这一差异并不像第一产业比重那样悬殊),而且还表现在第二产业经济活动人口的内部结构上。发达国家该结构的基本特点是:部门比例比较均衡,以资本密集或技术密集型的工业部门占优势,如各类重化工业等,机械电子工业地位尤为突出。各国之间部门结构虽有一定差异,反映出各自的经济和地理特点,但总的说来,各部门的比例关系都趋近于平均数,上下摆动的幅度不大,大体反映出工业内部的有机联系。多数发达国家由于已进入后工业化时期,采矿业和制造业比重有所回落。相比之下,电力、煤气、自来水生产和供应业,以及建筑业,显得更为突出。这显然是由于采矿业和制造业的产品可以大量用于出口,也可以大量依赖进口,而电力、煤气、自来水,以及各类建筑物却基本上只能自产自销,不进入国际贸易渠道,因而更受制于物质消费水平。近 30 年来,美国采矿业、制造业经济活动人口显著减少,建筑业却大幅增长,就清楚地反映了这一特点。

发展中国家第二产业部门结构大都比较畸形,水、电、煤气业和建筑业的比重普遍偏低,甚至很低。在城镇化水平不高,很多农民住在自己搭建的简陋房屋里,很难甚至从来不曾有过电、煤气和自来水供应的情况下,这也是必然的。在一些单一输出矿产品的国家里,采矿业畸形突出,如某些非洲国家,差不多要占到第二产业经济活动人口的半数。就制造业比重来说,不少发展中国家近一二十年增长很快,已赶上甚至超过了发达国家,但基本上都以技术含量低的劳动密集型部门为主,如食品、饮料、卷烟、纺织、服装、皮革、塑料制品等,部门结构与发达国家差别很大。如中国制造业就业人口中,增加值较低但属于优势出口部门的纺织、服装、皮革、木材加工和家具制造业合计约占 28%,而日本这些部门只不过占 8%。相反,日本的交通运输设备(汽车、火车、船舶、飞机等)制造、电气机械及器材制造、电子产品、电子零部件和集成电路制造合计约占 25%,中国则仅为 15%,这充分显示出两国就业结构之间的"落差"。

与第一、第三产业相比,第二产业经济活动人口的地理分布具有明显的集中性,也就是说,就发展空间的地理区位而言,第二产业有着较高的进入门槛。第一产业的分布是非常广泛的,地球上可以种庄稼的田地,可以放牧的草地,广达几十亿公顷,在一些人口压力大的国家,连活火山口附近以及人都难以直立的陡坡上,也种上了庄稼。第三产业是为人服务的,只要人口分布到哪里,管理部门以及商业、教育、医疗卫生等许多部门就会跟到哪里,其分布也非常广泛。而第二产业则不然,其发展需要较多的条件配合。如采矿业,最起码的要求就是地下有矿,而且要有开采价值,显然只能分布在很有限的地方。制造业的不少部门在用地、水源、能源、交通、协作、市场、劳动力等等方面都有一定的要求,有的大厂仅仅选址就是大学问。所以,第二产业中的多数部门在地理分布上都比较集中。

为了度量这种集中度,可以引入区位商这个指标。它在这里是指某区域某行业就业人员数与该区域全部行业就业人员数之比和全国该行业就业人员数与全国所有行业就业人员数之比相除所得到的商。对所有区域的区位商取标准差,就可以衡量某行业就业人员分布的集中或离散程度。其数值较大,表示分布相对集中;数值较小,表示相对离散。表 7-10 提供了中国各省区在业人口产业及行业构成区位商的标准差。从中可见,第一产业标准差很小,第三产业更小(因为没有农业的地方,只要有人,也需要第三产业),而第二产业则高得多。在第二产业中,建筑业的集中度最低,这显然与它为人修路盖房子的行业特点密切相关。在制造业中,通用机器设备制造业、纺织业、食品制造业等相对离散,烟草制品业、黑色金属冶炼及压延加工业等则相对集中,影响因素就是它们各自对生产布局条件的特殊要求。

表 7 - 10　2010 年中国各省区就业人口产业及行业构成区位商的标准差（第六次人口普查）

产业、行业	标准差	产业、行业	标准差
第一产业	**0.401**	电力燃气和水生产和供应业	0.415
第二产业	**0.495**	建筑业	0.331
采矿业	0.946	**第三产业**	**0.388**
煤炭开采和洗选业	1.461	交通运输、仓储及邮电通信业	0.409
石油和天然气开采业	1.917	批发和零售业	0.333
有色金属矿采选业	1.117	金融、保险业	0.624
制造业	0.670	房地产业	1.113
食品制造业	0.462	居民服务业	0.357
烟草制品业	0.849	教育	0.251
纺织业	1.012	卫生和社会福利业	0.323
黑色金属冶炼及压延加工业	0.891	文化、体育和娱乐业	1.021
通用机器设备制造业	0.954	科学研究和技术服务业	1.961
通信设备、计算机及其他	1.130	公共管理和社会组织	0.377

（三）中国第二产业就业人口发展概况

我国的第二产业就业人口多年来一直在持续增长，2011 年达 2.25 亿，绝对数量之大，远远超过任何国家，大约比美国多 6 倍，比日本多 11.4 倍。但我国的工业增加值不过仅与美国相当，这说明我国工业劳动生产率是很低的。2011 年，第二产业占我国就业人口的 29.5%，与解放初的 7% 和改革开放初期的 17% 有了很大的提高，目前在世界上虽明显低于以捷克、斯洛伐克为代表的一批东欧国家，但也已大致和日本、西班牙、俄罗斯的比重相当。中国在工业化发展阶段上落后于日、西等国，因此上述比重预计还将有几个百分点的上升空间，可能在 2020～2025 年前后见顶，此后将缓慢回落。在地理分布上，第二产业对一个地区的生产力水平影响很大，从下式可见，人均 GDP(y) 与就业人员中第二产业比重(x)明显相关，但相关度低于第一产业比重，主要原因就在于不同的工业部门劳动生产率差异悬殊，石油、卷烟、高端酿酒等行业的经济效益远远超过许多低端制造业。

$$y = 8\,412.3e^{0.0417x} \qquad R^2 = 0.7532$$

中国第二产业的部门结构近年变化很大，发展最快的是建筑业，制造业次之，采矿业最慢，表现出某种与发达国家类似的特点。在各省区之间，采矿业的相对比重主要取决于矿产资源条件及开发水平，故黑龙江、山西等省该比重很大，浙江、江苏等省则很小；水、电、煤气业主要取决于城镇化水平；制造业则对沿海地区有较大的倾斜。

中国制造业的部门结构明显地属于发展中国家类型,轻纺工业比重大,重化工业尤其是机械电子工业相对薄弱。在各省区之间,由于资源条件、地理区位和历史基础不同,加上国家宏观布局的影响,制造业部门结构各有侧重,总的格局是"北重南轻",如广东省纺织、服装、玩具、塑料制品等比重很大,钢铁、化工等则很小;山西、辽宁等则以重化工业占优势。

三、第三产业

(一)第三产业的重要意义

第三产业各部门经济活动的共同特点是其生产与消费同步进行,产品不具实物形态,所提供的是服务和精神产品。所以,国际上有时又把第三产业称为服务业。第三产业除提供了国民经济赖以正常运转的服务性劳动,如交通运输、邮电通信、金融保险等以外,还组织了整个社会的物质消费和文化生活。至于它所包括的国家行政、法律公安和其他管理监察职能,则更有着不言而喻的重要性。随着现代社会的发展和人们生活水平的改善,科学、文教、卫生、体育等事业地位不断提高,进一步增强了第三产业的重要性。

第三产业的规模及其在经济活动人口总数中所占的比重,受着多种因素的影响,与总的社会状况、历史的和地理的特点等都有关系,但起根本制约作用的乃是生产力发展水平。一个国家总的发展水平和劳动生产率越高,商品经济和国际交换越发达,能够从工农业等实体物质生产部门分离出来的劳动力越多,则第三产业的相对比重就越高。反之,比重就越低。从历史上看,正是由于生产力发展到一定水平,剩余产品越来越多,交换规模越来越大,才促使商业从其他经济活动中分离出来,导致了一次社会大分工。而第三产业迅速扩大,其重要性逐渐为人们所认识,还是近一两个世纪,特别是最近几十年的事,这同生产力的大发展显然是密不可分的。而反过来,它又给了物质资料生产以极大的推动作用。许多发达国家第三产业都很庞大,甚至远远超过第一、第二产业的总和,这里面虽然确有其社会制度和生活方式腐朽性、寄生性的因素在起作用,但总的说来,还是反映了现代社会经济发展的大趋势。

第一、第二产业,尤其是制造业在发达国家经济中相对比重的不断下降,被一些学者称为"产业空洞化"或"非工业化",有人对此产生忧虑,认为就业机会被发展中国家"偷"走了。其实,上述相对比重下降在很大程度上只是一种假象,国际货币基金组织(IMF)1997年发表的《世界经济展望》指出,如果用不变价格计算,30多年来,发达国家制造业的比重并没有明显变化,现在的下降主要是工业产品价格相对于服务产品价格降低的结果。对于发达国家制造业就业容量的减小,《世界经济展望》认为与发展中国家无关,这是因为发达国家增加一般产品进口的同时,高附加值产品的出口也相应增加了。与发展中国家经贸联系的扩大对发达国家就业的影响仅表现在结构上,即减少了简单劳动岗位,增加了复杂劳动岗位。

显而易见,所谓"产业空洞化"或"非工业化",是经济结构演变达到一定高度时的必然表现,其根源之一就在于实物产品的劳动生产率提高得比服务产品更快。例如,1960～1994年间,发达国家的制造业和第三产业的实际或"真实"产值基本上是同步增长的,但前者劳动生产率的增幅却比后者快1倍。由此导致两个结果:① 工业产品的成本和价格相对下降;② 制造业对劳动力的需求减少,所分离出的剩余劳动力只能向第三产业转移,这与当年农业剩余劳动力的转移是十分类似的。而社会经济生活的现代化,尤其是信息业时代和老龄化时代的来临,使人们对服务的需求不断深化扩大,客观上也为第三产业的发展提供了可能。

这里应予以强调的是,近年以美国为代表的发达国家的"产业空心化",既是经济全球化和资本逐利的结果,也与它们重利润、轻就业的经济决策和制度设计有很大关系,从而促成中低端制造业与服务业的转移和外包。近二三十年来,美、英等国制造业占雇佣总人数和GDP的比重大幅度下降,而对外国制造业的投资和制成品的外贸逆差则迅速上升,这里面显然存在着必然的因果关系。发达国家多年实施高工资、高福利政策,致使劳动成本相对高昂。2008年,美国制造业平均小时工资为17.74美元,而发展中国家一般为1～1.5美元,甚至更低,从这方面来看,那些转移出来的中低端制造业是回不去了[①],而这也正是发达国家自己的经济政策造成的。因此,无视导致"产业空心化"的种种内因,却归咎于那些接纳了资本和产业转移外包的发展中国家,无疑是十分荒谬的。

应该指出,过去有人把第三产业视为"非生产部门",起的只是"再分配"工农业产品的作用,甚至对国民经济的部门比例也仅仅归结为农、轻、重的关系,而完全无视第三产业,这些观点无疑都是片面的。只有依据实物产品与服务产品的双重产品观来区分三次产业的生产、流通、分配和消费及相应的4个领域,才能全面地、正确地反映当代经济实际。这也就是要求我们,必须认识到社会生产由物质产品和精神产品共同组成,两者缺一不可。不仅"科学技术是第一生产力",而且教育、文化、卫生、体育等也都具有无可替代的重要作用。从某种意义上讲,发展这些事业,正是一种投资较少,见效较快、较大、较持久的发展社会生产力的途径[②]。树立了这样的马克思主义的产品观、产业观和生产观,将有助于消除发展第三产业的思想障碍,抓住当前从工业社会向服务业和信息业社会过渡的历史机遇,主动地、适时地进行社会经济结构,包括劳动力配置方式的调整,以促进国民经济的协调、持续发展。

(二) 第三产业的结构差异和分布特点

如前所述,第三产业的发展主要取决于生产力水平,其内部结构与之也密切相关。在商品经济发展和工业化的初期,第三产业中的流通部门率先启动,增长较快。

---

① 世界最大的美国苹果公司的产品(iPhone、iPad等)绝大部分是通过代工、外包在成本低、效率高的外国生产的,涉及工人达70～100万。2011年2月,美国总统奥巴马问苹果创始人乔布斯:"怎样才能在美国生产iPhone?"乔布斯明确回答:"这些工作岗位回不来了。"("What would it take to make iPhones in the United States?""Those jobs aren't coming back.")见Charles Duhigg. How the U. S. Lost Out on iPhone Work. *The New York Times*, January 21, 2012.

② 美国的文化娱乐产业的规模和发达程度均高居世界首位,吸引了1 700多万人就业,占GDP的比重达到10%,每年的出口额超过庞大的航空航天业,在世界电影和电视总票房收入中独占70%和55%,在世界图书销售额中占1/3,成为体现综合国力,包括"软实力"的重要支柱。

如我国 1978～2000 年,商业从业人员猛增 3.1 倍,而文教部门增幅仅约四成。随着经济水平的提高,结构重心逐渐向为生产服务的部门以及为提高科学文化水平和居民素质服务的部门倾斜。如美国 1980～2010 年间,批发零售商业的就业人员减少 3%,交通运输邮电业增长 36%,金融保险、房地产业增长 81%,医疗保健服务业则增长 2.6 倍以上。因此,不同生产力发展水平的国家和地区之间,差异不仅表现在总的第三产业比重上,其内部结构差异也同样明显。美国平均每 1 万居民拥有的商业从业人员比中国多不到 2 倍,金融保险、卫生保健则超出达 8 倍,就说明了这一点。当然,有的问题并非简单地只和生产力水平有关,而是有其更广阔的背景。例如发展中国家的金融业占全部经济活动人口的比重通常都明显小于 1%,即使是日本,2008 年也仅为 2.6%,而美国却超过 5%,对这种现象只有四个字可以解释:金融霸权。

在地理分布上,各国的第三产业都主要集中于城市,但集中度不如第二产业那样高。这是由于许多乡村可以没有制造业,没有电力、煤气、自来水供应,但却不能没有商业和文教卫生业,尽管其水平可能非常低下。在城市中,第三产业又主要集中于大城市,这充分反映出大城市的网络枢纽或核心作用,以及流动人口多的特点。这一现象在世界上可说是概莫能外的。

从表 7-11 中可以清楚看出第三产业从业人员的相对规模从大城市到小城市再到乡村逐级递减的趋势,而且与商业、文教卫生业相比,其他第三产业部门的递减级差还要更大。科学研究、高等教育、电影电视等行业绝大部分都集中在大中型城市中,如北京市的就业人口占全国的 1.36%,而科学研究却占全国的 1/4,新闻出版业也占到 1/6。巴黎的情况更为典型:其人口占法国的 1/7,却集中了全国 1/4 的公务员,1/3 的医生,1/2 的建筑师和工程师,3/5 的文学家和艺术家,2/3 的科学家,集中度之高在大国中是罕见的,与巴黎以外的广大地区形成鲜明对照。国际上常常把这种集中过度以致头重脚轻的现象,称为"法国病"。

表 7-11　1995 年我国每 1 万居民所平均拥有的第三产业从业人员数的城乡差异

部　　门	城市(人口规模分级,万)					乡村
	＞200	100～200	50～100	20～50	＜20	
商业餐饮业	1 059.4	973.6	840.6	541.9	391.4	268.8
卫生业	104.5	106.3	86.6	51.1	23.6	20.8

第四节　经济活动人口的职业结构

一、职业分类概况

职业指从业人口所从事的工作种类,是按运用特定的工作手段(服务设施)作用于特定的劳动对象这种具体活动特征来划分的,而不考虑该活动属于哪个产业或行业。在古代,受生产力水平限制,人们的职业分工很简单。随着社会经济的发展,这种分工日趋复杂化。据估计,当今世界上的职业已多达 5 000 多种,国际上(包括中国在内)一般把它们归纳为以下几类(见表 7 - 12),其中 1~3 项通常被认为属于脑力劳动,其余则属于体力劳动。另外,有的国家还有"蓝领职业"和"白领职业"的说法。

表 7 - 12 几个国家经济活动(在业)人口的职业结构 %

	中国 2010 年	加纳 2000 年	韩国 2006 年	阿拉伯联合酋长国 2005 年	美 国		
					1900 年	1960 年	2008 年
1. 行政和管理人员	1.8	0.3	2.5	3.9	5.9	8.5	14.7
2. 专业和技术人员	6.8	7.5	19.1	18.4	4.3	11.3	20.4
3. 办事员和职员	4.3	4.3	14.2	4.0	3.0	14.9	13.1
4. 商业和服务业人员	16.2	20.6	24.1	16.4	13.6	19.2	28.2
5. 农林牧渔劳动者	48.3	49.9	7.2	1.9	37.5	6.3	0.7
6. 生产工人和运输工人	22.5	15.8	21.7	36.9	35.8	39.7	22.3
7. 其他	0.1	1.7	11.1	18.6	0	0.1	0.5

应予以注意的是,有一些人往往从事一种以上的职业,这种兼业现象在农村较为常见。我国在统计时即指明,除从事农业劳动外还从事其他职业的,按其一年中所从事时间最多的职业填写。在发达国家,兼业者也不少,美国的兼业率即达 4.9%(2010 年),其主业遍及各种职业。

二、经济活动人口职业结构的演变趋势

经济活动人口的职业与产业、行业是两种不同的概念,属于同一职业的人可以分属不同的产业、行业,但尽管如此,职业与产业仍有着密切的联系。在古代,绝大多数人都是农业劳动者。产业革命后,生产工人迅速增多。进入 20 世纪以来,与第三产业大发展相呼应,职业结构越来越向脑力劳动和商业、服务业倾斜,这一演变趋势在表 7 - 12 美国的职业结构中可以看得很清楚。

当今世界正从工业社会迅速向服务业和信息业社会转变,这一大趋势已经并将继续促成人们职业结构的巨变。仅仅在过去一两代人的时间里,人们就目睹了许多职业的衰萎消亡,同时又出现了许多新职业。例如,仅在 1983~1991 年的短短 8 年中,美国的电话安装维修人员就剧减了 74%,农业工人减少了 23%,缝纫工减少了 16%,而同期内计算机系统分析人员却猛增了 1.45 倍。专家们认为,人类的职业现在大约每 15 年更换 20%。未来二三十年中,发达国家大部分体力劳动的职业将被机器取代,自动化操作系统的采用,也将使许多辅助性脑力劳动职业失去存在的意

义,只有那些独特的、高层次的脑力劳动职业以及像教师、护士等难以完全被机器取代的职业,才能经得住新科技革命浪潮的淘汰。美国劳工统计局曾对美国2008～2018年增长最快和减少最快的职业作过一个预测(见表7-13),这十年中许多属于简单劳动的职业将继续大幅度减少,其中如纺织和漂染机械操作及维修人员预计减少45%,针织、制鞋、缝纫、电子、机械等行业的操作工,水泵工,影像处理机械的操作人员,邮局的邮件分拣处理人员,各行各业的办事员、文员等等,也将减少25%～40%。而与此同时,适应社会经济需求的变动,一些技术性、专业性的职业将继续快速增长。了解了这一点,将有助于我们认识未来人类职业的演变趋势。

表7-13　2008～2018年美国从业人员增长最快的职业(美国劳工部预测)　%

职　　业	增　幅	要　　求
生物医学工程师	72	学士学位
网络系统和数据分析师	53	学士学位
家庭保健师	50	短期在职培训
个人和家庭看护人员	46	短期在职培训
金融专家	41	学士学位
医学专家(不包括传染病专家)	40	博士学位
助理医师	39	硕士学位
护肤专家	38	高职高专
生物化学和生物物理学家	37	博士学位
体育教练	37	学士学位
理疗师	36	短期在职培训
牙科技师	36	副学士
兽医技师	36	副学士
牙医助理	36	适度的在职培训
计算机软件工程师	34	学士学位
医务助理	34	适度的在职培训
理疗师助理	33	副学士
兽医	33	一级职业学位
继续教育教师	32	有相关职业的工作经验
其他(不包括农业、建筑、卫生、保安、运输等部门)	31	长期在职培训

数据来源: http://www.bls.gov/Occupational Outlook Handbook, Overview of the 2008 - 18 Projections。

三、不同国家经济活动人口职业结构的差异

在不同生产力发展水平的国家之间,职业结构差异很悬殊。以属于脑力劳动的三大类职业为例,加纳合计只占约12%,韩国占约36%,而美国已接近一半(见表7-12)。

一般说来,目前发展中国家尚处在工业化的早、中期,职业结构的变动以从农林牧渔劳动者向生产工人和商业、服务业人员的转变为主流,有不少在发达国家中减少最快的职业,在现阶段的发展中国家却增长最快。如中国,就业结构仍属于典型的发展中国家类型。根据2011年第一季度部分城市公共就业服务机构市场供求状况分析所提供的数据,市场所需求的约九成为生产和运输设备操作工、商业和服务业人员、农林牧渔水利生产人员,以及办事人员,而专业技术人员仅占1/9,职业构成与美国大相径庭。俄罗斯媒体根据劳动力市场专家的评估选出了2011年最热门的十大职业,居首位的是高级技师,以下依次是工程师、售货员、司机、初级工、贸易代表、会计、医生和程序员,职业结构层次高于中国,但仍明显地低于美国,这也反映了两者生产力水平的差距。

很显然,作为个人,在职业选择上是有一定自由度的,但一个社会的职业结构却受制于经济、文化、科技等因素,很难跨越发展的阶段性。2010年,美国有328.4万计算机专家和数学家,230.6万建筑师和工程师,106万自然科学家和社会科学家,21.2万职业运动员、教练和裁判员,13万作家和翻译家,8.4万电影电视制片人和导演,6.4万音乐家和歌唱家,2.4万舞蹈家……没有一个庞大的、高度发达的经济基础,既不可能需要,更不可能支撑这样一种职业结构。与之相比,无论在数量上(相对的),还是质量或水平上,发展中国家的差距都是巨大的。

第八章
人口的地域分布

第一节　人口地域分布的概念与度量

一、人口地域分布的概念

人口的地域分布是人口发展过程在地理空间中的表现形式。任何人口过程和人口现象及其影响因素,不仅都属于一定的历史范畴,发生和发展有其时间上的阶段性,而且又都离不开特定的地理空间,其演变过程和组合类型均有其鲜明的地域差异。这种差异既表现于各大洲、各国之间,也表现于一个国家内部的不同地区之间(如城镇和乡村、山区和平原、南方和北方、沿海和内陆等)。随着人口过程及其影响因素的发展变化,人口的空间分布也处在不间断的演变之中,并表现出不同的特点。研究这种地域差异及其发展过程,揭示其中的规律,对制订区域人口政策、人口的合理再分布以及实现人口、资源、环境的协调持续发展起指导作用,这是人口地理学最基本的任务之一。正如苏联一位人口学家所指出的:"地域分布是有关人口的各门学科体系中一个非常重要的概念,在人口地理学中占中心地位。"[①]因此可以说,人口地理学就是专门研究人口地域分布的一门学科。

人口的地域分布是一个很广的概念,各种人口过程和人口现象的空间表现形式均可包括在内,且都有静态分布与动态分布之分,如人口再生产、人口结构、人口素质、城镇化、人口的迁移和流动、人种和民族分布等,这些内容在本书中均辟有专门章节予以研讨。而在本章中,对人口分布这个概念只作狭义的理解,即仅限于讨论人口数量的地域差异,对相关的其他人口过程,只作为影响因素,适当予以研讨。

二、人口地域分布的度量

(一) 人口密度、广狭度和接近度

人口密度指单位土地面积上的人口数量,这一概念是 1837 年爱尔兰建筑师哈奈斯最先提出来的,在人口分析中得到了很广泛的运用。设某一区域的土地面积为 S,在某时的人口数为 P,人口密度为 D,则有:

---

① [苏]瓦连捷伊著,北京经济学院人口研究室译:《马克思列宁主义人口理论》,商务印书馆 1978 年版,第 73 页。

$$D = P/S$$

其常用的计量单位为人/公顷或人/平方千米。

广狭度是人口密度的倒数,涵义是指某一区域内人均占有土地面积的大小。设广狭度为 F,则有:

$$F = 1/D = S/P$$

其常用的计量单位为公顷/人和平方米/人。

假设某一区域内人口均呈等距离分布,则以面积计量的广狭度可以转换成以距离计量的接近度。设接近度为 H,其计量单位为米,在人口呈正方形分布的假定条件下:

$$H_1 = \sqrt{F}$$

在人口呈正六边形分布的假定条件下:

$$H_2 = 1.07457\sqrt{F}$$

使用上述几个指标,可以从比较的角度简单清晰地反映出不同国家或地区之间人口分布的差异性,稀疏稠密可谓一目了然,对于分析人地关系尤为适用(见表8-1)。

表 8-1   2011 年 4 个国家人口密度等指标对比

国　　家	人口密度 D (人/平方千米)	广狭度 F (公顷/人)	接近度 H₂ (米)
孟加拉国	1 156.1	0.086	31.6
中　　国	147.8	0.677	88.4
美　　国	34.2	2.922	183.7
蒙　　古	1.8	55.484	800.4

说明:土地面积仅指陆地。

计算人口密度等指标值,所使用的土地面积中最好扣除内陆水面及永久冰雪,以便能更真实地反映人口分布状况。如我国江苏省的洪泽县,水面占总面积的80%,扣除与否对计算人口密度影响极大。

很显然,人口密度等指标提供的只是一个平均数,它掩盖了所计算范围的内部差异。事实上,任何地区的人口分布都不可能是"平均的",地理环境的差异性越大,平均人口密度就越难以反映人口分布的真实面貌。如我国的甘肃省,60多个县中人口密度最高与最低之间相差达 2 150 倍(2004 年)。在这里,全省平均人口密度实际上只是一个统计符号而已。为了在一定程度上改善这种缺陷,应力求缩小计算范围,当然这也是相对的,即使把它缩小至一个乡、镇的范围,所计算出来的人口密度仍然只是一个平均数。因此在这种情况下,重要的是根据不同的需要,选取恰当的计算范围。例如,就反映中国人口分布状况而言,以省、市、自治区计算的人口密度已具有一定的地理意义,若按市、县计算则已足够了。

就人口分布的特点而言,城镇人口与乡村人口差异极大。前者具有高度的集中性,其分布范围很小,人口密度则极高,因此基本上可以把城镇空间理解为几何学上的点,即不具有面积的涵义;后者以居住上的分散性为特点,他们广布各地,一个国家或地区的整个空间平面基本上是由他们所占据的,其人口密度则与城镇相差甚远,世界平均即相差约 30 余倍。

由于城乡人口分布的以上特点,在各国各地区城乡人口比重相差很大的情况下,单凭按总人口计算的人口密度,将很难反映人口分布的差异性。如甲、乙两个地区,人口密度相同,但前者城镇人口占 90%,乡村人口占 10%,后者则正好颠倒过来,两者人口分布的真实面貌显然是完全不同的。为了更好地反映这种差异,弥补按总人口计算人口密度之不足,可以引入农业人口密度的概念,它是指一个地区单位土地面积上的农业人口数量,不仅有地理意义,也有经济意义,有助于在更深层次上理解人口分布现象。如美国按总人口计算的人口密度与几内亚比绍、阿富汗等国相近,但美国农业人口比重不到 2%,几、阿两国却高达 60% 左右,所计算出的农业人口密度将相差几十倍。

但是,农业人口密度是以一个国家或地区的总土地面积为基数计算的,其中既包括了生产性用地,如耕地、牧场等,也包括了难以利用的土地,如高山、荒漠等,常住居民实际上只能占据其中的一部分。如果按总土地面积来计算人口密度,其分母与真实情况相比显然是夸大的。典型的如埃及,该国按总土地面积计算的人口密度为 83 人/平方千米,在各国中处于中游,但该国 96% 的土地为沙漠,99% 的人口都密集于仅占总面积 4% 的土地上,这里的人口密度高达 2 050 人/平方千米,比前一密度高出 24 倍,显然就反映人口分布而言,后者是真实的,而前者则是虚幻的。为解决上述矛盾,可引入营养密度和比较密度的概念,它们分别是一个国家和地区单位耕地面积上的人口数量和单位农用地上的人口数量。所谓农用地,包括耕地和可利用的草地牧场,后者以 3∶1 的比例折算成耕地。使用这两个指标,可以更确切地反映人口分布状况,尤其是人地关系或土地负担能力。从表 8-2 可见,埃及的人口密度超过美国仅 1 倍多,而其他几个密度则超出甚多,对比十分鲜明。

表 8-2   2011 年 5 个国家几种人口密度的对比   人/平方千米

国　别	人口密度	农业人口密度	营养密度	比较密度
孟加拉国	1 156.1	513.5	1 760.4	1 720.1
中　国	147.8	72.9	1 108.8	535.0
埃　及	82.9	22.6	2 237.4	2 237.4
美　国	34.2	0.55	189.2	127.9
澳大利亚	2.9	0.11	47.6	13.5

说明:土地面积仅指陆地。

当然,耕地和牧场除数量外还有一个质量即生产率的问题。同是 1 公顷耕地,发达地区和不发达地区,平原和山区,低纬带和高纬带,优质土壤和劣质土壤,其生产率是大不相同的。而营养密度和比较密度仅考虑了农用地的数量,而不涉及其实际的生产率,这说明两者也只具有相对的意义。只有在基本环境(主要是气候)大体类似的两个地区之间,才有较大的可比性。

在计算人口密度时,特别是作不同时期人口密度的对比时,必须重视统计区或行政区范围可能发生的变动,否则就会出现错误。如我国不少省区的省界在过去几十年中曾多次发生变化,各个城市辖区范围的变动就更大了,不注意这个问题,随意使用土地面积和人口的统计而不作调整,就会导致一系列的错误。

(二) 不均衡指数、集中指数和再分布指数

考察人口分布在地域上是相对均衡还是相对集中,可以采用不均衡指数、基尼指数或集中指数。其计算公式为:

$$U = \sqrt{\frac{\sum_{i=1}^{n} \left[\frac{\sqrt{2}}{2}(x_i - y_i) \right]^2}{n}}$$

$$G = \left(\sum_{i=1}^{n} x_i y_{i+1} \right) - \left(\sum_{i=1}^{n} x_{i+1} y_i \right)$$

$$C = \frac{1}{2} \sum_{i=1}^{n} |x_i - y_i|$$

式中,U 为不均衡指数,G 为基尼指数,C 为集中指数,n 为地域数目(行政区或统计区),x 为各地域占总人口的比重,y 为各地域占土地总面积的比重。U、G 和 C 的数值越小,表明人口分布越均衡,反之则表明人口分布越不均衡。

从表 8-3 可以看出,中国的人口分布相对于土地面积的不均衡指数多年来一直趋于下降,至 20 世纪 80 年代初降至最低,这说明人口分布逐渐走向均衡化,人口稠密区和人口稀疏区的密度差逐渐减小。进入 80 年代以后,该指数明显地止跌回升,这说明中国人口分布长期的均衡化趋势(已经延续了几千年)终于开始逆转。这是中国的社会经济形态已开始从农业社会向工业社会演进的重要标志,无疑是中国人口发展史上的一个历史性事件。

表 8-3　中国人口分布不均衡指数(相对于土地面积)

1910 年	1933 年	1953 年	1982 年	1990 年	2000 年	2010 年
3.99	3.69	3.644	3.49	3.478	3.482	3.484

相对于其他指标,也可以计算人口分布不均衡指数。例如从以下数据中可以看出,中国人口分布相对于农业总产值的不均衡指数很小,而相对于工业总产值的不

均衡指数则较大。这说明中国人口分布主要受农业生产制约,受工业生产的影响则较小。与美国相比,情况则正好相反。拿 2010 年和 1997 年相比,情况明显有所变化:中国人口分布已展现出"摆脱"农业、趋近工业的趋向,这显然也是中国社会经济形态开始发生转变的一个标志(见表 8 - 4)。

表 8 - 4　中、美、日三国人口分布不均衡指数

项　　目	中　　国				美国 2009 年	日本 2007 年
	1953 年	1982 年	1997 年	2010 年		
相对于农业产值	0.801	0.541	0.464	0.617	1.32	1.763
相对于工业产值	3.15	1.959	1.313	1.089	0.585	0.727

　　洛伦兹曲线(频率累积曲线)是一种研究人口分布状况的常用方法(见图 8 - 1),它可以用于分析区域人口分布(曲线的水平轴和垂直轴分别代表按某一标准,如人口密度,顺序排列的各地域占总人口和总土地面积的累计百分比),也可以用于分析城乡聚落人口分布(曲线的水平轴和垂直轴分别代表按不同规模等级顺序排列的城乡聚落占总个数和总人口的累计百分比)。图 8 - 1 中的对角线表示沿两轴的分布之间是完全相对应的,有相同的百分比和累计百分比,曲线到对角线的离差就是两种分布差异性的测度。曲线与对角线之间的面积占对角线一侧全部面积的比重为基尼指数 G,而曲线与对角线之间的最大距离即为集中指数 C。

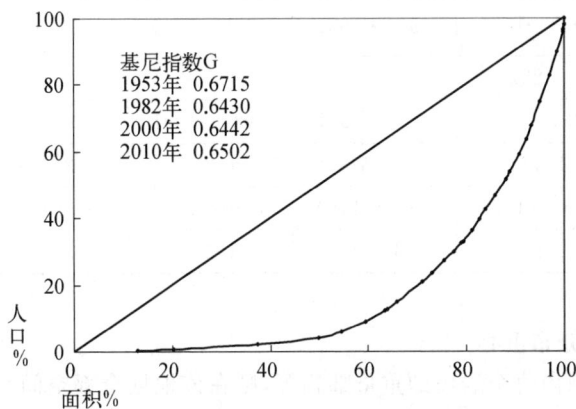

基尼指数G
1953年 0.6715
1982年 0.6430
2000年 0.6442
2010年 0.6502

图 8 - 1　2010 年中国人口分布的洛伦兹曲线(按省区计)

　　人口的地域分布是不断变化的,这一演变过程一般称为人口再分布,它可以用再分布指数 R 加以度量:

$$R = \frac{1}{2} \sum_{i=1}^{n} \mid y_{i,\,t+m} - y_{it} \mid$$

式中,n 为地域数目,y_{it} 为各地域在 t 时占总人口的比重,$y_{i,\,t+m}$ 为各地域在 $t+m$ 时(也就是 m 年后)占总人口的比重。从表 8 - 5 可见,中国在 20 世纪 50～60 年代人口

再分布相对活跃,80年代降至低水平,90年代以后随社会主义市场经济的发展又重趋活跃。

当然,人口再分布指数反映的只是不同地区人口数量的对比关系及其变动,而这种变动要受到自然增长和人口迁移流动的双重影响,即使后者为零,只要自然增长率有高有低,就会使指数发生变动,因此在观察这一变动时,应分析其主要动因。如中国1953～1964年间人口再分布指数较高,一个重要原因是三年困难时期(1959～1961年)部分省区人口严重减耗,致使各省区自然增长率的标准差急剧拉大,即从50年代的6～7(千分点)扩大至1960年的20.6,较高的人口再分布指数显然与此有密切关系。而80年代指数降至极低,原因除了当时人口迁移流动比较沉寂外,很重要的原因就是各省区自然增长率差异减小,1985年其标准差不到2.5。此后,该标准差变幅一直很小,2009年为2.6,人口再分布指数却迅速扩大,这说明这种扩大并非来自自然变动,而是由人口迁移流动的大发展造成的。

在国家之间比较人口再分布指数时,应注意各自不同的国情,包括历史和地理特点、行政区划、人口密度、城乡构成、工业化发展阶段等。美国人口再分布指数一直较高,与它建国时间短、人口密度低、地区差异大,以及经济高度发达有关,在这方面,中国、印度等历史悠久的人口大国即难以与之相比。自20世纪70年代以来,美国的人口再分布指数出现连续下降趋势,这说明它的人口分布格局已逐渐稳定,而进入后工业化社会以及人口老龄化也对此有一定的影响(见表8-5)。

表8-5　三个国家不同时期的人口再分布指数

	1953～1964	1964～1982	1982～1990	1990～2000	2000～2010
中国	3.821	3.106	1.059	2.192	2.865
	1961～1971	1971～1981	1981～1991	1991～2001	2001～2011
印度	1.473	1.116	1.278	2.063	1.707
	1960～1970	1970～1980	1980～1990	1990～2000	2000～2010
美国	2.953	4.519	4.218	3.005	2.625

(三) 人口分布重心

假设某地域内每个居民的重量都相等,则在该地域全部空间平面上力矩达到平衡的一点就是人口分布重心。这一概念是美国学者弗朗西斯·沃尔克于1874年最先提出并下了定义的。其公式为:

$$\bar{x} = \frac{\sum\limits_{i=1}^{n} p_i x_i}{\sum\limits_{i=1}^{n} p_i} \quad 和 \quad \bar{y} = \frac{\sum\limits_{i=1}^{n} p_i y_i}{\sum\limits_{i=1}^{n} p_i}$$

式中$\bar{x}$和$\bar{y}$为某地域人口分布重心的坐标,通常指经度和纬度,n为组成该地域的行政区或统计区的数目,p_i、x_i和y_i分别为这些行政区或统计区的人口数及其人口分布重心的坐标。对于较小的行政区或统计区来说,可以取其行政中心所在地的坐标作为全区的人口分布重心。

表8-6提供了按县级行政区计算的中国几个有代表性年份的人口分布重心,清楚地反映出人口分布及其演变的基本态势。2010年,该重心东距长江口780千米,西距国境最西端却达3 700千米,南距海南省三亚市1 600千米,北距黑龙江省漠河镇则为2 440千米,东西两侧的比率约为1∶4,南北约为2∶3,这反映了人口分布明显地偏向东南。在汉代,人口分布重心位于黄河流域,唐代以后则一直在江淮分水岭附近徘徊,且移动速度缓慢,2000～2010年间年均仅移动1千米。对比之下,美国同期内年均移动达3.8千米,这也从一个侧面说明,由于国情不同,中国人口分布相对凝固化。

表8-6　历年中国人口分布重心

年　　份	东　　经	北　　纬
2(西汉,元始二年)	111°23′	34°43′
742(唐,天宝元年)	113°54′	32°54′
1393(明,洪武二十六年)	116°09′	31°00′
1840(清,道光二十年)	114°00′	31°20′
1953	112°43′	32°18′
1964	114°09′	32°33′
1982	113°56′	32°27′
2000	113°39′	32°25′
2010	113°46′	32°24′

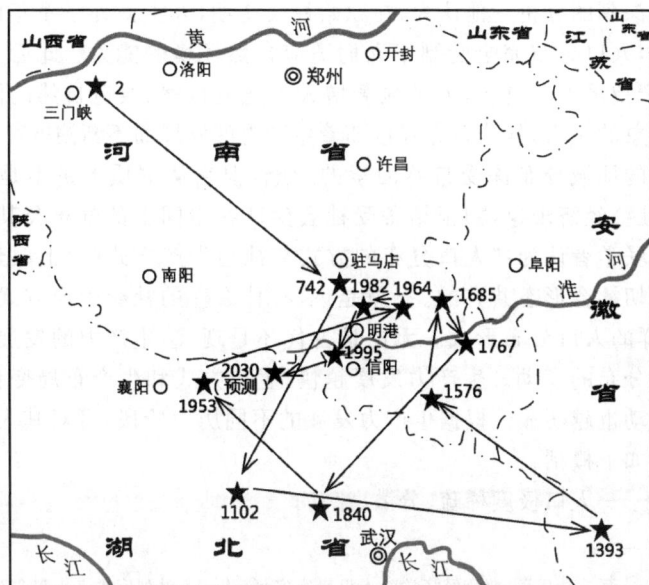

图8-2　历年中国人口分布重心的转移

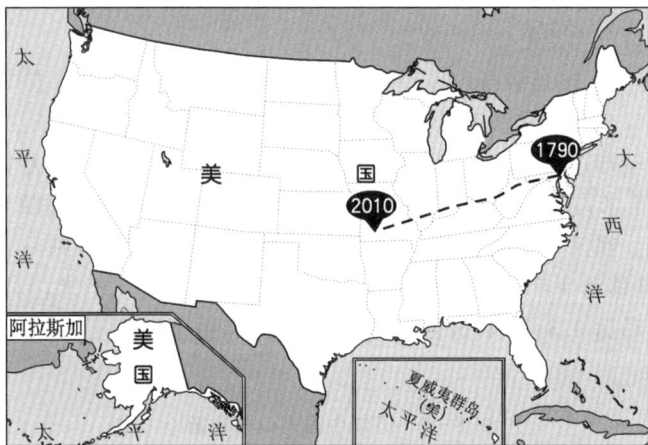

图 8-3　1790～2010 年美国人口分布重心的移动

1790 年：39°16′30″N, 76°11′12″W；2010 年：37°31′03″N, 92°10′23″W

第二节　人口地域分布的一般规律和趋向性

一、人口地域分布的一般规律

（一）人口分布主要受社会生产方式制约

在《家庭、私有制和国家的起源》一书中，恩格斯对世界人口地域分布的形成和演变过程作了深刻的分析。他认为，在原始社会初期，人类尚处于童年阶段，生产力水平极其低下，人口分布完全受制于人们适应自然环境的能力。此后，随着火的发明和使用，生产技术不断进步，人类显著增大了适应自然、改造自然的能力，逐渐成为人口分布现象的主人，其分布方式也随着生产力的发展而不断演变。

虽然人口的地域分布深受自然因素的影响，但它从本质上讲不是一种自然现象，而是一种社会经济现象，归根结蒂受社会生产在空间上的分布及其区域结构特点所制约。苏联学者认为："人口分布的方式与社会生产方式（及上层建筑）相适应这一规律是一切社会形态共有的。"①就是说，有什么样的社会生产方式及其上层建筑，就有什么样的人口分布形式。无论是古代还是现代，生产力的发展往往总要伴随着人口地域分布的变动。生产力发展越快，生产方式和生产布局变化越大，人口地域分布的变动也越明显。根据生产力发展的不同历史阶段，可对其人口分布方式和分布特点作如下概括：

史前时代——人口极度稀疏、分散、流动；

---

① 转引自[苏]瓦连捷伊著，北京经济学院人口研究室译：《马克思列宁主义人口理论》，商务印书馆1978 年版，第 75 页。

农业时代——人口定居于村落，人口密度与农业产量成正比，人口流动性微弱，分布格局变动迟缓；

工业时代——人口大量向城镇集中，工商业发达地区人口稠密，人口流动性增强，分布格局变动较快；

后工业化时代——平均人口密度趋于稳定，城乡差异缩小，人口流动性更强。

（二）人口分布是扩散和集聚的对立统一

在社会生产空间分布及其区域结构特点的制约下，人口的扩散和集聚是构成人口地域分布的对立统一的两个方面，它们共同影响着人口过程在时间和空间上的运动形态。

在产业革命以前的漫长历史时期，扩散是人口地域分布的主要运动方向。马克思主义经典作家曾经指出，在一定的生产方式下，能够提供给居民的食品数量，是一切社会的存在基础。而在产业革命以前，生产力水平非常低下，人类的经济活动十分单一，其基本内容就是从土地中获取食物（无论是采集、渔猎，还是农耕、放牧）。由于受技术因素限制，土地生产力提高得极其缓慢，[1]它迫使人们必须不断地拓展生存空间才能满足人口增长对食物的需求。因此，对土地的追求或者说粮食承载力就成了当时制约人口分布的最基本的因素，加上这一时期人类拓展经济活动的空间余地较大，从而促使人口不断朝着处女地扩散，人口分布趋于均衡化、分散化，其目的在于调节人和地，或者说人口与粮食承载力之间的比例关系。自古以来，中国人口从位于黄河中下游的国家核心区不断向周边地区扩散，从平原向山区扩散，直到19～20世纪还进行了对东北和内蒙古的大垦荒、大移民，就是上述时期人口分布特点的一个生动例证。

产业革命的发生，揭开了人类发展史的崭新篇章。新的经济结构和生产方式，不仅大大加速了人口增长速度，还从根本上逆转了人口分布的均衡化趋势，其主要运动方向由扩散转为集聚。正如恩格斯在分析大工业生产对人口分布和城市发展的作用时所指出的："人口也像资本一样地集中起来；这也是很自然的……大工业企业需要许多工人在一个建筑物里面共同劳动；这些工人必须住在近处，甚至在不大的工厂近旁，他们也会形成一个完整的村镇。""于是村镇就变成小城市，而小城市又变成大城市。"[2]随着工业和其他非农产业的发展，人口不断向不同类型的城镇聚落及其周围地区集聚，在一些主要城市附近渐渐形成了城市连绵区，甚至城市带，其单位土地面积上所集聚的人口和经济活动量均远远超过其他任何地区。经过近两个世纪的发展，目前发达国家均已经完成工业化进程，城镇人口占全国总人口的比重一般都达到70％～90％，乃至更高，而其分布范围占全国总面积的比重多不超过

---

① 我国北方地区的粮食平均单位面积产量，从春秋战国经秦、汉、隋、唐以迄宋、元，一直波动在大约600千克/公顷的低水平上，一两千年间提高极少，直至明、清才增至970千克/公顷左右。

② 恩格斯：《英国工人阶级状况》，见《马克思恩格斯全集》，2卷，人民出版社1957年版，第300～301页。

5%～10%,越是大中型城市,集聚度越高(典型的如德国和日本,见表 8 - 7,图 8 - 4),这样的人口分布特点是产业革命以前的农耕时代难以想象的。

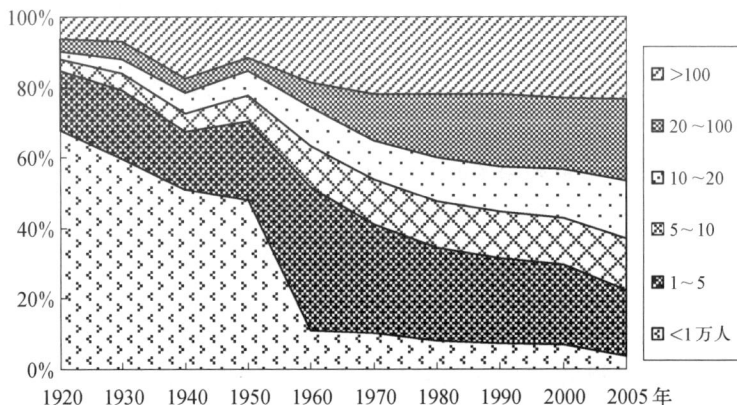

图 8 - 4 日本人口的空间集聚:不同人口规模等级的城乡聚落占总人口比重的变动

表 8 - 7 德国人口的空间集聚(2008 年)

城乡聚落规模(万人)	聚落个数	占总数(%)	合计面积(平方千米)	占总面积(%)	合计人口(万)	占总人口(%)	平均人口密度(人/平方千米)
＜ 0.01	210	1.72	4 574	1.28	1.37	0.02	3
0.01～0.02	549	4.49	3 153	0.88	8.50	0.10	27
0.02～0.05	1921	15.71	17 964	5.03	66.36	0.81	37
0.05～0.1	2 187	17.89	33 198	9.30	159.09	1.94	48
0.1～0.2	2 114	17.29	40 839	11.44	301.72	3.68	74
0.2～0.3	1 143	9.35	30 643	8.58	281.46	3.43	92
0.3～0.5	1 251	10.23	46 801	13.11	485.94	5.93	104
0.5～1	1 295	10.59	63 148	17.68	914.16	11.15	145
1～2	862	7.05	53 683	15.03	1 195.19	14.58	223
2～5	508	4.15	39 720	11.12	1 522.79	18.57	384
5～10	106	0.87	9 704	2.72	717.92	8.75	741
10～20	43	0.35	4 840	1.36	577.87	7.05	1 196
20～50	24	0.20	4 260	1.19	654.12	7.98	1 538
＞50	14	0.11	4 875	1.37	1 313.76	16.02	2 699
全国总计	12 227	100.00	357 112	100.00	8 200.25	100.00	230

近二三十年来,最发达国家已进入后工业化社会,在信息业时代的高科技背景

下,产业结构和生产布局条件发生了显著变化,在社会领域出现了人口零增长、老龄化、环保意识增强等新特点。这一切促使工业和第三产业从原先高度密集的大中型城市向外扩散,人口分布趋势亦由集聚转变为扩散和集聚并存。其扩散方向一是由大中型城市指向郊区或周边地区;二是指向小城镇和广大乡村。通过这一过程,生产布局和人口分布重新出现均衡化趋势,城乡差别缩小(如美国10万人以上城市的平均人口密度,与10万人以下的城乡聚落相比,1985年相差35倍,2010年已降至24倍),从而增大了人与自然相互关系的和谐度,这无疑是符合可持续发展原则的。

对上述过程,可作如下总结:农业社会人口分布趋于扩散,工业社会趋于集聚,后工业化社会为扩散和集聚并存。这一点从中、美两国人口集中指数的变动中可以看得很清楚(见表8-8)。20世纪70年代以前的近一百年,美国属工业社会,人口集中指数不断上升,此后进入后工业化社会,即出现下降趋势。中国在20世纪90年代以前,长期属于农业社会,人口压力沉重,人口集中指数持续下降,近20年,随着工业化的迅速推进,即转为走平。值得指出的是,表8-8中的中国人口集中指数是按31个省区计算的,如果按300多个地级(二级)行政区计算,则集中指数已经呈现上升势头,即从1990年的0.5642上升至2000年的0.5666,再升至2010年的0.5702,这说明人口分布已明显地趋于集聚。

表 8-8 中、美两国的人口集中指数

	1910 年	1953 年	1964 年	1982 年	1990 年	2000 年	2010 年
中国	0.615	0.540	0.526	0.513	0.513	0.511	0.511

	1910 年	1970 年	1980 年	1995 年
美国	0.533	0.634	0.621	0.627

说明:中国按省区计算,美国按县(3 073 个)计算,两国数据横向不可比。

美国数据来源:Larry Long and Alfred Nucci. The Hoover Index of Population Concentration:A Correction and Update, *The Professional Geographer*,1997,49(4):431-440。

(三)人口分布对生产力发展的反作用

人口分布主要受生产力水平的影响,而反过来,作为一种社会经济现象,它又是影响生产力发展和生产布局特点的一个重要因素。当人口的数量、素质和结构同一个地区的自然资源状况相适应时,在一定的历史条件下将对生产力的发展起促进作用。相反,人口数量过多或过少,均将延缓生产力的发展。人口数量同自然资源状况和生产布局新形势的不相适应,是导致人口再分布的基本原因。人口分布发生变动以后,又将为生产力的发展及其区域结构的变化带来新的推动力。因此,衡量一个地区人口分布是否合理,人口数量是否适当,应该看其人口资源和自然资源在一定的生产力条件下,是否得到了最佳结合。所谓最佳,一是指两种资源都得到了合理的开发利用,并产生出良好的社会经济效益,二是指生态系统得以保持可供永续利用的良性循环。

人口地域分布除取决于社会生产方式及其上层建筑的特点外,与自然条件和其他社会、历史因素也密切相关。这些因素一方面通过影响生产力水平和产业结构对人口分布间接起作用,另一方面又通过影响人的机体、消费习惯、生活方式和社会意识对人口分布直接起作用。因此,作为社会经济现象,人口分布并非单纯处于被动从属地位,而是有其自身特殊的发展运动规律。人口分布在演变过程中所具有的巨大的惰性,就是这种特殊性的表现形式之一,这同人口再生产过程中所具有的惯性是相类似的。就是说,它虽然归根结蒂要受社会生产方式及其上层建筑的特点的制约,但它又往往明显落后于生产力的发展和生产布局的改变。由社会和政治原因造成的某些人口分布的变化,甚至会同生产力的发展及生产布局的改善背道而驰。在封建社会和资本主义社会,人口分布状况的变化,对有关地区的居民本身来说,一般都是被动的、被迫的,甚至是一个痛苦的过程。在社会主义社会,对人口运动规律的认识和掌握,尤其是社会总体利益同社会成员个人利益在本质上的一致性,使上述情况发生了很大的变化。但即使在社会主义社会,实现人口的再分布,使之与自然资源的赋存和生产发展区位在一定的经济条件下尽可能地相适应,也是一项牵涉面很广的,既艰巨又细致的工作。

任何一个时期的人口地域分布,除受制于人口的自然变动外,还从人口的迁移流动中得到塑造。前者是普遍的和经常起作用的因素,但影响比较迟缓。后者相比而言较具时间性和地区性,其影响往往显得更为活跃。对许多新开发的地区来说,移民是影响人口分布的主要因素。

二、人口地域分布的趋向性

观察世界人口地域分布形成和演变的过程,可以发现它在地理上具有几个显著的趋向性。

1. 趋向暖湿地区

人口分布有对于温暖湿润气候的趋向性。人类起源于旧大陆的热带、亚热带森林地区,经过漫长的历史时期,人口分布虽已扩散到六大洲的几乎每一个角落,但温带、亚热带以及热带的部分地区集中了世界人口的绝大部分,寒带和干燥区人口则远为稀少,一些过热过湿的热带地区人口也相对稀疏,这一分布格局始终没有大的变化。

2. 趋向低平地区

人口分布有对于低平地势的趋向性。虽然目前永久性居民点已达到海拔5 500米高程(我国西藏),最高的城市也达到海拔4 090米(玻利维亚的波托西),但大量的人口还是高度集中在比较低平的地区。据估计,海拔100米以下的陆地占总面积(不包括永久冰盖)的15.6%,居住在这里的人口却占全世界33.5%;在海拔100~1 000米之间居住的人口占世界55%,人口密度为100米以下区域之四成;1 000米以上人口占11.5%,人口密度仅为100米以下区域的1/4(见图8-5)。世界陆地面积海拔高程的中位数为 408 米,而人口分布海拔高程的中位数仅为 194 米,也充分显示出人口主要分布在比较低平的地区。

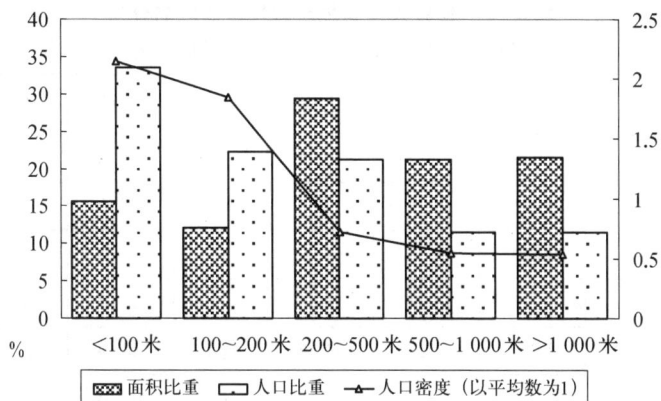

图 8-5 世界不同海拔高程带的人口分布

3. 趋向岸边

人口分布有对于河流与海岸位置的趋向性。五六千年前,人类最古老的文明就是沿着尼罗河、印度河和黄河等几条大河兴起的。此后,人口沿河集中分布始终是人口地理中的一个显著特点。产业革命以来,世界进入了工业化时代,海岸位置对人口分布的吸引力日趋增强,距海岸 200 千米、占地球陆地总面积 30% 的范围内,1850 年集中了世界人口的 49%,至 20 世纪 90 年代已达 51%。与内地相比,沿海地区地势低平,气候温和湿润,水源充沛,尤其是交通运输和对外贸易条件优越,这些显然都对生产力发展有利。

图 8-6 和表 8-9 分别反映了世界人口分布与距离河流、海洋远近的关系,人口

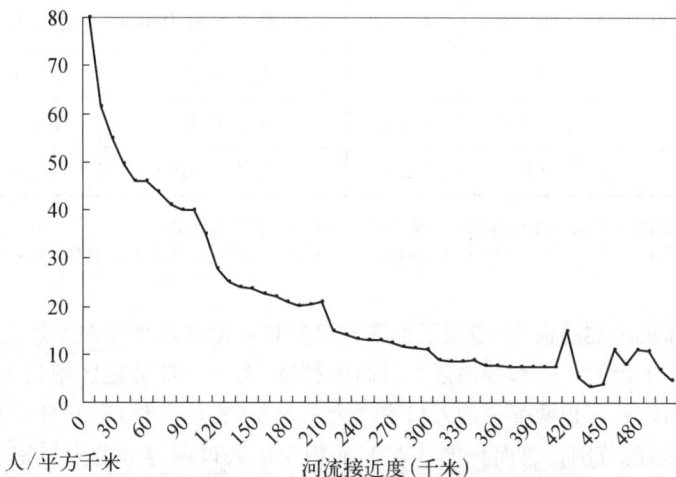

图 8-6 世界人口分布密度与河流接近度相关图

数据来源: Christopher Smal. Continental Physiography, Climate, and the Global Distribution of Human Population, *Current Anthropology*. 2004,45(2):61-64。

密度几乎与接近度完全成反比例。世界近海区域的平均人口密度比远海区域高 3.5 倍,而经济密度更高出 8.5 倍,对比确实非常鲜明。

表 8-9 世界人口和生产力按自然区的分布

(上:以世界总数为 100;中:以世界平均数为 100)

		合计	近海	远海		合计	近海	远海
土地面积	热带	19.9	5.5	14.4	高原	7.3	0.4	6.9
人口	热带	40.3	21.8	18.5	高原	6.8	0.9	5.9
GNP	热带	17.4	10.5	6.9	高原	5.3	0.9	4.4
土地面积	沙漠	29.6	3.0	26.6	温带	39.2	8.4	30.9
人口	沙漠	18.0	4.4	13.6	温带	34.9	22.8	12.1
GNP	沙漠	10.1	3.2	6.8	温带	67.2	52.9	14.3

		合计	近海	远海		合计	近海	远海
人口密度	热带	202.5	396.4	128.5	高原	93.2	225.0	85.5
经济密度	热带	87.4	190.9	47.9	高原	72.6	225.0	63.8
人均 GNP	热带	43.2	48.2	37.3	高原	77.9	100.0	74.6
人口密度	沙漠	60.8	146.7	51.1	温带	89.0	271.4	39.2
经济密度	沙漠	34.1	106.7	25.6	温带	171.4	629.8	46.3
人均 GNP	沙漠	56.1	72.7	50.0	温带	192.6	232.0	118.2

以世界总数为 100	近海	远海	以世界平均数为 100	近海	远海
土地面积	17.3	78.8	人口密度	288.4	63.6
人口	49.9	50.1	经济密度	390.2	41.1
GNP	67.5	32.4	人均 GNP	135.3	64.7

说明:近海指距海洋或可通行海船的水道 100 千米以内,余即为远海。

数据来源:Jeffrey D Sachs. The Geography of Poverty and Wealth, *Scientific American*. 2001,284(3):71-75。

人口分布的上述趋向性,造成了世界人口分布无论在水平方向上还是在垂直方向上都是非常不平衡的。一部分地区人口高度稠密,而另一部分地区则远为稀疏。把全世界可居住陆地总面积两等分的人口密度为 4.3 人/平方千米(1990 年数据,其中小于 1 人/平方千米的范围占总面积的 37%),而把全部人口两等分的人口密度为 262 人/平方千米,两者相差十分悬殊。全世界 5% 的人口分散居住在 75% 的土地上,其平均密度为 2.8 人/平方千米;相反,半数人口集中在只占总面积不足 3% 的狭小范围内,其平均密度超过 500 人/平方千米。这就充分显示了世界人口分布的不平衡。

第三节　世界人口和中国人口分布大势

一、世界人口分布大势

(一)人口在地球上的分布过程

现在一般认为,人类在地理上起源于非洲以及亚欧大陆南部的广大地区,其面积共约 1 700 万平方千米,占三大洲总面积的 1/5。人类在原始状态下度过了二三百万年的漫长岁月,虽然他们生产力的发展和人口的增殖都极其缓慢,但活动范围仍逐渐有所扩大。火的发明和使用,给人类提供了御寒和熟食的条件,对扩展人口分布空间起了极大的作用。正如恩格斯所指出的,从此"人们便不受气候和地域的限制了;他们沿着河流和海岸,甚至在蒙昧状态中也可以散布在大部分地面上了。"[①]到距今 10 万～4 万年的旧石器时代中期,人口分布区域已达 4 750 万平方千米,占三大洲总面积的 55%。

距今 7 万～1 万年前,地球上经历了最后一次大规模的冰川活动,这时的海平面远比目前为低(大约低 100～130 米),浅海大陆架差不多全都出露在海面以上,除南极洲外,其他各个大陆均有陆桥相连,从而为人类从旧大陆向新大陆的迁移提供了有利条件。而此时的人类,经过长期的发展,渔猎采集已达到了较高的技术水平,加上人口增多,有必要也有可能去开拓新的生存空间。在这样的背景下,开始了人类历史上具有重大意义的一次人口大扩散。

公元前 4 万年前后,居住在亚洲的一部分人类经西伯利亚越过白令海峡陆桥,首次出现于阿拉斯加,随后不断扩散南下,到公元前大约 1 万年时,已到达美洲大陆最南端的火地岛。另一个重要的人口扩散方向由东南亚指向大洋洲,公元前 2.5 万年前后,人类首次到达澳大利亚,大约 1 000 年后又出现于世界第二大岛新几内亚岛。此后他们继续向南向东推进,到公元前 1 万年时,已纵贯澳大利亚到达塔斯马尼亚岛。在上述扩散进行期间,地球上的冰川逐渐向两极退缩,露出了成百万平方千米的土地,为人口分布提供了新的广阔空间。公元前 1 万年时,人类基本上占据了六大洲大陆上的绝大部分土地。

大约从公元前 3 000 年起,随着生产力,特别是航海技术的发展,在海上又开始了新的一轮人口扩散。首先是从目前印度尼西亚各岛向菲律宾群岛、所罗门群岛和密克罗尼西亚群岛扩散。公元前 1 000 年,推进到斐济群岛和新喀里多尼亚岛。到纪元开始时,人类已占据了萨摩亚、社会、马克萨斯等太平洋中部各群岛。随后,从这里又逐渐扩散到波利尼西亚三角形的三个顶点——新西兰、夏威夷群岛和复活节岛。到公元 750 年,人类在太平洋上的扩散已大体完成。公元前 5 世纪前后,最初的

---

①　恩格斯:《家庭、私有制和国家的起源》,见《马克思恩格斯选集》,4 卷,人民出版社 1966 年版,第 17 页。

移民从亚洲东南部斜穿印度洋到达马达加斯加岛。纪元初年,一些北欧移民又登上了冰岛的海岸。这样,人类在地球上持续数万年之久的大扩散即告尾声。

14～16世纪的所谓"地理大发现"实际上只是针对欧洲人而言的。对人类的发展来说,真正的地理大发现在达·伽马、麦哲伦、哥伦布等伟大的航海家之前很久就已经完成了。

地理大发现和产业革命以来,世界生产力突飞猛进,人口分布面貌由此亦发生了巨变。这一变化首先表现于新大陆的开发。2011年与18世纪初相比,新大陆占世界人口的比重已由2.5%猛增到14.1%。在各大洲内部,人类在短短几百年中开垦出比以往一切时代还要更多的耕地。随着新的资源的开发,在历来人迹罕至的沙漠、丛林、高山和苔原地带出现了一批又一批新兴的居民点。人类还从来没像现在这样充分地占据着地球陆地表面,即使是南极洲,也已有了几千居民[①]。

人口分布的另一个巨大变化表现在城镇化的大发展。数以亿计的人群源源不断地从广阔的乡村汇集到空间远为狭小的城镇中来。目前,全世界所有城镇居民点的总面积仅占地球陆地的3%,却集中了总人口的过半数,大量人口如此密集于"点"上,这样的事在过去还从来不曾有过。

(二)主要的人口稠密区和稀疏区

尽管世界人口分布范围已比过去广泛得多,但正如前文中已指出的,世界人口分布仍然极不平衡。在世界人口分布图(见图8-7)上,最引人注目的有四大人口稠密区:

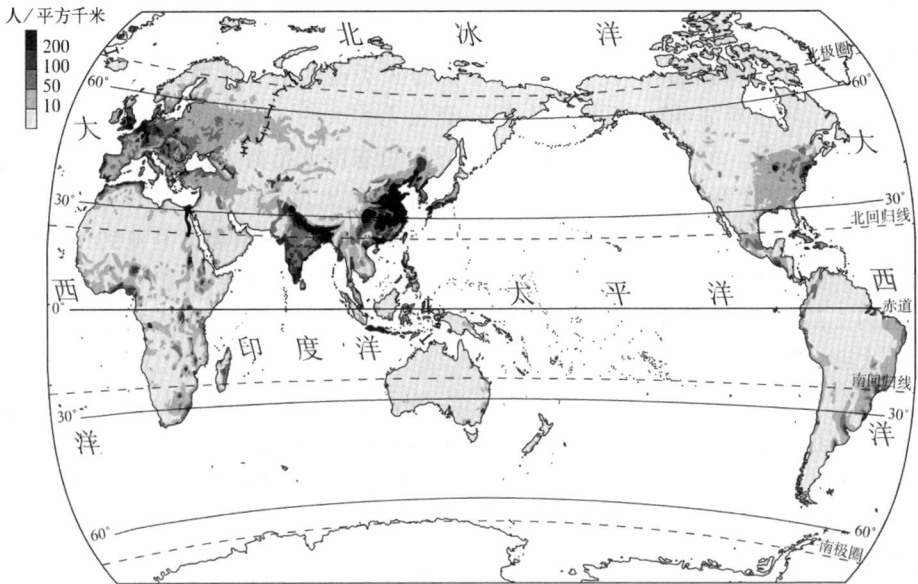

图8-7 世界人口分布图

---

① 南极洲人口均为科学考察人员。2008～2009年度的夏季峰值为4 490人,冬季为1 106人。占比最大的依次是美国、阿根廷、俄罗斯和智利,中国约占2%～3%。

1．亚洲东部

本区包括我国东南半壁（黑河—腾冲一线以东）、朝鲜半岛、日本和越南北方。总面积占地球陆地的 4％，人口却占 23％。区内各地的人口密度差不多全超过 60 人/平方千米，大部分则超过 200 人/平方千米，其中黄河下游平原、长江中下游平原、四川盆地、珠江三角洲、台湾岛西半部、朝鲜半岛南部、红河三角洲以及日本太平洋沿岸人口密度均在 300～350 人/平方千米以上，进入了世界上人口最稠密地区的行列。

2．南亚

本区包括印度、孟加拉国和斯里兰卡，以及巴基斯坦东半部和尼泊尔南部。其面积占地球陆地的 2.7％，人口却占 22％，平均人口密度超过 450 人/平方千米，比亚洲东部高 1/5，在四大人口稠密区中是最高的。由于其人口增长快，预计人口密度与其他几个区的差距还将不断扩大。区内的恒河平原和印度河中下游平原一向以人口高度稠密而闻名于世，人口密度普遍在 600 人/平方千米以上。此外，印度半岛的沿海地带和斯里兰卡西南部人口也很密集。

3．欧洲

本地区的人口密度在世界各大洲中一向显著领先，北纬 60°以南人口尤为稠密，这里的人口密度一般均高于 50 人/平方千米，大部分则高于 100 人/平方千米，虽不如亚洲南部和东部，但在世界上仍然是比较突出的。欧洲人口最为密集的地区呈带状横亘于整个中部，它西起英国中南部，经法国北部、比荷卢三国、德国、捷克、波兰、乌克兰直至俄罗斯的伏尔加河流域，这一地带工业高度发达，城镇绵密相连，是世界工业的主轴之一。欧洲其他部分平原不多，有一定规模的人口稠密区多限于波河、多瑙河、罗讷河、加龙河等河流的沿岸平原。此外，滨海地带人口也较多。

4．北美洲东部

本区包括美国东半部（西迄落基山麓）和加拿大东南角。其面积占地球陆地的 3％，人口占 4％。本区的平均人口密度约 50 人/平方千米，大部分地区仅为 20～40 人/平方千米，与前三个人口稠密区相比有明显差距。但这种属于中等以上的人口密度在区内基本上是不间断地连续分布的，其范围之广使它可以同前三个区并列。区内人口最密集的地带横亘于五大湖沿岸直至美国东北部，这里是世界上又一个巨大的工业—城镇集群，人口密度与西欧相近。

以上四大人口稠密区基本上都位于北半球的中纬度地带，一般都具有温暖湿润、地势低平、多大河、近海的特点，发展生产力的条件优越。这些地区不仅人口稠密，经济总量在世界上也占据极大比重。四大区合计占地球陆地总面积的 1/7，却集中了总人口的将近 2/3。

除上述四大区外，世界上较小范围的人口稠密区也不少，较突出的有西亚地中海沿岸、西北非沿海、非洲西部沿海、加勒比海地区、南美洲东南部以及澳大利亚东南部等。其中特别应予以强调的人口高度稠密区有两处：一是印度尼西亚的爪哇岛，其面积为 12.6 万平方千米，密集着几十座巨大的火山，人口竟高达 1.38 亿（2011年），平均密度已接近 1 100 人/平方千米；另一个是埃及境内的尼罗河谷地，其面积仅约为 4 万平方千米，却集中了全国将近 99％的人口，平均密度接近 2 000 人/平方千米。

世界上人口特别稀疏的地区范围也很广。在寒带主要有俄罗斯的西伯利亚、美国的阿拉斯加、阿根廷的巴塔哥尼亚以及加拿大的大部分地区，至于格陵兰岛就更不必说了；在热带有南美洲的亚马孙平原、非洲的刚果盆地和世界第二大岛新几内亚岛；在亚热带和温带则包括了世界上绝大部分的沙漠和干旱草原。此外，我国的青藏高原由于地势特别高峻，也是一个突出的人口稀疏区。以上这些地区的平均人口密度都只有 1 人/平方千米左右。

从国家来看，人口密度相差甚至更为悬殊。2011 年，全世界人口密度最高的国家是欧洲袖珍小国摩纳哥，高达 18 174.8 人/平方千米（土地面积中不包括内陆水面，下同），居第二位的新加坡为 7 276.4 人/平方千米。在土地面积大于 1 000 平方千米的 180 个国家和地区中，孟加拉国以 1 156.1 人/平方千米的高密度显著领先。此外，毛里求斯、韩国、荷兰、卢旺达、印度、黎巴嫩等也是突出的人口稠密国家。除南极洲外，世界上人口最稀少的地区当首推格陵兰岛，2011 年，其人口密度仅为 0.027 人/平方千米，扣除冰川覆盖面积，亦只有 0.138 人/平方千米。此外，蒙古、纳米比亚、澳大利亚、冰岛、毛里塔尼亚的人口密度也低至 1.8 人/平方千米～3.5 人/平方千米。

据统计，2011 年全世界人口密度不到 10 人/平方千米的国家和地区有 22 个，10 人/平方千米～50 人/平方千米的有 58 个，50 人/平方千米～100 人/平方千米的为 46 个，100 人/平方千米～250 人/平方千米的为 52 个，250 人/平方千米～500 人/平方千米的为 32 个，超过 500 人/平方千米的有 14 个，可见世界各国各地区人口分布状况的差异确是非常悬殊的。

二、中国人口分布大势

（一）中国人口分布特点

中国历史悠久，人口总量庞大，其人口分布受自然条件和多种社会经济因素的影响，具有一系列鲜明的特点。

（1）各地区人口分布极不平衡。东南半壁地势平缓，气候暖湿，人口高度密集；西北半壁地势高峻，气候干冷，人口远为稀疏。若从黑龙江省的黑河向云南省的腾冲划一直线，其东南半壁占国土总面积不足一半，却集中了全国人口和经济产出的绝大部分，按单位土地面积计算的人口密度比西北半壁超出 19.3 倍（2000 年），经济密度和粮食密度更分别超出 28.2 倍和 19.9 倍。而按人口平均计算的经济产出和粮食产量，东南半壁也显著超过西北半壁（见表 8 - 10）。

表 8 - 10　中国两大区域占土地、人口和经济产出的比重　　　　　　　　%

区域	土地面积	2000 年 GDP	第一产业	第二产业	第三产业	2000 年粮食	人口		
							1953	1982	2000
西北半壁	56.7	4.3	5.8	3.9	4.2	5.9	4.4	6.1	6.1
东南半壁	43.3	95.7	94.2	96.1	95.8	94.1	95.6	94.0	93.9

在东南一侧,以江河沿岸冲积平原和沿海平原人口最为稠密,如珠江三角洲人口密度超过1 000人/平方千米,长江下游和杭州湾沿岸平原超过900人/平方千米,黄淮海平原和四川盆地也达到600~700人/平方千米;在西北半壁,人口主要集中于河谷地带和绿洲,大面积上人口均极度稀少,其中以藏北高原和塔克拉玛干沙漠为主的无人区占了全国总面积的1/10。此外,帕米尔高原、阿拉善高原、呼伦贝尔高原以及青藏高原的大部分地区,人口密度亦仅在1人/平方千米左右。

表8-11提供了1936年和2000年中国不同人口密度等级占总面积和总人口的比重,它充分反映出中国人口分布的极端不平衡。如2000年,600人/平方千米以上的高密度区占全国总面积不到5%,却集中了总人口的将近2/5。相反,1人/平方千米以下的极度稀疏区占总面积接近1/5,人口比重仅为0.05%。又如,600人/平方千米以上的区域占江苏省总面积的60%,而1人/平方千米以下的区域在西藏也占了60%……这些无疑将有助于加深人们对中国人口分布特点的认识。拿2000年与1936年相对比,高密度区无论占总面积还是总人口的比重均大幅上升,低密度区则显著下降(见表8-11),这说明中国国土空间已愈来愈充分地为人所占据。2 000年前司马迁曾用"地广人稀"[①]四个字形容整个长江中下游地区,而现在,即使在边疆,这样的地区也愈来愈少了。

表8-11　中国按人口密度的分级(人口/面积)　　　　%

年 份 ＼ 人/平方千米	——1——	5——	15——	50——	100——	200——	400——	600——
1936	0.4 / 33.9	1.3 / 21.7	1.6 / 7.3	8.0 / 12.0	15.8 / 10.3	21.9 / 7.5	36.8 / 6.3	8.1 / 0.8	6.1 / 0.2
2000	0.05 / 19.4	0.4 / 16.6	0.8 / 12.6	2.4 / 10.3	5.2 / 9.1	14.7 / 13.1	20.3 / 9.3	17.8 / 4.8	38.3 / 4.9

(2) 人口分布明显地趋向于沿海,越往内地,人口越稀少。2000年,距海岸200千米范围内的平均人口密度为474人/平方千米,200~500千米范围内为238人/平方千米,下降了整整一半,500~1 000千米范围内为164人/平方千米,下降近2/3,1 000千米以上的仅为23人/平方千米。

新中国建立后,为改善生产布局状况,推动了由沿海向内地边疆的人口再分布,沿海12个省区占全国总人口的比重由1953年的42.8%降至1978年的41.0%。此后,在改革开放的大潮下,沿海省区经济飞速发展,尽管其人口自然增长率较低,占全国总人口的比重还是出现了明显的止跌回升的势头,2000年已达42.4%,2010年进一步升至44.7%。这充分表明与前一时期相比,中国人口再分布在方向上已发生重大逆转。

(3) 人口主要分布于较为低平的地区,人口密度与地面海拔高程呈密切的负相

---

① 《史记·货殖列传》。

关。2000年，海拔100米以下地区集中了全国人口的43％，100～500米为31％，500～2 000米为23％，2 000米以上仅为3.5％。100米以下人口密度高达557人/平方千米，3 000米以上仅为1.8人/平方千米，相差300余倍。但中国人口分布的最低高程并不是沿海，而恰恰在地处亚欧大陆核心的新疆吐鲁番盆地，其中居住在海平面高程以下的约十余万人。中国（也是世界）人口垂直分布的最上限在喜马拉雅山北坡和唐古拉山南坡，共有约2万人定居在海拔5 000～5 200米的高程上，而季节性人口分布（放牧）的上限更达到5 500米。

2010年，中国（含台湾、香港和澳门）的平均人口密度为143人/平方千米，比世界平均数高2倍，或者说，人均占有的国土陆地面积仅及世界平均数的1/3。在各省区中，大部分人口密度都很高，除直辖市外，江苏省以767人/平方千米居首位，山东省为611人/平方千米，广东省为586人/平方千米，河南省为563人/平方千米，均超过世界上绝大多数国家，这些都说明中国确是一个人多地少的国家。中国人口密度最低的省区是西藏，仅为2.4人/平方千米，与江苏省相差313倍。

（二）制约中国人口分布特点的主要因素

以上省区人口密度的鲜明对比，综合反映出中国自然条件、生产力发展水平和经济结构类型的地区差异，以地形、气候为主的自然条件在其中显然起了基本的制约作用。对各省区人口密度及与之有联系的多种自然、社会和经济因素的相关分析表明，这一密度与海拔100米以下占总面积比重的线性相关系数高达0.91；与单位国土面积上的GDP和粮食产量的线性相关系数分别为0.99和0.88；与垦殖指数的线性相关系数为0.75；与海拔500米以上占总面积比重的线性相关系数为-0.76。根据在0.05检测水平下，显著相关的临界值为相关系数大于0.355，在0.01水平下，相应的相关系数应大于0.456的标准，上述各因子与人口密度均达到高度相关。事实上，所有这些因子所综合反映的乃是一个地区供养人口的承载力，其中最重要的是粮食承载力。很明显，中国现阶段的人口分布模式还处在工业化的初级阶段，它的基本特点同以往的农耕时代相比并没有本质的区别。以粮食承载力为研判标准来观察中国人口分布现象，对于其中存在的一些主要区域差异就容易理解了。

1995年，中国生产谷物、油料、糖、肉类、水产品等食物共5.7亿余吨，人均470千克，除直辖市外，大部分省区都在这平均数上下10％的范围内，明显超出的只有国家重要商品粮基地吉林省和黑龙江省，超出全国平均数的幅度也仅在70％左右（美国主要产粮州人均产量要超过全国平均数的几倍）；明显偏低的为贵州、青海、甘肃等省，低于全国平均数约25％～30％，也不是很悬殊。这就表明食物生产能力对于中国人口分布确实起着主要的制约作用，而这种生产能力又是多种自然的和经济的因素的一个综合性反映。它同时也说明，观察人口分布现象，判断其稀疏或稠密，不能离开食物生产能力这个基本前提条件。例如，江苏省和山东省的人口密度大大高于贵州、青海、甘肃等省，但人均食物产量也明显超出，从这个角度看，贵州、青海、甘肃等省反而是人口过于稠密了。近十余年来，在工业化、全球化和人们物质消费水平大幅度提高的背景下，上述长期存在的特点发生了一定程度的变化，人口分布已呈现出脱离农业、趋向工商业的趋势,食物生产对人口分布的制约作用有所减弱,人口大量迁入的广东、浙江、福建、北京、上海等省市食物生产的缺口迅速扩大,除了依赖作用更趋突出的黑龙江、吉林、内蒙古等商品粮基地补充外,对进口食物的需求也显著增大,其中大豆从 1994 年全国净出口 78 万吨急速逆转至 2009 年的净进口 4 220 万吨(占世界总贸易量的 55%),同期内植物油也从净出口 27 万吨逆转为净进口 805 万吨。这种变化当然有其必然性和合理性,但中国是个十几亿人口的大国,在思考社会经济发展包括人口分布等问题时,对于一些基本条件的制约,仍然应予以重视。

一段时期以来,人们经常谈论生产力和人口的"合理布局"和"平衡分布",这是不错的,但也要对远景和现实、理想和可能加以区分。一方面从合理利用自然资源、充分发挥区位优势的角度看,中国人口分布的确存在着不平衡的现象,应该在发展的过程中逐步加以改善。在解决中国人口问题的过程中,除了数量、素质、结构以外,也必须重视人口分布问题。而另一方面也要看到,中国人口分布同它基本的物质前提之间,又长期保持着一种相对的平衡。它之所以会形成这样的分布特点,是有根据的,并不是什么人随心所欲地造成的。总之,人口分布离不开一定的物质前提,改善人口分布也必须要创造一定的物质前提,归根结蒂都要同自然生态条件、生产力发展水平以及生产布局特点相适应。

虽然中国现阶段的人口分布模式尚未从根本上脱离以往农耕时代的特点,但新中国建立后,特别是实行改革开放以来,其变化还是不小的。各省区之间在人口规模和人口密度的对比上出现了一些新的特点,这种变化除了来自人口自然增长率的差异外,还受到人口迁移的广泛影响。

从 20 世纪 50 年代到 70 年代,为了加强边疆和内地的经济、文化建设,全国进行了一系列颇具规模的人口迁移,促使有关省区出现了历史上从未有过的人口高速增长。如 1953～1982 年间,黑龙江人口猛增 1.75 倍,新疆、宁夏、内蒙古增长 1.5～1.7 倍,青海也达到 1.3 倍,这 5 个省区占全国总人口的比重由 4.7% 提高到 7.2%。而对比之下,上海仅增长 0.3 倍,山东 0.5 倍,天津、江苏、安徽、湖南也仅在 0.6 倍左右,这 6 个省区占全国总人口的比重由 28.4% 降至 25.6%。人口分布的这种变化对改善生产布局、开发自然资源以及建设边疆、巩固国防,都发挥了显著的促进作用。

进入 80～90 年代以来,在改革开放的大背景下,中国的人口迁移方向发生了历史性的重大逆转,即从前一时期的由沿海指向内地和边疆转变为由边疆和内地指向沿海,从而造成一部分省区人口增长率大幅度降低。典型的如黑龙江,1953～1982 年间增幅在全国 31 个省区中高居首位,1982～2010 年却退居第 29 位,同期内蒙古由第 3 位退居第 20 位,吉林由第 7 位退居第 24 位,新疆、青海的序位也下降了。与此形成鲜明对照的是一些沿海省区序位显著上升,最突出的是北京由第 16 位升至第 1 位,上海由第 31 位升至第 3 位,河北由第 27 位升至第 14 位。这一重大转变导致不少沿海省区占全国总人口的比重,在经历了长时期的下降以后止跌回升。相反,在北部边疆,黑龙江、内蒙古和吉林占全国总人口的比重引人注目地下降了,这样的情况在它们的近现代人口发展史上还从未出现过。

在实行改革开放以前,中国人口分布总的说来一直都朝着均衡化的方向演变,就是说,以往的人口稀疏区人口发展较快,稠密区则较慢,各地区的人口密度逐渐趋向于全国平均数。但近十余年来的新变化,逆转了上述均衡化趋势,人口分布明显地转向集聚,这一变化在前述基尼指数、人口集中指数中均可得到明证。

表8-12根据第四、第五、第六三次人口普查的数据,将全国300多个二级行政区按人口增长率分级,从中可见,1990～2000年间,全国总人口增长11.7%,却有一部分地区人口减少,其土地面积占全国的7.7%,人口占9.5%,这初步显示出向心集聚的势头。2000～2010年间,全国总人口增长5.8%,而人口减少地区占土地面积的比重升至20.6%,人口比重更上升到26.3%,显示向心集聚的势头更趋强劲。

表8-12 按1990～2010年人口增长率分级的中国各二级行政区占土地面积和人口比重　　　　　　　　　%

增长率(%)	1990～2000年			2000～2010年		
	土地面积	1990年人口	2000年人口	土地面积	2000年人口	2010年人口
＞20.0	17.7	8.8	11.2	24.9	12.3	15.4
10.0～20.0	34.5	28.3	29.3	25.3	19.3	20.5
5.0～10.0	28.7	30.3	29.6	13.9	21.3	21.3
0～5.0	11.4	21.8	20.4	15.3	17.2	16.5
-5.0～0	5.3	7.8	7.0	10.9	14.6	13.3
＜-5.0	2.4	3.0	2.5	9.7	15.3	13.0

20年中人口减少的地区主要集中于中部丘陵山区,贵州、四川、重庆、湖北、甘肃等省区尤其突出,就连长期人口增长较快的内蒙古也出现了不少负增长地区。在图8-8中可见,2000～2010年间人口增长较快的地区除了在西藏、新疆、青海等人口稀少的少数民族地区有大块分布外,基本上都呈小块状分布于各省区的核心地带,最引人注目的,像前20年一样,仍然是长江三角洲、珠江三角洲和京津地区,此外就是各省的省会,如浙江省的杭州市、安徽省的合肥市、河南省的郑州市、山西省的太原市、四川省的成都市、云南省的昆明市、海南省的海口市……第六次人口普查数据显示,湖南省全部14个二级行政区中,唯有省会长沙市的人口为净迁入(迁入-迁出),其余13个均为净迁出。就是在人口和经济发展都比较强劲的沿海沿江各省,也出现了向着中心城市的人口大移动,典型的如江苏省,位于长江以北的8个二级行政区人口全部减少,位于长江以南的5个二级行政区则全部增长;湖北省除了省会武汉市人口大幅度增长、与武汉毗邻的鄂州市少量增长外,其余十几个二级行政区人口全部减少……这一切都表明中国人口分布的向心集聚态势已显著增强。

毫无疑义,上述情况的出现不是偶然的,它是社会经济大变动在人口分布上的必然反映。过去,中国长期停滞于农耕时代,对土地的追求或者说粮食承载力是制约人口分布的最基本的甚至是唯一的因素,它促使人口分布均衡化或分散化(典型的如19～20世纪由关内对东北和内蒙古的大垦荒、大移民,以及20世纪50～70年

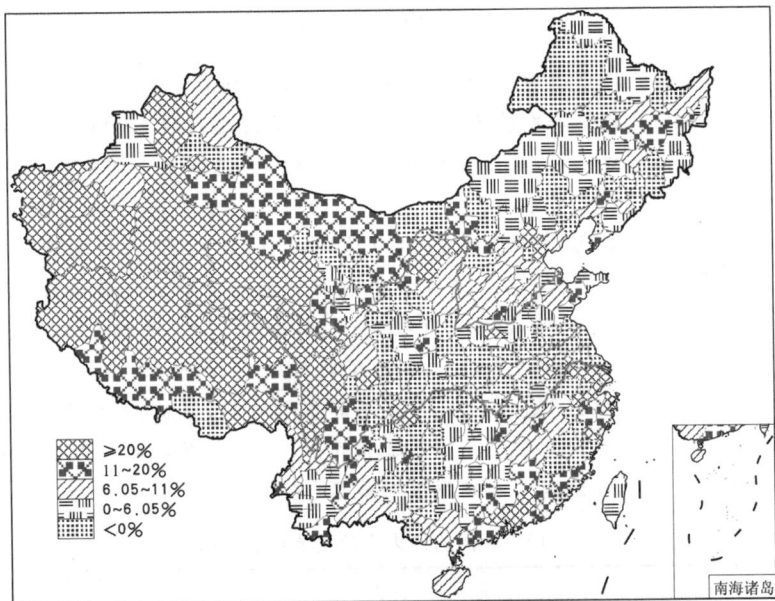

图 8-8 2000～2010 年中国各二级行政区人口增长率

代组织的许多次类似性质的人口迁移),目的在于不断地调节人和地,或者说人口与粮食承载力之间的比例关系。而自改革开放以来,中国的生产力得到了大发展,社会主义市场经济体制日益健全,数以千万计的农民挣脱了土地和传统生产方式的束缚,在全国范围内涌动起人口迁移流动的大潮。种种事实表明,在土地的粮食承载能力之外,工业和商业的地理区位已开始对中国人口分布产生越来越大的影响,传统的农耕时代分布模式,已经朝着一个新的工业化时代模式演化,它既包括城乡的对比关系,也包括不同地区之间的对比关系。这一转变虽然迄今还只是初步的,但今后可望逐步加速。如何遵循市场经济规律,合理引导中国的人口再分布,无疑是一个应予以高度重视的大课题。

(三)未来中国人口分布演变的主要趋势

关于未来几十年中国人口分布的演变,除城镇化以外,还有两个主要趋势是完全可以预期的。

首先,东部沿海地区占全国总人口的比重将明显增大,中部地区将减小,西部地区仅有微弱上升。在各省区中,广东和西藏预计人口增长幅度最大,新疆和海南次之,而四川、浙江和辽宁的增幅将最小。不久前,国家有关部门提出了"人口发展功能区"的概念,把全国划分为限制、疏散、稳定、集聚等4个人口功能区,根据不同地区的资源环境承载能力和经济社会发展条件,实施有区别的人口发展政策,对中国人口空间布局进行合理的引导。这一理念无疑是非常重要的,它将指引中国人口分布进一步朝着有利于协调人地关系和促进生产力发展的合理方向演变。

人口发展功能区

现代中国从历史中国那里不仅继承了人口数量,还继承了人口分布,其中包含了许多与社会经济发展不相适应的地方,亟待进行较大的调整。今后中国人口还将增长一两亿人,人口迁移流动和城镇化会达到更大的规模,毫无疑问,对如此庞大人群的空间布局必须进行合理的引导。不久前,国家有关部门为了贯彻落实科学发展观,适应我国区域布局的调整,提出了"人口发展功能区"的概念,旨在根据不同地区的资源环境承载能力和经济社会发展条件,实施有区别的人口发展政策,统筹解决人口数量、人口素质、人口结构和人口分布诸问题,拓展生存与发展空间,更好地促进人口与经济、社会、资源、环境的协调发展。"人口发展功能区"划分的依据主要是基于地形、植被、气候等要素的人居环境适宜性、土地资源承载力、水资源承载力、物质积累基础和人类发展水平,据此,全中国被划分为四大人口发展功能区(见表8-13)。

表8-13　中国的四大人口发展功能区(2005年)

人口功能区	占全国比重(%)			人口密度	经济密度
	人口	土地面积	GDP	以全国平均数为100	
人口限制区	0.20	31.71	0.09	0.63	0.28
人口疏散区	11.83	28.10	3.38	42.10	12.03
人口稳定区	33.61	25.96	22.55	129.47	86.87
人口集聚区	54.36	14.23	73.97	382.01	519.87

数据来源:国家人口计生委发展规划与信息司编:《人口发展功能区研究(上)》,世界知识出版社2009年版,第14页。

上述四大区中,人口限制区主要包括我国西部的高原山区和荒漠,其自然环境相对恶劣,发展定位是生态保护和人口控制。人口疏散区基本上也都分布于中西部山区,国家重点扶贫县集中分布于此,生态环境脆弱,早就被列为国家生态屏障地区,其发展方向主要是生态环境保护、人口控制和扶贫。人口稳定区受各方面条件和现有人口规模限制,进一步发展的空间不大,对区外人口吸引力不强,发展方向是稳定人口规模,重点放在提高人口城镇化质量和增强经济发展的可持续性上。人口集聚区是我国未来人口和产业的主要集聚区,发展重点是努力通过人口集聚获取最大的集聚效益和规模效益,以增强整个国家的综合国力,保证社会经济的协调可持续发展。

应该看到,中国虽然国土辽阔,但不同地区的地理环境差异极大,有许多地方受地形、气候、水文等条件的限制,不适宜大规模人类居住和经济开发,一旦开发,不仅效益低下,而且生态成本高昂,其负面影响甚至会波及全国(如沙尘暴、水土流失等),在这样的地区就应该以生态保护为要务,除非特殊情况,如重要矿产区,一般不进行大规模开发,对外来人口应严格限制。但从第六次人口普查数据看，不少人口限制区，如青海省的海西、玉树、果洛、黄南等自治州，新疆的巴音郭楞自治州，内蒙古的伊克昭盟、阿拉善盟，西藏的阿里、林芝、那曲等地区，四川的甘孜州和凉山州，以及云南的西双版纳州、迪庆州等，人口发展速度仍然较快（比全国平均速度快1～6倍），对此显然需要采取更严格的限制措施。而在东部生态环境良好地区，尤其是沿海、沿江、沿大运河、沿主要交通干线地区，不仅要承载产业，还要有承载人口的理念，通过大规模构建城市群、城市带，使之进一步成为中国最基本的人口分布区。朝着这个方向，近一二十年已取得了很大进展，今后在区域协调、城乡规划等方面还需要做更多的工作。

其次，山区占全国总人口的比重将减小，平原将增大，这一点与前一趋势有着很密切的关联。中国是个多山的国家，山地丘陵占总面积的71%，人口占58%，但在全国经济总量中，其比重却相当低，与平原的差距还在不断扩大。据统计，丘陵地区乡村人口人均粮食产量近年比平原低1/10，山区则低1/3，人均工业产值相差更大，不少山区工业化和城镇化还远没有真正开始。广大山区除了在经济上陷于贫困外，生态环境也普遍遭到破坏，有的已出现生态危机，其表现主要是植被破坏，水土流失加剧，水源枯竭，自然灾害频度烈度加大，石化或荒漠化的趋势日益明显。山区的贫困和生态危机，是由历史、自然、地理、社会、经济等多方面的不利因素造成的，应予以强调的是，人口增长过多过快，超过了资源承载能力，无疑是最重要的原因之一。因此，在当前实施的山区脱贫开发这一庞大的社会系统工程中，必须重视人口合理再分布的问题，即针对广大山区人口超载、生态失衡、经济文化发展存在着诸多难以根本改善的不利条件的情况，适当调整山区与平原的人口比例关系，在强调以艰苦奋斗、就地开发建设山区为主的大前提下，区别不同情况，通过劳务输出、异地开发和人口迁移流动等途径，逐步、适度、有序地引导山区，特别是高、深、偏、远山区和石山区的剩余劳动力乃至部分人口向外部转移，既包括季节性流动，也包括永久性迁出，以减轻人口压力，休养生息，促使人口、经济和生态环境早日转向良性循环。

应该看到，山区在林业、畜牧业、采掘业、旅游业等方面有着自身的优势，但其人口承载量都不大。而在可以大量承载人口的种植业、制造业和部分第三产业的发展条件上，山区相比平原均处于明显的劣势。这种劣势在相当程度上是天然的，难以改变的。不承认这一点，恐怕不是唯物主义的态度。人口的适度减压对山区确是必要的，否则将很难促使其从根本上转入良性循环。一部分生存与发展条件十分恶劣、一方水土养活不了一方人的山区连温饱也很难实现。适当调整山区、平原的人口比例，不仅有必要，而且在改革开放后的今天也是有其可行性的：首先，中国的综合国力已显著增强，正逐步增大山区开发性扶贫的力度，先富起来的平原地区有义务有必要也有能力支援山区，除资金、技术、文化外，也应包括在劳务市场的开放上向山区适度倾斜；其次，平原人口迅速老龄化，加上劳动力的结构性缺口，需要新鲜血液；第三，人口迁移流动已有很大发展，今后可望进一步扩大规模；第四，平原地区不仅工业开始起飞，农业潜力也很大，吉林、黑龙江、江苏等省粮食均有富余，这将为山区人口减压提供宝贵的物质空间。

近十余年来，应把人口合理再分布作为山区脱贫开发的重要措施之一，已得到了共识。不少地区已做了大量工作，如甘肃、宁夏、广西、广东、福建、山东、山西、河北、辽宁、浙江等[1]，其中搬迁移民人数即达 100 余万，均取得了显著的社会效益、经济效益和生态效益。当然，山区人口再分布是一项牵涉面很广的复杂而又困难的工作，要随着国力的增强逐步、适度、有序地进行，一下子就对山区、平原的人口比例作大调整，肯定会事与愿违。

第四节　影响人口地域分布的主要因素

人口的地域分布是在人类适应和改造自然、发展生产、繁衍子孙后代的过程中逐渐形成的，它在本质上不是自然现象，而是社会经济现象，这同动植物的地理分布是有区别的。恩格斯说："正如学会了吃一切可以吃的东西一样，人也学会了在任何气候下生活。人分布在所有可以居住的地面上，人是唯一能独立自主地这样做的动物。"[2]因此，人口的地域分布主要受社会经济因素，特别是人们的社会生产方式、生产力发展水平，以及生产布局特点的影响，而这一切在任何时候又都离不开一定的自然环境的基础。此外，人口分布还受到历史因素的影响，任何一个时期的人口分布，都是对历史的继承和变革。以上这些因素通过影响人口再生产和人口迁移，不断塑造着人口分布的面貌，它们彼此之间也都有着相互联系、相互制约的关系，而且又总是在一定的历史范畴内发生作用。所以，我们也应以辩证的眼光来看待它们。

一、自然环境

自然环境是人类周围各种自然要素的总和，它提供了人们安身立命的生存空间，并是人们创造一切生产和生活资料的源泉。无论什么时候，人类的生存和发展都离不开自然环境的基础，所以说，人就是劳动和大自然相结合的产物。在漫长的远古时代，当生产力水平还非常低下，人们不得不依赖自然界提供的现成食品和其他生活资料为生时，人口分布受着自然环境的极大影响。随着生产力的发展，人类增强了适应自然、改造自然的能力，但自然环境仍然是生产和生活赖以进行的基础，自然环境的地区差异、自然条件的优劣，以及自然资源的多寡，都直接影响着各地区的经济发展，进而影响到人口的分布。一般说来，只要有可能，人们总要选择那些气候良好、水源可靠、土地平坦肥沃的地方作为自己的居留地。在这里用同样的劳动和资本，可以创造出更多的财富，人口也易于繁殖起来。在那些自然条件相对恶劣的地区，人们纵然能够适应下来，但生产力的发展必然要受到局限，这对农业生产的影响尤其显著，人口也难以增殖。在地球上确有不少民族长期生存于极端恶劣的自然环境下，如美洲北部的因纽特人（爱斯基摩人）、西伯利亚的雅库特人和楚科奇人、

---

① 参阅张善余等编著：《人口垂直分布规律和中国山区人口合理再分布研究》，华东师范大学出版社 1996 年版，第 103～123 页。

② 恩格斯：《自然辩证法》，见《马克思恩格斯选集》，3 卷，人民出版社 1972 年版，第 514 页。

北欧的拉普人等,他们过着独特的适应当地环境的生活,但在严寒和漫长极夜的条件下,农业根本不能发展,人们在营养上受到很大限制,出生率很低,人口数长期停滞不前。而在东亚和南亚优越的温带热带季风气候下,水热资源丰富,土层深厚肥沃,当地居民利用这种有利的自然条件,培育出独特的高产作物——水稻,发展起水田农业,在单位面积上生产出比世界上绝大多数地区更多的食物。东亚和南亚人口如此稠密,显然是同自然环境有关的。

影响人口分布的自然因素很多,它们彼此之间多是相互联系和制约的,为方便起见,现分述如下:

(一) 地形

本书前文曾指出,世界人口绝大部分都集中在比较低平的平原和丘陵地带,随着海拔高程的上升,人口密度迅速下降,这个趋势是非常明显的。其基本原因就在于气温和气压均随高度的上升而降低,它直接制约着人体的生理机能。对某些人来说,在海拔 1 800 米高度即可出现高山反应,超过 4 000 米就可能因气压过低而造成死亡。一般说来,山地和高原上的气候与同一地带的平原相比,都具有寒冷、风大的特点,每升高 100 米,气温平均要降低 0.5~0.6℃。随着高度增大,积温逐渐减少,生长期越来越短。在中国北方地区,每升高 100 米,10℃(含)以上积温减少 150~200℃,持续时间减少 3~6 天。再加上土层瘠薄,交通困难,不仅农业生产深受局限,对于其他经济活动来说,不利因素也较多。海拔高度和地形起伏越大,坡度越陡,这种不利因素也就越明显。因此,山地和高原的人口都不如平原地区稠密,这一点在世界绝大多数地区都是普遍现象。

对于海拔高程,还应同所在纬度结合起来分析。在一般情况下,纬度越高,雪线和石山(指岩石裸露的光山秃岭)的分布高度就越低,人口在垂直方向上的分布也就越受限制。在中国西部地区,喜马拉雅山的纬度最低,它的石山和雪线分布的最低高度分别为 5 000 米和 5 400 米,因此人口分布最高可以达到 5 200 米;而昆仑山北坡的石山和雪线的最低高度是 3 500 米和 5 100 米,天山是 3 500 米和 3 600 米,阿尔泰山降至2 700 米和 3 000 米,人口分布的最大高度比喜马拉雅山就降低了许多,其中昆仑山北坡和天山南坡为 3 000 米,天山北坡为 2 500 米,阿尔泰山南坡仅为 2 400 米。

由于地理条件不同,各个地区人口垂直分布的特点可谓同中有异,各具特色,并不是简单的人口随高度上升而减少的关系。例如在新疆的阿尔泰山南坡,人口主要分布在海拔 1 000 米以下的山前冲积平原、冲积—洪积扇中部和河谷平原。这里水源丰富,土质良好,气温较高,是农田和草场的主要分布区,人口占整个垂直带 80%以上;人口分布的"低谷"位于 1 000~1 500 米的河流出山口和冲积扇上部,河水流经此地,绝大部分下渗为地下水,地表无土层覆盖,无法从事农牧业活动,人口因此极少,占比不到 4%;在 1 500~2 400 米的中山区,森林茂密,草场开阔,人口占 15%,明显超过前一"低谷"。天山北坡处于迎风面,降水较多。海拔 500 米以下为新绿洲人口密集带,人口约占整个垂直带的 60%;500~1 000 米为老绿洲人口密集带,人口占 30%,在地貌上这里属于山前冲积扇的中下部和冲积平原的中部,集中了大部分的乡村、县城和城镇；1 000～1 250 米是山口地带，人口比重不到 5％；1 250～2 500 米是农、牧业人口的季节性游移带，人口约占 8％。天山南坡处于雨影区，呈荒漠和半荒漠景观，人口垂直地带谱与北坡截然不同。其中 900～980 米为新绿洲人口密集区，人口数占垂直地带的 10％；980～1 500 米为老绿洲人口密集区，人口占 87％；1 500～3 000 米的山区，以游牧为主，人口极少。昆仑山北坡气候极端干旱，人口垂直分布很独特。海拔 1 250 米以下，为沙漠无人区；1 250～1 500 米的范围内，集中了整个垂直带人口的 94％；1 500～3 000 米之间，人口只占 6％。以上所述可以反映温带地区人口垂直分布的一般规律。

　　但是，在热带地区，情况却有所不同，那里人口最稠密的地方通常是山地和高原，而不是平原。其原因就在于平原上过热过湿，排水不畅，土壤肥力容易分解流失，加上丛林郁闭，毒虫猖獗，特别是疟蚊对人类威胁很大，要在这样的地方发展农业生产，非投入巨大的力量来改造环境是不行的，即便如此，外来的人仍然难以适应。相反，在热带的山区和高原情况就较为有利，这里气温适中，排水通畅，又高出疟蚊的分布上限，比较有利于健康，历来就是当地人民的主要居住区。这一分布特点在整个热带地区可说是普遍的。如在南美洲的热带范围内，拥有世界上最广阔的平原——亚马孙平原，它占据了巴西、秘鲁、玻利维亚、哥伦比亚等国的一半和厄瓜多尔 1/3 的国土，但整个平原上人口都极端稀少，平均密度在 1 人/平方千米左右，已开垦的土地只约占总面积的 1％。上述各国的人口绝大部分都集中在山区和高原上，如纵贯南美大陆的安第斯山区，集中了秘鲁总人口的 50％（过去曾占到 2/3），厄瓜多尔的 85％，哥伦比亚的 98％，而有"高原之国"称号的玻利维亚仅海拔 3 000 米以上的范围就占到总人口的 3/4。巴西的人口大部分也分布在海拔 1 400 米左右的巴西高原上。在另一个热带大陆非洲，情况也相类似，巨大的由赤道横贯的刚果盆地人烟稀少，有不少地方甚至人迹罕至，而海拔 1 000～1 200 米的东非高原人口却远为稠密，人称"千丘之国"的卢旺达和布隆迪 2011 年人口密度分别高达每平方千米 444 人和 334 人，而地势低平的刚果（金）、刚果（布）和加蓬则分别只有 30 人、12 人和 6 人。埃塞俄比亚的情况也相当典型：它海拔 1 800 米以上的范围只占全国总面积的 38％，人口和耕地的比重却都达到 2/3，其余 1/3 基本上全集中于海拔 1 200～1 800 米之间，再往下人口便极为稀少。

　　就是在温带和亚热带地区的平原上，人口分布差异也不小。有的地方，地势过低过平，排水不畅，会受到洪、涝、渍威胁；有些地区的土壤因地下水位高而过于黏重，适耕性能差，甚至出现沼泽化和盐渍化。这些地区人口密度就比较小，如我国东北的三江平原、松嫩平原中部等。平原地带农业生产条件最好、人口最稠密的一般是山麓地带的扇形冲积平原及其与洼地之间的过渡地带，其地势平缓，又有一定的坡度（0.1％左右），利于耕作排水，地下水和地表水都比较适中，既不像山区容易受旱，又不像洼地容易受涝，还兼土层深厚肥沃，这里往往会发展成为农业精华之地，乡村人口密度极高。典型的如我国河北省中部太行山的山麓冲积平原，形成一条全省人口最稠密的地带。以河南省周口地区为主体的豫东—皖北平原，是一块面积更大的乡村人口极端稠密区，这里的地形条件对农业生产也十分有利。当然，人类不会满足于简单的适应自然,他们也在不断地改造着自然。有不少地势较为低洼的平原和三角洲地区,经过长期改造,逐渐发展成人口稠密、经济荟萃的鱼米之乡,如我国的长江三角洲、韩江三角洲、珠江三角洲等,但它们的开发历史比起黄淮平原也确实要短一些。

表 8-14 反映了当今世界人口水平分布和垂直分布最基本的态势。该表以南北纬 72°、南北回归线(23°26′)和赤道这 5 条纬线,把地球划分为与气候条件息息相关的 4 个水平地带,它们合计几乎集中了地球上的全部人口(线外只居住了 1 万多人)。从表中可见,人口在北热带和北温带的集中度是最高的,其原因就在于地形、热量和水分这三个基本要素得到了较好的匹配。从表中还可以看到,热带地区的人口密度以 1 500 米以上的高原山区为最高,平原则明显较低,这反映的也正是前述三要素的匹配关系。

表 8-14　世界人口的水平分布和垂直分布

	南温带	南热带	北热带	北温带	合　计
占世界人口比重(%)					
500 米以下	1.52	5.24	19.02	47.92	73.70
500~1 500 米	0.82	2.83	4.86	10.86	19.37
1 500 米以上	0.22	1.12	2.43	3.17	6.93
合计	2.56	9.19	26.30	61.95	100.00
人口密度(以世界平均数为100)					
500 米以下	28.83	49.40	152.78	165.66	128.73
500~1 500 米	28.78	45.21	86.05	58.10	58.28
1 500 米以上	47.79	81.15	179.16	50.12	72.88
合计	30.60	50.36	135.26	114.86	100.00

数据来源:Joel E. Cohen. Hypsographic demography: The distribution of human population by altitude. *Proceedings of the National Academy of Sciences*. USA, November 1998, 95:14009-14014.

丘陵、山地和高原海拔高度和地势起伏都比较大,这种特点对人口分布的影响主要表现在以下几方面。

首先,平地少,坡地多,既限制了耕地的扩展,生产水平也不易提高,对发展农业生产而言,不如平原有利,这就影响了它的人口容量。目前,中国人口分布与农业生产中垦殖指数、复种指数、单产水平等几个指标基本上成正比例的关系,而在这些方面,山区都不如平原。

其次,地形复杂,人口分布的不均衡性大大超过平原。一般说来,山间盆地和山谷人口最密,它们是山中平原,但面积小,分布不集中。典型的就是我国云贵高原上的坝子。如云南省总面积中 84% 是山地,10% 是高原,6% 是坝子。这些坝子坡度在 8°以下,大的可达 1 000 平方千米。据统计,全省大于 1 平方千米的坝子有 1 442 个,而大于 100 平方千米的只有 49 个。它们犹如一面面镜子镶嵌在崎岖的云贵高原之上,农业和人口均高度密集,致使人口稠密区在人口分布图上呈现为斑斑点点,看上去比较凌乱,与东部平原上不间断的大片人口稠密区完全两样。

从人口密度剖面图上可以看出,山区的人口密度曲线总是急剧起落,量值可以在短短几十千米甚至一二十千米内变化几十倍、几百倍。而曲线在高原上就比较平缓,在平原上则更为平缓。图8-9提供了我国陕西省4个典型地、市的人口密度剖面,其中汉中、商洛、宝鸡3地、市分别夹于大巴山、汉江、秦岭、渭河和陇山之间,曲线大起大落。而坐落在黄土高原上的榆林地区曲线就远为平缓,表现出人口分布均衡性的显著差异。

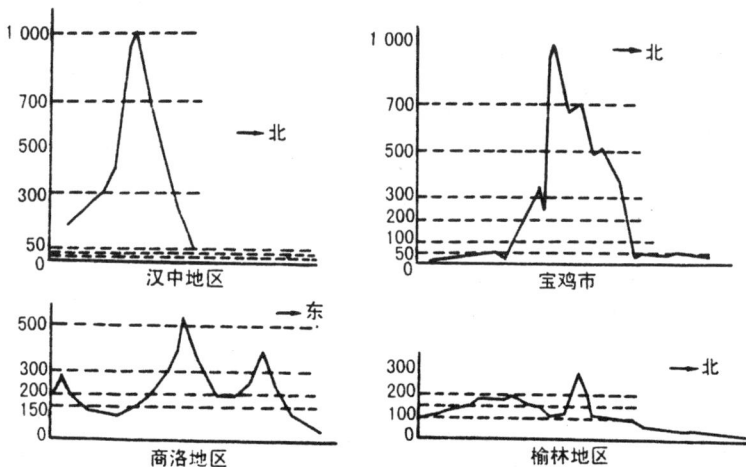

图8-9 我国陕西省4个地、市的人口密度剖面图 人/平方千米

除了海拔高度和地势起伏外,山地的坡向对人口分布的影响也不小。一般说来,迎风坡比背风坡湿润,阳坡比阴坡温暖,均直接影响到农业生产的发展及其布局,人口分布也受到间接的影响。在通常情况下,居民点在阳坡所达到的高程都要超过阴坡,前述我国天山南北坡的差异即为一例。从人口密度看,我国内蒙古的阴山南坡和北坡的对比相当典型。南坡迎向东南季风,水热条件大大超过相距不过100千米的北坡,前者成为农耕区,后者绝大部分都是纯牧区,乡村人口密度相差几十倍(见表8-15)。

表8-15 我国阴山南、北坡乡村人口密度对比

南北坡对比区域	年降水量(mm)	年平均气温(℃)	2009年乡村人口密度(人/平方千米)
南坡:呼和浩特市(1区2县)*	543.1	6.0	119.3
北坡:达尔罕茂明安联合旗	278.2	3.4	3.3
南坡:包头市(1区1县)**	313.7	6.7	82.5
北坡:乌拉特中旗(海流图)	219.1	4.5	3.1

* 呼和浩特市赛罕区、土默特左旗、托克托县。

** 包头市东河区、土默特右旗。

以上分析表明,地形确是影响生产力和人口分布的一个重要因素,农业社会是这样,工业社会更是这样。自产业革命以来,不少国家的山区因地形和区位条件不利,人口均呈相对甚至绝对减少。著名地理学家潘什梅尔在所著《法国》一书中分析19~20世纪人口分布变化时即明确指出:"最荒瘠的山区,人口减少最多。""人口形势最糟的山地是1 000米以下的中等山,它们的平均海拔不具备平原的任何好处或高山的任何有利条件。那里的人口不断减少并处于老化状态。"[①]据统计,法国不少山区的人口从19世纪30年代即开始减少,并一直持续到现在。近几十年来,不少发展中国家也出现了类似的情况,以"高山王国"驰名的尼泊尔即非常典型(见表8-16)。美国学者戈德斯坦以"从山地—乡村社会到平原—城市社会"的提法对之进行了总结。这个提法在相当程度上表述了人口分布演变的国际大趋势,它和生产力发展、产业结构调整和社会生活的现代化之间确有深刻的内在联系。

表8-16 尼泊尔山区和平原占全国总人口比重的变化　　　　　　　　%

比　　　重	山　　　区	平　　　原
面　　积	79.0	21.0
人口:1961年	67.4	32.6
1971年	62.0	38.0
1981年	53.2	46.8
2001年	40.0	60.0

数据来源:Melvyn C. Goldstein. From A Mountain-rural to A Plain-urban Society, Implication of the 1981 Nepalese Census. *Mountain Research and Development*, 1983,3(1):61-64.

Indra P. Tiwari. Urban Migration and Urbanization in Nepal, *Asia-Pacific Population Journal*, 2008, 23(1):79-104.

(二) 气候

气候不仅直接影响人的机体,而且决定着一个地区的土壤、植被和水文,与人类的生产和生活关系十分密切。一般说来,过于湿热、干燥或寒冷的气候均不适合于大量人口居住。除永久冰雪覆盖的两极地区外,地球上还有1 660万平方千米的土地因气温太低不能种植任何农作物,这里的人口密度必然极低。在沙漠气候下,除非另有水源,否则也不能发展农业生产。目前居住在沙漠地区的人口基本上全集中在沿河地带和散布各地的绿洲中,而大面积上实际乃是无人区。热带雨林气候虽有水热资源丰富、植物生长繁茂的优点,但土壤肥力在高温下难以保存,且昆虫细菌孳生迅速,疾病易于流行,这一地区总的人口数虽不算少,但绝大部分都集中在爪哇岛、西非沿海等少数地区,作为热带雨林区主体的亚马孙平原和刚果盆地人口则极少。比较起来,温带气候是最适合于人类生产和生活的,这里水热条件较为适中,除大陆中央和高山区外,人

---

① [法]潘什梅尔著,漆竹生译:《法国:环境、农村、工业和城市》,上海译文出版社1980年版,第141页。

口都十分稠密。

图 8-10 和图 8-11 反映了人口分布随气候而变化的大趋势。就热量条件而言,年平均气温在 15℃ 左右,是最适合人类生活的,这一地带的人口密度最高,在中国它位于秦岭—淮河线,即南北分界线,年平均气温每升降 1℃,大致相当于在南北方向上移动 300 千米。就水分条件而言,年平均降水量在 1 000 毫米上下(相当于我国汉江—淮河一线),且季节分配比较均匀是最适宜的。应予以强调的是,在分析气候条件对人口分布的影响时,必须重视光热条件与水分条件的配合,两者缺一不可。一般说来,在热带和温带地区,水分条件是主导性的因素,在干燥和半干燥区,降水量同人口密度甚至基本成正比例的关系[①],这一点在图 8-12 中可以看得很清楚(图

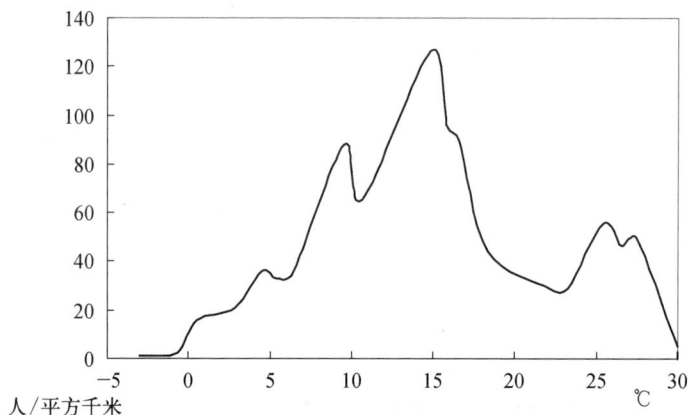

人/平方千米

图 8-10　世界不同年平均气温地区的平均人口密度

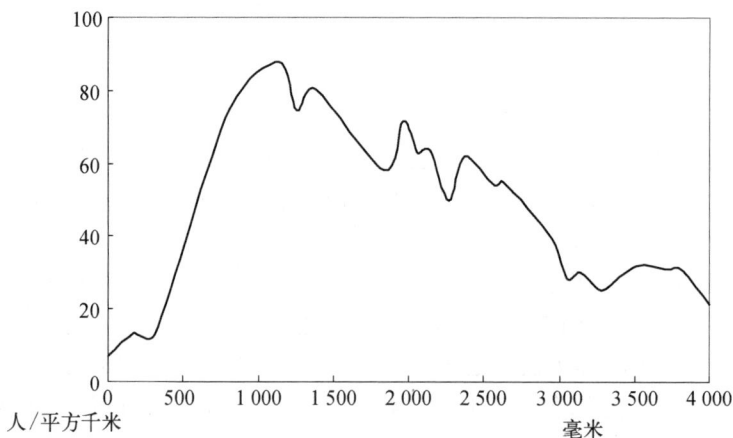

人/平方千米

图 8-11　世界不同年平均降水量地区的平均人口密度

---

①　英国著名地理学家费舍尔在《伊朗的土地》(Fisher, W. B., ed. *The Cambridge History of Iran*, *Vol. 1: The Land of Iran*. Cambridge, U. K.: Cambridge University Press, 1968, pp.471.)一书中即指出:"伊朗人必须使用人工灌溉,而他们在这方面的巨大努力在很大程度上决定了人口的地理分布。事实上,雨量分布图显示的分布形式,和人口的区位比较,两者是十分相似的,人口密度等值线和雨量分布图的布置形式是如此地相似,以至可以有理由说它们是重合的。"

上所列各地年平均气温在 7℃～11℃ 之间，差异不大）；而在寒带地区，光热条件的欠缺，则具有压倒性的影响。

（三）水体

水是人最基本的生存条件之一。江河湖海等天然水体为人们或者提供了水源，或者提供了方便的交通条件，自古代起就深刻地影响着人口的分布。古代四大文明发祥地分别出现于尼罗河、幼发拉底河、印度河和黄河两岸，中世纪以来兴起的大小城市差不多全沿河沿海分布，这些都不是偶然的。世界上大大小小的人口稠密区都分布在天然水体附近，这可以说是一条普遍规律。越是在干燥地区，人口分布便越趋近于水体，流经这些地区的一些河流两岸，如非洲的尼罗河、尼日尔河、塞内加尔河，巴基斯坦的印度河，中亚的阿姆河，澳大利亚的达令河，中国的塔里木河等，往往会在浩瀚荒漠中形成绵延千里的"绿色长廊"，其人口极为稠密，同周围的万顷黄沙形成鲜明对照。

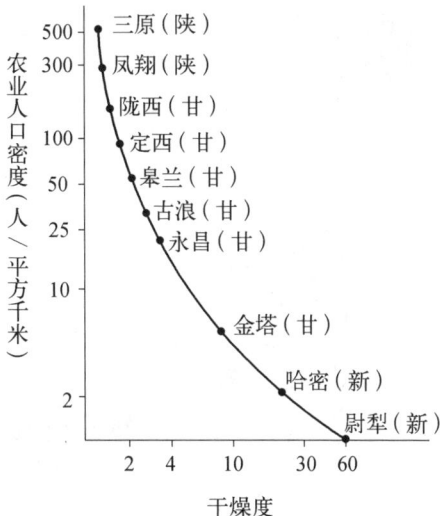

图 8-12　中国西北地区农业人口密度和干燥度相关图

在广大的干旱地区，由于河流不多，水量有限，地下水与冰川雪水资源对农业生产和人口分布影响很大。其中条件最优越、人口最稠密的地区，是许多山麓冲积、洪积扇地带或山前洪积冲积倾斜平原地带，这里潜水埋藏浅（一般为几米至十几米），水质好，水量大，甚至溢出地面为泉水，从而形成浩瀚荒漠中的片片绿洲。这些绿洲往往沿山麓成线状或点状分布，人口分布因此独具特色，在中国南疆塔里木盆地的周围尤为典型（见图 8-13）。据统计，全新疆 95% 以上的人口，居住在仅占土地总面积 3% 的绿洲上，绿洲的人口密度平均高达 300 人/平方千米以上，而绿洲以外尚不足 0.5 人/平方千米。

天然水体对人口分布的影响也有差异，这既与水体自身的性状有关，也同其他因素的配合有关。如中国太湖，湖岸稳定，水位变化幅度很小，周围地区逐渐发展成为著名的"鱼米之乡"。而面积和气候条件相似的鄱阳湖，夏季接纳大量洪水，高水位可达吴淞零点以上 20 米，这时湖面广达 4 100 平方千米；而冬季时的最低水位不到 12 米，湖面也缩至 500 平方千米以下，不足洪水期的 1/8，这时湖泊四周均为茫茫湖滩，因此过去湖滨一向人烟稀少，同富庶繁华的太湖之滨形成了鲜明对照。

从海岸地带吸引人口分布的情况来看，差异也很明显，沉降型海岸和岩岸优良港湾较多，对外联系方便，有条件发展渔业和航运业，沿海岸会出现连绵不绝的人口稠密带，并会形成一批港口城市，中国浙江、福建、广东 3 省沿海绝大部分都属于这种类型的海岸（地貌学上称为海蚀港湾海岸）；相反，上升型海岸和沙质海岸滩浅湾少，船舶进出困难，对人口的吸引力不如前者。如中国江苏省北部从连云港到吕四

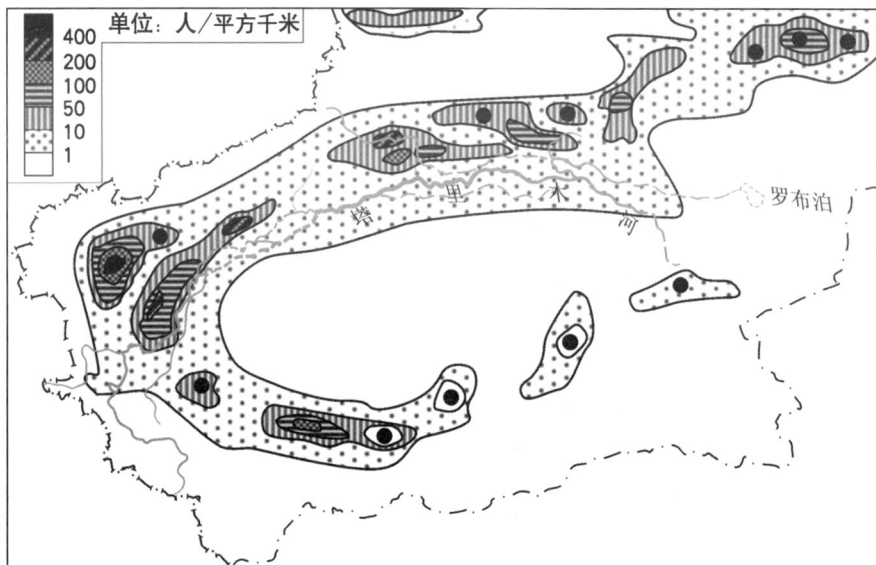

图 8 - 13　新疆南部农业人口密度图

港的一段海岸即分别属于海蚀平原海岸和冲积海积平原海岸,岸外是古老的黄河水下三角洲,暗沙连绵,为航行的禁区,岸上则是宽达一二十千米的盐碱沙滩,人烟杳然,与浙、闽沿海恰成对照。辽宁省基岩岸段平均人口密度比三角洲岸段高30%,山东省基岩岸段人口密度比淤泥质海岸高6%,比三角洲岸段高50%,也说明这个问题。

值得指出的是,优良海岸位置对于人口分布的吸引与总的政治、经济形势是分不开的。中国唐、宋、元几代对外贸易发达,沿海港口城市即非常兴旺。明代自中叶起,直至清代鸦片战争爆发,长期奉行闭关自守的"禁海"政策,尤其是清初出于政治需要,对浙、闽、粤沿海实行了大规模的所谓"迁海"之役,在"片板不准入海"的政策下,整个海岸15千米的范围内都成了无人区,人口分布受到极大的影响。新中国成立后,在前30年中,受国内外多种因素,包括台海形势的影响,国家的生产布局强烈地偏向内陆,沿海位置似乎是负面因素,经济发展即相对缓慢,如第一个五年计划(1953～1957年)期间,浙江、福建两省合计的固定资产投资仅占全国的2.2%。改革开放后,形势发生了重大改变,国家的投资重点转向沿海地区,2009年上述两省同一比重增至7.6%,其经济出现跳跃式的高速度发展,优良海岸位置在这个过程中也成为非常重要的影响因素。

天然水体自身性状的变化也对人口分布带来很大影响,历史上不少居民点的兴衰常常与此有关。例如塔里木盆地在古代地处"丝绸之路",曾兴起过著名的楼兰、尼雅、卡拉当格、安迪尔、古皮山等繁华城镇,但后来均被沙漠掩埋。其原因很重要的一点就是河道的变迁。荒漠上的河道一般都是游移的,每次改道都会迫使两岸居民点左右迁移。越往下游,水源越没有保证,河道游移幅度也越大,居民只得向较为稳定的中游迁居,下游也就逐渐被沙漠所掩埋。不仅是荒漠中的居民点会受到水源变动的影响,就是像北京这样的大都市,其城址在历史上也曾几度随着水源的变动而迁移过。

（四）土壤、地质和矿产资源

土壤是发展农业生产最基本的物质基础。各类自然土壤具有不同的天然肥力和适耕性能，在一定的经济条件的作用下，不能不影响人们对它们的开发利用，进而影响到人口的分布。虽然一切原来贫瘠的自然土壤几乎都可以通过合理的利用和改良使之逐渐转变为肥沃的土壤，但其自然性状的优劣对于农业生产的发展仍然是一个举足轻重的因素。

一般说来，地球上最适于农业生产的土壤是冲积土、黑钙土和棕色森林土，它们基本上都分布于温带的平原和丘陵地区，这里农业发达，人口稠密，同有利的土壤条件显然是有密切关系的。相反，盐碱土、沼泽土、灰化土和红壤对农业生产就不如前几类土壤有利，人口分布因此受到较大影响。如加拿大黏土带和灰化土带的人口密度就有显著差异。我国江苏、山东等省的盐碱土分布区居民也比较稀疏，其中苏北沿海地带的土壤与人口分布的关系如图 8-14 所示。

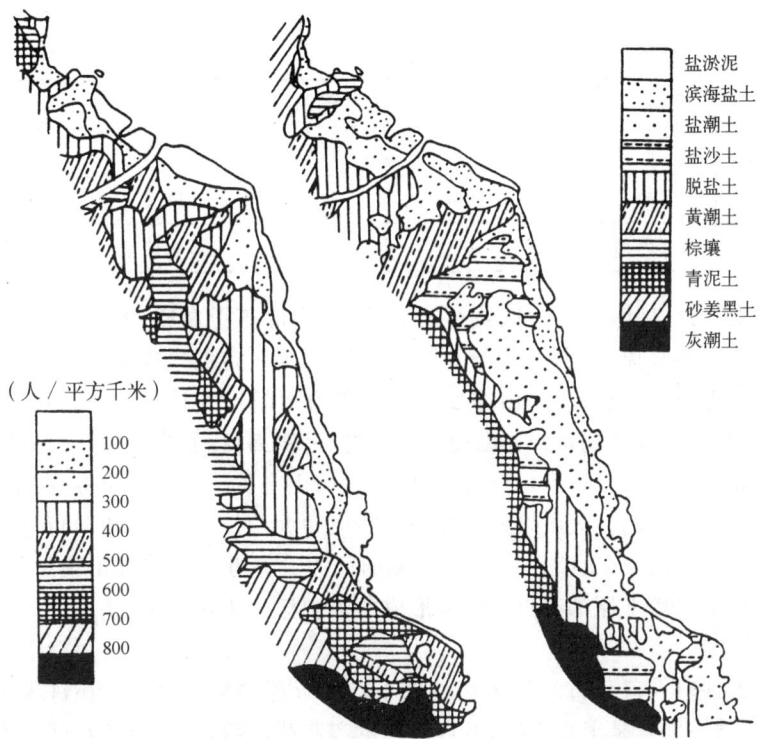

图 8-14　江苏省北部沿海地区人口密度和土壤分布图

盐淤泥：呈长带状分布于海岸的最边缘，新成陆不久，不能耕种，常住居民极少。

滨海盐土：土壤含盐 0.5％～1.0％，乃至更高，农作物产量很低，人口密度在 100 人/平方千米左右。

盐潮土：为滨海盐土开垦后形成的旱地土壤，初步熟化，含盐 0.1％～0 4％，人口密度在 200～400 人/平方千米。

盐沙土：沿海地带较瘦瘠的水稻土，人口密度同盐潮土。

脱盐土：熟化程度高的盐潮土，含盐量小于 0.1％，人口密度在 400～600 人/平方千米。

青泥土：低洼地的水稻土，较肥沃，但低湿黏重，人口密度在 600～700 人/平方千米。

灰潮土：无盐碱化，较肥沃，土质为轻壤至中壤，有夜潮现象，抗旱耐涝，人口密度在 700 人/平方千米以上。

地质条件对人口分布的影响是多方面的。从基岩性状来看,碳酸盐岩分布区喀斯特发育,土壤瘠薄,石骨嶙峋,漏水严重,除少数盆地、谷地外,都比较荒凉,不仅因地势崎岖和石质裸露使垦殖指数较低,而且土壤多为黏、酸、冷、瘦的低产土,容易受到旱灾威胁,故这类喀斯特区发展农业生产都比较困难,人口也相对稀疏。中国喀斯特区主要分布于广西的中部、北部和西部,贵州南半部,以及云南的东南部,这一大片地区的人口密度都明显低于周围其他地区,地质条件不能不说是其中的一个重要原因(见表 8 – 17)。

表 8 – 17　2010 年我国广西、贵州、云南 3 省区 14 个相互毗邻的
市和自治州人口密度的对比　　　　　　人/平方千米

喀斯特发育程度较高		人口密度	喀斯特发育程度较低		人口密度
广西	桂林市	170.7	广西	玉林市	427.4
贵州	黔西南州	166.9	广西	南宁市	301.3
贵州	黔南州	123.3	广西	钦州市	284.0
贵州	黔东南州	114.7	贵州	毕节市	243.4
云南	文山州	109.1	云南	昭通市	226.4
广西	河池市	100.5	贵州	遵义市	199.1
广西	百色市	95.8	贵州	铜仁市	171.8

与喀斯特地区相反,火山区或熔岩高原(印度的德干高原、埃塞俄比亚高原、老挝南部的波罗芬高原等)由于母岩富含矿物养分,在一定的气候条件配合下,会形成十分肥沃的土壤,而且通过火山爆发还会使肥力不断得到补充,这些地区农业一般都十分集中,人口非常稠密。典型的如爪哇岛、吕宋岛,以及中美洲国家。这里之所以会形成特别高的人口密度,显然同肥沃的火山土有关。正如一位苏联地理学家在谈到爪哇时所分析的:"火山爆发在经济上造成颇大的损失,并造成附近地区居民的伤亡。但另一方面,火山喷发提高了土壤的肥力。靠近马拉秘火山山坡的马吉冷、日惹和苏腊卡尔塔平原都有由火山灰形成的极肥沃的土壤,这里是爪哇人口最稠密的地区。"[1]

地质条件对人口分布的影响还表现于矿产资源的吸引力上。在进入资本主义时期以前,这一因素是很微小的,但自从发生产业革命后,矿产资源在经济发展中的作用日益重要,某些地区矿产资源的开发往往成了影响人口分布的决定性因素。在产业革命的初期,煤炭是最基本的能源,大量的工厂云集于煤田区,使其人口密度远远超过附近的农村。典型的如英国的米德兰、德国的鲁尔、波兰的上西里西亚、俄国的顿巴斯以及美国的宾夕法尼亚,这些地区有许多至今仍是突出的人口稠密区。与

---

　　[1] ［苏］安季波夫著,福建师范大学外语系编译室译:《印度尼西亚(经济地理区)》,福建人民出版社 1978 年版,第 18 页。

煤炭比起来,发现黄金对人口的吸引要更加富于传奇性。从 18 世纪到 19 世纪,世界上曾数次出现轰动一时的淘金热,如巴西的米纳斯吉拉斯州,美国的科罗拉多州、加利福尼亚州和阿拉斯加州,澳大利亚的维多利亚州,以及南非的德兰士瓦省,每一次都吸引了大量的移民。维多利亚州 1851 年到 1858 年短短 8 年中,人口便从 7 万猛增到 50 万。加利福尼亚州 1848 年到 1857 年间,更从 1 万多人增加到 50 万人。在当时的条件下,除了黄金,还有其他什么因素能够如此强有力地影响人口分布呢?近几十年来,由于技术经济条件和生产布局特点的变化,矿产资源的开发对人口的吸引已不如过去那样明显,但影响仍然是不容忽视的,我国为了开发石油资源在人烟稀少的沙漠和草原上建设起克拉玛依和大庆这样的石油城,就是一个典型例子。

二、生产力发展水平和生产布局特点

自然环境对人口分布虽然有很大的影响,但它毕竟只是提供了一个基础或一种可能性,要实现人口在空间上的分布,还要通过社会经济因素的作用。人们的物质生产方式,具体说主要指工农业和交通运输业的发展水平及其生产布局特点,才是影响人口分布的决定性因素。应该指出,无论什么时候,生产方式的作用总离不开一定的自然基础,不管将来生产方式进步到何种程度,自然环境的地区差异总是存在的,经济发展和人口分布也将继续存在着地区差异,当然这种差异的具体表现形式是会有所变化的。

从各个历史发展时期来看,生产方式不同,人口分布的特点也有着明显的差异。

在史前时代,生产力水平很低下,人们不得不过着极端分散和流动的生活,在一片广阔的范围内靠采集食物和渔猎为生,在这种情况下,单位面积土地上所能供养的人口显然是非常有限的。直到近代,不少近于孤立的民族还过着类似的生活方式,非洲西南部的科伊桑人就是一个典型代表。有位作者写道:科伊桑人的"社会基层组织是猎队,一般由几户亲族组成,他们占领一块得到公认的猎区,其大小约一百到一千平方千米……有时野兽少,有些小猎队一连几个星期都得靠各种洋葱和球茎、块茎、地下茎、硬果、其他水果等草原食物,以及蛴螬、昆虫、蜥蜴、蛇类等为生。此外,还得依靠妇女儿童们的敏锐眼光发现任何可吃的东西。"① 很显然,在这样的生产方式下,人口分布的基本特点只能是极端分散和稀疏。

进入农耕时代以后,生产力比过去有了质的提高。由于掌握了新的劳动工具,人们可以开辟远为广阔的生活天地,人口密度也显著增加了。恩格斯在谈到农耕时代时说:"首先,我们在这里初次看到了带有铁铧的用家畜拉的耕犁;有耕犁以后,大规模耕种土地,即田间耕作,从而食物在当时条件下实际上无限制地增加,便都有可能了;其次,我们也看到,清除森林使之变为耕地和牧场,如果没有铁斧和铁锹,也是不可能大规模进行的。同时,人口也开始急速增长起来,稠密地聚居到不大的地域

---

① ［英］韦林顿著,本书翻译组译:《西南非洲及其人文问题》,河南人民出版社 1976 年版,第 134 页。

内。而在田间耕作产生以前,要有极其特殊的条件才能把 50 万人联合在一个统一的中央领导之下;这样的事大概从来都没有过。"①在农耕时代,由于国家政权和商业贸易的发展,出现了一批城镇居民点,这是人口分布中的一个新现象,但除少数例外,这些城镇规模都很小,有许多实际上只是一座城堡,绝大部分人口都散布于农村。

在一定的生产方式下,能够提供给居民的食品数量,是一切社会存在的基础。而在自然经济的情况下,农业生产水平是决定一个地区人口密度的基本因素。由于社会经济和自然条件的不同,各地的农业生产率相差悬殊。亚洲东部和南部,较早进入封建时代,生产力水平在世界上长期领先,当地居民利用优越的自然条件,发展起独特的水田农业,单位面积上所能供养的人口数量显著超过世界上其他地区。相反,长期停留在部落所有制的地区,生产力发展缓慢,耕作技术落后,人们只能利用土地的天然肥力进行粗放经营,耕作几年后,土壤肥力耗竭,不得不迁居另辟新地,形成了所谓迁移耕作制度。在这种生产方式下,土地利用率极低(一般只能利用总面积的 1%),产量微薄,人们仍然过着分散流动的生活,人口密度远不如定耕地区。

进入产业革命以后,生产力得到迅速发展,人口数量和平均人口密度都大大增加了。特别明显的变化是,在人口分布图上出现了稠密的工业地带和工业城镇,原先散布于农村各地的人口源源不断地汇集到城市中来,农村则变得空旷起来(有的人口密度绝对减小,有的则是相对减小),历史上从来没有像现代这样有如此众多的人口聚居在一些相对狭小的空间里。生产力,尤其是交通运输业的发展,使人们得以更充分地占据空间。过去的人被束缚在一小块土地上,往往要劳碌终生,而现在则可以相继在两个距离遥远的地方从事劳动。正如马克思所指出的:"人口密度是一种相对的东西。人口较少但交通工具发达的国家,比人口较多但交通工具不发达的国家有着更加密集的人口;从这个意义上说,例如,美国北部各州的人口比印度的人口更加稠密。"②正是由于经济发展的需要以及交通运输提供的可能,人口在空间上的移动达到了过去根本无法与之相比的规模和速度,其范围不仅仅是在国内各地区之间,还扩大到国际和洲际,一年移动的人口数量可以高达几百万甚至几千万,这就给人口的空间分布赋予了新的涵义。

从以上所述我们可以看出,随着生产方式的进步,人口分布状况及其特点在不断地变化着。1883 年,法国学者列瓦塞尔曾提出一个经济发展水平与人口密度的关系公式,他认为渔猎时期的人口密度为 0.02～0.03 人/平方千米,畜牧业时期为 0.5～2.7 人/平方千米,农业时期为 40 人/平方千米,工业时期为 160 人/平方千米③。这种划分特别是所提出的指标当然不一定准确,但这毕竟向我们揭示了人口分布随生产方式而变化的基本趋势。它说明,归根结蒂,不同历史时期制约人口密

---

① 恩格斯:《家庭、私有制和国家的起源》,见《马克思恩格斯选集》,4 卷,人民出版社 1966 年版,第 20～21 页。

② 马克思:《资本论》,见《马克思恩格斯全集》,23 卷,人民出版社 1972 年版,第 391 页。

③ 转引自[苏]萨乌什金著,郭振淮译:《经济地理学导论》,商务印书馆 1960 年版,第 184 页。

度的基本物质前提是一定技术经济条件和自然条件下的土地承载力。

表 8-18 为人口密度与多种自然、社会和经济因素的相关分析。从中可见，除地形特征等自然因素外，人口密度与国民收入、经济结构、粮食产量等也有显著相关甚至高度相关，这也从一个侧面反映出生产力水平对人口分布的影响。

表 8-18 我国省区人口密度与各影响因素的相关性

相 关 因 子(x)	回 归 公 式	线性相关系数
经济密度(万元/平方千米)	$y = 0.1485x + 153.86$	0.9892
单位国土面积上的食物产量(t/平方千米)	$y = 1.5916x + 46.14$	0.8803
人均第三产业增加值(万元)	$y = 531.54x - 210.71$	0.7640
人均 GDP(万元)	$y = 344.76x - 515.92$	0.7492
垦殖指数(%)	$y = 11.504x + 16.447$	0.7457
平原比重(%)	$y = 18.134x - 95.277$	0.7239
人均第二产业增加值(万元)	$y = 595.58x - 333.81$	0.5998
城镇人口比重(%)	$y = 14.977x - 301.7$	0.3311
少数民族比重(%)	$y = -10.204x + 586.02$	-0.3286
自然增长率(‰)	$y = -97.931x + 973.02$	-0.3867
人均食物产量(t)	$y = -1 280.1x + 1 085.2$	-0.4776
人均第一产业增加值(万元)	$y = -3 311.1x + 1 272.8$	-0.4960

说明：人口密度和少数民族比重为第六次普查数据，其余各相关因子为 2009 年数据。垦殖指数和单位国土面积上的食物产量中不含三个老直辖市。食物包括粮食、油料、肉类、水产品和糖。

当然，从以上分析中不应该简单地得出人口密度与生产力水平完全成正比的结论。在一个国家内部，这两者之间确有一定的相关性(并非绝对)，而在世界各国之间，则断无此种关系。发展中国家有的人口密度很高，有的则很低，而发达国家也完全是这样，各国的人口密度与生产力水平之间没有任何相关性。其原因就在于一个国家现实人口密度的形成，要受到历史、地理、政治等多种因素的影响。国界线在很多情况下成了一道难以逾越的界线，使各国实际上成了一个相对封闭的人口系统，跨国人口迁移虽然存在，但与总人口数量相比，其规模毕竟是很微弱的。

生产方式和生产力发展水平对人口分布的影响在发展中国家和发达国家中的表现是有差异的，这种差异并不表现在人口密度上，而是表现在人口分布的形成机制上。发展中国家总的说来尚未实现工业化，还不同程度地保留着农业时代的特点，因此其人口分布主要取决于农业生产水平，即提供食物的可能性，人口密度同土地农业产出率存在着正比例的关系；而发达国家已进入工业化或后工业化时代，人口分布主要取决于工商业的地理区位，而与农业和食物生产则愈来愈脱节了。例如，大量人口可以高度集中于一些纯工矿业地区，而其食物来源却在相距甚远的小麦玉米带。相反,生产大量农产品的地区,人口却可能非常稀疏。

发展中国家的上述人口分布模式,可以印度和中国作为典型代表。有位学者在谈到印度人口分布状况时曾经指出:"耕地之增加与各种作物之栽培,可以说明印度大部分地区人口之集中。许多县境的耕地单位生产额及价值、作物之价值数字等,几乎完全与人口密度相符合。总之,印度的人口密度,由西向东,由北而南,完全与农业生产之环境成正比例的增加。"[①]而中国的情况亦与之大致相仿。

耕地是农业生产最基本的物质资料,中国各地区的人口密度因此表现出同垦殖指数的明显相关性,这在图8-15中可以看得很清楚。从人均粮食产量看,除直辖市外,各省区都差不多,产量最高的黑龙江省比全国平均数亦仅仅超出两倍,这充分表明人口与食物在地理分布上的同一性。而这种同一性在发达国家中就比较少见,有不少主要食物产区反而是本国的人口稀疏区,美国和加拿大的小麦带就是这样的典型例子。如美国生产小麦最多的3个州,合计占全国总产量约四成,而人口比重仅为2.5%,这3个州的人均小麦产量比全国平均数竟超出15倍。这些都说明,由于生产力水平的不同,发展中国家和发达国家人口分布的主要形成机制有着很大的差别,实际上这也正是存在于农业时代和工业时代之间的差别。

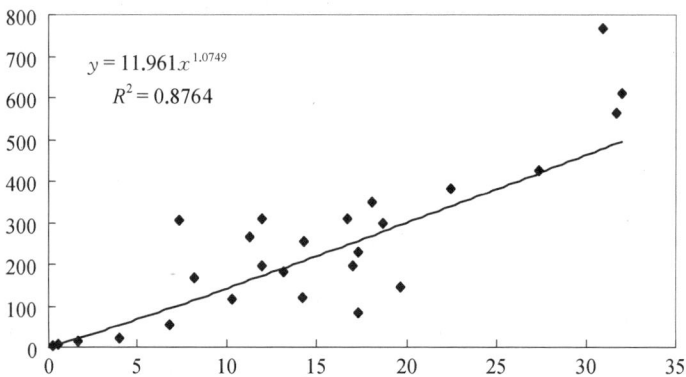

$$y = 11.961x^{1.0749}$$
$$R^2 = 0.8764$$

图8-15　2010年中国各省区人口密度(人/平方千米,y)与垦殖指数(%,x)相关图

说明:本图不含北京、上海、天津、广东和浙江。

生产力的发展和经济结构的调整,促使生产布局不断变化,这一点对人口分布影响很大。例如由于技术进步的影响,许多发达国家工业的部门结构和地区结构出现了新的不平衡,煤炭、冶金、纺织等老工业部门及与此有关的工业区出现了明显的衰退和停滞,居民不得不迁往他乡,这种人口下降区比较典型的有美国的阿巴拉契亚山区、英国的米德兰和南威尔士,以及法国的洛林。相反,一些新兴的工业区人口却大量增长起来,如英国东南部、法国南部、日本的"三湾一海"地区以及美国南方的"阳光地带"。以美国的"阳光地带"为例,这里集中了美国石油工业的绝大部分和航天、电子、石油化工等新兴工业的很大一部分,又是国内建筑业和旅游业最兴旺的地

---

① 潘公昭著:《今日的印度》,中国科学图书仪器公司1947年版,第365页。

区,1940 年属于"阳光地带"的 14 个州合计只占全国人口的 24.9%,到 2009 年已增至 42.2%,美国人口地理因此发生了显著变化。

三、历史、社会和政治因素

人口的地域分布是历史的产物。一方面,它随着生产力的发展和生产布局的变化而处在不间断的演变过程中;另一方面,从总的来看,它又远不如后者变化得那么活跃,而表现出极大的惰性。一个地区人口聚居的历史越是长久,这种惰性往往就越大。而且,人口状况不仅仅是适应生产力的发展和生产布局的变化,它本身作为一个重要的社会条件对后者也起着很大的作用。例如,在地广人稀的地区,劳动力比较缺乏,对于生产力的发展就是一个限制条件。即使在中国这样的人口稠密国家,劳动力相对紧张的局部地区也是不少的,在这些地区,经济的发展就要受到不利影响。相反,在人多地少的地方,劳动力相对过剩,对技术的进步和劳动生产率的提高很不利,有时不得不适当降低技术装备水平来迁就劳动力就业的需要。

还有,人们长期在一个地区居住,会养成对当地环境的一种适应性,它在一定程度上可说是根深蒂固的,饮食、服装、语言、建筑、风俗、心理乃至生理机能等的特点莫不与此有关。应该承认,人们通常都不愿意离开祖祖辈辈生活的地方,这就是所谓"安土重迁",就是离开了,怀乡之情也将长期存在。

所以说,人口分布所具有的惰性是由多方面的因素促成的,人口本身自然增殖、世代演替的特点与之也密不可分。因此,任何一个地区的人口分布现状中,总会不同程度地存留着历史的烙印。从世界范围看,那些历史悠久的地区,人口增殖延续的时间长,人口密度都比较高。相反,发展历史较短的地区,人口就相对稀疏。

从历史上看,人口分布除了受生产力发展和生产布局变化的影响外,还经常受到各种社会的和政治的因素的影响,有时这种影响非常显著,会在短时间内造成人口分布状况的剧变,如我国历史上的几次社会大动乱,都导致人口地理发生巨变。相比起来,经济因素起作用的速度就要缓慢得多。

在现代世界上,社会和政治因素对人口分布的影响也很常见。如两次世界大战后,世界政治地图发生巨变,每一次均伴随着大规模的人口再分布。在印度和巴基斯坦分别独立时,上千万穆斯林从印度迁往巴基斯坦,数量相仿的印度教徒则从巴基斯坦迁至印度,这是政治、宗教因素影响人口分布的一个典型实例。

第九章
城镇人口与乡村人口

第一节　城乡人口的差异及其统计口径

一、城乡人口差异的形成和特点

聚落，又称居民点，是人群居住、生活和从事多种社会经济活动的地方。聚落主要由各类建筑物和街道组成，也包括其他一些供人们活动和休息的场所。其结构成分基本上是人工的，而自然成分仅居次要地位。

远古时代，人类以采集渔猎为主，终生过着漂泊流动的生活，居住形式基本上是巢居或穴居，没有也不可能形成固定的聚落。大约1万年前原始农业的出现，是人类经济生活一次划时代的转折，从此人们的居住形式逐渐向定居转变，而产生出原始的乡村聚落。这些聚落规模小，职能单一，又均为聚族而居，其性质与后来的城镇完全不同。我国母系氏族公社制全盛时期的半坡村即为其典型代表。对这一时期，古籍《抱朴子·诘鲍篇》曾有描述："曩古之世，无君无臣，穿井而饮，耕田而食；日出而作，日入而息。""势利不萌，祸乱不作；干戈不用，城池不设。"

生产力的发展，导致剩余劳动和私有财产的出现，社会分工日渐深化，并有了最初的商品交换。随着氏族或部落之间差异的扩大，争夺地盘、掠取财富的冲突或战争逐渐成为经常的社会现象。正是这种贸易和防御的需要，使一些乡村聚落演变为最早的城镇聚落。对此，古籍《礼记·礼运篇》记载道："大道既隐，天下为家，各亲其亲，各子其子，货力为己，大人世及以为礼，城郭沟池以为固。"这段话清楚地表明，城镇或城乡人口的差异是随着生产力的发展、氏族制的解体以及私有财产的出现而形成的。对此，马克思和恩格斯曾作了深刻的阐述，他们说："某一民族内部的分工，首先引起工商业劳动和农业劳动的分离，从而也引起城乡的分离和城乡利益的对立。"又说："物质劳动和精神劳动的最大的一次分工，就是城市和乡村的分离。城乡之间的对立是随着野蛮向文明的过渡、部落制度向国家的过渡、地方局限性向民族的过渡而开始的，它贯穿着全部文明的历史并一直延续到现在。"[1]

---

[1]　马克思、恩格斯：《德意志意识形态》，见《马克思恩格斯全集》，3卷，人民出版社1960年版，第24页、56页。

进入阶级社会以后，城镇成为阶级斗争的工具，开始具备政治和宗教统治的职能，其规模显著扩大，城乡人口的差异也不断深化。18 世纪产业革命以来，在世界进入工业化时代的大背景下，数以十亿计的人口迅速实现了产业结构和分布地域上的重大变革，即由农业人口转变为非农业人口，由乡村人口转变为城镇人口。2009 年，世界城镇人口第一次超过乡村人口，这无疑将成为世界人口发展史上一个历史性的里程碑。

城乡人口差异的形成迄今已有几千年，在这漫长的历史时期中，世界人口总量翻了许多番，生产方式也几经大的变革，但存在于城乡人口之间的本质性差异却始终没有变化。这种贯穿始终的区分城乡人口的本质性差异究竟是什么呢？曾有学者指出："城市的本质，从根本上说来，是在一定地域内集中的经济实体、社会实体、物质实体这三者的有机统一体。"[1]这里所说的集中，正是一切城市或城镇的共同特性，现在是这样，古代也是这样。作为两种不同的人类聚居地域类型，城市或城镇可以理解为"点"，其特点是集中，即在相对狭小的空间里集聚了大量的人群，因此具有很高的人口密度；而乡村聚落则可以理解为"面"，其特点是稀疏分散，平均规模和密度远不能同前者相比。

以上所说的集中，除了人口以外，还包括各类上层建筑和非农业的经济文化活动，如工业、商业、交通运输、文教卫生、科学研究、新闻出版，等等。因此，城镇具有与乡村聚落不同的社会经济职能。一般说来，城镇均以非农业人口占绝对优势，乡村则是农业人口基本的分布范围。

为了定量地说明城市在人口和社会经济职能两个方面的集聚，可以 2011 年中国 288 个地级市的市辖区占全国总量的比重为例（％）：

土地面积	6.7	人口	29.5
地方财政收入	28.5	商品零售总额	61.9
第二产业增加值	66.2	第三产业增加值	67.8
大学生人数	96.0	外贸进出口总额	99.2

综上所述，可对城镇和城镇人口作如下定义：城镇是人口和非农业社会经济活动高度集中的聚落类型，其人口规模或人口密度达到一定的标准，在所在地区不同程度地起着政治、经济、文化中心的作用。一般情况下，城镇都具有由行政机构实施的建制，或者是城市(city)，或者是镇(town)，前者的人口和社会经济活动的集中度较大，后者则较小，并具有一定的城乡过渡性。居住在城镇行政界线或聚落地理实体范围以内的人口为城镇人口，其余的即为乡村人口。

二、城乡人口统计口径问题和外国的实践

同许多社会经济现象一样，城乡人口的差异虽然在定性方面比较容易理解，但是要在两个对立的范畴之间定量地划出一条清晰的界线，却远非易事。原因就在于

---

① 陈敏之：《论城市的本质》，《城市问题》1983 年第 2 期。

它们彼此之间始终存在着大量的交叉、渗透、过渡和转移,而且它们又都属于历史范畴,一直处在不停的发展、运动之中。在各个历史时期,生产力和社会劳动分工的发展水平不同,上层建筑所施加的影响不同,城镇人口和乡村人口的涵义都会有某种变化。正如联合国人口专家们所指出的:"各国'城镇'所在地的定义各不相同,在同一个国家里,也因时代不同而有差别。此外,在某些国家,还有两个或更多的定义同时并存。城镇化既是数量上的,也是质量上的一种进程,因而随着时间的推移,就会获得或者失去不同的'城镇生活'的标准。"①

前文中曾指出,城镇的特征是集中,但人口规模或人口密度究竟应达到何种程度才能称为集中,却是一个很难回答的问题。很显然,在人口稠密国家和人口稀疏国家之间,所谓"集中"应有不同的标准,那是理所当然的。城镇建制的实施与否,以及城镇行政区界的划定,在很大程度上都是人为的,都存在着一定的伸缩性和可变性。同样,所谓城镇聚落地理实体,实际上也是一个边界模糊可变的范围。因此,分别统计城乡人口虽属必要,但对有关数据及其涵义只能从相对的角度来进行理解,对不同国家作对比时尤其应该这样。关于这个问题,美国人口普查局曾指出:"像一些其他现象一样,对极端情况作出区分并不难,加尔各答的人口无疑是城市人口,南达科他州仅有1 500居民的布法罗县的人口无疑是乡村人口。而在中间状态的情况下,作出城乡的区分就不得不依靠人为的标准了。"②

联合国统计处曾提出划分城乡人口的5条原则,③即:① 行政区;② 人口规模;③ 建制;④ 城市特色;⑤ 占优势的经济活动。根据这些原则,世界各国结合本国国情提出了各自具体的城乡人口统计口径,现综述如下:④

1. 单纯以聚落人口规模划分

各国城镇的人口下限分别为:

200 人——挪威、冰岛;

400 人——阿尔巴尼亚;

1 000 人——委内瑞拉、新西兰;

1 500 人——爱尔兰、巴拿马;

2 000 人——埃塞俄比亚、肯尼亚、利比里亚、洪都拉斯、古巴、牙买加、阿根廷、玻利维亚、以色列、奥地利、捷克、希腊、荷兰、西班牙;

2 500 人——巴林、墨西哥;

3 000 人——斯洛文尼亚;

5 000 人——约旦、苏丹、赞比亚、斯洛伐克;

10 000 人——马来西亚、葡萄牙、英国、瑞士、塞内加尔;

① UN Statistics Division：*Methods for Projections of Urban and Rural Population*，New York，1974，pp.9.

② US Census Bureau. *The methods and materials of demography*，Volume 1，Washington，1980，pp.151.

③ UN. *Handbook of Population Census Methods*，New York，1959，Volume 3，pp.60.

④ UN. *Demographic Yearbook 2010*.

20 000 人——叙利亚；

50 000 人——韩国。

2．规定某级行政中心所在地为城镇

如埃及规定省和地区的首府为城镇；南非规定设有地方级政府的地方为城镇；巴西规定市级和区级行政中心的市区和郊区为城镇范围；蒙古规定首都和区级行政中心为城市；布隆迪、马尔代夫、汤加等国的城镇仅指首都。

3．以具有城镇特征为城镇的标准

如印度尼西亚即规定城镇是"有城镇特征的地方"；巴拿马则规定城镇是"至少有 1 500 人，并有街道、自来水、下水道和电灯等城镇特征的地方"。

4．以人口规模和人口(居住)密度相结合为划分标准

如加拿大规定城镇是"人口超过 1 000，人口密度大于 400 人/平方千米的地方"；法国则以 2 000 以上的人口居住在相邻的房屋中，或房屋之间的距离不超过 200 米为城镇的标准。

5．以人口规模与从业结构相结合为划分标准

如博茨瓦纳即规定人口超过 5 000 人、经济活动的 75％为非农业类型的地方为城镇。智利则规定除 2 000 人以上为城镇，人口在 1 001～2 000 者，如经济活动人口从事非农产业的比重超过 50％，也定为城镇。

6．只考虑建制因素

如毛里求斯和斯威士兰，城镇都是指"立法规定为城镇的地方"。

7．其他

如日本规定城市的人口应超过 5 万，其房屋 60％以上应位于主要建成区，人口的 60％以上应以制造业、商业或其他城市型职业为生；印度的城镇划分标准是人口超过 5 000，人口密度超过 390 人/平方千米，有明显的城镇特征，成年男性人口至少有 3/4 就业于非农业领域；澳大利亚的城镇包括所有 1 000 人以上的聚落，以及人数虽少于 1 000，但拥有 250 幢住宅，其中至少 100 幢有人居住的聚落；秘鲁则以拥有 100 幢以上住房的人口中心为城镇。

以上可见，世界各国的城乡人口统计口径差异很大，这是我们在进行某些横向或纵向对比时应予以注意的。为资弥补，世界银行在 2009 年出版的《世界发展报告》中，提出集聚指数(agglomeration index)这个新指标，并认为它相比于一般统计的城镇人口比重，能更好地反映一个国家城镇化的真实水平。集聚指数由三个基础数据计算而得：① 聚落规模(＞5 万人)；② 人口密度(＞150 人/平方千米)；③ 距离大城市的公路旅行时间(＜1 小时)，这表明它完全是个地理概念，与生产力发展水平关系不大。但从这三个"门槛"的数值来看，它们相对"有利于"人多地少或人口分布比较集中的国家和地区，这些国家和地区能较轻易地超越门槛，而一些地大人少的国家和地区达到门槛的难度则较大。拿世界银行所计算的集聚指数与由联合国人口司提供的各国城镇人口比重(按各国自己的统计口径)做一对比，可以发现，有不少国家这两个数据相差很大，现举数例如下(％，2000 年)：

	集聚指数	城镇人口比重	差额
埃及	91	42	49
斯里兰卡	39	15	24
孟加拉国	49	25	24
印度	53	29	24
越南	48	25	23
乌干达	29	13	16
中国	38	37	1
俄罗斯	66	73	—7
阿根廷	72	90	—18
巴西	63	82	—19

以上可见,中国的城镇人口比重和工业化水平都显著超过印度、越南、孟加拉国等,但新计算出来的集聚指数却大大低于它们,这说明集聚指数也有不小的局限性。

联合国《人口年鉴》在城市人口统计中,列有城市本部(city proper)和城市集聚体(urban agglomeration)两栏,如 2001 年 3 月 1 日,印度最大城市孟买的本部是 603 平方千米,11 978 450 人,城市集聚体是 1 133 平方千米,16 434 386 人。联合国人口司对城市集聚体的定义是:以一两个大中型城市为核心、包括其外延部分在内、跨越行政区界线的连续分布的城镇化区域。这一概念的提出,在一定程度上突破了城市人口统计上的困境。一个典型的例子是日本东京,作为一级行政区的东京都不到 1 300 万人,其中的市区部分只有 800 多万人,但东京的城市化区域早已和周围的横滨、千叶、琦玉等连成一片,共同组成跨越 4 个一级行政区、人口达 3 670 万的世界最大城市集聚体。而如果分割开来统计,就难以反映人口集聚的真实面貌。

常常有人会提出这样的问题:重庆市是不是中国最大的城市?作为一级行政区,重庆的面积达 8 万多平方千米,将近 2 900 万人,这个概念实际上只是行政区,而不是城市,两者理应有一定区别。那么作为城市,重庆究竟有多大呢?这个问题不大好回答,大致以中心 12 个区、850 万人比较适当,关键是"连续分布的城镇化区域"。如果像有的文献所列的,把更多的区,甚至把崇山阻隔、相距 327 千米的万州区、相距 120 千米的涪陵区也包括进来,使重庆的城市人口显著超过上海、北京,就失去了统计学上的意义,也不符合"多大的头戴多大帽子"的原则。

鉴于城镇人口比重是一个地理概念,但又和经济内容密切相关,要找到两全其美、适合不同国家的统计口径,确实很难,在这个问题上,还需要作更多的探索。

三、中国城乡人口统计口径的演变

新中国成立以前,我国没有法定的城镇人口和乡村人口的定义,因此在人口统计中这两大指标一直付之阙如。

新中国成立后,考虑到城镇人口和乡村人口的经济条件和生活方式都不同,各项工作应有所区别,1955年,国务院制定了《关于城乡划分标准的规定》。根据此规定,凡符合下列标准之一的地区都是城镇:① 市、县级以上政府所在地;② 常住人口超过2 000人且半数以上为非农业人口;③ 工矿企业、铁路站、工商业中心、交通要口、中等以上学校、科研机关的所在地和职工住宅区等,常住人口虽不足2 000人,但在1 000人以上,且非农业人口超过75%;④ 具有疗养条件,且每年疗养人员超过当地常住人口50%的地区。以上4类中,常住人口超过两万的县以上政府所在地和工商业地区可列为城市,其余为集镇。城镇人口指市镇辖区内的全部人口。

1963年,根据经济形势的变化,国务院又颁布了调整市镇建制的指示。它规定工商业和手工业相当集中,人口超过3 000人,其中非农业人口占70%以上,或人口虽不足3 000人,但超过2 500人,其中非农业人口占85%以上的地区,可以设镇。在少数民族地区应适当放宽标准。如人口超过10万人,其中非农业人口占70%以上,可以设市;不足10万人者,则必须是重要工矿业基地、港口或较大的物资集散地,或边远地区的重要城镇而又确有必要者方可设市。市镇郊区范围的确定以总人口中农业人口不超过20%为宜。所谓城镇人口,则仅指市镇辖区内的非农业人口。

上述1955年的规定与多数国家相比是较为适中的,而1963年的规定则远为严格,对协调当时城镇与经济发展的关系确实起了积极作用,但严格讲来,把市镇辖区内的农业人口全部不计入城镇人口是不合逻辑的。如前所述,许多国家都把城镇人口理解为一个单纯的地理概念,以人口聚居的集中性作为划分的唯一标准。我国根据国情加了居民的职业构成,这是合理的,但把农业人口一律排除,就大大冲淡了聚居的集中性的意义。

多年来,我国在人口统计上一向有两组并行不悖的指标:一组是城镇人口和乡村人口;另一组是非农业人口和农业人口。它们有联系,但更有区别,各有其意义和作用。一般说来,统计城镇人口主要是为城镇规划和建设提供依据;统计非农业人口和农业人口主要是为按照不同的渠道和定额供应食品和其他物资以及安排劳动就业提供依据。鉴于中国的经济现状,国家在一段长时期内控制非农业人口的发展速度无疑是非常必要的,但这并不妨碍按照比较合理的口径来统计城镇人口,也只有这样,才能使前述两组指标各得其所,充分发挥出各自的作用。

事实上,居住在城镇及其近郊的农业人口在经济生活乃至分布的空间上完全是城镇综合体的当然组成部分,他们同样使用着城镇的公用设施,如供电、道路、公共交通、电信、商业网点,等等,在进行城镇规划和建设时,完全不考虑这部分人口,显然是脱离实际的。

有鉴于此,1982年在进行第三次人口普查时,中国又一次改变了城镇人口统计口径,这一次把市(不含辖县)、镇范围内的农业人口也统计为城镇人口,从而使全国城镇人口比重一下子提高了将近50%,即从14.1%增至20.6%。这样做,无疑是比较合理的,它确认了城镇人口概念的地理性,增大了中国统计数据同外国的可比性,也能较好地适应未来一段时期内中国乡村人口城镇化的趋势。

1984年,国务院为适应城乡经济发展的需要,放宽了建镇标准。1986年,又放宽了建市标准中对人口规模和非农业人口比重的要求。由于这一背景,再加上一些地区相互攀比,为提高级别和待遇,争相把不少条件尚未成熟的县、乡改设为市、镇,或者扩大市的政区范围,结果导致全国市、镇总数乃至城镇人口数急速上升。按第三次人口普查的口径,全国城镇人口比重竟然由 1982 年的 20.6％猛增至 1989 年的 51.7％。

城镇人口统计走进上述这样的误区,不得不再次改弦易辙。1990 年第四次人口普查的新口径是:"市人口是指设区的市所辖的区人口和不设区的市所辖的街道人口。镇人口是指不设区的市所辖镇的居民委员会人口和县辖镇的居民委员会人口。"新口径从两个方面挤去了前几年城镇人口统计中的水分:首先从不设区的市中扣除了乡,其次从不设区的市所辖的镇以及县辖镇中扣除了村。普查得出 1990 年全国城镇人口比重为 26.23％,比按原口径统计的 53.12％缩小了一半,因而被普遍认为具有较高的可信度。而它所反映的城镇人口仍属地理范畴。

但新口径也非完美,全国的比重之所以可信度较高,只是因为它是一个平均数。而各省区据此统计出来的城镇人口比重有一些相差很大,难以解释。究其原因,主要有以下 3 点:

(1) 各省区设区的市的个数相差悬殊,其间显然缺乏一个可比的客观标准。如广东省的东莞,1982 年是个 115.2 万人的县,城镇人口比重仅 12.4％;但 1990 年已成为 174.2 万人的市,城镇人口比重达 100％。

(2) 设区的市中的村民委员会人口比重相差悬殊。

(3) 未设区的市辖镇以及县辖镇个数相差悬殊。由于只有设镇后才能把其中的居民委员会人口计入城镇人口,故镇的个数对城镇人口比重影响很大。

上述问题的核心乃在于市镇的建制以及市镇范围的大小。应该承认,在这两点上确实很难找到一个纯客观的放之四海而皆准的定量界线,也就是说,模糊性和不完全可比性是始终存在的。但尽管如此,几十年来,对这些问题的处理仍过于主观随意。以全国城市的个数来说,1953 年为 166 个,1978 年为 191 个,这 25 年正好平均每年增加 1 个。而到 1997 年,总数已达 668 个,比 1978 年多了 477 个,年均约 25 个。镇的个数变化更大了,1961 年为 4 429 个,1983 年为 2 781 个,而 1984 年竟猛跳到 6 211 个,至 1997 年已增至 18 402 个。毫无疑问,建制上的这种种剧变给科学地统计城镇人口增加了很大的困难。

从 1955 年以来,中国城镇人口统计口径已发生 4 次重大变化,但无论哪个口径,在纵向和横向的可比性以及数据的可信度上都有程度不等的欠缺。要走出这种困境,在没有更好的以居住地域性质为主要依据的城乡人口划分标准之前,不妨以城镇非农业人口数乘以某一系数来代替城镇人口数。众所周知,多年来,中国对城镇非农业人口的规模控制得是比较严格的,不仅中央政府如此,各级地方政府因其直接涉及财政开支、劳动就业和物资供应,也不敢浮夸攀比,故而这套数据是不含水分的,不管统计口径怎样变,这部分人口始终是城镇人口的核心。但如果像 1964～1982 年间那样,用非农业人口数代替城镇人口数,也不合逻辑,因而有必要乘以某一修正系数,表明城镇人口中也应包含合理数量的农业人口。参照国际上常见的标准,国内学者多认为该系数取 1/0.75～1/0.7 为宜,意即城镇总人口中非农业人口占七成或七成半,农业人口占两成半或三成。2009年,中国非农业人口比重为33.8%,除以0.7,为48.3%,据此修正,其可信度显然更高一些。当然,总的说来,城镇人口统计口径仍是一个需要继续研讨的问题[1]。

第二节　世界和中国人口的城镇化

一、城镇化的涵义及其发展的一般规律

(一) 城镇化的涵义

城镇人口和乡村人口差别的出现,迄今已有几千年。但在产业革命以前的漫长历史时期中,城镇始终是人文地理中的个别现象,它们被乡村人口的汪洋大海所包围,在总人口中始终只占极小的比重。产业革命发生以后,在世界迅速迈向工业化时代的大背景下,乡村人口大量转变为城镇人口,后者占总人口的比重迅速上升,许多城市规模急剧膨胀,并涌现出愈来愈多的大城市、巨型城市,以及城市群。对于这一过程和趋势,人们一般用城镇化来加以概括。

城镇化(urbanization)这一术语,是1867年西班牙学者塞达在《城镇化基本理论》一书中首先提出的,随后在世界范围内得到了广泛的使用。在我国,也有人把它翻译为城市化或都市化。1943年,美国学者霍普·蒂丝达尔把城镇化定义为"一个人口集中的过程。这一过程沿着两个方向演进:集中场所的增多和各个场所规模的扩大"[2]。从人口地理学专业角度理解,蒂丝达尔的定义无疑是既简明又贴切的。当然,城镇化不仅仅是一个人口过程,它还有着更广泛的社会经济涵义,为加以反映,我国学者也提出了一些城镇化的定义:

"所谓城市化,简单地说,就是指变农村人口为城镇人口的过程,或是指变农业人口为非农业人口的过程。具体说来,它包括一个国家或地区城镇人口(非农业人口)比重的不断提高,实现城市化的途径,城镇人口和非农业人口地区分布的变化,工农和城乡之间关系的特点,以及城镇结构和现代化水平等五个方面内容。"[3]

"城镇化过程是一种影响极为深广的社会经济变化的过程。它既有人口和非农业活动向城镇的转型、集中、强化和分异,以及城镇景观的地域推进等人们看得见的实体的变化过程,也包括城市的经济、社会、技术变革在城镇等级体系中的扩散并进入乡村地区,甚至包含城市文化、生活方式、价值观念等向乡村地域扩散的较为抽象的精神上的变化过程。"[4]

所有这些,显然将有助于全面理解城镇化的内涵。

---

① 张善余:《统计口径变动对人口普查城镇人口数量的影响及修正》,《统计研究》2002年第10期。
② Hope Tisdale. *The Process of Urbanization*. US Census Bureau: *The methods and materials of demography*, Washington, 1980, Volume 1, pp.156.
③ 吴友仁:《关于我国社会主义城市化问题》,《人口与经济》1980年第1期。
④ 周一星著:《城市地理学》,商务印书馆1995年版,第61页。

(二) 城镇化水平的度量及其主要相关因素

衡量一个国家或地区城镇化水平的常用指标是城镇人口占总人口的比重,又称城镇化率。但由于前述统计口径问题,该指标在作横向、纵向比较时可能有某种程度的扭曲。为资改善,可与其他一些指标相互参照,如农业人口占总人口的比重,以及第二、第三产业占经济活动人口和国内生产总值的比重,等等。表 9-1 就是几个代表性国家上述几项指标的对比。

表 9-1 一些国家与城镇化水平有关的几项指标(2011 年)

	城镇人口比重（%）	农业人口比重（%）	第二、三产业占GDP(%)	人均 GDP（美元*）
布隆迪	10.9	89.1	65	605
埃塞俄比亚	17.0	76.8	54	1 092
尼泊尔	17.0	92.9	68	1 249
坦桑尼亚	26.7	72.7	72	1 610
孟加拉国	28.4	44.4	82	1 909
越南	31.0	62.7	78	3 359
印度	31.3	47.9	83	3 663
巴基斯坦	36.2	42.3	78	2 786
埃及	43.5	27.3	86	6 455
印度尼西亚	50.7	36.7	85	4 666
土耳其	71.5	19.3	91	14 393
俄罗斯	73.8	7.8	96	16 736
文莱	76.0	0.2	99	49 536
美国	82.4	1.6	99	48 328
巴西	84.6	10.4	95	11 769
澳大利亚	89.2	3.8	98	40 847
日本	91.3	2.0	99	34 748
比利时	97.5	1.2	99	37 781
科威特	98.3	1.0	99	41 701

*购买力平价。

从以上数据中,可以清楚地看出城镇人口比重与其他几个指标之间有着密切的相关性,这正说明了前文中已经指出的一点,即人口城镇化的基本推动力来自生产力和社会劳动分工的发展。著名经济学家钱纳里根据上百个国家持续 20 年的 30 个变量和两万个观察数据建立的经济模型,深刻地揭示出城镇化水平与人均国民生产

总值以及产业结构的非农化之间的关系。[①] 例如,他提出 20 世纪 50～60 年代一个
国家的人均国民生产总值为 300 美元时,劳动力的非农化率为 51％,城镇人口比重
应达 44％;为 800 美元时,非农化率为 56％,城镇人口比重可达 60％。这一规律后
来曾多次为罗斯托、托罗达等著名经济学家所引用,在世界上有着广泛的影响。相
关分析表明,城镇人口比重与按购买力平价计算的人均 GDP 有着最密切的正相关,
按世界各国数据计算,1980 年,两者之间的相关度达到最高(见图 9-1),近年虽然这
一相关度因多种原因趋于下降(参见下文),但迄今正相关仍是明显的。第二、三产
业合计占 GDP 的比重,对世界各国城镇人口比重也有很大的影响。2009 年,其相关
系数为 0.629。

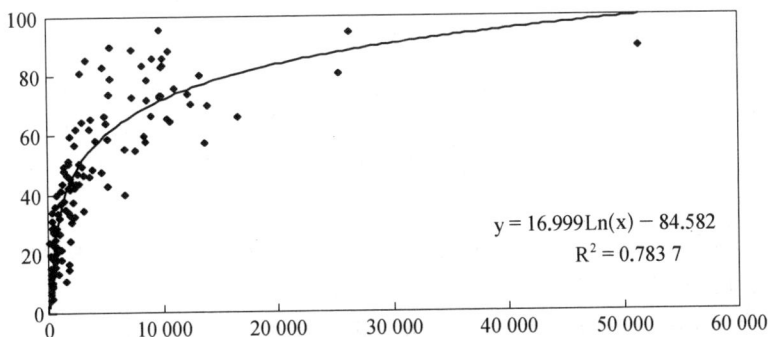

$$y = 16.999 \text{Ln}(x) - 84.582$$
$$R^2 = 0.783\ 7$$

图 9-1 1980 年世界 133 个有数据国家城镇人口比重(％,y)与
人均 GDP(购买力平价,美元,x)相关图

(三) 关于城镇化水平超前或滞后的问题

人口城镇化是一种复杂多姿的社会经济现象,除主要受到生产力发展水平的制
约外,其他一些因素,如自然条件、人口状况、历史基础、经济特点乃至政治体制等对
它都有影响。在经济水平相似的国家之间,城镇化水平有时会出现明显差异,排除
统计口径不同而造成的扭曲外,这种差异大致可区分为两类,一是相对于经济发展
水平,城镇化超前;二是城镇化滞后。

造成超前的原因,主要是城镇化过程未能受到适当的社会调控。尤其是某些发
展中国家,贫穷的乡村人口在人口压力的驱使和城乡比较利益差异的诱导下,大规
模地、盲目地向城市迁移,从而导致失业严重、住房奇缺、治安恶化、环境污染等一系
列与城市过度膨胀有关的难以解决的社会经济问题。这就提示人们,城镇化应与经
济发展水平相互协调,否则将会产生出种种负面影响。1998 年初召开的世界议员民
居问题论坛第二次会议通过的《原则声明》即已向全世界发出警告:城镇化的迅速发
展及其所带来的问题是 21 世纪世界各国面临的最严峻挑战之一。

值得指出的是,近二三十年来,一些最贫穷的发展中国家,由于社会的和自然的

---

① 钱纳里等著,李小青等译:《发展的格局(1950～1970)》,中国财政出版社 1989 年版,第 22～24 页。

多种原因,生态环境恶化,自然灾害频繁,土地承载力每况愈下,加上人口激增的压力,千百万农民越来越难以照原样在乡村生活下去,流入城市已成为其中许多人唯一的生路。于是,经济的停滞,农业的绝对或相对衰退,就同城镇化的迅猛发展结合在一起,产生出国家越穷,城镇化势头越猛的怪现象。1980～2010年间,世界上有不丹、博茨瓦纳、布基纳法索、布隆迪、佛得角、海地、老挝、莫桑比克、尼泊尔、卢旺达等10个国家城镇人口比重的增长倍数超过中国,但期间它们的经济发展速度均远远低于中国,其中布隆迪人均GDP按不变价格计为零增长,海地更是剧减了四成以上;2010年,这10个国家的人均GDP(购买力平价)除博茨瓦纳外,也都比中国差之甚远,甚至只有中国的1/10～1/20,在世界上也属于最低之列。对于以上这种似乎越穷城镇化越快的现象,早在1992年,笔者即已著文进行了分析,[①]认为这是世界城镇化新形势的一个显著特点。近年,国外也有学者分析了这一问题:"世界穷人有1/4居住在城市,这一比重正在不断上升。1993～2002年间,每天收入不足1美元的穷人在全世界的农村中减少了1.5亿人,在城市中却增加了5 000万。穷人的城镇化甚至比总人口的城镇化还要更快。由于促进了经济发展,城镇化有助于在总体上减少绝对贫困。"[②]

为什么城镇化有助于减少绝对贫困,其原因,说到底还是一个集聚效应、群体效应的问题。此外,城镇化缩小了人与人之间的距离,并改变了人们的生存环境,因而能明显地降低全社会的减贫成本,以及提高减贫质量。一位美国学者最近也指出:"随着世界人口向着90亿或100亿发展,密集的城市看起来更像是一种治疗方法——让人们脱贫而不破坏地球的最好的希望。"[③]

前文中已经指出,人口城镇化与工业化相辅相成,关系非常紧密,因此,世界各国城镇人口比重(y)与以人均GDP(x)为指标的经济发展水平有着密切的正相关。但在不同年份之间,这种正相关的程度有一定的变化。以下是战后7个代表性年份反映上述关系的回归公式,从中可见,相关系数在1980年达到最高,此后就呈现明显的下降趋势,这说明至少有一部分国家的城镇化发展已逐渐背离其经济水平,这就验证了有关穷人快速城镇化的论断。

$$1950: y = 20.933 \, \mathrm{Ln}(x) - 123.57 \qquad R^2 = 0.6881 \qquad n = 131$$
$$1960: y = 20.516 \, \mathrm{Ln}(x) - 120.90 \qquad R^2 = 0.7570 \qquad n = 133$$
$$1970: y = 19.802 \, \mathrm{Ln}(x) - 115.18 \qquad R^2 = 0.6415 \qquad n = 133$$
$$1980: y = 16.999 \, \mathrm{Ln}(x) - 84.582 \qquad R^2 = 0.7837 \qquad n = 133$$
$$1990: y = 16.119 \, \mathrm{Ln}(x) - 80.934 \qquad R^2 = 0.7208 \qquad n = 139$$
$$2000: y = 14.170 \, \mathrm{Ln}(x) - 65.945 \qquad R^2 = 0.6405 \qquad n = 169$$
$$2010: y = 13.574 \, \mathrm{Ln}(x) - 63.847 \qquad R^2 = 0.5944 \qquad n = 174$$

① 参阅张善余:《世界城市化的新形势》,《人口学刊》1992年第3期。
② Martin Ravallion, Shaohua Chen. New Evidence on the Urbanization of Global Poverty, *Population and Development Review*, 2007, 33(4): 667-701.
③ Robert Kunzig. The City Solution, *National Geographic*, December 2011.

除社会经济原因外,某些地理因素和产业特点也可能造成城镇化的超前,如不少位于干燥区和寒带的国家,受自然条件所限,难以发展农业生产,第二、三产业比重极大,人口也不得不集中在少数环境较适宜的地点,故城镇人口比重都很高,如吉布提,人均 GDP 甚低,城镇人口却占到 76% 以上;巨厚冰川覆盖的格陵兰岛城镇人口比重也超过经济远为发达的美国和加拿大。有不少岛屿面积小,地形不利,也可能促升城镇人口比重。如马耳他,经济仅属中等水平,但该比重高达 94.7%,比意大利超出 26 个百分点;印度洋中的留尼汪岛、塞舌尔群岛,加勒比海地区的马提尼克岛、阿鲁巴岛、巴哈马群岛等,情况均与之类似。

与超前相比,城镇化滞后的现象较为少见。中国和柬埔寨在过去某一时期曾发生过把城镇人口大规模迁往乡村以及大量减少城镇建制的情况,从而显著降低了城镇化水平。出现这类现象的原因,当然非出一端。就中国而言,重要原因之一就是对城镇化的重大社会经济意义缺乏足够认识,看不到产业的非农化和人口的城镇化是相辅相成的促进现代生产力发展的两个重要方面。直到 20 世纪 70 年代末、80 年代初,学术界还有一些人主张"中国走的是一条非城市化的工业化道路",认为城镇化"不仅与我国的社会主义制度相抵触,也是与马克思主义的城乡学说根本对立的",因而"不是我国城乡发展的道路"①。这些观点无疑都是错误的。

现在,人们都普遍认识到,人口城镇化是历史必由之路,是现代任何追求社会经济进步的国家都不能厕身其外的国际大趋势。正如列宁所指出的:"在现代各个国家甚至在俄国,城市的发展要比村庄迅速得多,城市是经济、政治和人民的精神生活的中心,是前进的主要动力。"②对于资本主义制度下城乡之间的严重对立关系,马克思主义经典作家一贯持批判态度,并认为城乡差别的存在只与一定的历史时期相联系。他们还对未来消除城乡差别的前景作了某些展望,但又认为"这是一个极长期的过程"③。若以此来否定工业化进程中人口城镇化的必然性和必要性,无论在实践上还是在理论上显然都是站不住脚的。

二、世界人口的城镇化

世界上出现最初的城镇,迄今大约已有 5 500~7 000 年。④ 对于城镇和城镇人口的发展史,大致可划分为 3 个阶段,即古代、近代和现代。

(一) 古代

公元前四五千年的中期,人类四大古文明相继兴起。权威的《泰晤士世界历史地图集》指出:"城市是所有这些文明的共同特征。"⑤在此后的二三千年间,四大古文

---

① 转引自中国城镇化讨论会的报道,《经济地理》1983 年第 1 期。
② 列宁:《关于德国各政党的最新材料》,见《列宁全集》,19 卷,人民出版社 1959 年版,第 264 页。
③ 恩格斯:《反杜林论》,见《马克思恩格斯全集》,20 卷,人民出版社 1971 年版,第 321 页。
④ 死海北部的耶利哥建于 9 000 多年前,是世界上第一个建有城墙的城(面积 4 公顷),且有居民连续居住至今。
⑤ [英] 巴勒克拉夫主编:《泰晤士世界历史地图集》,三联书店 1982 年版,第 51 页。

明发祥地一直是世界上城镇人口分布的基本区域。直到公元前 1000 年左右,城市文明才逐渐向更广阔的地区扩展。这一时期城市的规模都不大,多为几千人至几万人,比较突出者除中国以外先后有乌尔、底比斯、罗马、巴格达等。其中乌尔是美索不达米亚平原上最早由乡村聚落演变为城镇聚落的,它城墙内占地 80 公顷,公元前 3000 年时人口为 2.4 万,1 000 年后增至 3.4 万,而包括城郊在内的"大乌尔"更达到 36 万人。底比斯是埃及古都,可能是世界上人口最早突破 10 万和 20 万的城市(公元前 16 世纪至公元前 14 世纪)(见表 9-2)。罗马是古代世界上最大的城市之一,公元 1 世纪人口达 65 万,包括城郊更接近 100 万。巴格达在公元 8 世纪发展迅速,规模堪与中国长安、洛阳并列。但许多历史名城在到达鼎盛之期以后,由于各种原因几乎都衰退甚至荒废了,如罗马在 9～16 世纪间只有寥寥几万人。

表 9-2　不同时期世界 10 万以上人口城市数

年份	人 口 规 模 （万）							世界最大城市
	10～20	20～50	50～100	100～200	200～500	500～1 000	1 000～2 000	
1360（公元前）	1							底比斯(埃及)
650	3							尼尼微(伊拉克)
430	12	2						巴比伦(伊拉克)
100	16	6	2					罗马(意大利)
360（公元后）	12	6						君士坦丁堡(土耳其)
800	14	6	2					长安(中国,740 年)
1200	24	5						临安(中国杭州)
1400	23	9						金陵(中国南京)
1600	37	15	3					北京(中国)
1850	110	44	11	3	1			伦敦(英国)
1925	450	213	91	31	10	3		纽约(美国)
1975	909	657	212	99	58	18	4	东京(日本)
2008*	1 737	1 195	623	269	86	24	8	墨西哥城(墨西哥)

　*部分国家统计时间较早。所统计的绝大部分是城市,也有个别的是城市集聚体。
　数据来源:http://en. wikipedia. org/wiki/List_of_largest_cities_throughout_history；UN. *Demographic Yearbook*。

　　中世纪时除中国外,世界其他主要地区社会经济发展缓慢,较具规模的城市长期没有明显增加,有时还趋于萎缩。著名的神圣罗马帝国(12 世纪前后)版图广达 100 万平方千米,而超过 1 000 人的城镇仅有 200 个。14 世纪全欧洲最大的城市威尼斯也不过只有 8 万人。到中世纪行将结束的 1500 年,欧洲只有 4 个城市略超过

10万人,5个城市有6万～10万人,而4万～6万人的城市也只有区区18个,这一切均与中国差之甚远。总起来说,在时间跨度超过5 000年的古代阶段,城市始终是人文地理中的个别现象。纪元以后,世界城镇人口比重长期波动在4.5%～5.0%左右,除个别城市的人口可短暂地达到50万～100万以外,绝大部分城镇规模都很小。总之,这一漫长历史时期只是城乡分异形成的初级阶段,严格意义上的人口城镇化尚未真正开始。

(二) 近代

在文艺复兴时期,欧洲一些城市,如威尼斯、热那亚、佛罗伦萨等,已出现资本主义萌芽。大致从18世纪中叶起,欧美各国相继开始了资本主义产业革命,城镇化的进程空前加速,到19世纪末期的短短150年时间里,其进展即大大超过了以往的几千年。在产业革命的策源地英国,城镇化发展得最为迅速,1800年,其城镇人口比重已达20%,1851年即成为世界上第一个城镇人口超过乡村人口的国家,到19世纪末,城镇人口比重更超过75%,在世界各国中显著领先。其他西欧、北美国家城镇化的发展也很迅速(如美国1790年只有24个城市,1890年即猛增至1 348个,同期内城镇人口比重由5.1%上升为35.1%),但由于起点远低于英国,城镇人口只是到第一次世界大战前后才超过乡村人口,东欧国家和日本还要更晚一点。

产业革命时期,在西方国家中涌现出一批规模巨大,并且在职能上具有广泛的多样性的近代化城市,其中最突出的当数伦敦。16世纪初,伦敦还是一个只有几万人的小城市,至19世纪初人口即达100余万,超过北京,成为世界第一大城。到1901年,人口更增至658万,达到世界上前所未见的巨大规模。

与西方国家相反,亚、非、拉各国在18～19世纪由于殖民主义的压迫或封建制度的束缚,社会发展迟滞,城镇化大多还处于最初的萌发阶段。我国不少城市在这一期间发展也非常缓慢,甚至出现明显的衰退。一批发展较迅速的城市都是殖民主义者进行统治的中心或从事经济掠夺的门户,城市都具有明显的殖民地色彩,典型的如孟买、加尔各答、雅加达、开罗等。

整个19世纪,世界的城镇化有了很大进展,城镇人口的比重由1800年的5.1%提高到1900年的13.6%。这一进展主要集中于小城市,这是乡村人口向城镇人口转化的第一阶段。1800年,少于两万人的小城镇占世界城镇人口的20%,1900年增至32%,而大中城市发展则相对缓慢。

20世纪的前半期,虽然受到两次世界大战的不利影响,但世界城镇化仍得到很大发展,至1950年,世界城镇人口比重已达29.4%。1900年,全世界城镇人口超过乡村人口的国家和地区只有3个,1950年已增至52个。期内,纽约取代伦敦成为世界最大城市。该市1624年才建立,1800年仅6万人,到1900年已跃增至344万,1950年更达1 234万,成为产业革命掀起人口城镇化大潮的典型代表。在短短100多年的时间里,世界最大城市经历了由北京→伦敦→纽约的转移,它反映的事实上乃是世界经济中心由中国→西欧→北美的大转移,在农业社会漫长历史时期形成的世界经济格局，一下子就被产业革命彻底打破了。[①]

表 9-3　世界城镇人口比重的变动　　　　　　　　　　　%

年　份	世　界	发达国家	发展中国家	世界比重年均增长百分点
1800	5.1	7.3	4.3	
1850	6.3	11.4	4.4	0.024
1900	13.3	26.1	6.5	0.140
1950	29.4	54.5	17.6	0.322
1980	39.4	70.1	29.5	0.333
2011	52.1	77.7	46.5	0.410
2050*	67.2	85.9	64.1	0.387

* 联合国人口司预测。

（三）现代

1. 城镇化水平大幅提高

第二次世界大战后，在新科技革命的背景下，世界生产力高速发展，城镇化水平也不断提高，2011 年，其比重达到 52.1%，推计年均增长百分点，显著超过了以往任何时期。战后世界城镇人口演变的一个显著特点，是其增长极已由发达地区转移至发展中地区。19 世纪，在世界城镇人口的增量中，发达地区贡献了 76%，此后这一比重逐渐下降，20 世纪前半期为 60%，1950～1965 年为 39%，1965～1980 年为 25%，1980～2011 年仅为 6.5%。预计未来若干年内该比重将进一步下降至微不足道的程度。贡献率此消彼长的这种变化，表明两大类地区在工业化和城镇化上完全处于不同的阶段。发达地区近二三十年来基本上已进入了后工业化时期，工业社会正向信息社会转变，加上老龄化程度加深，使人口进一步向城镇的集中趋势在很大程度上得到了遏止。发展中国家目前正处在由农业社会向工业社会的演变过程中，强劲的人口城镇化势头预计还将持续一段很长时间。

虽然近几十年发展中国家的城镇化速度比发达国家快得多，但迄今两类国家在工业化和现代化水平上仍然相隔着一道鸿沟，这一点在人口集聚度以及城乡聚落结

---

① 世界生产总值地区分布的变动清楚地反映出经济中心的几次大转移。参见如下数据（占世界生产总值的比重，%）：

	1820 年	1870 年	1913 年	1950 年	2008 年
中国	33.0	17.1	8.8	4.6	17.5
英、法、德三国	14.2	22.0	22.2	15.6	9.0
美国	1.8	8.9	18.9	27.3	18.6

数据来源：http://www.ggdc.net/MADDISON/oriindex.htm。

构上可以看得很清楚,即低收入国家乡村人口比重依然很大,小型城乡聚落占了总人口的大部分,而高收入国家则正相反,人口已经大量集中于大中型城市,这种态势与现代化水平显然是互为因果的(见表9-4)。

表9-4　三类国家不同规模城乡聚落占总人口的比重　　　　　　　%

城乡聚落规模	低收入国家	中等收入国家	高收入国家
2万人以下	73	55	22
2万～100万	16	25	26
100万以上	11	20	52

数据来源:World Bank. *World Development Report 2009*,pp.61。

2.大城市高速发展,大都市圈成批涌现

战后世界人口城镇化进程中的另一个显著特点是大城市,尤其是特大城市的高速发展,其速度超过中等城市,更超过小城市,它们占世界人口和城镇人口的比重越来越高,这一点在图9-2、表9-5、表9-6中都可以看得很清楚。

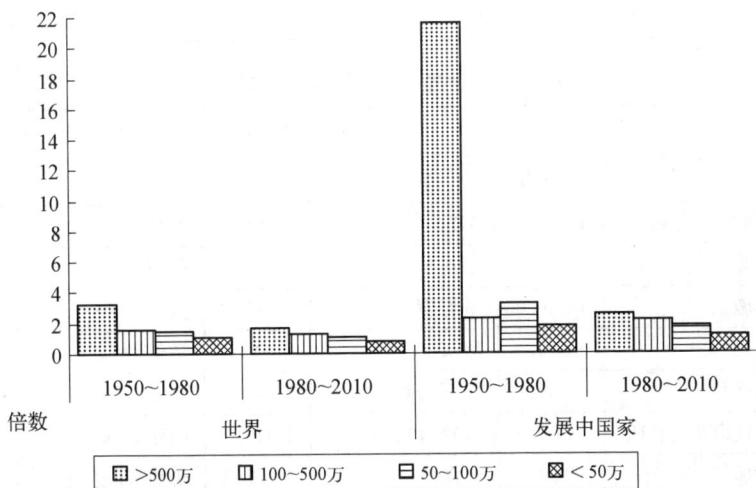

图9-2　1950～2010年间世界不同人口规模等级城市总人口的增长倍数

针对大城市的迅速发展及其所发挥的巨大作用,不久前美国的《大西洋》月刊发表专文对之进行了全面分析,[①]文章强调指出,大城市是我们时代的经济引擎,和创新的中心,并列举数据,说明由大城市及其周围城市化地区组成的大都市区,在世界经济总产出中占据了很大的份额,其经济集聚甚至大大超过了人口集聚的程度:

---

① http://www.theatlanticcities.com/jobs-and-economy/2011/09/25-most-economically-powerful-cities-world.

	占世界人口%	占世界经济产出%
世界前2位大都市区*	0.8	7.3
世界前10位大都市区	2.6	21.2
世界前20位大都市区	4.4	28.0
世界前50位大都市区	7.0	38.5
世界前100位大都市区	10.6	46.1

* 按经济规模排列,2005年。

表9-5　世界各规模等级城镇占城镇总人口比重的变化　　　　　%

规模等级 (万人)	世　界		发达国家		发展中国家	
	1950年	2010年	1950年	2010年	1950年	2010年
>1 000	3.2	9.3	5.5	10.9	0.0	8.7
500~1 000	3.5	6.7	4.7	4.9	1.7	7.4
100~500	17.6	22.1	16.9	22.0	18.4	22.2
50~100	9.4	10.2	10.7	9.1	7.6	10.6
<50	66.3	51.6	62.1	53.1	72.3	51.1

表9-6　世界15个最大城市集聚体

排序	1950年		2010年		2025年(预测)	
	城　市	人口(万)	城　市	人口(万)	城　市	人口(万)
1	纽约-纽瓦克	1 233.8	东京	3 666.9	东京	3 708.8
2	东京	1 127.5	德里	2 215.7	德里	2 856.8
3	伦敦	836.1	圣保罗	2 026.2	孟买	2 581.0
4	巴黎	652.2	孟买	2 004.1	圣保罗	2 165.1
5	莫斯科	535.6	墨西哥城	1 946.0	达卡	2 093.6
6	布宜诺斯艾利斯	509.8	纽约-纽瓦克	1 942.5	墨西哥城	2 071.3
7	芝加哥	499.9	上海	1 657.5	纽约-纽瓦克	2 063.6
8	加尔各答	451.3	加尔各答	1 555.2	加尔各答	2 011.2
9	上海	430.1	达卡	1 464.8	上海	2 001.7
10	大阪-神户	414.7	卡拉奇	1 312.5	卡拉奇	1 872.5
11	洛杉矶-长滩	404.6	布宜诺斯艾利斯	1 307.4	拉各斯	1 581.0
12	柏林	333.8	洛杉矶-长滩	1 276.2	北京	1 501.8
13	费城	312.8	北京	1 238.5	布宜诺斯艾利斯	1 370.8
14	圣彼得堡	290.3	里约热内卢	1 195.0	洛杉矶-长滩	1 367.7
15	孟买	285.7	大阪-神户	1 133.7	开罗	1 353.1

说明:城市名加淡影者属发达国家,余为发展中国家。数据来源:http://www.un.org/esa/
population/*World Urbanization Prospects*:*The 2009 Revision*。

随着大城市的发展,不少城市在地理空间上逐渐连为一体,出现了"城市集聚体"、"城市连绵区"、"城市带"、"都市圈"等新概念。在发达国家,早已形成了纽约、东京等巨大"都市圈"[①],它们每年的经济产出都达到几千亿甚至1万多亿美元,在世界上遥遥领先。在中国,长江三角洲、珠江三角洲和环渤海地带的巨大"都市圈"也已初显轮廓。

值得注意的是,战后大城市,包括特大城市人口规模的高速膨胀,基本上只出现在发展中国家,它们的原有基础比较薄弱,而发达国家的大城市虽然在经济上也不断发展,但人口规模的变动则远不及发展中国家,这同两类国家在人口转变上的不同背景也有密切关系。到20世纪80年代,发展中国家城镇人口对大城市、特大城市的集中率已超过发达国家。1950年的世界15个最大城市中,发展中国家只有4个,1990年增至9个,而2010年已多达12个。只要想一想不久前在世界上还"鹤立鸡群"的纽约,到2010年在人口规模上已被发展中国家的4个城市超出,就可以想象出世界人口和经济格局正在发生何等巨大的变化。

发展中国家大城市,包括特大城市的超常规发展,主要是由于其工业化进程中的人口环境,尤其是人口总量,与当初处在同一阶段的发达国家大不相同,其城乡比较利益上的差异也更加悬殊。许多国家因基础差,资本积累少,为获得更高的发展速度和效益,在生产布局和区域发展上普遍采用了"不均衡战略",即把有限资本集中投入于少数大城市,以实现最高的集聚效益和最低的基础设施单位成本,而外资的投入对这一过程也起了推波助澜的作用。最近有学者列举详细数据说明,一个大城市的经济产出比两个人口合计数相仿的中等城市大约多1/5,而建设成本却反而少1/5,这就对集聚效应作了最简明的诠释[②]。由于以上因素的作用,不少发展中国家的大城市往往在不到1%的土地上,集中了全国1/5甚至1/2的人口与GDP,集聚效应非常明显,在此基础上形成了一批即使按世界标准衡量亦堪称巨型的城市—工商业枢纽。例如:

——圣保罗。1950年在世界大城市中仅列第23位,2010年跃居第3位。巴西作为一个面积850万平方千米、人口近两亿的大国,1/8的GDP集中于圣保罗一地,其面积仅占全国的0.018%,生产布局的不平衡非常典型。

——首尔。20世纪50年代初还是一片战争的瓦砾场,人口最少时仅6万。战后高速发展,1988年奥运会后已突破1000万,成为居世界第9位的特大城市,工商业独占全国近1/3。近年,韩国实行了一系列降低首尔过高集中度的政策(部分原因在于朝鲜半岛的紧张局势),并酝酿迁都。2010年,首尔在世界大城市中已退居第22位。

——墨西哥城。1950年在世界大城市中列第16位,2010年为第5位。其GDP占全国1/5以上,若包括外延城镇化地区,更超过1/3。

---

① 张善余:《世界大都市圈的人口发展及特征分析》,《城市规划》2003年第3期。

② Luís M. A. Bettencourt and Geoffrey B. West. Bigger Cities Do More with Less, *Scientific American*, 2011, 305(3): 52-53.

——拉各斯。尼日利亚经济首都。1950年在世界城市中尚排在第370位以后,而2010年已跃升至第18位,预计2025年将上升至第11位,其制造业约占全国的1/2。

……

图9-3显示了世界各国最大一个城市(集聚体)占本国总人口比重,一般说来,大国该比重在5%～10%,中等国家在10%～25%左右。若该比重过低,则难以获取集聚效益,过高则可能加重区域发展的不平衡。世界上人口遥遥领先的两个国家——中国和印度,该比重排在最末位,但中国比其他国家低得太多,很值得引起思考。

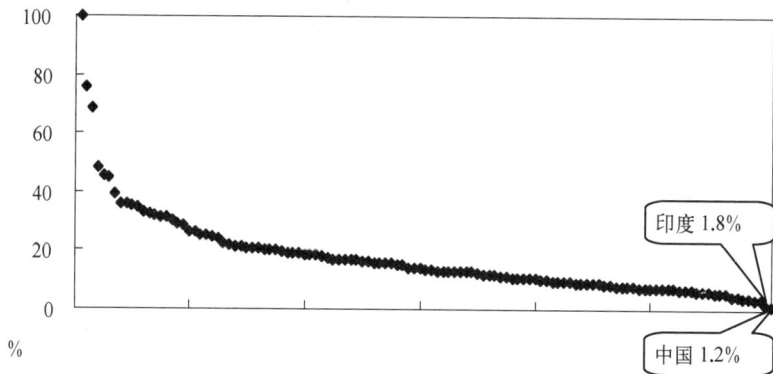

图9-3 2010年世界各国最大一个城市(集聚体)占本国总人口比重

大城市,包括特大城市的超常规发展,对国家的工业化进程的确起了很大的推动作用,但多方面的负面影响也不容忽视,尤其是城乡及区域之间发展不平衡的问题相当突出。由于规模太大,膨胀过快,这些大城市本身在运营管理和可持续发展上也都面临着越来越尖锐的矛盾,出现于许多城市的大片贫民窟就是这些矛盾的鲜明写照。

一项对经济合作与发展组织(OECD)国家600万人以上的特大城市的分析表明,人均收入与城市规模有一定程度的负相关,显示城市的集聚效应在达到某种人口数量级后,就有可能被其负面效应(拥挤成本、环境污染、资源不足、运营和管理困难、区域差异扩大等)超越。专家们认为,700万人可能就是这样的一个门槛[①]。这里所说的"门槛",当然因国因时而异,对700万人这个数字不宜作绝对化的理解,但所提出的问题无疑十分重要。发展中国家在工业化和城镇化过程中,究竟应如何因地制宜地建立合理的城镇体系和区域发展模式,确是一个具有普遍意义的大课题。

贫民窟与城中村

贫民窟,按照联合国人居署(UN-HABITAT)的定义,是指以住房低于标

---

① OECD Territorial Reviews. *Competitive Cities in the Global Economy*,2006,pp. 82.

准、肮脏和占有权缺乏保障为特征的人口稠密的城市区域,它伴随着工业化进程、农村人口大量涌入城市、城市区域迅速扩张而产生,在很多情况下成为贫穷、犯罪、疾病流行和社会最底层的同义词,恩格斯著于1845年的《英国工人阶级状况》一书曾对英国工业城市的贫民窟现象进行过生动详尽的描述和分析。目前,贫民窟主要分布于发展中国家,据联合国人居署统计,发展中国家的贫民窟人口从1990年的6.7亿增长到2010年的8.5亿,但占其全部城镇人口的比重已从46%降至33%(见图9-4),该比重在塞拉利昂、苏丹、中非、乍得等几个非洲国家均高达90%以上,一些经济发展较快的国家,如中国、印度、巴西、印度尼西亚、泰国、南非等也达到1/4～1/3。由于城市的规划和建设很难与人口增长完全同步,涌入城市的农民要在物质上和心理上完全成为城市居民通常也需要适当的过渡和较长的时间,因此在城镇化快速发展期间,类似于贫民窟这样的现象可能是难以避免的。虽然从本质上讲,贫民窟现象的产生与社会的公正平等以及收入分配有着更密切的联系。

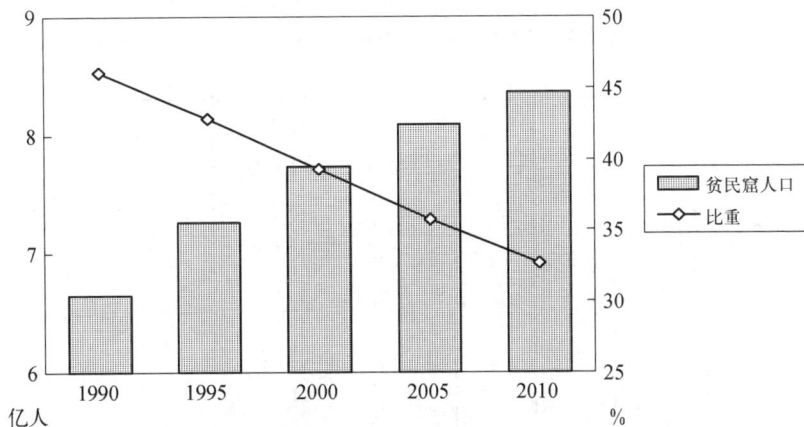

图9-4　发展中国家城市贫民窟人口及其占全部城镇人口的比重

　　中国在近二三十年城镇化高速发展的过程中,产生了一个颇具中国特色的城市地理和人口地理现象——城中村,它们原是城市郊区的乡村聚落,在城市大发展的过程中逐渐被新市区包围,土地被征用的农民与大量外来人口混居其间,房屋拥挤陈旧,与周围现代化的城区形成鲜明对照。城中村产生的原因与其他国家的贫民窟不尽相同,但就低收入、高密度、脏乱差、管理薄弱、鱼龙混杂而言,与贫民窟又很近似。城中村主要分布在外来人口比重很高的沿海大城市,如奥运会前仅北京8个中心城区就有300多个城中村(位于丰台区的"浙江村",因规模大、浙商云集和治安混乱在全国曾名噪一时),总占地面积17平方千米,涉及100多万人。在深圳,城中村更占了全部住房和总人口的大约半数。由于城中村的改造涉及原住农民的土地、房屋的使用权和产权,又涉及大量受生活成本低的吸引而来的外来人员的利益,且人口密度非常高,困难是很大的,但若久拖不决,改造成本将越来越大。必须根据城乡一体化建设和促进外来流动人口市民化的宗旨,勇于政策创新，统筹兼顾，尽早予以解决，以利于整个城市的繁荣与和谐。

3. 最发达国家出现逆城镇化现象

与发展中国家相反，近二三十年来，不少发达国家自进入后工业化时期后，城镇化进程即基本停滞，城镇人口比重每 10 年上升还不到 1 个百分点，有的甚至有所下降。如美国 20 世纪 70 年代城镇人口比重仅上升 0.1 个百分点，若扣除外国移民（他们基本上全部定居于城市），实际上是下降的；80 年代上升 1.5 个百分点，扣除外国移民，增幅也极微。过去二三十年中，发达国家大城市的相对比重普遍下降，不少大城市人口还绝对减少了，如欧洲的伦敦、柏林、米兰、哥本哈根、马赛、杜塞尔多夫、埃森、热那亚、那不勒斯、都灵、鹿特丹、阿姆斯特丹、伯明翰、利兹、曼彻斯特，美国的纽约、匹兹堡、底特律、克利夫兰、新奥尔良等。大城市人口的这种减少，主要集中于城市的核心部分，所减少的人口大部分迁至郊区，因此在人口分布格局上出现了明显的"内消外涨"趋势，这里所说的郊区，是指受中心城市辐射或吸引的外延部分。1940 年，美国全部大都市区（Metropolitan Areas）人口中，郊区占 32％，中心城区占 68％，到 2000 年，前者上升至 62.3％，后者则剧降至 37.7％（见图 9-5）。

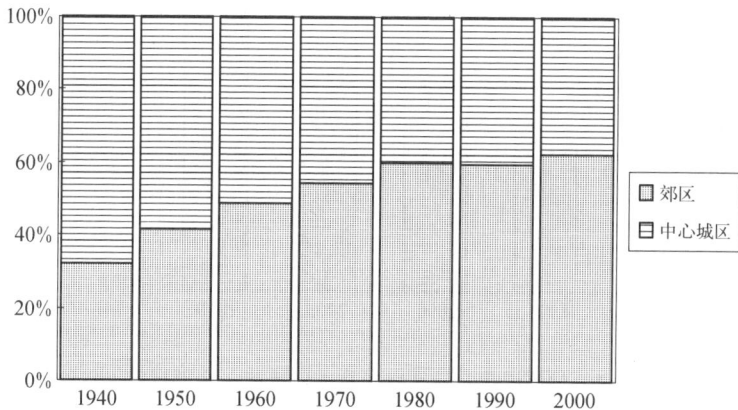

图 9-5 美国大都市区人口的郊区化

对于发达国家近二三十年来城镇化进程中出现的以上这些现象，即：① 城镇人口比重增长缓慢，停滞，甚至下降；② 大城市相对比重的降低以及部分大城市人口的绝对减少；③ 城市人口的郊区化，国外学者用"逆城镇化"（Counterurbanization）这一术语加以概括，[1]它表明随着社会经济发展进入后工业化时期，城乡人口分布出现了新的模式，在过去工业化阶段中占压倒性优势的人口集中趋势，已逐渐为集中与分散并存所取代。具体说来，"逆城镇化"的出现主要有以下几个原因：[2]

---

① 参阅张善余：《逆城镇化》，《人口与经济》1987 年第 2 期。

② 从第二次世界大战开始，以英国为代表的一批发达国家，为协调区域发展，减缓少数大城市过度膨胀产生的种种矛盾，以及国防安全的需要，采取了分散大城市职能、鼓励大城市人口外迁的政策，取得了显著成效，对"逆城镇化"的出现实际上起了政策导向作用，这方面以伦敦的变化最为明显。参阅张善余：《大伦敦的变迁》，《世界地理集刊》1983 年第 5 集。

（1）生产力高度发达，城乡之间在物质生活和精神生活两方面已没有实质性差异。

（2）第三产业在经济活动中占据绝对优势，其生产特点和生产布局条件与前一阶段占主导地位的第二产业有很大差别，生产发展对人口集中的需求度大大减小。

（3）信息产业和高速交通的大发展，显著缩小了空间距离，特殊地理区位和集聚效应的意义有所降低。

（4）人们开始追求更高的生活质量和环境质量。

（5）老龄化社会的来临对人口分布的影响。

在上述原因的作用下，近二三十年来，发达国家的大城市普遍发展缓慢，在国家社会经济生活中的地位显著下降。随着公司、企业和高收入阶层的迁出（仅最近几年，就有几十家大型跨国公司的总部撤出纽约），城市财政收入锐减，市政设施老化，犯罪严重，进一步减弱了对人口的吸引力。为了在一定程度上扭转大城市衰弱的趋势，英、美等国都实行了一系列被称为"城市复兴"的计划。但总的说来，这些国家的城镇化已进入了一个新阶段，中小城市在全国城镇体系中将发挥比以往更重要的作用，看来这将是一个长期性的趋势。

三、中国人口的城镇化

（一）历史时期城镇的发展

现在一般认为，中国古代城镇起源于距今五六千年、以龙山文化为代表的父系氏族公社时期。在对这一时期的（河南省）登封王城岗、淮阳平粮台等著名考古遗址的发掘中所发现的大量古城遗迹，说明不迟于龙山文化中期，黄河中下游地区已进入了城市文明的早期阶段。进入奴隶社会，城市开始具备政治和宗教统治的职能，商代的郑州商城、安阳殷墟都已是成熟的阶级社会城市。西周分封71国，导致中国城市发展史上的第一个高潮，春秋战国时期则为第二个高潮。秦统一中国后实行郡县制，把全国分为46个郡，八九百个县，各级行政中心均为规模不等的城市，进一步促进了城市的发展。此后的汉、唐、宋、元、明、清几代，都曾出现过社会经济发展的高潮期，期内城市文明高度繁荣，西安、洛阳、南京、开封、杭州、北京等曾先后达到或接近百万人口的巨大规模，成为古代世界无与伦比的特大城市。在前述几个高潮期内，中国的城镇人口比重达到甚至超过10%，在世界上也显著领先。

中国的人口城镇化在古代能长期处于世界的先进水平，主要是由于中国版图辽阔，人口众多，历史悠久，很早就建立起统一的中央集权国家。这种统一和中央集权，就其持久、辽阔、严密和稳固而言，绝无其他任何国家堪与相比；而中国经济、文化的发达程度，在世界上也长期领先。到产业革命前夕，中国占世界生产总量的比重仍大大超过目前美国占世界的比重。所有这些，都为城市的繁荣提供了庞大坚实的经济基础，以及与之相适应的上层建筑。

然而，进入19～20世纪，当许多国家开始大规模的工业化和城镇化的时候，中国的城镇化却出现了明显的停滞和倒退，城镇人口比重下降到5%左右，很多城镇都陷入萧条之中。究其原因，主要是封建生产关系长期延续，越来越成为生产力的桎桔;而人口却不断膨胀,致使人口压力日增,人均粮食产量显著下降,清代后期尚不足唐代之半,对城镇人口发展起了根本性的抑制作用。到新中国建立的1949年,中国城镇人口比重仅为10.6%,成为世界上一个突出的后进国家。

(二) 新中国城镇化的几个阶段

新中国建立后,城镇化得到了大发展,但发展过程中也出现了不小的波动,据此可划分出3个明显不同的阶段:

第一阶段从建国初到1960年,期内城镇化发展迅速,城镇人口比重由1951年的11.8%上升到1960年的19.8%。在1957年以前,发展态势基本上是健康的,与社会经济发展之间起了较好的相互促进作用。但此后出现了"大跃进"的失误,城镇人口增长过猛,导致国民经济比例严重失调。

第二阶段从1960年到1978年,城镇化出现了倒退和停滞。为了纠正"大跃进"的失误,60年代初,国家大量减少城镇人口,城镇人口比重到1963年降至16.8%。此后,"十年动乱"严重破坏了社会生产力,使城镇化水平多年停滞不前,到1978年比重仅达17.9%,只相当于1958年的水平。这表明中国在现代化进程中白白损失了20年的宝贵时间,不少原先更为落后的国家这时都纷纷跑到了前面。

第三阶段从1978年至今,期内受改革开放大潮的推动,中国的社会生产力取得了举世瞩目的巨大进展,产业结构亦发生了显著变化。在此促进下,城镇化水平大幅提高,2011年已达到51.27%,大体上达到了工业化程度相仿的其他发展中国家的水平,初步扭转了产生于前一阶段的城镇化严重落后的局面。由于受城市政策和统计口径的局限,数以千万计的乡村迁移流动人口,尽管已进入城镇并已生活了相当长的时间,但仍然只是"外来人口"或"暂住人口"的身份,没有被全部计入城镇人口。此外,特别是在相对发达的东部平原上,有许多乡村中心居民点人口已达数千人,并以非农产业为主,但因未设镇的建制,居民仍被视为乡村人口。考虑到这些因素,因此,中国真实的城镇化率可能还要再高若干个百分点(见表9-7)。

表9-7 中国人口城镇化的演变

年 份	个 数		人口(万)		城镇人口 (万)	乡村人口 (万)	人口比重(%)	
	城市	镇	城市	镇			城镇	乡村
1953	166	5 402	4 353	3 372	7 725	50 535	13.3	86.7
1964	168	3 148	8 702	3 672	12 374	56 748	17.9	82.1
1982	244	2 660	14 525	6 106	20 631	79 761	20.5	79.5
1990	456	11 935	21 123	8 528	29 651	83 397	26.2	73.8
2000	663	19 692	29 263	16 614	45 877	78 384	36.9	63.1
2011	657	19 683	47 000*	22 079*	69 079	65 656	51.3	48.7

*为笔者的推算数。

近二三十年来,中国城镇人口迅速增长的来源一部分是通过县改市、乡改镇的途径新设置了一大批市、镇。从表9-7可见,20世纪80年代以前,中国城市数量增加很少,镇则减少过半,这种状况固然与当时的生产力水平有关,但在城乡划分标准上偏于保守、低估了城镇化促进社会经济发展的积极作用,在指导思想上甚至有某种程度的"重农抑商"倾向。进入改革开放的新时期后,市、镇数量逐年迅速增多,2011年与1982年相比,市增加1.7倍,镇增加6.3倍,这从一个侧面反映出社会生产力得到大解放的喜人景象。

城镇人口迅速增长的另一个来源是城乡人口迁移。据第六次人口普查资料,中国人口迁移流动总量中由乡村迁往城镇的占六成多(由城镇迁往乡村的比重极小),数量多达1.3亿人,受普查统计口径所限,这一数字可能是偏小的,但在相当程度上也反映了乡村人口城镇化的强劲势头。

(三)中国的城镇体系和城镇化发展道路问题

在城镇人口比重显著提高的同时,中国的城镇结构体系也得到了改善,其总的态势是:大中小城市协调发展,大城市的中心和龙头作用显著增强,几大都市圈初显轮廓,通过这个过程,一个以大、中城市为枢纽,小城镇为城乡联系纽带,形成各类经济中心,组织合理的市场经济网络的格局,已初步成形,为全国的社会经济,包括城镇化的更大发展奠定了坚实基础。

中国的城市和镇通常按其非农业人口规模分为以下几级:

400万人以上的超大城市。2008年共有10个,它们是上海、北京、武汉、重庆、广州、天津、汕头、南京、沈阳、成都,其中上海为1 192万人。合计占全国非农业人口的15%。

200~400万人的特大城市。共13个,它们是佛山、济南、哈尔滨、西安、杭州、青岛、大连、长春、石家庄、太原、深圳、无锡、郑州,合计比重为8.2%。

100~200万人的大城市。共33个,合计比重为10.7%。

50~100万人的大城市。共86个,合计比重为13.6%。

30~50万的中等城市。共121个,合计比重为10.7%。

30万人以下的小城市。共380个,合计比重为15%。

小城市以下即为1.9万个镇,它们与城市共同组成了中国庞大的城镇体系金字塔。

中国的城镇化虽已取得了很大进展,但在国际上仍是一个相对后进的国家。1950年,在全世界有数据的227个国家和地区中,中国的城镇人口比重排在第177位,1980年下降至第194位,此后逐渐上行,2000年为第168位,2010年为第151位,仍属于后1/3,未能真实地反映社会经济水平,因而亟待今后有更快更大的发展。在这个过程中,首先必须进一步增强对城镇化这一国际大趋势在促进经济发展和社会进步中所起的积极作用的认识。其次是要选择一条适合于中国国情的城镇化发展道路,处理好大、中、小城市之间的比例关系。在这方面,既要看到大、中型城市在第二产业和第三产业的发展上有着较高的经济效益,又要看到小城镇具有密切联系农村、有利于农村剩余劳动力转移的社会效益,对这两者畸轻畸重,均不利于中国城镇化的健康发展。

大城市,尤其是特大城市是国家政治、经济的主要枢纽,起着中、小城市难以替代的"龙头"作用和"中心"作用。以中国现在的人口规模,拥有百万人口大城市56个,数量显然不算多,一个省不过分摊到一两个,而中国几乎所有的省都相当于世界上一些很大的国家。从最大城市上海的规模来看,其市区总人口略多于2 000万,是世界十大城市之一,但占全国总人口的比重仍然偏低。全世界不包括中国在内的发展中国家,平均有17%,即1/6的人口居住在百万人以上的大城市中,中国则尚未达到这一水平,而中国的人均GDP却已超过发展中国家的平均数,这说明未来中国的大城市仍应有合理的发展[①],以充分发挥其社会经济效益。当中国达到中等发达水平时,有1/5的人口居住在百万人口以上的大城市中,可能是一个较恰当的比例。

小城镇的发展和建设在过去未得到应有的重视,近二三十年出现的带有一定补偿性的超常增长,是个很合理的现象。与大城市相比,小城镇有不少优点,但也存在着分散、占地广、难以获得规模效益的弱点。今后几十年中,全国预计将有几亿乡村人口转化为城镇人口,其中一部分将由小城镇吸纳,因此要从战略性高度来认识加强发展小城镇的问题。这种加强,一是量,二是质,相比之下后者更为重要。小城镇的数量还应逐步增多,其中要选择一批各方面条件较优者进行有重点的建设。目前,上海郊县农村正在实施"三集中",即工业向(市、县级工业)园区集中,耕地向规模经营(专业大户、农场)集中,人口向城镇集中,其他地区的农村也应逐步朝这个方向发展。

当2030年前后中国总人口攀上约14.5亿的历史峰值时,城镇人口比重按保守估计应达65%左右,即相当于发达国家20世纪60年代后期的平均水平,大体上可认为是"中等发达"。届时全国城镇人口为9.4亿,比2011年增长36%,乡村人口为5.1亿,比2011年减少1/5。城镇人口的增量中,属于自然增长的只占很小一部分,九成以上将属于乡村人口的城镇化。

大城市的超先发展与合理规模

大城市超先于中小城市的发展,是工业化和城镇化进程中的一个国际大趋势,其最基本的动因就在于通过人口和资本的集中,获取最大的集聚效应。但中国过去很长时间一直特立独行地严格限制大城市的发展,并把这一方针上升到法律层面(见《城市规划法》),甚至一而再再而三地以各种名目大量迁出城市人口,学术界的主流对此也竭力鼓吹,结果使中国白白丧失了许多次的发展机会,以上海为代表的中国大城市在远东和世界城市的横向对比中非常明显地后

---

① 参阅张善余:《论我国大城市人口仍需较大发展——兼论现行城镇化方针应重新认识》,《人口研究》1993年第2期。

退了几大步。针对以上问题，笔者曾数次著文力陈其非。1983 年，在《中国人口地理》中详细研讨了中国城镇化发展方针问题，尖锐批评了当时盛行的"小城市论"，认为这种观点"没有跳出小生产的圈子，乃是一种村镇式工业化的'乌托邦'"；并着重指出"搞工业化不能不出现大城市，在工业化的过程中也离不开大城市"。[①] 1993 年，又在《人口研究》（第 2 期）上发表了题为《论我国大城市人口仍需要较大发展——兼论现行城镇化方针应重新认识》的论文，明确提出中国城镇化的合理方针应该是"大、中、小城市协调发展，逐步建立合理的城镇体系"。

近一二十年，随着社会主义市场经济初步确立，实践以强大的生命力冲破了种种约束，全国大、中、小城市的发展都非常兴旺，大城市的强劲发展势头在人类全部历史上亦属仅见，对增强综合国力，推动国家现代化，发挥了巨大作用（只要想一想仅深圳、上海和北京三个城市吸纳的外来流动人口已超过 2 500 万人，就可以理解什么是大城市的集聚效应）。然而，在这个万马奔腾的大发展过程中，大城市的合理规模或曰门槛的问题仍应引起足够的重视，而现实中出现的一些矛盾也早已到了不容忽视的程度。以首都北京来说，在一个生态脆弱的文化古都身上，集中了太多太多的城市职能，并使之达到了极大的规模，污染[②]、拥挤与资源匮乏均已十分严重，说包括北京在内的相当一部分中国城市，在可持续发展上已出现的问题必须引起我们足够的警醒，甚至应产生某种程度的危机感，毫不为过。对此，应以科学发展观加以审视，并力求从本源上化解矛盾。

（四）城镇化水平的地区差异

中国城镇化水平的地区差异从总的来看是东部最高，西部次之，中部最低；此外，北方高于南方；平原高于山区。这与人均 GDP 和第二、第三产业的发达程度是基本吻合的。而一些地理因素对此也有影响，如在生产力水平大致相近的情况下，寒冷地区的城镇化率高于温暖地区，干燥区高于湿润区，平原高于山区，这些因素主要通过影响一个地区的产业结构和聚落分布特点，对城镇化水平间接地起作用。除 3 个老直辖市外，全国 28 个省区可按 2009 年城镇人口比重划分为以下几种类型：

1. 城镇化水平较高

包括（城镇人口比重由高到低排列，下同）广东、辽宁、浙江、江苏、黑龙江、内蒙古、吉林、重庆、福建、海南、山东等 11 个省区，比重在 65％～48％之间，均高于全国平均数。这些省区又可分为两类：东北三省和内蒙古是老工业区，迄今重工业在全国仍占较大比重，拥有一批重要工业城市，其中辽宁省中部是全国最早成形的巨大的工业—城市集群；四省区乡村聚落受自然条件影响，分布相对集中，规模也较大，

---

① 《中国人口地理》，上册，华东师范大学出版社 1984 年版，第 291 页。

② 世界卫生组织（WHO）数据显示，2008～2009 年世界 1 083 个城市的空气质量，北京列第 1 036 名，属严重污染（http://www.who.int/phe/health_topics/outdoorair/databases/en）。

易于向城镇化演变,广大林区聚落亦以小城镇占绝对优势。而广东、浙江、江苏、福建、山东等省均属沿海地区,过去经济有一定基础,近30年更成为全国经济发展最快的地区,其中珠江三角洲和长江三角洲已是具有世界意义的庞大工业基地,在此基础上,一大批大城市应运而兴,其发展速度之快,水平之高,在全部历史上亦罕见其匹(参见图9-6)。以上广东、浙江、江苏、山东等省将是未来一二十年中国大都市圈、城市带发展的"主战场",这几个省自然条件优越,人文基础雄厚,应下决心使这些省不仅继续成为中国生产力的重要承载地,还要成为比现在更重要的人口承载地,其基本的实现途径就是发展大都市圈或城市带。

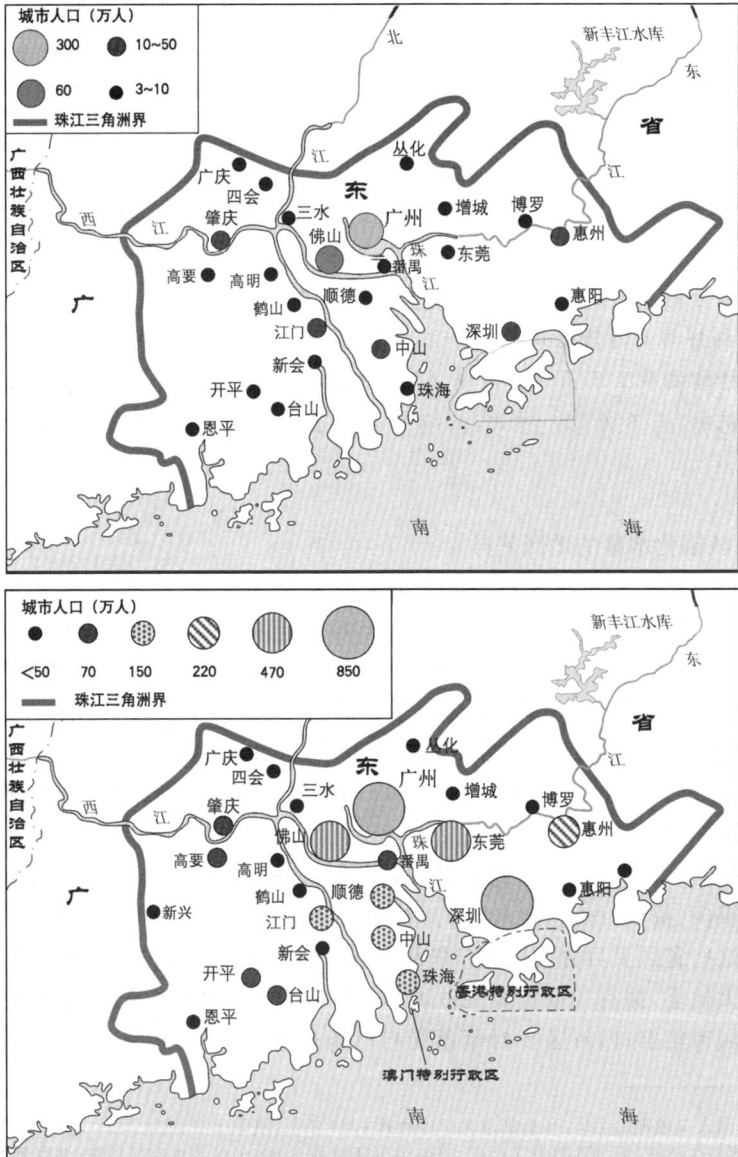

图9-6 巨变——珠江三角洲城市群(上:1982年;下:2005年,万人)

2. 城镇化水平中等

包括宁夏、湖北、山西、陕西、湖南、江西、河北、安徽、青海、新疆、广西、四川、河南等13个省区,其城镇人口比重在37％～46％之间,已低于全国平均数。这些省区大部分位于中部地区,经济水平与前一类地区有明显差距,除湖北、山西、河北等省工业有一定基础外,其余各省区农业仍占较大比重,为国内主要农业区,近二十年一直是全国流动人口的主要来源地。由于劳动力丰富,发展成本较低,近期已开始吸引沿海工业内迁,这对于城镇化将是一大推动。未来若干年内,应沿着京广、郑西、成渝、石太、同蒲等主要交通干线,依托武汉—鄂州、重庆—涪陵、成都—绵阳、西安—咸阳、长沙—株洲—湘潭、郑州—洛阳—开封、太原—榆次等大中城市,构建一批在全国属第二等级的都市圈、城市带,使之成为整个中西部地区的枢纽。

3. 城镇化水平较低

包括云南、甘肃、贵州、西藏4省区,城镇人口比重在24％～34％。这些省区历史基础差,少数民族多,生产力水平处在全国的最下游,工业尤其薄弱,发展条件上存在着不少客观上的困难,应随着经济水平的提高,通过实施山区人口合理再分布逐步予以推进。

第三节　城乡人口的变动、分布和结构特征

一、城镇人口变动的途径

除了统计口径改变以外,城镇人口的实质性变动通常有4条途径,即:① 新城镇的建立,或某些老城镇撤销建制;② 城镇辖区范围变动;③ 城镇人口自然增长;④ 乡村人口通过迁移转化为城镇人口,这种变动一般称为迁移增长或机械增长。在城镇化的早、中期,以上各条途径的变动都相对活跃。城镇化进入成熟期后,城镇建制及辖区范围趋于稳定,自然增长和迁移增长成为影响城镇人口数量的两个最经常起作用的基本因素。

美国地理学家诺瑟姆曾把城镇化过程划分为3个阶段,即低水平低速度的初期,加速发展的中期,以及达到高水平后发展趋于缓慢甚至停滞的后期[1]。从城镇人口变动途径分析,初期以自然增长为主,迁移增长受到城镇吸纳能力的严格限制;中期以迁移增长为主,自然增长则退居次要地位,这一时期城市发展充满活力,城市形态日新月异,人口也迅速膨胀;后期迁移增长显著减少,甚至成为负数,自然增长重新占据主导地位。从表9-8可见,日本最大的东京都市圈和大阪都市圈,在20世纪60年代中期以前以迁移增长为主,人口规模迅速膨胀,60年代中期以后,转以自然

---

① Ray M. Northam. *Urban Geography*. New York: John Wiley & Sons, 1975, pp. 66.

增长为主,迁移增长大幅萎缩,大阪都市圈则降至负数,人口规模即明显地进入了低速增长期或停滞期。

表9-8 日本东京、大阪两大都市圈的人口变动 年均‰

年 份		1950～1955 年	1965～1970 年	1980 年	1991 年	2009 年
东京*	自然增长	13.2	16.1	8.3	4.1	−0.8
	迁移增长	21.3	12.7	1.8	2.4	3.4
大阪**	自然增长	11.5	14.4	7.5	3.2	−0.5
	迁移增长	13.1	7.5	−3.4	−2.0	−0.3

* 东京都、琦玉县、千叶县、神奈川县。
** 大阪府、京都县、兵库县。

目前,从世界各国看,发展中国家除少数尚处于城镇化的初期外,大多数已进入中期,城镇人口的增量中迁移增长一般均占 1/2 左右,有的达到 2/3 以上;而发达国家多已进入后期,迁移增长均十分微弱。中国城镇人口变动的总的状况与其他发展中国家没有大的差别,但波动较大。第四次人口普查数据表明:在社会经济发展比较健康迅速的 20 世纪 80 年代,市镇人口增长中,自然增长只占大约 1/4,而迁移变动和建制变动合计则占 3/4。近 10 年来,中国工业化和城镇化高速发展,再加上把居住半年以上的外来人口计入城镇人口统计(但事实上外来农民工并没有真正享受到市民待遇),因此城镇人口数量迅速地逐年增大,2000～2011 年间,增幅高达50.6%,而这 11 年城镇人口累计的自然增长率不超过 6%,显示迁移变动占全部增量的比重已接近 90%。

表9-9 显示了 2010 年中国城乡迁移流动人口的分布和流向,如果以乡和镇的村委会合计为乡村,则其流出量约达 1.3 亿人,占迁移流动人口总量的 63%,而流入量仅占总量的 13%,这从一个侧面反映了乡村人口城镇化的强劲态势。

表9-9 2010 年中国城乡迁移流动人口* 的分布和流向 占总量%

	乡	镇的村委会	镇的居委会	街 道	合 计
城市	13.44	23.90	6.90	22.38	66.62
镇	5.56	9.81	3.15	2.01	20.53
乡村	3.51	6.76	1.18	1.41	12.85
合计	22.51	40.47	11.22	25.79	100.00

* 迁移流动人口指户口登记地在外乡镇街道、离开登记地半年以上的人口。

二、城市人口规模分布

世界上城市的人口规模相差悬殊,大的可逾千万人,小的仅几百几千人,但若在一个国家或地区范围内观察城市人口规模,可以发现,它们由大到小在分布上并非杂乱无章,而是有某种规律可循的。1913 年,德国地理学家奥尔巴赫首先提出了城市人口的序位——规模律:

$$P_i i = K$$

式中 P_i 为所有城市按人口规模大小从第 1 位向后排序的第 i 位城市的人口数,K 为常数。1925 年,美国学者罗特卡认为,i 应允许有一个或略大于 1 或略小于 1 的指数。1941 年,美国学者捷夫提出了一个更简明的公式:

$$P_i = \frac{P_1}{i}$$

图 9-7 提供了 2009 年美国第 1~20 位城市按人口规模的分布及其与捷夫模式的对照。应该说,两条曲线相当接近,这说明捷夫模式虽然只是对一种理想状态的描述,但对美国这样的国家还是基本适用的。

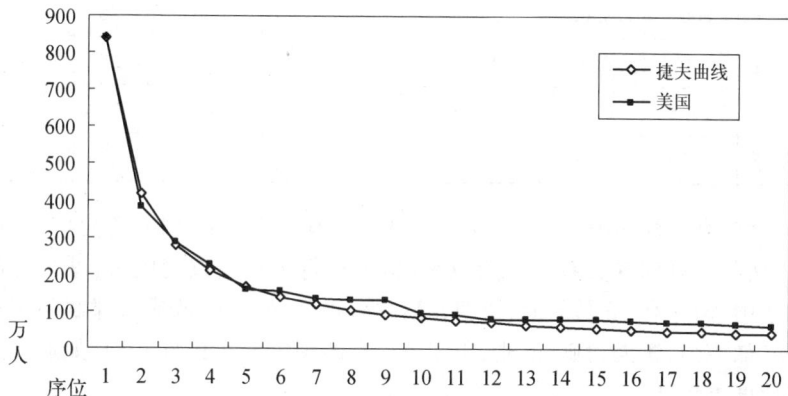

图 9-7 2009 年美国 20 个最大城市的人口序位—规模分布与捷夫曲线的对比

然而,世界上各个国家的情况差异很大,捷夫模式并非普遍适用。例如,有不少国家一个最大的城市畸形突出,把其他所有城市远远抛在后面;有的则是几个主要城市规模相当,伯仲难分。为了衡量主要城市在整个城镇体系中的人口规模分布状况,可以使用以下几个指标:

$$首位度 = P_1/P_2$$
$$四城市指数 = P_1/(P_2 + P_3 + P_4)$$
$$十一城市指数 = P_1/(P_2 + P_2 + \cdots + P_{11})$$

表 9-10 反映了各国四个最大城市之间的人口比例关系,其差异确是很悬殊的。城市首位度和四城市指数过高,表明城市发展不平衡,最大城市与次级城市之间断层过深。在一个地小人少的国家,这也许是合理的;而在较大的国家中,这往往会导致严重的区域发展不平衡。有人认为城市首位度高的一般是发展中国家,因为它们的城乡两极分化最为严重。但从资料中看,这种现象虽然确实存在,却也不尽然,有

一些发达国家城市首位度和四城市指数也很高。

表9-10 一些国家的城市首位度和四城市指数

国　家	年　份	首位度	四城市指数	国　家	年　份	首位度	四城市指数
埃塞俄比亚	2002	11.16	4.49	伊朗	2006	2.92	1.31
泰国	2008	9.70	3.55	摩洛哥	2007	2.47	0.86
匈牙利	2008	8.30	3.14	日本	2005	2.37	1.01
智利	2008	7.47	3.80	俄罗斯	2008	2.29	1.44
罗马尼亚	2008	6.19	2.08	波兰	2007	2.25	0.79
古巴	2008	5.04	2.13	哈萨克斯坦	2008	2.20	0.82
白俄罗斯	2008	4.90	1.79	美国	2008	2.18	0.94
朝鲜	2008	4.20	1.65	意大利	2008	2.09	0.85
英国	2001	3.62	1.37	巴西	2008	1.78	0.94
印度尼西亚	2005	3.38	1.27	中国	2008	1.29	0.50
马来西亚	2008	3.03	1.16	荷兰	2008	1.28	0.55
布基纳法索	2006	3.01	2.26	印度	2001	1.21	0.64

影响这两个指标的因素是多方面的,同一个国家的政治结构、历史特点、地理条件以及人文状况等都有关系。一般说来,历来实行中央集权的国家,城市首位度都较高,如法国、匈牙利、罗马尼亚、伊朗、智利等;相反,权力分散或联邦制国家首位度就低一些,如德国、澳大利亚、南非、印度等。有的国家两大民族并列,如加拿大和比利时,首位度也较低。

城市人口规模的分布问题涉及合理的城镇体系和区域发展格局的构建,对一个国家或地区社会经济的协调发展显然具有重要意义。发展中国家在工业化进程中适当提高城市首位度,可以较快地获得集聚效益。而达到一定阶段时,则应对区域协调发展问题给予更多的重视。近几十年来,为了降低过高的首位度(或出于其他政治、经济目的),有些国家实行了迁都,如巴西、巴基斯坦、坦桑尼亚、尼日利亚、科特迪瓦、哈萨克斯坦等(酝酿中的还有日本和阿根廷),均取得了一定的成效。

三、城镇内部人口密度

人口和其他社会、经济职能的高度密集,是一切城镇共有的特性。在城镇内部,人口分布也有差异。研究城镇内部的人口密度,对于城镇规划和建设,正确解决生活用地和生产用地的矛盾,以及合理安排城镇的结构,均有重要意义。

城镇内部人口密度有着不同的统计口径,这同范围的确定有关。鉴于各城市的郊区或有、或无,或大、或小,并无一定的标准,因此按总面积计算的人口密度在部分城市之间没有可比性。为统一口径,我国采用了建成区这个概念。所谓"建成区",是一个连片的完整的地域范围,是目前城市建设用地所达到的轮廓界线所包括的地区,其中也有一些农田、空地和水面,但基本的空间已由人工建筑所占据。建成区标志着一个城镇实际达到的用地规模。随着城市的发展,建成区会不断扩大。从这些因素可以看出,建成区是一个城镇的核心,它通常只占全市总面积的一小部分,人口却占大部分。就多数城市来说,这部分人在数量上可近似地看作是市区的非农业人口,以此可推算建成区人口密度。

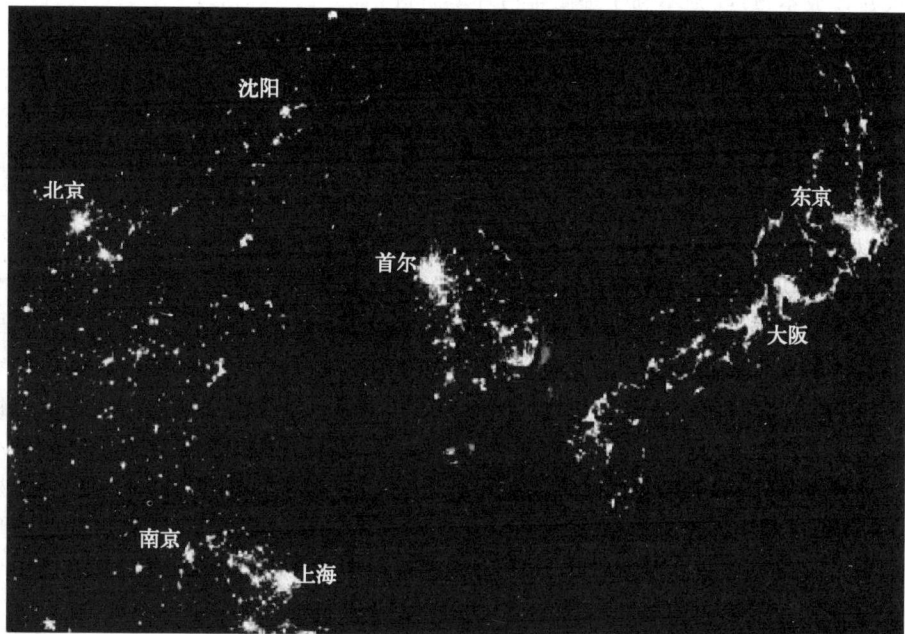

图 9-8 夜晚的灯光大致勾画出城镇人口分布以及城市建成区的轮廓

1980 年,中国城市建成区总面积为 7 865 平方千米,2009 年增长到 39 500 平方千米,29 年增长约 4 倍,但同期内城镇人口增长不到 2.3 倍,这说明我国土地城镇化的发展速度明显快于人口城镇化,因此,城市人口密度是不断下降的。这种下降,首先是合理的,因为过去中国城镇人口居住过于拥挤,有些城区的人口密度堪称世界之最,通过改造,降低了人口密度,生活质量大大提高。但在这个过程中,也要重视提高土地利用效率的问题。近十余年来,在体制因素的影响下,全国形成了各地齐头并进的分散化开发格局,致使土地浪费现象严重。针对这些问题,一定要合理确定城市的开发边界,防止大城市面积过度扩张。要适当提高建成区的土地容积率和人口密度,以获取最大的土地利用效益和集聚效益。在确定合理的城市人口密度方面,一定不能忘记人多地少是中国最基本的国情。

一般说来,城市人口密度往往同城市本身的规模成正比例,即城市越大,密度越高,历史、地理特点和城镇布局特点等对之也有影响。大城市规模大,职能广,人口多,用地紧张,不得不提高人口密度,向空中发展;中、小城市则可以在平面的扩展上有较大的余地,人口密度就比较低。从中国的情况来看,建设部颁布了《城市用地分类与规划建设用地标准》,按照不同的人口规模等级对城乡建设用地的标准作了规定,城市人均用地为 60～120 平方米,乡村为 50～150 平方米,这实际上已经对不同规模等级城镇的人口密度作出了基本限定。目前,我国大城市建成区平均人口密度在 12 000 人/平方千米左右,中小城市约为 6 000～10 000 人/平方千米,差异远不如乡村人口密度那样悬殊。国内外的城市建设部门都认为,比较适当的市区人口密度为每平方千米几千人至 1 万人。过低不利于提高土地利用效率,还会增大单位面积市政建设成本;过高则不利于提高生活环境质量。

建成区人口密度的差异在每个城镇的内部也同样存在。以上海市来说,这种差异就非常鲜明。1990 年人口普查时,南市区的露香园路街道为全市密度之冠,达 136 449 人/平方千米,比最低的长宁区程桥街道高 44 倍。经过 20 年的新发展,上海市市中心区的人口密度大幅降低,外围则有所提高。2010 年,合并了原露香园路街道的豫园街道为 51 731 人/平方千米,与程家桥街道的差距已缩小至 15 倍。

以上计算的人口密度以土地总面积为基数,一般称粗密度或土地人口密度。但它还不能确切反映居民占有地理空间的疏密程度,原因就在于不同城市区域土地利用结构大不一样,有的地区非生活用地占了很大比重,有的则较小。为此,有必要引进居住区的概念。根据城市建设部门的口径,居住区包括以下几部分:① 住房和宅基地;② 商业、饮食业、服务业用地;③ 各街道和里弄居民委员会所属的企事业单位用地;④ 主要为本地区服务的各类文教、体育、卫生事业用地;⑤ 上述单位之间的小块道路和空地。以居住区面积为基数可计算出居住区人口密度或净密度,毫无疑问,它只能是大于或等于粗密度,但两者之间的差距各地区却大不一样,由此能够更真实地反映出人口分布状况。即以前述程家桥街道为例,其粗密度相当低,但由于公园和河道占了很大比重,实际的居住区人口密度要高出 1 倍多。

从图 9-9 中可以看出,城镇内部的人口密度有从市中心向四周递减的趋势,这实际上乃是受区位因素影响的级差地租和通勤成本的高低在人口分布上的反映。1958 年,英国学者克拉克发表了《城镇人口密度》一文[①],首先对上述现象进行了详细的分析。他根据 19～20 世纪 36 个城市的资料,指出城镇人口密度随距城镇中心点的距离指数递减,即:

$$D_x = D_0 e^{-bx}$$

式中,D_x 为距城镇中心点 x 距离处的人口密度,D_0 为城镇中心区的人口密度,b 为人口密度梯度。

据分析,目前世界上绝大多数城市都能很好地符合负指数密度梯度标准的城市人口密度模型(见图 9-10),少数城市有些例外,它们或者是由于对土地使用和城市规划有特殊的规定和监管(如首尔、莫斯科、巴西利亚),或者是由于种族歧视(如以

---

① Colin Clark. Urban Population Densities. *Bull. Inst. International de Statistque*, 1958, 36(4): 60-68.

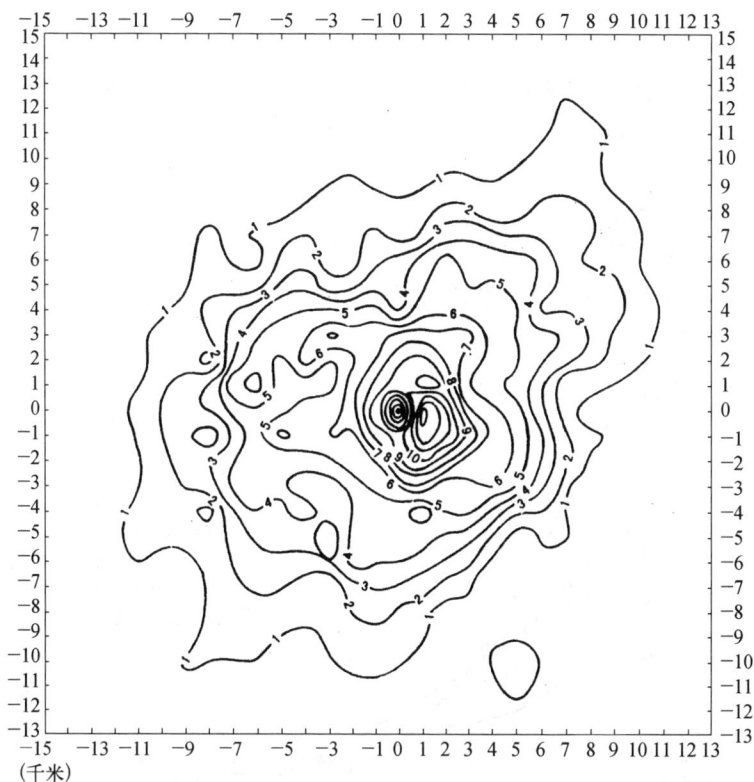

图 9 - 9　1990 年上海市中心城区人口密度等值线图(万人/平方千米)

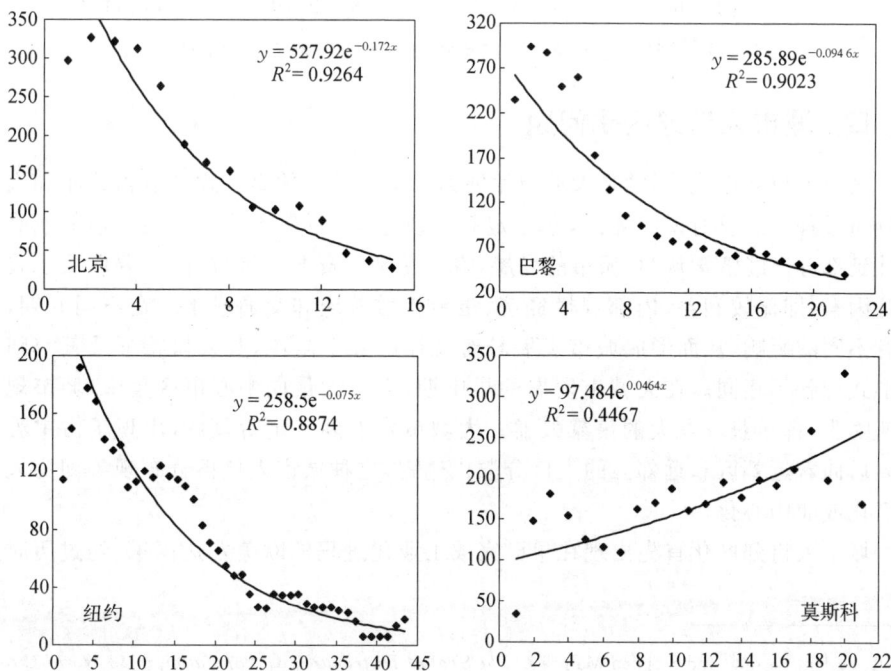

$$y = 527.92e^{-0.172x}$$
$$R^2 = 0.9264$$

北京

$$y = 285.89e^{-0.0946x}$$
$$R^2 = 0.9023$$

巴黎

$$y = 258.5e^{-0.075x}$$
$$R^2 = 0.8874$$

纽约

$$y = 97.484e^{0.0464x}$$
$$R^2 = 0.4467$$

莫斯科

图 9 - 10　四个城市人口密度(人/公顷,y)从市中心向郊区
随距离(千米,x)的变动曲线

前南非的开普敦)[1]。

根据上海市人口普查的数据,可得如下人口密度模型(万人/平方千米):

1982：$D_x = 15.505 \, e^{-0.2595x}$

1990：$D_x = 11.736 \, e^{-0.1786x}$

2000：$D_x = 6.265 \, e^{-0.1918x}$

从中可见,自 20 世纪 80 年代以来,上海市中心城区人口密度已大幅降低,郊区则上升,人口密度向外的下降梯度减缓(见图 9-11)。对于上述现象,一般用城市人口的郊区化加以概括。

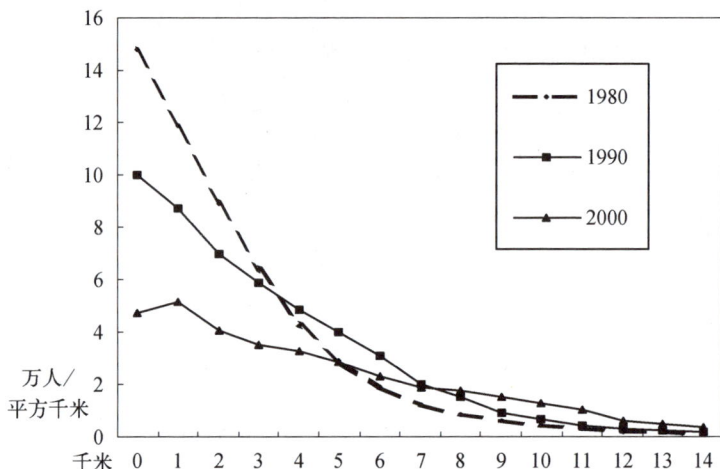

图 9-11　上海市人口密度随与市中心距离远近的变化

四、城市人口郊区化问题

城市人口郊区化,指的是大城市发展到一定阶段后的离心式产业再分布和人口再分布过程。这里所说的郊区,不一定有行政意义,而是指受中心城市辐射或吸引的外延部分。经济学认为,城市的发展,除了受制于资源和区位外,主要取决于几种经济因素,即比较利益、内部规模经济、集聚扩散效应和交通成本。在不同时期,它们有不同的影响,从而形成城市发展较有规律的几个阶段,其人口特征及其空间表现形式均各不相同。在大城市发展的早中期,人口大量向中心市区集中,城市规模迅速膨胀,旨在获取最大的集聚效益。大城市发展到一定阶段后,出现了由中心市区先后向着近郊区和远郊区的人口分散化过程,这种城市人口再分布现象即为人口郊区化或非中心化。

城市人口郊区化首先出现在早已完成工业化进程的欧美发达国家,经过历时几

---

① Alain Bertaud and Stephen Malpezzi. *The Spatial Distribution of Population in 48 World Cities: Implications for Economies in Transition*, December 2003, The Center for Urban Land Economics, The University of Wisconsin.

十年的演变,其城市人口分布格局已完全反转。中国从 1980 年代开始,以上海为代表的特大城市也开始出现人口郊区化[①],90 年代以来,发展势头趋于强劲。城市越大,强度也越大。图 9 - 12 是把上海市各区县按距市中心远近分为四个圈层,其人口数量的内消外涨态势非常明显。如果按距市中心点的实际距离,这一态势同样非常明显(1990~2000 年人口变动率,%):

0~2 千米	−35.8
2~5 千米	−15.6
5~10 千米	21.4
10~15 千米	113.1
15~20 千米	86.2

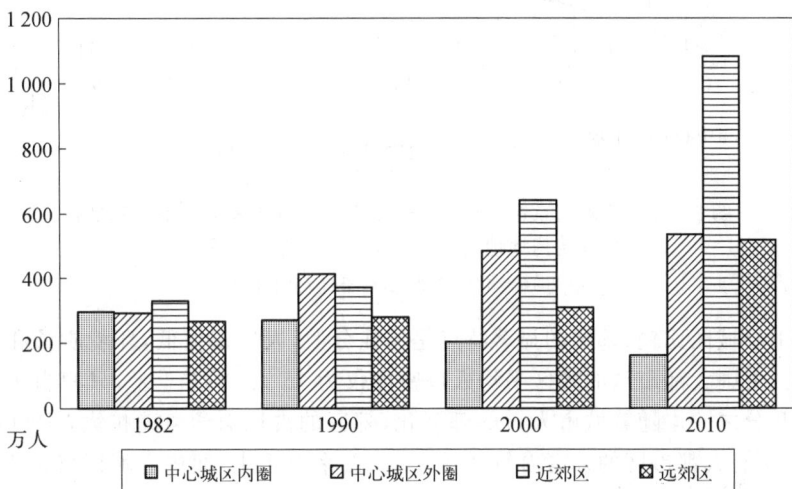

图 9 - 12 城市人口的郊区化——上海市四类地区人口规模的变动

中国城市人口的郊区化,主要是政府行为,由产业调整、市政建设、土地批租等促成。近年随住房商品化,城市人口再分布已越来越受到市场因素的调控。其主要作用机制是工业化后期城市产业结构和产业布局"退二进三"的大调整[②],还受到级差地租、环境质量等多种因素的影响,其中最突出的是房地产价格和通勤成本,均同与市中心区的距离有关。如 2011 年上海市新住宅的平均开盘价若以市中心区为100,则向外 5 千米处大约降至 75%,8 千米处降至 55%,12 千米处降至 45%,15 千米处降至 35%,这一因素无疑是市区人口外移最基本的驱动力,因为城市人口郊区化说到底还是一种经济行为。图 9 - 13 为日本东京都几个区、市 1955~2010 年间人口增长率与住宅用地地价和与市中心距离相关图,这一期间内,东京中心城区的职能向单纯的商务和商业转化,常住人口减少,郊区则大幅度增长,人口分布重心迅速

---

① 张善余:《近年上海市人口分布态势的巨大变化》,《人口研究》,1999 年第 5 期。
② 张善余:《产业调整和上海城市人口再分布》,《华东师范大学学报(哲学社会科学版)》,2001 年第4 期。

外移。这种外移受到地价、距离和通勤成本的制约，它们之间有着非常明确的相关性；其人口增长率的拐点目前出现在距市中心 23 千米左右（上海为 15 千米左右），这里大致便是以上几个因素的平衡点。

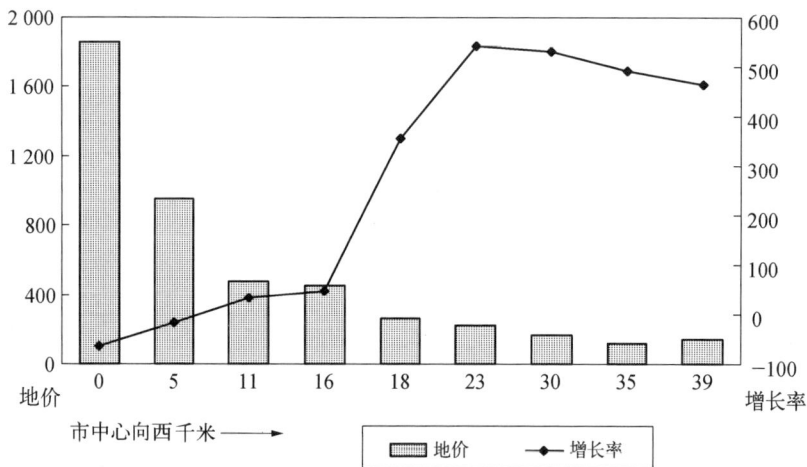

图 9 - 13　日本东京都几个区、市 1955～2010 年间人口增长率（%）
与住宅用地地价* 和与市中心距离相关图

* 2010 年住宅用地地价（千日元/平方米）

　　与中心城区比较，郊区的显著特点是居住分散，人口密度低，环境质量和社会治安较好。美国大都市区的郊区平均人口密度仅为 75 人/平方千米，只相当于中心城区的十几分之一。随着城市人口的郊区化，郊区的占地面积急速扩大，1990～2000年，美国所有大都市区的郊区合计扩展了 33 万平方千米，而中心城区仅扩大了 0.2万平方千米，两者反差非常强烈。对郊区大幅度扩张的现象，美国人专门称之为"郊区蔓延"（Suburban Sprawl），并引起不少人的忧虑和批评，他们认为郊区化导致美国每年减少 80 万公顷耕地、林地和草地，加大了交通运输量和交通拥挤程度，造成了居住成本的上升和中心城区的衰落；郊区生活方式拉大了人们相互之间的距离，不仅不利于青少年成长，还会造成种族隔离，加剧贫富差距[①]。为了减少郊区化的负面影响，防止老市区过度衰落，美、英等国都推进了"城市复兴"计划，在吸引人口回流上虽然也有一些成效，但总的说来，城市产业结构和产业布局调整以及人口再分布是一个大趋势，这一点是不会改变的。

五、乡村人口和乡村聚落

（一）乡村人口的特点

　　乡村人口指乡村聚落中的居民。乡村聚落与城镇聚落之间按建制及人口规模划有一条界线，线上为后者，线下为前者。在地理分布上，乡村人口的特点是零星分

[①]　John G. Mitchell. Urban Sprawl：The American Dream? *National Geographic*，July 2001.

散,有的受职业制约,还过着流动的生活方式,如草原和荒漠地带的游牧民。在非洲,游牧民约占乡村人口总数的 7%,其中在索马里、毛里塔尼亚等国更占到一半左右。他们赶着牲畜逐水草而居,有的一年要移动 300~1 000 千米。

同整个人口一样,乡村人口也有一个经济活动的结构问题。过去,乡村人口绝大部分都从事农业生产,因此,人们常常把乡村和农业等同起来。但近几十年来,随着世界工业化进程的加速,许多国家农业人口比重均日趋下降,乡村人口也越来越脱离农业而转向其他非农产业。以法国为例,1856 年,其乡村人口中农业人口占71%,1936 年为 54%,1962 年为 41%,而现在仅略高于 10%。其他发达国家情况亦相类似。大多数发展中国家乡村人口也出现了明显的非农化势头。如我国直到 20世纪 80 年代初,乡村人口的非农化率还低于 10%,即农业人口占 90% 以上,而 2009年,非农化率已上升到将近 45%。

(二) 乡村聚落类型及其分布规律

乡村聚落的数量一般都大大超过城镇。如中国的乡村聚落包括约 4 万个非建制集镇以及约 380 万个村庄,相比之下,城市和建制镇总数仅略多于两万个。乡村聚落的人口规模和分布特点与所在地区的人口密度、人均占有耕地等关系很密切。乡村人口密度高、人均占有耕地较少者,聚落规模一般较小,但分布较稠密;反之,规模则较大,分布较稀疏。如中国全国平均大约每 2 平方千米有一个乡村聚落,平均间隔 1.4 千米,可说是房舍相望,鸡犬之声相闻。每个聚落平均有 200 余人。印度计有 55万个乡村聚落,平均每 5.5 平方千米有一个,而平均规模达 1 300 人以上。苏联有 40 多万个乡村聚落,平均每 45 平方千米才有一个,人口规模平均也是 200 余人。

在一个国家的内部,乡村聚落分布状况差异很大。在中国,乡村聚落最稠密的是四川省川西平原,都江堰灌区高达 20 个/平方千米,长江三角洲次之,为 4~7 个/平方千米。其余地区一般为 0.5~2 个/平方千米,海南岛中部山区为 0.2 个/平方千米,东北长白山区仅为 0.06 个/平方千米(见表 9 - 11)。从人口规模看,大致是南方小,北方大;山区小,平原大。北方平原有一些村庄可达几千人甚至 1 万多人;而南方一般为几十人至几百人。而无论在北方还是南方,几户甚至一两户人家的小庄、散庄为数都不少,其自然经济色彩非常强烈。

表 9 - 11   中国一些代表性地区的乡村聚落分布特点

地　　点	自然区	村庄数(个)	分布密度 (个/平方千米)	平均规模 (人/个)
上海,嘉定	长江下游平原	3 427	6.91	128
贵州,仁怀	云贵高原	3 101	1.74	141
江西,宜丰	江南丘陵	2 310	1.19	103
河北,宽城	华北山区	1 520	0.80	126
河北,安新	华北平原	404	0.68	630
宁夏,西吉	黄土高原	1 825	0.58	156

地　　点	自然区	村庄数（个）	分布密度 （个/平方千米）	平均规模 （人/个）
海南,琼中	华南山地	648	0.21	247
吉林,长白	东北山区	148	0.06	394

资料来源：金其铭著：《中国农村聚落地理》,江苏科技出版社1989年版,第78页。

根据形态和分布特点,乡村聚落一般可分为集团性聚落、非集团性聚落和特殊聚落等几类(见表9-12)。

表 9-12　中国乡村聚落类型及其主要分布区

聚　落　类　型	分布范围占全国 面积比重（%）	主　要　分　布　区
1. 集团性聚落	53.1	
1-1 集团性街区聚落	51.5	
1-1-1 大街区聚落	7.8	华北平原、关中平原、南阳盆地
1-1-2 中小街区聚落	42.1	中部和南部平原
1-1-3 稀疏街区聚落	1.6	东北平原
1-2 集团性非街区聚落	1.3	江南丘陵
2. 非集团性聚落	2.0	江苏沿海,塔里木河灌区
3. 特殊聚落	15.7	
3-1 窑洞聚落	1.9	黄土高原
3-2 放牧聚落	13.8	内蒙古、青海、西藏草原

集团性聚落的特点是轮廓分明,彼此之间有较明显的距离。其中的街区聚落多分布于平原,主要由街区组成,内部结构较紧凑,这对于将来向城镇化发展是有利的;非街区聚落多分布于丘陵山区,受地形限制,房屋大都高低错落分布,房前屋后农田空地很多,既没有明确的街道,聚落的轮廓也不十分明显,且规模大小错杂,这对向城镇化发展是不利的。

非集团性聚落的最大特点是零星分散,往往三五户,甚至单家独户地自成聚落,彼此相距很近,分布相对均匀,很难分清聚落之间的界线,连村庄取名也难,这对城镇化就更不利了。

特殊聚落类型不少,主要有窑洞聚落和放牧聚落两种。前者以中国黄土高原最为典型,全中国的窑洞居民大约占乡村人口的5%。后者指的是草原、荒漠地带游牧民的毡房,由于大部分是随季节而流动的,因此与一般的聚落有很大的差异,在中国,随着近年对游牧民逐步推行定居化或半定居化,以利于提高其生活质量,放牧聚落数量已明显减少。

（三）乡村聚落的整治

随着现代社会经济的发展，乡村人口正不断走向非农化，一部分乡村聚落将演化为城镇，另一部分也面临着现代化改造的问题。在这方面，许多国家共同的思路就是适当地并村并点，使一般村庄能达到有利于基础设施和公用设施建设的"门槛人口规模"，以便在一定程度上扭转乡村人口分布过于零散的状况。对于游牧游耕人口，则促使其向定居过渡。如博茨瓦纳对散居农民实行了名为"重新组合"的搬迁计划，将他们迁到一批新建扩建的较大聚落中，以利其改善供水条件和其他社会服务。坦桑尼亚则进行了"村庄化"运动，内容也是把散居农民相对集中地搬迁到各方面条件较好的中心聚落中，并进行了相应的基础设施建设。

中国的情况与这些发展中国家也很类似，历史上遗留下来的几百万个乡村聚落数量大，规模小，占地广，分散凌乱，深深留着小生产的烙印，亟须加速进行现代化改造。为此，许多地区都进行了乡村聚落整治的规划，一批太小太分散的村庄将予以搬迁合并，村庄总数将减少 1/3，乃至更多，其占地可以大大节省，通过逐步的建设，乡村的现代化水平可望有一个大的提高，乡村人口分布状况将发生显著变化。在经济相对发达的沿海地区，近年来乡村聚落整治步伐很快，上海对郊县乡村实施了"三集中"战略，即工业向园区集中，土地向规模经营（农场、大户）集中，人口向城镇集中；江苏省 1995～1996 年在全省范围内冻结农民建房一年，目的是开展适应新形势要求的乡镇规划，全省近 30 万个村庄将缩并为 5 万个。农民居住地的集中，带动了农业用地格局的大调整，促使农业生产加速走向产业化、专业化和集约化，所有这些无疑将对乡村的物质文明和精神文明建设产生深远的积极影响。近年来，全国开始大规模建设社会主义新农村，其内涵包括新房舍、新设施、新环境、新农民、新风尚等几个方面，要求在保持农村特点、有利于农民生产生活的前提下，因地制宜地建设农民住房，完善道路、水电、广播、通讯、电信等基础设施，做到生态环境良好，田园风光优美，尤其在环境卫生处理能力上要体现出新的时代特征，草原游牧民转向定居的工作则可望在 2015 年基本完成。在这一建设高潮的促进下，中国广大农村的面貌已在不长时间内发生了巨大变化。当然，无论是乡村聚落整治，还是建设社会主义新农村，必须既要有发展的前瞻性，更要兼顾现实的生产力水平。如果生产方式、经济结构、技术手段等不发生实质性的变化，要改变农村面貌，引导农民改善人口分布方式，就缺乏坚实的物质基础。

第十章
人口的迁移和流动

第一节　导　　论

一、定义和分类

"流水不腐，户枢不蠹。"犹如生命在于运动，人口的发展也离不开迁移流动。虽然对于个人而言，迁移流动并非像出生、死亡那样是必然经历的，但对于一个大的人群或地区来说，人口的迁移流动几乎是每时每日都在进行的。无论古代还是现代，人口迁移一直与人口再生产并列为影响人口分布及其结构的两大基本因素。

所谓人口的迁移流动，指的是人的居住位置发生了跨越某一地区界线的空间移动。根据行为持续的时间长短，可对迁移和流动作一区分：前者超过 1 年或半年，是一种永久的或长期的行为；后者不足 1 年或半年，属于临时的或短期的离家外出。由于延续时间的不同，其人口地理意义显然也有所差异。在前述定义中加入"跨越某一地区界线"的限定是很有必要的，因为不能把凡是搬家和改变住所都称作迁移。事实上，拉丁文"迁移"（migrate）一词虽有改变住所之义，其更确切的涵义则是指改变某人所在的社区。为了达到统计上的精确，这里所说的社区一般被设定为某一具有明确地理界线的行政区域，或国家，或国内的省、市、县、镇、乡，相应的迁移即分别为国际迁移、省际迁移或省内迁移（见图 10-1）。

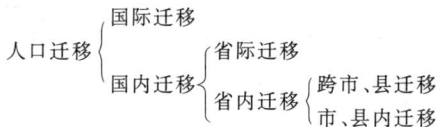

$$
人口迁移 \begin{cases} 国际迁移 \\ 国内迁移 \begin{cases} 省际迁移 \\ 省内迁移 \begin{cases} 跨市、县迁移 \\ 市、县内迁移 \end{cases} \end{cases} \end{cases}
$$

图 10-1　人口迁移的类型

中国 2000 年第五次人口普查和 2010 年第六次人口普查定义人口迁移流动的地域限定是跨越乡、镇、街道，时间限定为半年以上，普查表的相关部分见表 10-1。普查数据显示，2010 年全国普查时点（11 月 1 日零时）居住地与户口登记地所在的乡镇街道不一致且离开户口登记地半年以上的人口为 261 386 075 人，扣除市辖区内人户分离的人口，为 221 426 652 人，同 2000 年第五次全国人口普查相比，增加116 995 327 人，增幅为 81%。

表 10－1　2010 年中国第六次人口普查表中涉及人口迁移的部分

每个人都填报

R6. 普查时点居住地	R7. 户口登记地	R8. 离开户口登记地时间	R9. 离开户口登记地原因	R10. 户口登记地类型	5周岁及以上的人填报	
					R12. 出生地	R13. 五年前常住地
1. 本普查小区 2. 本村（居）委会其他普查小区 3. 本乡（镇，街道）其他村（居）委会 4. 本县（市，区）其他乡（镇，街道） 5. 其他县（市，区） 6. 港澳台或国外 □	1. 本村（居）委会 2. 本乡（镇，街道）其他村（居）委会 3. 本县（市，区）其他乡（镇，街道） 4. 其他县（市，区） 5. 户口待定 □	1. 没有离开户口登记地 2. 半年以下 3. 半年至一年 4. 一至二年 5. 二至三年 6. 三至四年 7. 四至五年 8. 五至六年 9. 六年以上 □	1. 务工经商 2. 工作调动 3. 学习培训 4. 随迁家属 5. 投亲靠友 6. 拆迁搬家 7. 寄挂户口 8. 婚姻嫁娶 9. 其他 □	1. 乡 2. 镇的居委会 3. 镇的村委会 4. 街道 □	1. 本县市区 2. 本省其他县市区 3. 省外 　　省 □ □	2005 年 11 月 1 日常住地： 1. 省内 2. 省外 　　省 □ □
	省（区，市）_____ 地（市）_____ 县（市，区）_____					

图 10-2 提供了 2010 年中国部分省区常住人口与户籍人口的比较,它反映的是居住地与户口登记地发生了半年以上的跨省区的变动,可以定义为省际人口迁移。图中常住人口多于户籍人口者为净迁入,所超出的部分,称为外来常住人口,他们占全部人口的比重以上海的 39% 为最高;常住人口少于户籍人口者,为净迁出,其中安徽省两者的差额达到了 13.3%。

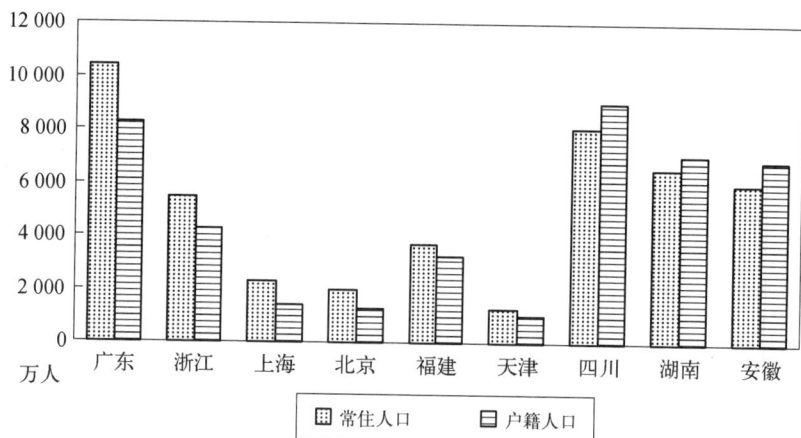

图 10-2 2010 年中国部分省区常住人口与户籍人口的比较

以现住地与出生地相比较,可以从另外一个角度反映人口迁移状况,但其时间跨度因人而异,可能很长,也可能很短。第六次人口普查数据显示,2010 年,83% 的人居住在所出生的市、县、区内,只有 8% 的人居住在所出生的省区以外。而美国居住在所出生的州(相当于中国的省)以外的人,比重比中国大 4 倍多,这反映了中国人口的迁移率总的说来还是很低的。在中国不同地区之间,人口按出生地的构成差异相当大,河南等省区 90% 以上的人都住在所出生的市、县、区内,绝大多数人一辈子没有迁移行为,外地人很少,这种人口状况显然是不理想的,因为人口活力太小,不仅不利于人们生理遗传素质的提高,也容易影响思维的宽广度和活跃度,出门看到的全是"青梅竹马"的老熟人,商品经济难免会受到消极影响。相反,在北京和上海,出生于外市、县者就占了过半数。但即使是北京,出生于外省区的比重也不过只比全美国的平均数高 10 个百分点。利用出生地资料考察人口迁出,就是看某一地区出生的人口目前居住在异地区的比重[①]。如 2010 年,全国以安徽人省际迁出率最高,在总共 6 930 万安徽人中,居住于外省区的占 16.25%,最低的广东人,仅为 1.52%。

现住地与五年前常住地的异同,也是反映人口迁移的常用指标,它可以弥补"居住地与户口登记地不一致"这种统计方法的不足,因为不少人在迁移时是携带户口同行的,这些人就不会出现"居住地与户口登记地不一致"的情况。当然,受统计口径所限,"现住地与五年前常住地的异同"也只能反映一部分的人口迁移。例如,5 年内多次迁移者,只能计算一次;迁出又迁回者,不予统计;普查时不到 5 岁,或者在这

---

① 张善余:《基于出生地的中国人口迁移态势分析》,《市场与人口分析》2004 年第 3 期。

5 年内去世者,也不予统计。所以,用这种方法统计,数据可能有偏低的倾向。

除人口普查和相关的抽样调查外,从以下两个途径也可以获得人口迁移数据:① 利用日常的户籍统计,其缺点是不能反映人户(口)分离者;② 利用人口净增数和自然增长数的差额或者用年龄结构的变动与年龄别人口存活率间接地推算迁移人口。例如,一个地区在过去 5 年间人口净增 100 万,期内出生减去死亡的自然增长人数为 80 万,由此可推算期内净迁入 20 万人,用这种方法要求有精确的出生、死亡统计,否则误差很大,而且也无法分别反映迁出、迁入人口。

利用从以上途径获得的迁移人口数,可以计算出人口迁移率,其中迁出率和迁入率分别是一个地区在某一时期内的迁出人口和迁入人口与期内平均人口(或期初、期末人口数之和的一半)的比率,两者之和为总迁移率,两者之差为净迁移率。

二、理论与模式

人口迁移是一种复杂多样的人文现象,对社会生活具有广泛的影响。一个多世纪以来,国际学术界从人口学、地理学、经济学、社会学等不同专业角度对其成因、机制及运动规律作了深入研讨,提出了不少有影响的理论与模式,现简述如下:

(一) 拉文斯坦迁移法则

对人口迁移研究最早的一篇论文,是在 1885 年由英国地理学家拉文斯坦提出的,题为《人口迁移规律》[①]。文中归纳了 7 条规律:

(1) 距离对迁移的影响。迁移者的主体进行的是短距离的迁移。

(2) 迁移呈阶梯性。人口迁移常表现为大的工商业中心吸引周围乡镇人口迁入。由此,城市郊区出现空缺,再由边远地区的乡村迁往大商业中心城市的郊区人口来填补,这是人口向心迁移的阶梯性,离心迁移也呈同样的阶梯性。

(3) 迁移流与反迁移流。每个主要的迁移流都会产生一个补偿性的反迁移流。

(4) 城乡居民迁移倾向的差异。城市居民比乡村居民较少实行迁移。

(5) 性别与迁移。短距离迁移人口中女性多于男性。

(6) 经济发展与迁移。交通运输工具与工商业的发展促使人口迁移量增加。

(7) 经济动机为主。人口迁移有许多不同的动机,但经济动机占主要成分。

拉文斯坦的这些迁移规律,概括了迁移流向及迁移者的某些特征,同时也对迁移成因和影响迁移的因素作了一定的探讨,对诸如距离、城乡类型、性别、经济发展水平、技术水平等因素都作了实证特征的概括,并首次分析了迁移动机。他的基本结论是:虽然受歧视、受压迫、经济负担沉重、气候不佳、生活条件不适宜等因素都是促使人口迁移的原因之一,但经济动机是主要的,人们为了改善物质生活而迁移的情形占多数。拉文斯坦的迁移法则不仅是对美国及其他资本主义国家工业化进程中的人口迁移特征的概括,而且更是开创了人口迁移理论研究的先河。

---

① E. G. Ravenstein. The Laws of Migration, *Journal of the Statistical Society of London*,1885, 48(2): 167 - 235.

拉文斯坦作为第一个对人口迁移作细致研究的学者,对人口学和人口迁移研究的贡献是巨大的。当然,正如对任何事物的认识都有一个由表及里的过程,他对人口迁移的研究和认识由于时代的局限性也是比较粗浅的,表现为研究成果主要是对人口迁移表象的认识,是感性材料的条理化,然而他能在表象研究的基础上对迁移动机及影响人口迁移的因素如距离、城乡类别、性别、技术水平等作一定理论高度的概括总结,确是难能可贵的。

(二)"引力模型"

1946 年由美国社会学家吉佛提出[①]。其公式是:

$$M_{ij} = k\,\frac{P_i P_j}{(Dij)^\alpha}$$

其中:M_{ij} 为两地间的迁移总人数;

P_i、P_j 分别为两地人口数;

D_{ij} 为 i、j 两地间的距离;

k、α 为常数。

模型的含义是:两地间的迁移总人数 M_{ij} 与两地人口数的乘积 $P_i P_j$ 成正比,与两地距离 D_{ij} 的 α 次方成反比。这一模型形式上更像牛顿万有引力公式在人口迁移现象中的体现。它的优点在于将阻碍两地之间人口迁移的因素简化到最单纯的地步——两地间的距离,从而使两地间的人口迁移总量可以用 3 个客观的指标来进行描述,也使拉文斯坦有关距离影响迁移的研究由定性描述转向定量研究。

在此基础上,美国人口学家罗理又提出了新的"引力模型"[②]:

$$M_{i \to j} = k\left[\frac{U_i}{U_j} \cdot \frac{W_j}{W_i} \cdot \frac{L_i L_j}{D_{ij}}\right]$$

其中:$M_{i \to j}$ 表示 i 地到 j 地的迁移人口;

L_i、L_j 表示 i 地与 j 地非农业劳动力人数;

U_i、U_j 分别表示 i 地、j 地的失业率;

W_i、W_j 分别表示 i 地、j 地每小时制造业的工资;

D_{ij} 表示 i,j 两地的空间距离。

这一模型表明:人口迁移的主流方向是从农业劳动力较多的地区流向农业劳动力较少的地区;从工资较低的地区流向工资较高的地区。罗理用若干个宏观经济指标反映人口迁移规律,这是该模型较以前的迁移模型有所进步之处。

(三)"推—拉理论"

为 20 世纪 60 年代初广为流行的解释个体迁移成因的一种理论,其理论着眼于

---

①　G. K. Zipf. On the Intercity Movement of Persons, *American Sociological Review*, 1946, 11(12): 677.

②　Ira S. Lowry. *Migration and Metropolitan Growth: Two Analytical Models*, San Francisco: Chandler Pub. Co., 1966, pp. 7~16.

研究迁移原因,即迁出地的消极因素和迁入地的积极因素对于迁移者的影响。这一理论认为:迁出地必有种种消极因素形成的"推力",把当地居民推出原居住地;而迁入地必有种种积极因素所形成的"拉力",把外地居民吸引进来。形成"推力"的因素,诸如当地的自然资源枯竭、农业生产成本增加、农村劳动力过剩导致失业率上升、较低的经济收入水平等。形成"拉力"的积极因素,诸如较多的就业机会、较高的工资收入、较好的生活水平、较好的受教育机会、文化设施和交通条件等。当然,迁出地也有一些吸引人的积极因素,如家人团聚的欢乐、熟悉的社区环境、长期形成的社交网络等。同样,迁入地也有一些排斥人的消极因素,如单身生活的烦恼、竞争激烈、生态环境质量下降等。迁移者总是在迁出和迁入两地的积极因素和消极因素的多寡大小的比较中,在迁移后的正负效益利弊得失的权衡之中,作出是否迁移的抉择。

"推—拉理论"把迁移行为解释为包括经济因素在内的各种社会因素共同作用的结果,因此,它实际上是一种人口迁移的社会学理论,区别于从单纯经济因素出发解释迁移的经济理论。尽管其理论形态并不深刻,但用它来解释人们迁移的动因仍是比较贴切的。

(四)成本—收益理论

由美国芝加哥经济学派的代表人物 T・W・舒尔茨于 1962 年提出。这种理论认为:迁移是人们追求更大经济收益的行为决策过程,迁移者预期通过实施这一行为将会得到比较大的收益。实施过程中的迁移成本包括货币成本和非货币成本,前者是迁移费用(包括交通、住宅和食物等方面增加的支出)及迁移时因失业而减少的收入;后者则包括迁移的时间成本、体力脑力的支出等,还包括心理成本(如与亲友分离和对迁入地感到生疏等感情上的支出、紧张等)。而收益则包括货币收入(如迁移后收入的增加)和非货币收入(如社会关系的改善、个人心理的满足等)两部分。舒尔茨说:"经济学理论认为,当个人或家庭感到移动到一个新的地方可以改善他们的处境时,就会有动力实施迁移。这种预期的改善,无论是否转变其职业,都可能包括更高的实际收益,更好的生活环境,以及其他金钱以外的收获。"[1]当迁移收益大于成本时,迁移就可能发生。随后夏斯达进一步把成本—收益理论进行量化[2],建立了成本—收益模型:

$$\sum_{i=1}^{n} \frac{y_{dj} - y_{oj}}{(1+r)^j} - T > 0$$

该式是迁移产生的条件。其中:

y_{dj} 是第 j 年迁入地的收益(主要是工资收入);

y_{oj} 是第 j 年迁出地的收益(工资收入);

① Theodore W. Shultz. *Migration: An Economist's View*, *Human Migration: Patterns and Policies*, eds. William H. McNeil and Ruth S. Adams, Bloomington: Indiana UP, 1978, pp.382.

② Larry A. Sjaastad. The Costs and Returns of Human Migration, *Journal of Political Economy*, The University of Chicago Press, 1962, 70(5): 80-93.

T 是迁移成本；

n 是预期能获得收益的总年数；

r 是计算未来收益的利息率。

这一成本—收益分析理论能够较好地解释经济性迁移，以及解释经济性迁移中的年龄选择性。后者指迁移多发生于 20～35 岁之间，其原因主要是，这一年龄段的人从迁移行为中预期获得收益的总年数 n 较大；而对老年人而言，n 则较小。另外，达凡佐在 1981 年提出：把迁移看成一种投资，可以解释移民在清楚期望收入并不会随迁移而立即提高时为何会产生迁移行为，即只要个人从长远角度预期到收益时就可能产生迁移。达凡佐在人力资本模式中加入了更多的非经济性因素变量进行修正。她认为，迁移成本可分为直接成本，即与迁移有关的直接费用，和机会成本（迁移和寻找新工作所花费的时间），还有特定地点资产的放弃（如放弃客户，离别朋友及亲属，离开熟悉的环境）所形成的心理成本。与此相似，迁移的收益也不仅包括收入的提高和额外福利的增长，而且包括非工资收入及更宜人的环境（如福利补贴，更便利的文化设施和卫生诊所，更高质量的学习或培训机会等）。她的这一修正使成本—收益理论更为全面、形象地反映了人口迁移实际，尤其对城市之间或乡村之间的迁移更为适用。

（五）流转理论

由美国人口地理学家泽林斯基于 1971 年提出[①]。他认为人口迁移与社会经济发展条件相关，也与人口出生率和死亡率密切联系。与其他人口迁移理论不同的是，泽林斯基侧重于从历史的角度探讨人口迁移在不同历史时期所表现出来的特征，把人口迁移与"人口转变理论"结合起来，将人口迁移划分为五个阶段：

第一阶段，现代化前传统社会时期。人口出生率和死亡率都很高，人口自然增长缓慢，这一时期人口迁移率很低。

第二阶段，早期转型工业社会时期。伴随死亡率下降，人口迅速增多，出现大规模由农村向城市的人口迁移。

第三阶段，晚期转型工业社会时期。人口出生率持续下降，城市间迁移和其他来回迁移增多。

第四阶段，发达的后工业社会时期。低死亡率和低生育率，国际人口迁移增加，文化交流和商业活动引起的周期性人口迁移和流动增加。

第五阶段，未来超先进社会时期。这是一个尚未形成的未来社会，人口迁移的非经济成分加大，大多数迁移是在城市内部和城市之间，类似旅游的流动大量增加。

（六）发展经济学的人口迁移理论

20 世纪 50 年代，发展中国家经济上所面临的共同问题和困难引起了西方经济

---

① Zelinsky, W. The hypothesis of the mobility transition. *Geographical Review*, 1971, 61(3): 219 - 49.

学者的关注,继而专门研究发展中国家经济问题的发展经济学也应运而生,并日渐成熟。众多的发展中国家面临着相同的问题:摆脱贫穷落后的状况,由传统农业向现代工业过渡,迅速实现工业化,而这一经济发展重心由农业转向工业的过程必然伴随着劳动力的迁移,于是因发展中国家的"二元经济结构"引起的由农村向城市的人口迁移也成为发展经济学研究的内容之一。

发展经济学有关人口迁移模型最著名的是英国经济学家 A·刘易斯于 1954 年建立的。他的观点是:发展中国家并存着两个部门,一个是传统农业部门,这一部门技术落后,缺乏资金投入,土地资源稀缺,而劳动力剩余现象突出;另一个是现代工业部门,高效率的生产使其获得丰厚的利润,从而得到快速发展。在这种情形下,农业部门的剩余劳动力便大批向现代工业部门转移,而这一转移便是通过"乡村——→城市"迁移得以实现。由于农业部门中存在大量剩余劳动力,这就使工业部门的劳动力供给近似于无限。刘易斯据此推理,认为发展中国家工业部门的工资仅略高于农民收入(假定为 30%),这就是所谓的劳动力无限供给条件下的人口"乡村——→城市"迁移。

美国耶鲁大学教授费景汉和拉尼斯两人认为:刘易斯"两部门模式"的不足之处是忽略了农业劳动生产率提高和农业剩余产品的增加是农业劳动力转入现代工业部门的先决条件[1]。为此,费—拉模式提出了发展中国家"二元经济结构"转变和人口"乡村——→城市"迁移的三个阶段:第一阶段是农业劳动力无限供给条件下的人口"乡村——→城市"迁移,与刘易斯模型相符,此时大量人口由农业部门的流出并未影响农业生产;第二阶段从"粮食短缺点"开始,即此时农业总产量不能与工业部门的劳动力同步增长,出现粮食短缺及价格上涨,这一阶段至"商业化点"结束。而"商业化点"则表明农业部门不再存在剩余劳动力,传统农业转变为商业化农业,而人口的大规模"乡村——→城市"迁移也暂告一段落;而第三阶段也正是从"商业化点"开始的新阶段。这一模式对人口迁移理论的积极意义是:认识到农业劳动生产率的提高是农业剩余劳动力转移和产生大规模"乡村——→城市"人口迁移的前提条件,并指出这种迁移的规模取决于农业生产相对于人口的水平。

而美国发展经济学者 M·P·托达罗则针对亚非拉许多发展中国家普遍存在农村人口涌入城市,而城市经济无力为大多数工人提供长期就业机会的现象,提出了三部门两阶段的理论[2]。他认为国家经济结构由"农业部门"、"传统城市部门"(又称"非正规部门")和"工业部门"三部门构成,农村剩余劳动力进入城市后的就业过程分为两个阶段:首先,迁移到城市的缺乏技术的农村劳动力在"传统城市部门"找到工作;经过一定时期后,在第二阶段里他们才在现代工业部门中找到固定的工作。他认为,农业劳动者迁入城市的动机取决于城乡预期收入差异,差异越大,迁入城市

① Ranis, Gustav, and John C. H. Fei. A Theory of Economic Development, *American Economic Review*, 1961, 51(3): 533-565.

② Todaro, Michael P. A Model of Migration and Urban Unemployment in Less-Developed Countries, *American Economic Review*, 1969, 59(1): 138-148.

的人口越多。托达罗提出人口迁移的模型是：

$$M = f(d),\ f' > 0$$

其中：M 表示人口从农村迁入城市的数量；

　　　d 表示城乡预期收入差异；

　　　$f' > 0$ 表示函数 $f(d)$ 是递增函数，亦即人口流动是预期收入函数的增函数。

另外，由于迁移者对城市的预期收入等于未来某年的预期实际收入与就业概率的乘积，于是：

$$d = W \cdot \pi - r$$

其中：W 表示城市实际工资率；

　　　r 表示农村实际收入；

　　　π 表示就业概率。

这样，托达罗便建立了人口迁移量同城市就业概率和城乡收入差异之间的联系关系。总之，他更强调决定迁移的经济因素是城乡间"预期收入"的差异，而不是实际收入的差异。

除以上所述以外，较著名的人口迁移理论还有人类生态理论、选择性迁移理论、生命周期理论等。如人类生态理论认为"迁移是使人口规模和生存机会之间达到平衡的机制"，显然是富于启发性的。

综上所述，从拉文斯坦至今，各种人口迁移理论的研究都是围绕着"人口为什么迁移"、"哪些人更容易迁移"、"人口往哪里迁移"和"人口迁移产生哪些影响"四个方面展开。可以说，人口迁移理论和实证研究已从过去的侧重单个问题研究转向侧重对人口迁移的整体研究和系统研究。虽然这些理论都是以资本主义市场经济为背景的，但其中所揭示的若干基本规律，对中国人口迁移现象的研究，也有一定的借鉴意义。

三、形成机制或主要影响因素

各种类型的人口迁移流动，主要受经济因素和社会因素影响。此外，自然因素有时也有一定的作用。

（一）经济性迁移

经济因素之影响人口迁移，往往简单地表现为人们谋求生存或改善生活条件的愿望。前文中曾经指出，一般说来，人口状况应该同生产力发展水平或对人口的供养能力相适应。但由于种种原因，这种关系有时并不能达到相对平衡，它或者是由于统治者的压迫或人口增长过快逐渐走向失调，或者是由于天灾人祸一下子面临崩溃。在这种情况下，人们常常不得不背井离乡，通过迁移另觅生路。关于超出供养能力的过剩人口与人口迁移的关系，马克思曾作了深入考察，他在《强迫移民》一文中指出："在希腊和罗马，采取周期性地建立殖民地形式的强迫移民是社会制度的一个固定环节。这两个国家的整个制度都是建立在人口的一定限度上的，超过这个限度，古代文明就有毁灭的危险。""那时，唯一的出路就是强迫移民。"①"古代人遭送出去的移民就是过剩人口；也就是说，这些人在当时的所有制的物质基础上，即在当时的生产条件下，不能在同一空间继续生活下去。"②他将其称为"人口压迫生产力"。像上述这种性质的人口迁移，在历史上是屡见不鲜的，爱尔兰就是一个典型的例子。1845 年前后，该国最主要的粮食作物马铃薯连续遭到毁灭性的病害，触发了一场空前的大饥荒，9％的人饿死，更多的人不得不漂洋过海，远走异国求生，短短 40 年中迁出人口竟占全国的1/2，强度之大确是罕见的。

近代以来，工业化和现代化的进程使产业结构和生产布局不断发生巨变，人们的地域分布亦不得不随之改变，从而成为引发人口迁移流动的更经常起作用的因素。马克思曾说："现代工业的技术基础是革命的，而所有以往的生产方式的技术基础本质上是保守的，现代工业通过机器、化学过程和其他方法，使工人的职能和劳动过程的社会结合不断地随着生产的技术基础发生变革。这样，它也同样不断地使社会内部的分工发生革命，不断地把大量资本和大批工人从一个生产部门投到另一个生产部门。因此，大工业的本性决定了劳动的变换、职能的更动和工人的全面流动性。"③马克思的论述深刻揭示了现代人口迁移本质的经济动因：当我们看到不少国家农业人口比重通过工业化从 80％降至 5％的时候，都明白其余的 75％基本上都成了迁移人口；当我们看到一次次的科技革命不断催生出一个个新的"朝阳产业"，并使另一些部门逐渐沦为"夕阳产业"时，也都明白与之相伴随的劳动力的产业转换和空间迁移必然是经常的和大量的。这种经济发展大趋势，对现代人口迁移流动无疑起着主宰性作用，在很大程度上是不以人们的意志为转移的。对此，马克思认为也属于"强迫移民"，但其性质与古代的强迫移民完全不同，古代是"人口压迫生产力"，现代则是"生产力压迫人口"。

经济、文化的发展，人们物质生活水平的提高，对人口迁移流动既提出了需求，也提供了可能。除了上述职业性的迁移流动外，其他类型的迁移流动，如学习进修、探亲访友、旅游观光等等，规模也不断增大，其涉及的范围也日趋广泛，如 1950 年，全世界跨国旅行人数仅 2 500 万，2010 年已增至 9.4 亿，年均增长率高达 6.2％，预计 2030 年将增加到 18 亿。在当今世界，人口的迁移流动率几乎完全与生产力发展水平或物质生活水平成正比例，这在图 10-3 世界各国人均收入与人均旅行距离相关图上反映得很清楚。美国和加拿大 1960 年人均收入 9 600 美元（1985 年币值），至1990 年增长约 1 倍，而人均旅行距离同期内也翻了一番，即从 1.2 万千米增至约 2.4万千米。中国人均收入与美、加相差很大，人均旅行距离仅为其一二十分之一。这些都说明了经济因素对人口迁移流动的制约作用。

---

① 马克思：《强迫移民》，见《马克思恩格斯全集》，8 卷，人民出版社 1961 年版，第 618 页。
② 马克思：《经济学手稿》，见《马克思恩格斯全集》，46 卷（下），人民出版社 1980 年版，第 105 页。
③ 马克思：《资本论》，见《马克思恩格斯全集》，23 卷，人民出版社 1972 年版，第 533 页。

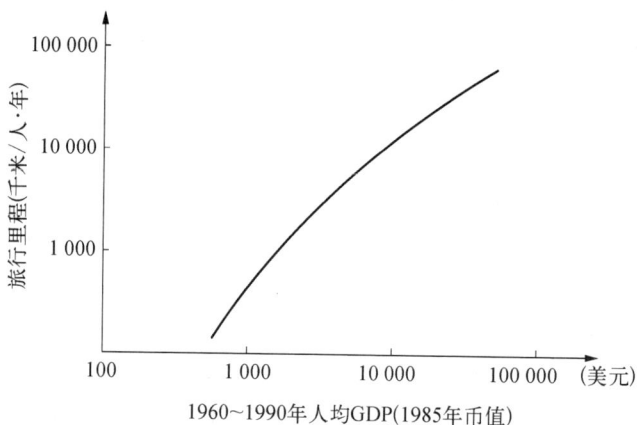

图 10 - 3　1960～1990 年世界各国人均收入与人均旅行距离相关图

引自 Andreas Schäfer. The Past and Future of Global Mobility. *Scientific American*，1997，277(4)：58 - 61。

生产布局与产业结构关系至密，其他经济的、政治的和地理的因素对之影响也不小，生产布局面貌每一次大的改变，人口地理都会通过迁移流动发生相应的变化，这两者之间实际上完全是相辅相成、互为因果的关系。荒地的开垦、铁路的铺设、新资源的开发、工业区和工业城市的建设，所有这些对人口迁移流动都是强有力的促进因素。如我国在 20 世纪 50 年代大力开发边疆，黑龙江、内蒙古、新疆、青海、宁夏等省区成为吸引人口迁移的主要焦点。60 年代中后期在内地进行大小三线建设，数以百万计的移民即相继涌入四川、贵州、陕西、湖北等省。改革开放后，我国经济建设重点转向东部沿海，其人口净迁入率在全国显著领先，而前期大量接受移民的内地和边疆地区反而成为移民的主要流出区。

对人口普查数据的分析表明，我国各省区人口总迁移率和净迁移率，与人均GDP、人均全社会固定资产投资额以及人均外商投资额等指标，均呈高度正相关（参见下文），这就充分说明了经济因素，包括投资、收入等，对人口迁移的主导作用。更确切地说，起着这种主导作用的是经济因素的时空差异性。"水往低处流，人往高处走"，正是区域经济差异促成了迁移行为的发生，并引导着它的流向。如果各地投资水平、工作机会、经济收入、生活水准都差不多，经济性迁移流动行为无疑将会大大减少。而且还要看到，前述经济差异必须大到足够的程度才能成为促成人口迁移流动的动因，也就是说，从实施经济性迁移流动中预期获得的收益必须明显超过所冒的风险、所付出的迁移成本，以及与家人分居、改变生活习惯等等损失，否则，人们是不会轻易实施经济性迁移流动的，在长距离迁移中尤其是这样。近一二十年来，中国经济型人口迁移流动之所以发展到极大的规模，其基本的推动力就是地区发展水平差异悬殊（2009 年，中国不包括三个老直辖市的 28 个省区，人均 GDP 最高最低相差 3.34 倍，而美国不包括哥伦比亚特区的 50 个州最高最低仅相差 1.23 倍）。而反过来说，发展人口迁移流动正是缩小地区差异的一个重要途径，它有助于实现资源的优化配置。

（二）社会性迁移

对人口迁移起作用的社会性因素主要指的是家庭性原因，如家人团聚和婚姻迁移等，这些往往是经济性迁移的后续行动。在人口迁移时通常总是成年男子先行，当他们在一个新环境中安顿好以后，家庭其他成员就会随之前往团聚，其中妇女、儿童一般均占很大比重。政治、宗教等因素对人口迁移也有所影响，如"十年动乱"中我国的"知识青年上山下乡运动"等。

（三）不同迁移原因的人口结构差异

表 10-2 列出了我国第六次人口普查的迁移原因结构，就全国而言，经济性原因居主导地位，城镇迁移人口尤其是这样，而乡村迁移人口则以家庭性原因为主。造成这种差异主要是由于受经济体制和职能以及人口素质等多种因素影响，现阶段的中国农民尚较难获得工作调动、退职退休、学习培训的机会，因此其经济性迁移比较低。在不同省区之间，相对发达地区的人口迁移以经济性原因为主，相对贫穷地区则以家庭性原因为主，这表明后者对经济性移民缺乏吸引力。从两性人口的迁移原因来看，差异很大。在所有类型的经济性迁移中，男性均大大超过女性；反之，在所有类型的家庭性迁移中，女性均大大超过男性。这显然是由两性不同的社会经济职能造成的。相对而言，女性更多地处于从属地位，不仅中国如此，世界其他国家大体上也都是这样。这一机制对年龄结构也有相同的制约作用，经济性迁移以青壮年占绝对优势，而家庭性迁移中，老人和儿童则占较大比重，这种结构特征是非常普遍的。

表 10-2　中国迁移流动人口的原因构成及其性别、年龄结构（第六次人口普查）

迁移流动原因	原因构成（%）		省内、省际合计	
	省内迁移流动	省际迁移流动	性别比	中位年龄（岁）
总计	100.0	100.0	110.5	29.3
1. 务工经商	30.6	74.7	142.7	32.1
2. 工作调动	4.5	2.5	174.4	33.5
3. 学习培训	14.9	4.4	100.6	17.9
4. 随迁家属	16.6	9.3	77.5	15.5
5. 投亲靠友	4.7	3.3	87.6	41.0
6. 拆迁搬家	13.4	0.9	112.7	40.6
7. 寄挂户口	1.0	0.1	122.5	37.2
8. 婚姻嫁娶	5.9	2.6	21.1	30.8
9. 其他	8.4	2.3	119.7	36.6

各种类型的人口迁移流动,特别是永久性移民,对迁出区和迁入区社会、经济、文化的各个领域都具有广泛的影响,在以下几个方面表现得尤为突出。

(一) 对人口数量和分布的影响

人口迁移流动导致迁出区人口减少和迁入区人口增加,这种此消彼长关系对人口地理的改变作用,往往较自然变动迅速而强烈。近几个世纪,从旧大陆向新大陆累计移民近 1 亿人,新大陆人口占世界总人口的比重由 3% 急升至 14%,就是一个典型实例。近几十年来,这一作用变得更为强烈。如 2005～2010 年间,所有发达国家的人口增量中,移民竟占到 66%,其中在欧洲更高达 121%,也就是说,欧洲人本身是减少的,这就更凸显出人口迁移的影响。在美国、加拿大和澳大利亚,移民占人口增量的比重也分别达到 37%、63%、60%。此之得,即为彼之失。上述期间内人口迁出使发展中国家的人口增长率平均降低了 4.6%,其中拉丁美洲高达 16%。

移民迁入后因年龄结构的特点而具有较高的自然增长率,将对迁入地的人口数量产生长时期的助涨作用,在现已进入零增长、负增长阶段的欧洲国家中,这一作用尤为明显。如英国的英格兰和威尔士地区,2008 年,来自非洲的黑人占总人口的 1.4%,而在当年出生的婴儿中却占到 5.1%;外国侨民占德国总人口的 8.8%,而在死亡人数中的比重则仅为 2.3%。

人口迁移流动在推动城镇化、重塑城乡人口分布格局上,也起着主导作用。移民一般分布在城市,尤其是大城市。德国 2008 年大于 50 万人的大城市中,外来移民(含已入籍者)占总人口的 27.8%。城乡聚落越小,则该比重越低,其中 5～10 万人的城市为 23.3%,1～2 万人的城镇为 15.8%,小于 2 000 人的乡村则仅为 5.5%。在中国,近二三十年人口迁移流动的流向也非常明确,就是从内地流向沿海,从山区流向平原,从乡村流向城市,从中小城市流向大城市,在不长时间内,已使人口分布的城乡格局和区域格局发生巨变。上海市在直到 20 世纪 50 年代的一百多年里,由于接纳了来自五湖四海的大量外来人口,从一个小县城跃居世界级的特大城市;近 20 年,这一海纳百川的壮阔波澜以更大强度重新涌起,上海人口规模更上层楼,就是一个典型实例(见图 10-4)。

(二) 对人口结构的影响

一般说来,经济性迁移以青壮年男性为主,使迁入区性别比上升,抚养比下降,老龄化延迟。迁出区则相反。如德国每年有大量青少年自外国迁入,再加上移民在德国生儿育女,从而明显改善了人口的年龄结构(见图 10-5)。家庭性迁移以女性为主,故迁入区性别比下降,迁出区则上升,但此类迁移对年龄结构影响不大。此外,移民相对而言多具有较高的文化素养和劳动技能,迁入区所得,就是迁出区所失,也是此消彼长的关系。

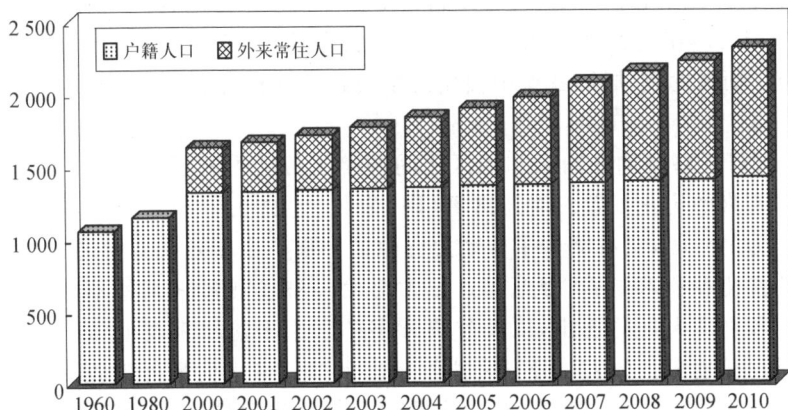

图 10 - 4　上海市常住人口的结构和发展(万人)

数据来源:《2011 年上海市人口与计划生育年鉴》,上海科学技术文献出版社 2011 年版,第 248 页。

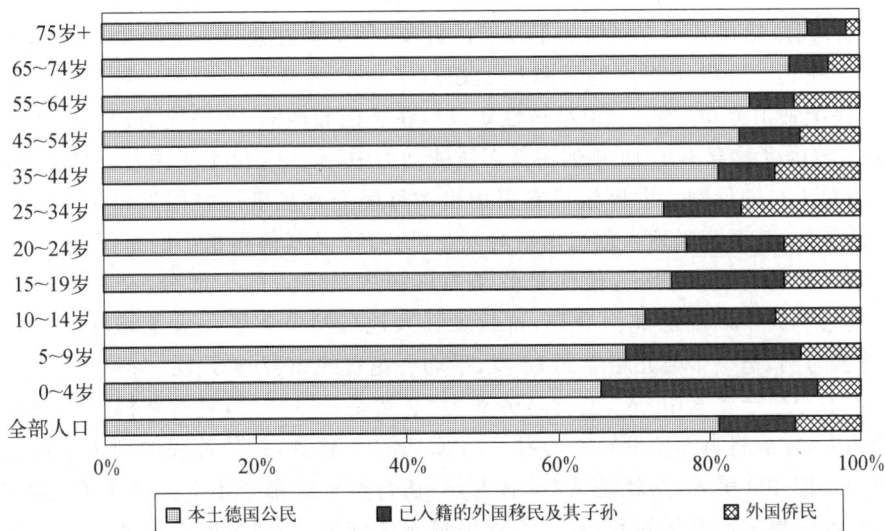

图 10 - 5　2008 年德国人口的年龄结构

(三) 对经济、文化发展的影响

(1) 人口迁移流动有利于各民族和各地区的人民在经济和文化上的相互交流,他们在长期生产劳动中积累的精神财富得以在更广阔的空间中传播,这对生产力的发展和社会的进步无疑是有利的。美国等一批移民国家之所以能在短短两三百年中从一片荒原上迅速成长为现代化国家,利用人口迁移充分吸收旧大陆各地区人民的生产、文化知识,显然是一个重要因素,其文化也表现得格外丰富多彩。西欧国家近几十年来吸纳了大量来自非洲、亚洲和拉丁美洲的移民,致使社会文化风貌发生了显著变化,如当前穆斯林已占到奥地利、比利时、法国、德国、荷兰、瑞典、瑞士总人口的5％～10％,在英国、丹麦和希腊,该比重也达到了4％～5％,德国的清真寺已多达几千座。而在伦敦,居民在家中使用的语言达300种之多,这些都是过去难以想像的①。

(2) 人口迁移流动在国家和地区之间调整了劳动力的供求比例,有助于不断实现生产要素的优化配置。对迁出区(国)来说,它失去了一部分人口,这既有减轻人口压力的一面,又有减少了劳动力资源的一面。由于迁出者多年轻力壮或者有较高的文化和技术素养,因此其迁出常会给经济发展带来某些不利影响,有时专业人才和管理人员的迁出,以及外出读书的学生不愿回来就业,还会导致严重的"大脑流失"现象。但人口外迁又能给迁出区(国)带来大量外汇收入,这在劳务输出中表现得特别明显。此外,迁出人员还有助于沟通信息、传输知识、增进经济文化交流。

对人口迁入区(国)而言,移民的到达使它们在就业、文教卫生、住房和公用事业上要增加一些开支,但这些与移民以后将要创造的财富相比,可说是微不足道的。1997年,美国著名的兰德公司对该国的移民状况进行了广泛的调查分析,其主要结论是:移民虽然在某些方面增加了政府的开支,但他们在总体上是有利于美国经济的,移民在其一生中所作出的贡献远远超过了他们所享受的福利。对于迁入国来说,移民填补了劳动力缺口(或结构性缺口),在美国和西欧,移民使劳动力队伍扩大了5％,美国受教育不足12年的中低素质劳动力中,有1/4出生于国外,比重大大超过了占总人口的份额。世界银行专家指出:"移民经常从事那些如果移民不做就会消失的工作,甚至为当地人创造出新的就业机会。"②尤其值得指出的是,移民大多为有一定文化的青壮年男子,他们是劳动力资源中最宝贵的一部分,又在其迁出地(国)渡过了成年以前的纯消费期,这就为迁入地(国)节省了一大笔培养教育费用(以美国为例,把一个婴儿培养到18岁,平均要花费约20万美元)。

在各个生产要素中,人,也就是劳动力,显然是最重要的,只有掌握了一定生产技能的人,才能将自然资源转变为财富。据1879年估计,每位移民的到来平均使美国版图增值400美元,这就是从"没有人,一切自然资源都谈不上经济价值"这个角度分析的。事实也确是如此,每一次移民浪潮的到来,都要推着美国的土地价格朝上涨。例如18世纪末,美国版图只有230万平方千米,总人口500万,这时最靠近欧洲的东海岸一带每公顷土地价格不过只有1.2～2.4美元,而到了19世纪70年代,美国版图已达780万平方千米,总人口增至4 000余万,这时距东海岸1 000余千米的内地每公顷土地价格已涨到7.3～24.5美元,这一切的推动力只有一个,那就是移民。恩格斯1882年指出,"正是欧洲移民,使北美的农业生产能够大大发展,这种农业生产的竞争震撼着欧洲大小土地所有制的根基。此外,这种移民还使美国能够

以巨大的力量和规模开发其丰富的工业资源,以至于很快就会摧毁西欧的工业垄断地位",①从而高度评价了人口迁移流动的社会经济意义。

(3) 人口的迁移流动带动了智力和资本的流动。与一般的劳动力相比,移民的智力更是一笔不可低估的宝贵财富,典型的如 20 世纪 90 年代初从苏联迁至以色列的科学家和工程技术人员,他们总共有 5 万人,跟随他们一道转移进来的技术专利则多达 10 万件。而在美国研制原子弹、氢弹和洲际导弹的过程中,一大批移民科学家发挥了主导性作用,也早已是公开的秘密。美、加、澳等国因此十分重视引进智力型移民。1990 年,美国的新移民法即大大增加了此类移民的配额,从过去每年 5 万人增至 14 万人,其中教授、研究人员和跨国公司经理 4 万人,高学位专业人员和有特殊技能者 4 万人,还为世界著名的科学家、艺术家和运动员等特设了 O 签证和 P 签证,这实际上是为他们的迁入全程开绿灯。2010 年,在美国大学就读的发展中国家留学生多达 57.2 万人,所授予的物理学和工程学博士学位中,2/3 由外国学生获得。为了留住尖子学生,当前美国国会正在讨论如何整顿国家移民体系,试图解决那些在美国获得学位的外国人因拿不到工作签证而不得不离开美国的问题。这真是一场没有硝烟的人才争夺战。

除了劳动力的价值外,移民在迁移时随身总要携带一部分资金或财产。如 19 世纪末,每个移民带进美国的资产平均为 50 美元,以此计算,几千万移民就直接带进了大约 180 亿美元的资产,按当时的币值和人口数衡量,这的确不是一个小数字。尤其是大约从 20 世纪 80 年代以来,加拿大、美国等为吸纳资金,专门设立了投资移民,规定凡是能进行一定规模的投资、创造几个就业岗位的外国人,就可以获准移民(在美国为 EB-5 签证,即"第五类优先就业型移民签证",其最低投资额为 50 万美元,2011 年,其申请者 3/4 为华人),这一政策使加拿大、美国等获得了数以十亿美元计的巨额资金。

(四) 对人口素质的影响

人口迁移流动促进了人种基因的交流,对改善人类身体素质发挥了显著的积极作用。在人口分布凝固、迁移流动微弱的地区,居民同外界的接触很少,社交圈和婚姻圈狭窄,结果必然增大近亲婚配的几率,从而导致体质的退化和遗传性疾病的增多(参阅第六章第二节),这在一些偏远闭塞的山区和海岛上尤为常见。在日本、印度这些移民因素影响不大的国家里,表(堂)兄妹结婚的比率过去曾高达 7%～20%,我国不少地区,尤其是西南部山区的少数民族,情况也很类似,而该比重在欧洲只有 0.5%～1%,在美国则仅为 0.05%。

最后应予以指出的是,迁移流动有助于提高人口的综合素质。人改造了环境,环境也在改造着人。迁移流动使人们可以见世面,经风雨,吸取知识,增长才干,可以冲破原先的封闭停滞,不断走向开拓进取。民族和人口要充满活力,社会和经济

① 引自恩格斯:《共产党宣言·1890 年德文版序言》,见《马克思恩格斯选集》,1 卷,人民出版社 1972 年版,第 240 页。

要向前发展,若离开人口的迁移流动,则是难以想象的。列宁曾说:"'迁移'意味着造成人口的流动。迁移是防止农民'生苔'的极重要的因素之一,历史堆积在他们身上的苔藓太多了。不造成人口的流动,就不可能有人口的发展。"[1]这无疑是对于人口迁移流动的崇高礼赞。

五、通勤:一种特殊的人口流动方式

前文中定义的人口迁移和流动,指的都是人的居住位置发生了跨越某一地区界线的移动,而人们可以观察到,日常生活中更经常、更大量的是不变更居住位置的人口移动,这里指的就是人们每天离家外出从事职业活动或上学,晚上再回到原住处。对此现象一般称之为通勤或"钟摆式"人口流动,它显然是人口流动的一种特殊形式。以美国为例,2009年每日通勤人口达到13 267万($\geqslant$16岁),上班行程平均耗时25.1分钟,通勤者约九成使用自备汽车,5.2%使用公共交通系统(1945年为30%),在工作日共同组成一股宏大的人流,对工商业布局、城乡规划以及交通建设均有极大影响。而反过来,通勤现象本身也受到人口和经济发展态势的多方面制约。如20世纪80~90年代,美国城市人口涌现起"郊区化"的狂潮,20年中平均通勤时间即增加了17.5%。近十年来,"郊区化"有所降温,不少老城区得到了一定程度的复兴,加上人口趋于老龄化以及经济形势不佳,就业减少,致使通勤时间出现下降。

跨越地域界线的通勤或"钟摆式"流动,会造成所在地区夜间人口和白昼人口的差异,由此可作出通勤流出区和通勤流入区的区分。其中流入区一般是城镇,尤其是大中城市的市区,流出区则多为城市的郊区及周围的乡村。发达国家具有高速交通的条件,通勤距离一般较远,上百千米者亦不鲜见[2]。根据通勤范围,可在城镇周围划出"通勤场"。近二三十年来,许多城市的人口大量向郊区及周边地区扩散,通勤量和通勤距离均显著增大,日本东京"通勤场"就是一个典型(见表10-3)。

表 10-3　日本东京"通勤场"白昼/夜间人口比率(表 A)及通勤人口数($\geqslant$15 岁,表 B)

表 A
%

都、县	1960 年	1970 年	1980 年	1990 年	2005 年
东京都	105.5	111.0	111.4	123.1	120.6
崎玉县	92.6	88.0	87.7	84.9	87.5
千叶县	94.3	90.6	88.6	86.0	88.5
神奈川县	85.3	92.7	91.4	89.4	90.3

---

① 列宁:《俄国资本主义的发展》,见《列宁全集》,3卷,人民出版社1959年版,第216页。
② 通常认为城市半径大致相当于人在1小时内的行程,在步行时代一般为4千米,马车时代为8千米,20世纪早期为25千米,近年可达50千米,乃至更多,这表明城市规模与通勤关系密切,通勤的平均耗时一般为大城市>中等城市>小城市,如2009年美国的纽约为34.6分钟,芝加哥为30.7分钟,华盛顿为33.4分钟,巴尔的摩为29.7分钟,蒙大拿州的大瀑布城(8万人)仅14.2分钟(http://www.census.gov/newsroom/releases/archives/american_community_survey_acs/cb11-158.html)。

	1960 年			2005 年		
	本都县内	流　出	流　入	本都县内	流　出	流　入
东京都	514.7	13.2	66.5	549.3	48.2	302.6
琦玉县	104.6	21.6	3.6	243.2	112.5	25.6
千叶县	106.6	15.3	2.3	209.7	88.4	19.2
神奈川县	146.0	25.4	10.4	334.6	113.1	29.1

第二节　人口迁移的选择性和移民特征

从本质上说,人口迁移从来都是一种社会经济现象,它不包含人口再生产那样的自然属性,而完全是人们在一定生产方式和地理条件制约下的有意识、有目的的行为。每个个体社会经济地位和职能以及生理状态的千差万别,既决定了他们不可能拥有相同的迁移意识和迁移动机,也决定了他们不可能拥有相同的实施迁移、适应迁移的能力,这些使得人口迁移具有鲜明的选择性。其表现,一是一部分人群较另一部分人群有更大的迁移倾向;二是移民对迁移流向、距离和区域的决定是经过选择的,而非随机的。迁移的选择性赋予移民的人口学特征,在整体上与非移民有着明显的差别。

一、性别与迁移

人口迁移的性别选择通常表现为男性优势,这在经济性迁移、远距离迁移,以及对新开发区的迁移中表现得尤为明显。在某些特殊的背景下,移民的性别比会出现严重的扭曲。如清代初期,大陆对台湾的移民日增,清廷为加强控制,禁止移民携带家眷,使之难以生根,结果造成台湾人口性别比严重失调,全岛"男多于女,有村庄数百人而无一眷口者"[①]。进入 19 世纪,中国劳工大量流向海外,在外国当局的严格限制下,女性极少。1861 年,在澳大利亚的华人中,男性为 38 247 人,女性仅 11 人。它所反映的已不是什么"男性优势",而是特定历史条件下非人道因素对迁移行为的主宰作用。

产生迁移性别选择的基本原因在于两性社会经济职能的差异,其中既有历史的因素,又有生理的因素,它造成女性较多地处于从属的或依附的地位,因此家庭性迁移往往以女性为主,这在婚姻迁移中尤为明显。

近十余年,随着中国人口迁移流动的大发展,性别结构出现了一些新特点。1990 年第四次人口普查时,迁移人口的平均性别比为 123.1,但 2000 年第五次人口

---

① 周钟瑄:《诸罗县志》,卷 12。

普查时,竟陡降至 91.2,比非迁移人口低大约 16 个百分点,女性竟超过了男性,这在婚姻迁入、家属随迁等社会性迁移中尤为突出,而在务工经商、工作调动等经济性迁移中,男性的优势虽还依然存在,但已远不如以前。第六次人口普查数据也显示,户口登记地在外乡镇街道的迁移流动人口中,16～26 岁的性别比是 80 岁以内所有年龄中最低的,其中 19～25 岁低于 100,这就充分显示,中国人口迁移流动已经出现了向着女性,特别是年轻女性的倾斜。

女性挣脱传统观念的束缚,大踏步走向全国的经济文化活动,这无疑是件好事,它有助于克服"重男轻女"意识,充分发掘整个民族的劳动潜力,更有利于提高女性的综合素质,包括转变她们的婚育观念。但同时也应该指出,在市场经济大背景下,女性总体文化和劳动素质较低,却在某种程度上形成了相对于男性的就业优势,是由多种因素造成的:

(1)女性就业人员报酬较低。1999 年,城镇在业女性的平均收入只达到男性的70%,与男性相比,由于多种因素,她们在职场更显弱势。

(2)由于生理原因和习俗,女性较早结婚,还要生育,这对其就业影响很大。女性农民工婚前几年是迁移就业的"黄金时期",其供给几乎是无限量的,婚后则往往退出就业,这一雇佣成本较低的特点显然已为许多老板所认识,并得到了最充分的利用。

(3)年轻女性,尤其是农村女性,相对于男性,在校率较低,就业较早。

(4)许多地方,包括商店、餐馆、茶楼、旅馆、发廊、夜总会等等名目繁多的服务业的繁荣,对年轻女性就业有较大的需求。

针对以上情况,2006 年国务院《关于解决农民工问题的若干意见》中特别提出"用人单位要依法保护女工的特殊权益",无疑是非常必要的。

二、年龄与迁移

人口迁移行为并不是均衡地分布于人的生命周期中,而是在某些年龄段上呈现出明显的集中趋向(见图 10-6)。同前述性别选择一样,不同年龄人群社会经济职能和生理因素的差异,是造成这种集中趋向的基本原因。例如,少年儿童完全是从属人口,他们不可能自行决定实施迁移,有时即使其亲属实施了迁移,考虑到儿童年幼,可能不适应迁入地的新环境,也可能让他们暂留原住地,所以通常儿童的迁移率都很低。青年期是人生可塑性最大的时期,其活力也最充沛,学习、就业、结婚、成家等都可能成为迁移原因,因此其迁移率在人生所有年龄段中是最高的。"三十而立"以后,工作、生活渐趋稳定,加上生儿育女或赡养老人的需要,迁移活动即迅速减少。直到老年期因退休退职和投亲靠友,迁移活动可能又有所增多。图 10-6 是根据美国数据绘制的,青年迁移率高、儿童和中老年迁移率低的特点反映得很清楚。

从性别比看,不同年龄的迁移人口各有特点。首先,少年儿童和老人的性别比较低,与非移民没有大的差别。原因就在于这两个年龄组基本上都属于依附性迁移,而他们作为迁移主体的亲属一般不会对之进行性别选择。在青年组,突出的差异表现在远距离迁移(如我国的省际迁移)性别比很高,近距离迁移(如省内迁移)则较低,这是由于年轻姑娘们在这一年龄段大量进行婚姻迁移,而婚姻圈通常是近距

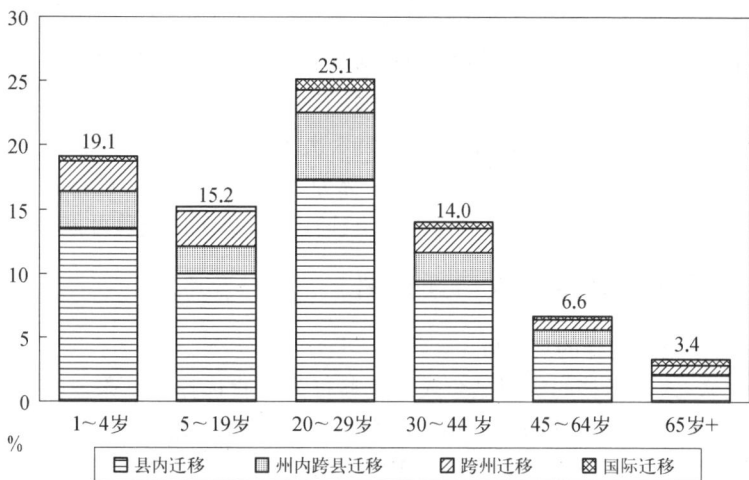

图 10 - 6　2008～2009 年美国分年龄人口的迁移率

离的。[1] 至退休年龄段,性别比又告上升,这是若干年前经济性移民(其性别比通常很高)返回原居住地的结果,此类回返式迁移一般被称为 U 形迁移,数量较大时,对迁出地、迁入地人口的年龄、性别构成都很有影响。

三、文化程度与迁移

迁移选择性中最确定的规律之一,就是迁移人口的文化程度高于非移民。我国第五次人口普查数据表明,人口迁移率与文化程度呈高度正相关,且文化程度每上升一个等级,迁移率有沿指数曲线以更大幅度上升的趋势(见图 10 - 7)。

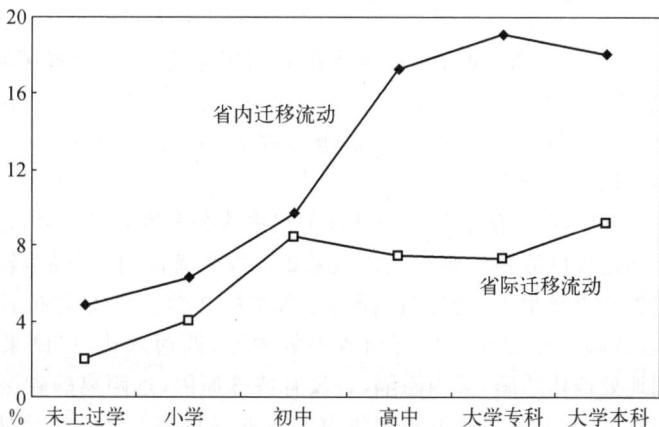

图 10 - 7　2010 年中国不同受教育程度人口的迁移流动率

(户口登记地在外乡镇街道的人口比率,第六次人口普查)

---

[1]　我国的通婚圈一般不超过 25 千米。据典型调查,农民择偶 30% 不出村,57% 不出乡,84% 不出县,95% 不出省(见张持坚:《拓宽农民的通婚圈》,《黑龙江日报》,1989 年 10 月 14 日)。随着社会经济的现代化、人口迁移流动的发展以及户籍制度的改革,通婚圈可望扩大,这具有多方面的积极意义。

文化程度较高者更可能成为迁移人口的原因,就在于他们的知识和技能在获取学习和就业的机会上有着较好的条件和更多的选择性,同时他们与文化程度较低者相比,所具有的更广阔的视野,对外界的更多了解,以及更富进取的精神,对进行迁移,特别是远距离迁移也有重要意义。从第六次人口普查所列的几项迁移原因看,学习培训只与文化程度较高者有关,其中一部分人甚至可能多次进行这类迁移。此外,他们在工作调动、务工经商和退休退职上往往也有更多的迁移可能性。

四、迁移流向选择与人口迁移圈

(一) 迁移流向选择的规律性

一般说来,人口迁移的实现是个人对迁移行为自我选择的结果。当已选择迁移时,还将面临迁入目的地的选择。由于受社会的、经济的、地理的,乃至个人的多种因素的差别影响,人口迁移一般都具有某些特定的迁入目的地和迁出来源地,其分布有一定的规律性,而绝非是杂乱随机的。如一个地区的迁出人口往往会比较集中地迁入某几个特定的目的地;同样,一个地区的迁入人口也往往会比较集中地来自某几个特定的来源地,这两个方面都反映了迁移人口的迁移流向选择特征。为了对这种特征作定量考察,可以引入熵的概念,其定义为:

$$E(i) = - \sum [P(j/i)/100] \times \ln[P(j/i)/100] \qquad (j \neq i)$$

其中:$E(i)$ 为 i 地迁出人口选择各目的地比重的熵,或者是 j 地迁入人口中各来源地所占比重的熵;

$P(j/i)$ 为 i 地迁出人口选择 j 地的比重,或者是 j 地的迁入人口中来自 i 地的比重。

以我国第六次人口普查为例,每个省区的省际迁移人口共有 30 个省区可供选择,当他们全部迁往一个省区时,熵为 0;当他们均匀地迁往 30 个省区时,熵为 3.4。可见,熵的大小能很好地反映出迁出人口流向选择(或迁入人口来源地)的集中或分散程度。以此再结合各目的地(或来源地)按流量大小的排位顺序,就可以较好地对迁移流向选择特征作出分析。

从表 10-4 可见,各省区迁移流向选择的集中或分散度差异很大,迁出较迁入更明显。造成这种差异的原因主要有:① 迁移量。较大者倾向于分散,较小者倾向于集中。如四川省迁出量很大,受容量所限,分散在所必然。② 地理位置。居中者倾向于分散,偏远者倾向于集中。如河南省地处中原,四通八达,移民来源和去向广泛。云南省则地处西南边陲,关山阻隔,若没有特殊原因,远距离的省区是不会轻易有人向云南迁移的,故其移民来源高度集中。③ 传统联系。迁移流动是一种社会经济现象,在很多情况下,需要有适当的渠道或中介才能保证其顺畅进行。这种渠道或中介愈持久,愈宽广,就愈有可能在有关地区之间形成一环环向后传递的链式迁移,和一段时期后向着原迁出地的回返式迁移,从而提高双方的迁移流向集中度。表10-4中的广西,5/6 以上的省际移民流入广东,正是由于它们之间有着由历史的和地理的因素形成的千丝万缕的联系。同样地,在上海和江苏、浙江、安徽三省之间,在山东和东北三省之间,在河北和京、津两市之间,以及在西南几省之间,也都存在着类似的紧密联系。

表 10-4 我国代表性省区的省际人口迁移流向特征(第六次人口普查)

迁出	熵	第一目的地		第二目的地		第三目的地		前三位合计(%)
		省区	比重(%)	省区	比重(%)	省区	比重(%)	
山东	2.73	北京	17.1	江苏*	14.7	上海	12.2	44.0
广西	0.92	广东*	83.2	浙江	3.8	福建	1.5	88.5

迁入	熵	第一来源地		第二来源地		第三来源地		前三位合计(%)
		省区	比重(%)	省区	比重(%)	省区	比重(%)	
河南	3.12	湖北*	9.6	安徽*	9.3	山东*	7.9	26.8
云南	2.69	四川*	23.7	贵州*	14.1	重庆	9.3	47.1

*邻省。

在表 10-4 中还可以发现,迁移流向选择中具有明显的"近邻优先"特点,这就验证了拉文斯坦所揭示的迁移以近距离为主的规律。第四次人口普查表明,我国省际迁出人口以邻省为第一、二、三位迁入地的省区分别为 25 个、18 个和 15 个,第五次普查则依次为 20 个、12 个、16 个,第六次普查为 13 个、10 个、10 个。第六次人口普查与以前相比,邻省优势有所减弱,主要是广东、上海、北京、浙江、新疆等几个吸引中心的拉力太强,而且人口迁出大省在地理上相互毗邻,彼此之间缺乏足够的吸引力。但总的说来,大部分距离较远的省区之间,人口迁移的规模都不大。

人口迁移流向选择的相对集中性倾向,常常会造成某个地区同时被若干其他地区的迁出人口选择为主要目的地,或者某些地区同时成为若干其他地区的迁入人口的主要来源地的情况。如果强度明显,则前一类地区可称为人口吸引中心,它们往往在地理区位、经济发展条件和人文环境上具有显著优势,存在着对移民的强大"拉力";后一类地区则属于人口迁出中心,它们往往人口压力大,生产条件差,存在着对移民的"推力"。上述两类中心形成后,由于链式迁移和回返式迁移的作用,会长期保持相对稳定,除非社会经济环境发生重大变化。

(二) 人口迁移圈

迁移流向的相对集中性和"近邻优先"特点,会在一个国家内部,视其版图和人口规模大小,形成一个或若干个人口迁移圈,它是由一些迁移联系密切、相互影响较大的地区,围绕一个吸引中心所组成的相对完整恒定的迁移区域,内部保持着很高的移民互换率,与区外的迁移联系则较为薄弱。根据我国第六次人口普查的资料,可在全国划分出四大省际人口迁移圈:

1．广东圈

以省际迁入量和净迁入量高居全国首位的广东省为核心,还包括均以广东省为首位迁出地的海南、广西、湖南、福建、江西、湖北、四川、重庆、河南、陕西等 10 个省区。与前次普查相比,广东占全国省际迁入量的比重已由 1/3 以上减至 1/4,反映其拉力已趋于减小。

2．华东圈

以省际净迁入率居全国首位的上海市为核心,还包括江苏、浙江、安徽 3 省,彼此互为居一、二位的移民迁出地和迁入地,联系较以往更趋紧密。

3．华北东北圈

以北京市为主要吸引中心,辽宁省为副吸引中心,圈内的天津、河北、山西、辽宁和山东 5 省区以北京为第一位的迁出目的地,黑龙江、吉林和内蒙古 3 省区以辽宁为第一位的迁出目的地,各省区之间均互为较重要的人口迁移目的地和来源地。

4．西北圈

包括新疆、青海、宁夏和甘肃 4 省区,省际人口迁移一直很活跃,4 省区之间互为重要的迁移目的地和来源地,但内部互换率并不高。如新疆即以上海、江苏和四川为主要迁出地,以四川和河南为主要迁入源,距离均甚远,这说明"近邻优先"并不是绝对的,其他某些因素的作用力有时甚至更大。

五、人口迁移与距离的关系

由于人口迁移是一种人口在空间中的移动现象,因此距离便成为衡量和影响人口迁移的一个基本地理要素。一般说来,距离的远近与以下 3 个因素之间完全是正比例关系:① 迁移成本;② 迁移风险;③ 迁出地与迁入地之间自然和人文环境的差异或变数。因此,距离基本上起的是阻碍、减小人口迁移的作用,距离越远,迁移强度越弱,这是一个普遍的现象。前文中曾列出了人口迁移的引力模型,用其中的迁移人数和迁出地、迁入地的人口数可推算出迁出(入)强度 y_{ji},即:

$$y_{ij} = \frac{M_{ij}}{P_i P_j} = \frac{K}{(D_{ij})^\alpha}$$

在该式两边取常用对数,可得线性方程:

$$\lg y_{ij} = \lg K - \alpha \lg D_{ij}$$

用最小二乘法,对上式作一元回归分析,即可求得距离指数 α。

根据我国第四次人口普查的省际迁移数据,计算出各省区人口迁出的 α 值在 0.23～2.03 之间,充分说明距离对各省区的人口迁出强度都有阻碍减小的作用[1]。α 值最大的省区有广东、海南、广西、西藏、黑龙江等,表明其居民最不愿意进行(国内)

---

[1]　王桂新:《我国省际人口迁移与距离关系之探讨》,《人口与经济》1993 年第 2 期。

远距离迁移。其原因当然是多方面的,仅就地理环境和生活习惯而言,由于上述省区都位于我国国土的边缘,如进行远距离迁移,将面临极大的差异或变化,无论是广东人迁至黑龙江,还是黑龙江人迁至广东,在气候、语言、饮食等方面都将"苦不堪言",除非有特殊的原因,一般人轻易是不会作出这种选择的。α值最小的省区有河南、四川、浙江等,它们一般都位于我国国土的中部,向东、南、西、北距离都差不多,环境差异相对较小,容易适应,可以"左右逢源"。加上这些省区人口压力大,"推力"大,只要有迁移机会,距离的远近是不会多加考虑的。更何况距离虽然确与迁移的成本、风险和环境差异成正比,但与迁移的机会和纯收益之间却并没有简单的数学关系。

第三节　国际人口的迁移和流动

一、发展的几个阶段

从人类诞生之日起,就有了人口的迁移流动现象。在史前时代,人们靠采集渔猎为生,所有人没有例外地都过着终生漂泊不定的流动生活。在这一过程中,为了扩大生活资料的来源,人类还进行了从起源地向其余地区的大迁移大扩散,逐步占据了除南极洲外的整个地球陆地表面。农业生产的出现,使大部分人类过上了定居的生活,那种漂泊不定、处处为家的流动生涯结束了。从此,他们的生活领域被固定在一个很小的空间里,同那一块使人们得以安身立命的土地结下了终身不解之缘。自此以后,人口迁移对全人类来说成了局部的现象。整个封建制时期,世界上的人口迁移流动总的说来一直是很微弱的。

进入资本主义时代以来,世界生产力比以往有了飞跃的发展,劳动生产率空前提高,这就从根本上改变了过去那种把绝大多数人牢牢固定在一小块土地上的状况。旧的生产关系和生产结构被打碎了,农民的破产、大工业的建立、新大陆的开发、世界市场的形成,这一切深刻而迅速地改变着人口的社会经济结构和生产力的地理分布,它驱使着、召唤着一次前所未见的人口大迁移大流动,从乡村迁往城市,从山区迁往平原,从内陆迁往沿海,从一个大陆迁往另一个大陆,人类社会还从来没有像现代这样处于不断变化的动态之中。交通运输业的大发展,使过去要多少年才能达到的运量,现在只要很短的时间就能实现了,[①]从而为世界范围内的人口大迁移大流动提供了技术上的保证。

从地理大发现以来,世界人口迁移可分为以下 3 个发展阶段:

1. 15 世纪至 19 世纪中叶

期内主要的人口迁移事件是欧洲殖民者从非洲向外贩运黑奴。这一罪恶活动起于 1517 年,前后持续了 400 多年,17～18 世纪为其鼎盛期,直至 19 世纪才

---

①　横越大西洋的时间:1492 年哥伦布的帆船(排水量 100 吨)为 71 天,20 世纪初的大型客轮(3 万～4 万吨)为 5 天半,1976 年"协和式"客机仅需 3 小时。

结束。关于期内迁出的人口总数，缺乏精确的统计，一般的估计是累计从非洲迁出 1 200 余万人，大部分迁至美洲，对其人口规模和种族结构产生了极大影响。期内从欧洲也有几百万人迁出，主要是英国人，基本的迁移方向是美洲、澳大利亚和南非。

2. 19 世纪中叶至第二次世界大战

期内欧洲和北美国家相继完成了工业化，资本主义过渡到帝国主义阶段，列强瓜分世界完毕。这一政治经济大背景，把世界人口迁移迅速推向高潮。最引人注目的是，欧洲由工业化产生的过剩人口潮水般涌出，其总数竟多达 5 000 余万。此外，以中国、英属印度和日本为主的亚洲国家人口也大量迁出。流向仍以新大陆占绝对优势，东南亚也吸纳了相当一部分。

3. 第二次世界大战结束至今

期内影响世界人口迁移的主要因素包括：① 冷战格局的形成和终结。② 殖民主义体系的瓦解。③ 在新科技革命促进下，世界生产力高速发展，并出现了强劲的经济一体化和全球化趋势。④ 发达国家和发展中国家社会经济发展水平上的鸿沟不断加深，前者完成人口转变，大部分已踏入后工业化社会，后者百废待兴，却发生了空前绝后的"人口爆炸"。在上述因素的影响下，世界人口迁移出现了一些新特点和新趋势[①]。首先，迁移规模保持增长势头。1965 年，各国出生于国外的人数，即移民，合计为 7 590 万，1975 年为 8 460 万，1990 年达 15 552 万，2010 年已增至 21 400万（见表 10-5）。接纳移民最多的是美国，2010 年达到 4 281 万；其次是俄罗斯（与苏联解体关系密切）和德国，分别为 1 227 万、1 076 万，沙特阿拉伯、加拿大、法国、英国、西班牙、印度和乌克兰分列第 4～10 位，十国合计已占世界过半数。移民占世界总人口的比率一直保持在 3% 左右，大洋洲和北美洲最高，亚洲最低。在国家中，该比率最大的都是一些小国，其中卡塔尔以 86.6% 居首席，摩纳哥、阿拉伯联合酋长国、科威特、安道尔、开曼群岛次之，为 71%～62%，相比之下，美国只有 13.5%，而世

表 10-5　2010 年世界移民分布（出生于外国的人口）

	万人	占世界（%）	占本地区（国）人口（%）		万人	占世界（%）	占本地区（国）人口（%）
世界	21 394.4	100.0	3.1	欧洲	6 981.9	32.6	9.5
发达国家	12 771.1	59.7	10.3	非洲	1 926.3	9.0	1.9
发展中国家	8 623.2	40.3	1.5	北美洲	5 004.2	23.4	14.2
亚洲	6 132.4	28.7	1.5	美国	4 281.3	20.0	13.5
中国	68.6	0.3	0.05	拉丁美洲	748.0	3.5	1.3
卡塔尔	130.5	0.6	86.6	大洋洲	601.5	2.8	16.8

---

① 参阅张善余：《九十年代以来国际人口迁移的新浪潮》，《人口与经济》1993 年第 3 期。

界人口最多的中国，该比重为世界最低，仅为 0.05％。其次，移民形式由以往单一的永久性移民转变为永久性移民、劳动力输出和难民三足并列。最后，移民的来源和分布发生了很大变化，突出的是欧洲由主要迁出区转变为迁入区，亚非拉发展中国家成为移民的基本来源（见表 10 - 6）。

表 10 - 6　战后各大洲之间的净移民（迁入减迁出，年均数）

	年　份	亚　洲	非　洲	欧　洲	北美洲	拉丁美洲	大洋洲
净移民数（万人）	1950～1970	8.0	−17.7	−19.5	40.8	−21.5	10.0
	1970～1990	−34.5	−34.3	39.8	77.0	−56.0	7.8
	1990～2010	−146.2	−51.7	141.3	138.4	−95.0	13.2
净移民率（‰）	1950～1970	0.05	−0.59	−0.32	2.03	−0.95	6.22
	1970～1990	−0.13	−0.68	0.58	3.01	−1.54	3.37
	1990～2010	−0.40	−0.62	1.94	4.43	−1.84	4.15

二、永久性国际移民

（一）概述

联合国统计机构认为，个人凡是从一个国家迁移到另一个国家，改变了自己的国籍，或者成为长期居留的侨民，那么他就被称为永久性或长期性（国际）移民。类似性质的人口迁移在古代就有了。但当时国界的概念一般是不明确的，对出境、入境很少亦很难进行有效的管理。而现代，多数情况下，国界在人口迁移中成了一条截然的界线，无论进出均有诸多限制，所谓自由移民，从纯粹的意义上讲，早已不复存在了（对美国完全自由的移民是 19 世纪 30 年代以前的事，在科威特等波斯湾产油国，则是 20 世纪 50 年代中叶以前的事）。许多国家出于政治、经济、人口和文化方面的考虑，对人口的迁入越来越倾向于严加控制，[1]就是允许移民进入的国家，对其数量、素质、来源和性质也规定了许多限制。如 1868 年和 1882 年，美国颁布的《排华法案》就集中体现了对中国移民的歧视和限制[2]。1921 年，美国第一次颁布移民"份额"法令，对移民开始实行全面的限制。据此，每年各国迁入美国的人数不得超过 1910年该国已在美国人数的 3％，1924 年，进一步规定不得超过 1890 年该国已在美国人数的 2％，其目的不仅是限制移民人数，还为了保持盎格鲁—撒克逊人在美国人口中的绝对优势。"份额制"一直延续到 1968 年。新实行的"优惠制"虽鉴于欧洲移民锐减不得不对移民来源作了较大调整，但对总数仍有限制，其原则是优先照顾美国公

---

[1]　1976 年，全世界有 10 个国家实行旨在减少移民迁入的政策。1996 年，此类国家增至 78 个。此后，因人口形势变动，到 2009 年，已减至 36 个。

[2]　1882 年的《排华法案》连同其他歧视性法案，在长达 60 年的时间里，禁止华人在美国买房、与白人通婚、在政府任职，禁止华人妻子儿女移民美国。2011 年 5 月，美国参众两院宣布提出决议案，要求国会正式承认上述法律违反了基本民权，并为此表达歉意。当然，这并非只是"良心发现"。

民在国外的亲属,然后是为美国所需要的专业技术人才(见表10-7)。因此,为获得移民签证而等候多年的情况是很常见的,获准移民后要申请加入旅居国国籍,即由侨民转变为该国公民,同样要等候很长时间。加拿大和澳大利亚实行的政策和美国类似,其他国家则控制得更为严格[①]。

表 10-7　2009 年美国获得合法永久居留权的移民分类

分　类	人　数	％
总数	1 130 818	100.0
家庭—配偶移民	211 859	18.7
美国公民的未婚子女和他们的孩子	23 965	2.1
侨民的配偶、未婚子女和他们的孩子	98 567	8.7
美国公民的已婚子女及其配偶和孩子	25 930	2.3
美国公民的兄弟姐妹及其配偶和孩子	63 397	5.6
雇佣和投资性移民	144 034	12.7
有优先权的工人	40 924	3.6
专业和高级人才	45 552	4.0
熟练工人和非熟练工人	40 398	3.6
特殊移民	13 472	1.2
投资移民	3 688	0.3
美国公民的直系亲属	535 554	47.4
配偶	317 129	28.0
孩子	98 270	8.7
父母	120 155	10.6
难民及其他	120 535	10.7

到达异国后,种种自然的和社会的因素,使各个时期的国际移民都面临着一个适应新环境的问题。现代科学技术的发展,大大降低了移民不服水土的死亡率(这在过去是很高的,如西非就曾被称为"白种人的墓场",有时某些移民区的欧洲人一年会死亡半数),但社会方面的隔阂仍难以消除。如果移居到情况类似的国家,如英国人移居美国、澳大利亚和新西兰,将比较容易适应,他们会很快融合在新的环境

---

　　① 近年来,部分欧洲国家因人口持续衰减而有放宽移民及侨民入籍限制的倾向,如德国 1999 年通过新国籍法,将申请加入德国国籍所必需的在德居住年限由过去的 15 年缩短为 8 年,此外,凡在德出生的外国人子女,可以自动拥有德国国籍。

中。而迁出国与迁入国差异越大，移民就越难以适应，这在语言、文化、宗教、习俗乃至婚姻配偶的选择上都是如此。如在澳大利亚的外国移民中（2006 年，＞5 岁），不能说或说不好英语者所占比重，除原法属殖民地的越南外，以华人最高，要占到 1/3。相比之下，来自原英、美殖民地的新加坡、印度和菲律宾的移民，该比重仅为 5％～2％。在来澳 10 年以上的移民中，绝大部分都已能说好英语，唯有华人说不好者仍占 1/5。这一方面说明华人移民固守传统文化的顽强，另一方面也说明他们融入新环境的艰难。由于这个缘故，不少国家的移民在迁居地往往自成一个小社会，同其他民族接触不多，许多国家都有的"唐人街"就是一个典型例子。20 世纪 20 年代，迁居法国的波兰人不仅携带了眷属，还带来了神父和教师，以便能长期保持自己本民族的语言、宗教和风俗习惯。在婚姻配偶的选择上，也很能说明这个问题。如目前在美国的拉丁美洲裔移民，主要是在本国的移民范围内求得配偶（如墨西哥人找墨西哥人，古巴人找古巴人），其次是在其他拉丁美洲裔移民范围内，超出这一范围者为数很少。由于以上原因，许多移民虽迁居多年，但始终有身在异国之感，这使得他们到一定的时候往往选择叶落归根，返归故里。当然，移民在迁居国出生的子女，由于较易融入当地社会，且一般都能获得（或自动获得）所在国公民身份，对父辈祖国的认同感将渐趋淡薄。

（二）规模和分布

关于永久性或长期性国际移民的数量，缺乏完备的统计，但其基本的规模和方向还是清楚的。从 1500 年到 1800 年，全世界国际移民总共约 3 000 万人，年均仅 10 万人左右，其中大部分是从非洲贩运出的黑奴，余数基本上就是从欧洲到美洲的移民。从 19 世纪中叶起，国际移民规模显著扩大，20 世纪最初的十几年达到最高峰，年均数不下 200 万人。两次世界大战之间，受世界性经济大萧条的影响，移民显著减少。第二次世界大战后又趋活跃，其中 20 世纪 50 年代年约 60 万人，60 年代约 50 万人，70 年代约 70 万人，80 年代后已增至 100 万人左右，但仍远逊于世纪初的峰值。粗略估计，19 和 20 世纪移民总数约 1 亿人，年均 50 万人，平均规模比前 3 个世纪增大了 4 倍。从移民的来源看，19 世纪以前和 19 世纪至 20 世纪 60 年代分别以非洲和欧洲占绝对优势，此后即转为以亚洲、拉丁美洲和非洲发展中国家为主。

欧洲近年虽已成为一个人口的净流入地，但其历年累计向外移民数在各大洲中仍遥遥领先。几百年来，从欧洲移出的巨大人流，散布到世界各地，尤其是新大陆，确是世界人口地理中的一个突出现象，对世界经济和文化的发展影响极大。欧洲向外移民从英国开始，随后西北欧其他国家移民显著增多，19 世纪 80 年代，移民浪潮扩展到南欧，20 世纪初又扩展到东欧。以上可见，向外移民是同资本主义工业化发展的早迟密切相关的。估计从 19 世纪到现在，欧洲累计向外移民约 7 000 万人，占全世界的 2/3，其中向外移民最多的一年是第一次世界大战爆发前夜的 1913 年，为 152.7 万人。欧洲各国的移民方向，除美国是个普遍的去向外，英国人多迁往加拿大、大洋洲和南非；法国人多迁往加拿大和加勒比海地区；德国人和南欧人则多迁往拉丁美洲。

亚洲人口迁出在数量上仅次于欧洲，开始时间从 19 世纪后半期起，主要来源有中国[①]、日本、韩国、菲律宾和南亚诸国，去向基本上是新大陆以及东南亚。

拉丁美洲在几个世纪中一直是重要的移民迁入地，但从 20 世纪 60 年代起，整体上转为净迁出，墨西哥和加勒比海地区迁出强度最大，去向绝大部分是近水楼台的美国。

非洲大部分国家以前是英国或法国的殖民地，彼此之间经济、文化联系很密切，移民主要迁往这两个国家。

（三）主要的移民国家

在移民的迁入地中，美国占据着特殊且重要的地位。几百年来，它吸纳了世界移民总数的一半以上，近十余年更占了大部分。美国在接纳数量如此之多、持续时间如此之长，而来源又如此之广的外国移民上，表现出巨大的"消化"能力，这在世界人口史上确是罕见的。

在外来移民到达之前，生活在目前美国这块土地上的只有约 80 万印第安人。1565 年，西班牙人在圣奥古斯丁（佛罗里达州）建立了第一个殖民据点，但直到 1700 年，到美国的移民也只有 10 万人。此后，移民人数日增，1745 年前后即超过印第安人。进入 19 世纪，美国的资本主义经济得到了较快的发展，而它又具有地广人稀、自然条件良好、社会阻力小的特点，因而吸引了大规模的移民，1907 年，创造了年迁入人数的历史最高记录：128.5 万。1929 年的大危机使移民剧减，从 1931 年到 1945 年的 15 年中，总共仅迁入 70 万人。二战后移民得到恢复，近年保持在 100 万人左右。美国从 1819 年 10 月 1 日起开始正式统计移民人数，迄 2009 年累计迁入 7 545 万人，连同其后裔，目前占总人口的 99%。在 1968 年以前，一直以欧洲移民占绝对优势，此后亚洲和拉丁美洲移民显著占据上风，使美国原来就很复杂的种族、民族和文化结构迅速走向更深更广的多元化（见表 10 - 8）。以宗教结构为例，1990～2008 年间，在美国成年人中，基督教徒增长不到 15%，而伊斯兰教、佛教、道教、印度教增长了 1.5～2 倍，锡克教更达到 5 倍。著名学者塞缪尔·亨廷顿就此认为：美国像苏联一样都不是一个民族国家，它不是由一个主体民族，而是由来源非常复杂、历史文化背景差异极大的移民群组成的，因而缺乏传统的、根深蒂固的内在凝聚力。并提出这种状况有朝一日会不会导致美国像苏联一样解体的问题（原文是"一道落进历史垃圾堆"[②]），看来这只能由美国人自己回答了。

---

① 中国人自 19 世纪中后期起开始大量流向海外。20 世纪初，全球华侨华人总数约为 400～500 万；20 世纪 50 年代初，总数增至 1 200～1 300 万，其中 90% 集中在东南亚；到 2007～2008 年间，在全球 4 543 万华侨华人中，东南亚占比已降至 73% 左右，北美、欧洲、大洋洲和日本、韩国等地的华侨华人数量则出现较快增长。2011 年前后，全球华侨华人总数约为 5 000 万人。

② "United States could join the Soviet Union on the ash heap of history." 见 Samuel P. Huntington. The Erosion of American National Interests, *Foreign Affairs*, 1997, 76(5)：28 - 49。

表 10-8　1820~2009 年迁入美国的移民及其来源结构

年　份	总数（万）	年均数（万）	来源结构（%）			
			欧洲	亚洲	美洲	非洲、大洋洲
1820~1840	75.1	3.8	79.9	0.0	6.1	14.0
1841~1880	943.9	23.6	88.6	2.5	7.6	1.3
1881~1930	2 757.2	55.2	84.5	2.4	12.6	0.5
1931~1945	70.1	4.7	57.4	2.6	38.6	1.4
1946~1960	338.0	22.5	64.8	4.7	28.3	2.2
1961~1980	781.5	39.1	26.1	26.6	44.9	2.4
1981~2000	1 633.7	81.7	11.8	35.4	49.2	3.6
2001~2009	945.8	105.1	12.4	35.6	43.2	8.8
1820~2009*	7 545.2	39.7	53.0	16.3	28.0	2.7

　　* 2008 年美国人溯源其祖先,大约有 25% 来自英国和爱尔兰,其次是德国,占 16.5%,意大利占 5.8%,波兰和法国也分别超过 3%。

　　加拿大为仅次于美国的永久性移民迁入国。1700 年,该国现版图内的原住印第安人等仅约 20 万人,而 2011 年总人口已达 3 435 万,其中移民及后裔就占到了 96.2%。从 1770 年到 2009 年,累计净迁入约 830 余万人,主要集中于最近几十年,当前每年约为 20 万人。过去移民的来源以英、法等国占极大比重,1967 年实施新移民法后,亚洲和拉丁美洲移民剧增,中国、印度现已成为最大的输入国。

　　澳大利亚也是一个移民大国。自 1788 年初第一支押运囚犯的船队抵达悉尼后,在半个多世纪后,澳大利亚一直是英国流放犯人的殖民地。直到 1851 年在墨尔本附近发现金矿后,移民才大规模迁入。从 1788 年至 2010 年累计净迁入约 860 余万人,近年波动在每年 20 万人左右,计算净迁入率,显著超过了美国和加拿大。在英国殖民者到达以前,澳洲大陆长期生息着约 30 万原住部落民,而现在他们包括混血种在内亦只有 50 余万,仅占全国总人口的 2.5%。澳大利亚长期奉行"白澳政策",严格限制非白种移民,直到 1972 年才改行"非差别对待"的新移民政策。此后,亚洲移民激增,在新移民中已与欧洲平分秋色[①]。

　　除美、加、澳以外,近年尚接纳永久性或长期性移民的国家还有以色列、新西兰,以及某些波斯湾产油国。其中以色列以接纳世界各地的犹太人为基本国策,从 1948 年至 2010 年净迁入约 330 万人,在总人口中占了将近一半。科威特、阿拉伯联合酋长国、卡塔尔等波斯湾沿岸国家在开发石油以前人口稀少,此后移民潮水般涌入,从而成为世界上人口增长最快的地区。如科威特从 1957 年到 1990 年海湾战争爆发前夕,总人口增长 9 倍,外籍侨民则增长 14 倍;海湾战争后,外侨大幅减少,但迄 2011

---

　　① 参阅张善余:《当代国际永久性移民》,《人口与经济》1990 年第 4 期。

年,仍占全国总人口的 55%。

(一) 发展背景

劳动力输出是一种临时的或非永久定居性的人口迁移,一般只涉及劳动力,特别是青壮年男性劳动力,而不涉及或较少涉及他们的家属。这些在国外工作的劳动力称外籍(或客籍)劳工。他们根据合同在旅居国工作数年,然后返回祖国。由于劳动力输出合同期有限,不牵涉到国籍或永久居留权问题,其数量又可根据需求来调节,从而成为不少国家所乐于接受的人口迁移形式,自 20 世纪 60 年代开始大规模发展以来,增长迅速。70 年代末,全球总数约 2 000 万人,目前已达 8 000 多万人(约半数为女性,15% 属非法劳工),其规模远远超过永久性国际移民。在地理分布上,欧洲占 1/3,亚洲和北美洲各约占 1/4,美国是最大的输入国。

劳动力输出迅速发展的背景主要是世界范围内劳动力资源供求关系在国与国之间的显著不平衡。在 20 世纪 50~60 年代,西欧国家人口增长缓慢,甚至趋于停滞,与生产力发展的需要很不适应;波斯湾沿岸国家此时大规模开发石油资源,并带动了经济全面高涨,其人口无论数量还是劳动素质均难以满足需求,而上述两类国家出于政治、社会、经济等多方面的考虑,又不愿简单地吸纳永久性移民,于是便纷纷采用临时输入劳动力的方式来解决矛盾。而相比起来,不少发展中国家人口增长过快,失业现象严重,向外输出劳动力确是一条改善经济的有效途径。

当然,对这一问题也不能单纯地从劳动力供求关系方面来分析,它还涉及更多的社会经济问题。例如,一些发达国家本国失业率并不低,但仍然要从国外输入劳动力,这说明它们需要的是更廉价、更易于宰割的劳动力,既可填补劳动市场的结构性缺口(如脏、险、累的工作),又可榨取更多的剩余价值。事实也正是这样,外籍工人的工资都显著低于本国工人,[①]他们既不享有本国公民的社会权益,又没有工会组织为其后盾,在某种程度上可以"召之即来,挥之即去",从而成为一些国家调节劳动力供求比例的"安全阀"。[②] 更有甚者,一些不法公司和包工头对由其控制的外籍劳工竭尽欺诈剥削之能事,其中一些人的处境已无异于"现代奴隶",这种现象在以"人权"标榜的美、德、法、澳等国,均屡见不鲜,并已引起国际劳工组织的严重关注。

(二) 流向和人口结构特征

总的看来,国际间劳动力流动的基本流向是:从发展中国家流向发达国家,由相

---

① 20 世纪 90 年代初,德国外籍工人的工资收入大约相当于本国同等级工人的 3/4,在韩国为 50%~60%。见 UN Economic and Social Council. *World population monitoring*, *1997: international migration and development*. pp. 125。

② 如东南亚一些国家在经济高速增长期间,接纳了大量外籍劳工,对其中占相当比重的非法入境者也多采取"眼开眼闭"的容忍态度。而当 1997 年下半年金融危机爆发、经济陷入全面萧条后,便开始大规模解雇和驱赶外籍劳工,如泰国和马来西亚在 1998 年初就决定把至少 250 万外国打工者赶出本国劳工市场,以便向本国人提供更多的就业机会。

口地理学概论(第三版)

对低收入国家流向相对高收入国家,由人口压力大的国家流向劳动力不足或有结构性缺口的国家。在具体流动时,还要受到政治、地理、宗教、语言等多种因素的制约。一般说来,劳动力总是就近流动,如从南欧和西北非国家流向西欧;从南亚、中东国家流向波斯湾地区;从墨西哥和加勒比海国家流向美国等。在政治体制和语言、宗教上比较类似,或有传统联系,对劳动力流动是个有利因素,如埃及、巴基斯坦工人前往波斯湾国家就是这样。法国的外籍劳工以摩洛哥、阿尔及利亚等前法属殖民地为主,也说明了这一点。有较高的文化和劳动素质,特别是懂英语,在国际劳务市场上比较受欢迎,菲律宾、印度、巴基斯坦、埃及等能成为劳务输出大国,传统的英语教育功不可没。菲律宾现有十余万女性在香港做"菲佣",有文化、懂英语是其有利条件。每逢周日休息,她们多云集中环广场一带,互慰乡情,构成一道独特的人文风景线。

劳动力输出从人口结构来说,过去一向以中青年单身男子占优势,如 20 世纪 70 年代初在法国的土耳其劳工中,男性占 98.5％,20～35 岁的占 76％,虽然 4/5 已婚,但携带家眷的只占 5％。近年来,女性比重有所增大,在一些外出从事家庭服务比重较大的国家,如斯里兰卡、菲律宾、印度尼西亚等,女性已占据半壁江山。

从所从事的经济活动看,外籍劳工绝大部分集中在制造业、建筑业、旅馆餐饮服务业和家庭服务业,担任生产工人、建筑工人、厨师、服务员、佣人等。如 2010 年菲律宾新签约的海外合同工中,女性过半数为佣人,其他也多从事歌舞表演、女招待、护士等职业,男性则大部分为生产工人。

(三) 社会经济影响

几十年来,国际间劳动力的大规模流动总的来说是一个促进经济发展的积极因素,迁出、迁入双方均受益匪浅。从迁入方看,对劳动力的需求得到了满足,典型的如科威特、阿拉伯联合酋长国等产油国,几十年前还仅依赖游牧为生,现在已建成为享有高度物质文明的现代化国家。这个过程中,几百万外籍劳工显然功不可没,迄今科、阿等国 80％～90％的经济活动人口仍是外籍侨民。从迁出方看,缓解了就业压力,挣得了大笔外汇,劳务输出的作用可谓立竿见影。近年全世界旅外劳工寄回祖国的侨汇每年多达几千亿美元,印度、中国、墨西哥、菲律宾、孟加拉国、西班牙、尼日利亚、巴基斯坦、韩国、越南、埃及等都是劳务输出创汇大国。在一些较小的劳务输出国,侨汇相对于 GDP 可达到很大的比率,如 2010 年塔吉克斯坦为 40％,莱索托为 35％,吉尔吉斯斯坦为 28％,对整个国民经济起了顶梁柱的作用。当然,国际间劳动力的大规模流动也必然带来一些社会问题,一些劳工合同期满后不愿回国,留下来继续打黑工;有的还通过各种途径把家眷接来,在旅居国生儿育女;还有些人或偷渡,或利用临时旅游签证进入他国,成为非法劳工。如目前在美国的外籍劳工约 1 400 万人,其中非法劳工达 400～500 万人。美国政府多年来一直采取各种处罚措施,试图进行整治,但始终收效不大,已成了一个屡禁不绝、越抓越多的棘手问题。很显然,在当今这样的财富分享极不平衡、国与国之间差距愈来愈悬殊的世界上,上述一类事情确是很难制止的。

四、难民

1951 年《难民地位国际公约》有以下定义:"难民是指有确实的根据,惧怕因种族、宗教、民族和政治见解受到迫害而离开他们拥有国籍的国家,并且由于这种害怕,不愿接受他们拥有国籍的国家保护的人。"同年,欧洲政府间移民委员会对此作了补充,把"一场严重损害了生活条件的战争或灾祸的受害者"包括在难民的范围以内,对这一部分人通常称作流离失所者。当代造成难民的原因主要是动乱、战争和严重的自然灾害。典型的如 1947 年爆发的第一次印巴战争,使得 1 800 万人沦为难民。此后,几次阿以战争、印度支那战争、阿富汗战争、两伊战争、海湾战争、伊拉克战争、前南斯拉夫地区和非洲不少国家的战乱,以及几度席卷非洲广大地区的大旱灾,也都产生出数以百万计的难民。虽经国际社会多方救助安置,世界难民总数仍持续增长,即从 1951 年的 100 万人增至 1965 年的 980 万人,在 1994 年达到 2 300 万人的峰值后有所减少,2010 年为 1 635 万人,其中 66.5%分布在亚洲(约旦、巴基斯坦、巴勒斯坦、叙利亚、伊朗合计占九成),15.7%在非洲,9.7%在欧洲。

综览世界难民形势,可说是一波未平,一波又起,老账未了,又添新账。

"冷战"的结束固然有利于缓解某些地区的难民问题,但过去受到"冷战"遏制的许多矛盾有所激化,又形成了一个个产生难民的新热点。尤其是不少发展中国家因种种原因,生存条件每况愈下,这些问题如不能得到妥善解决,势必源源不断地产生出越来越多的新难民,其中包括受环境因素引发的"气候难民"、"生态难民",从而给整个人类社会的发展前景蒙上阴影。一位联合国难民事务专家的话很值得引起人们的注意,他说:"假如'世界新秩序'这个词有什么意义的话,它必须意味着难民不再被视如草芥,他们的极度痛苦理应得到缓解和消除,为了道德和人权必须这样做,为了安全和我们自身的利益也必须这样做。如果那成百上千万人被迫离开的家园仍然无人居住,落在富裕世界头上的压力就将很快变得难以承受了。"①

第四节　中国人口的迁移和流动

一、中国历史人口迁移简析

在历史上,中国总的说来是一个人口分布凝固化的国家,但不同性质、不同规模、不同类型的人口迁移仍然贯串始终,根据其产生原因,大致可作如下归纳:

(一) 经济和人口原因

旧中国最基本的经济形态是封建地主土地所有制下的个体小生产农业。这种

---

① Shawcross, William. Mass Migration and the Global Village. *Refugees*, 1992, No. 88, pp. 26 – 29.

生产方式使人口分布凝固化,严重束缚了人口迁移的发展。而统治者为确保对被统治者的人身控制,对民间自发的人口迁移也持反对态度,并以行政力量竭力加以束缚,为此建立起从中央直至郡、县、乡,甚至基层保、甲的庞大行政机构,还实行"什伍连坐"一类的法律,目的都是为了尽可能牢固地控制户口。

然而客观经济规律是不以人们的主观愿望为转移的。在统治阶级的横征暴敛和不可遏止的土地兼并下,农民不断丧失土地,不得不背井离乡向外地流亡,以逃避赋税徭役,去追求最起码的生存条件。对此,统治者的严刑峻法是根本无法阻挡的。社会越是腐败,这种流亡式的人口迁移规模就越大。如明代中后期蔓延全国的流民运动中,许多地方"千里一空,良民逃避,田地抛荒,租税无征"①。仅湖北、四川接壤的山区就屯聚了各地流民150万人,足见其规模之大。在整个封建制时期,这类人口迁移可说是个经常现象,从一个侧面反映出当时尖锐的社会矛盾。

人口问题与经济问题有着密切的关系。人口压力大、人均耕地少的地区,人口的流动性往往较大。如明代南昌"地窄而生齿繁",许多贫民"多设智巧挟技艺以经营四方,至老死不归"②。在徽州,"小民多执技艺或贩负就食他乡者常十九"③。到清代后期,全国人口突破4亿大关,如此沉重的人口压力迫使统治者不得不把长期封禁的东北和内蒙古的山林草原向垦民开放,从而引发大移民的洪流,也是人口压力促成人口迁移的一个典型实例。有人称此为"人口压力流动律"④。

"闯关东"——近代中国伟大的、历史性的人口地理事件

在历史上,中国的东北地区(含内蒙古东部)人口一直不多,清初满人倾族入关后人口更加稀少。清朝统治者视东北为"祖宗肇迹兴王之所",为保护"参山珠河之利",长期对东北实行封禁政策,并在辽宁境内从山海关经开原、新宾至凤城筑起总长近1 000千米的"柳条边",严禁居民越界垦殖,只把东北作为流放犯人的场所。

进入19世纪,黄河下游广大地区连年遭灾,成千上万的破产农民不顾禁令,源源"闯"入东北。这时全国人口已达4亿多,人口压力使社会矛盾日趋激化。而在国际上,列强步步进逼,尤其是沙皇俄国对东北一直虎视眈眈。在此形势下,清朝统治者遂于1860年在东北局部弛禁放荒,1897年全部开禁。此外,对移民还"酌量给以工本",这样做既减轻了关内人口压力,为朝廷开辟了一项财源,又充实了边防。所有这些都促成了一股"闯关东"的热潮,到1910年,东北总人口已比1840年增长近5倍。在初期,受生活条件所限,"闯关东"的主要

① 《明正统实录》,卷175。
② 张翰:《松窗梦语·商贾纪》。
③ 顾炎武:《天下郡国利病书》,原第9册。
④ 顾文林等主编:《中国人口史》,人民出版社1982年版,第632页。

是青壮年男子,方式多为较短期的"候鸟式"迁移,他们淘金、垦荒、挖人参,历尽千辛万苦。后来社会经济环境渐趋成熟,即转变为携带家眷的永久性迁移,并逐步组成由血缘、地缘、业缘编织而成的移民网络,从家乡吸引了更多的人前来。民国建立后,"闯关东"的洪流更趋壮阔,"九·一八"以前年均移入约25~30万人,此后移入数仍很可观。"闯关东"的农民以山东人占大多数,在估计达两三千万人的总量中约占七至八成,其次是河北人和河南人。山东省各地"闯关东"的比例一般占其总人口的5%左右。新中国成立前夕,东北总人口比1910年又增长了1倍多。

关于这一时期内地农民大量向东北等边远地区迁移的原因,归根结底是由于生活的压力。《中行月刊》(1934年9月)刊载的《中国农村人口增减趋势及农民离村部分考察》一文,分析1930年以前山东省农民离村外流的原因,其中天灾占13.3%,兵匪占14%,人口压力占14.4%,经济压力占54.6%,其他主要是投亲靠友,占3.7%。

"闯关东"对于当事人来说,充满了艰难困苦,但客观上却成为近代中国一个伟大的、历史性的人口地理事件。纵观中国整个人口迁移史,清末民初对东北的大移民强度最大,效果也极佳,使100万平方千米无比丰饶的国土得以保全,无论对中国人口地理、经济地理,还是对远东的国际政治格局,均产生了巨大而深远的影响。对其积极意义,无论怎样评价,都不为过分。

(二) 社会原因

人口迁移从本质上说是一种社会经济现象,各种社会变动都可能对之产生影响,其中最显著的就是战争和动乱。它们每次作用的时间虽不长,但强度大,影响范围广,不仅涉及农民,也涉及社会上包括地主士大夫阶层在内的其他各类人等。这种人口迁移每一次都将给整个社会造成巨大震动,使中国人口地理在短期内发生剧变。中国历史上几次规模最大的人口迁移差不多都是由战乱造成的,典型的如"永嘉丧乱"、"安史之乱"、"靖康之变"、"八年抗战"等,它们的震波几乎延及中国的每一个角落。

除大规模战乱外,经常性的边境民族战争或冲突也往往导致拉锯式的人口移动。为了应付保卫边境的需要,历代都采取了"屯垦戍边"的对策,除边防军直接参加屯田外,更多的则是由内地向边境移民屯垦,以提供军粮,加强边防。据不完全统计,从西汉至清末中国较大规模的移民垦荒至少有千次以上,其中军屯667次,民屯337次,商屯150次,带动的人口迁移规模巨大。

政治中心的转移也会带动大规模人口迁移。如秦统一全国,一次就"徙天下豪富于咸阳十二万户"。西汉继续奉行这一"实关中"的政策,移民数量也不少。

另外,政治流放也是影响人口迁移的特殊社会原因。中国历代最高封建统治者均奉行株连"九族"的残酷政策,对犯人及其家属进行大规模政治流放是他们常用的统治手段,其数量动辄成千上万,流放地点一般均为"极边苦寒之地"或"烟瘴地区",如秦代的房陵(现湖北省房县),明代的云南、青海,清代的黑龙江、新疆等,在客观上促进了这些边远地区的开发。

(三) 自然原因

人类经济生活与自然环境关系密切,自然环境的变化或异常对人口迁移也很有影响。尤其是水、旱、地震等自然灾害直接破坏了灾区的生产力,衣食无着的灾民不得不四出逃亡,这样的事例可说是充满史乘,不胜枚举。如宋"孝宗乾道二年,两浙江东大饥,淮民流徙江南者数十万"。[①] 清"光绪二年,十一月,江北旱灾较重,饥民四出,兼以山东、安徽灾黎纷纷渡江,前赴苏、常就食者千万"[②]。……有时政府也采取"移民就食"的政策。

河道的变迁对沿岸居民生计影响极大,夏、商两代都邑频繁迁徙,有人认为即与河道变迁有关。在干燥区这类情况尤为常见,典型的如楼兰、尼雅、居延等一度非常繁华的古城均因气候变化、河流改道而废弃,居民只得另迁他乡。

值得强调指出的是以百年和千年为尺度的全球变化所导致的气候变迁,与中国历史上的民族人口迁移有着密切的相关性。尤其是中国北方广阔的草原地带,正处在干旱半干旱气候的过渡区,生态平衡脆弱,对全球变化格外敏感。一旦气候转为干冷,河湖干涸,草原向沙漠退化,农牧交界线南移,生息在这里的游牧民族常被驱使向南方较为暖湿的汉族聚居区扩展。公元前16世纪商族西迁灭夏,前11世纪周族东迁灭商,前8世纪犬戎东迁灭西周,公元3～5世纪匈奴、鲜卑、羯、氐、羌5个草原民族大规模南下中原,11～13世纪契丹、党项、女真、蒙古等草原民族再度大规模南下,以及17世纪满族入关,都发生在气候干冷期,甚至灾害群发期,这显然不是偶然的。相反,气候暖湿期汉族往往由中原向周边扩展,如秦、汉、唐、明几朝。以全球变化等作为自然背景,无疑能更好地认识民族迁移一类历史现象。

中国历史上最主要的人口迁出区一直是黄河中下游地区,这里开发历史久,人口压力大,灾害相对频繁,又地处兵家必争之地的中原,在历次大战乱中均首当其冲,居民被迫不断迁移他乡。因此,中国历史上人口迁移的基本方向就是对于黄河中下游地区的离心状运动,即从中原向周边扩散。在各个方向的离心状运动中,持续时间最长、规模最大、对中国社会经济和人口地理影响最深远的一支主流是向南。这个主流大体上由3个分支组成:西支从陕西指向四川,再至贵州、云南;中支由河南指向湖北、湖南,再推向两广海南;东支由淮北指向江南,以及江西、福建,最后又渡海到达台湾。在北方,早在秦代移民已推进到长城一线;但在以后2 000年的长时间内,由于民族因素和自然因素的限制,移民未能进一步向北推进,并曾几度明显退缩。直至清代后期,向东北和内蒙古草原的移民才日渐增多,并演变成为中国人口迁移的主流。

在中国几千年的历史长河里,各种类型、不同规模的人口迁移贯串始终。除部分高寒、偏远地区外,移民的足迹几乎遍布全国每一个角落,他们把黄河流域和长江流域高度发达的文明传向四面八方,促进了广大地区,尤其是边疆的经济开发。各民族的迁移,虽然一时可能促使民族矛盾激化,但从长远来看,却促进了各民族之间

---

① 《宋史·孝宗本纪》。

② 《东华续录》。

的交往和融合,对整个中华民族的繁荣昌盛发挥了积极作用。

二、新中国人口的迁移和流动

(一) 两个发展阶段

新中国成立后,人口的迁移流动得到了很大发展,根据其特点,可划分为前后两个阶段。

在实施单一计划经济的 20 世纪 50～70 年代,人口迁移主要由政府主管部门组织和调控,在当时的情况下,大部分此类迁移对发展经济、巩固国防、开发内地和边疆均发挥了显著的积极作用。但受当时总的政治环境的影响,加上工作中对客观规律重视不够,也造成一部分人口迁移未取得应有的效益,还产生出一些负面影响。关于这一时期中国人口迁移的数量,缺乏完备的统计,笔者曾根据多种资料作过一个近似的推算,即 1950～1982 年间全国省际迁移约 3 000 万人,[①]年均 90 余万人。人口净迁出的省区都位于东南半壁的人口稠密区,净迁出量以四川、山东、安徽、河南最多,上海、广东、江苏、浙江、湖南次之;人口净迁入的省区多位于西北半壁的人口稀疏区,净迁入量以黑龙江、内蒙古、新疆最多,青海、宁夏、甘肃、陕西、北京、吉林等迁入强度也不小。

自改革开放以来,随着社会生产力的迅速发展和整个经济体制的逐步转轨,中国的人口迁移态势出现了一系列的新变化。首先,是规模比过去显著增大。据第五次人口普查资料,1995～2000 年间全国省内跨市、县的迁移人数年均为 460 万人,省际迁移为 217 万人。与前 30 年相比,具有一定可比性的省际迁移规模增大了 1.1 倍。第六次人口普查显示,2005～2010 年间的省际迁移比十年前又增大了 0.7 倍。

其次,是迁移方向发生重大逆转。过去,人口主要由东南半壁迁往西北半壁,由沿海迁往内地和边疆,而近年则逆转为由西北半壁迁往东南半壁,由内地和边疆迁往沿海。2005 年省际人口净迁入的省区主要有北京、上海、天津、广东、辽宁、浙江、江苏、海南和福建,而宁夏、新疆虽仍为净迁入,但强度比过去已大大减小;人口净迁出的主要是安徽、江西、湖北、广西、四川、黑龙江、甘肃、吉林、贵州、湖南、重庆和陕西(见表 10-9)。与前期相比,人口的净迁出和净迁入发生了引人注目的颠倒。[②]

表 10-9 中国各省区人口迁移流动率*(2010 年第六次人口普查) %

	总迁移流动率	省　内	省际迁出	省际迁入	省际净迁移
全　国	16.5	10.1	6.4	6.4	0.0
上　海	41.8	2.8	1.1	39.0	37.9
北　京	39.6	3.6	1.4	35.9	34.5
浙　江	34.2	12.5	3.4	21.7	18.3

① 胡焕庸、张善余编著:《中国人口地理》,上册,华东师范大学出版社 1984 年版,第 351 页。
② 张善余:《我国省际人口迁移模式的重大变化》,《人口研究》1990 年第 1 期。

	总迁移流动率	省　内	省际迁出	省际迁入	省际净迁移
广　东	32.9	12.3	0.8	20.6	19.8
福　建	27.8	16.1	4.5	11.7	7.2
天　津	26.6	3.5	2.1	23.1	21.0
内蒙古	24.8	19.0	4.3	5.8	1.5
宁　夏	20.5	14.7	3.6	5.8	2.3
江　苏	19.9	10.5	3.9	9.4	5.5
海　南	19.2	12.4	3.2	6.8	3.6
新　疆	18.3	10.1	1.4	8.2	6.9
青　海	17.6	12.0	4.3	5.7	1.4
山　西	15.5	12.8	3.0	2.6	−0.4
重　庆	14.7	11.4	12.2	3.3	−8.9
辽　宁	14.5	10.4	2.3	4.1	1.8
陕　西	13.2	10.6	5.3	2.6	−2.6
四　川	12.9	11.5	11.1	1.4	−9.7
湖　北	12.8	11.0	10.3	1.8	−8.5
广　西	12.1	10.3	9.1	1.8	−7.3
云　南	12.1	9.4	3.2	2.7	−0.5
贵　州	11.9	9.7	11.7	2.2	−9.5
山　东	11.8	9.6	3.2	2.2	−1.0
吉　林	11.5	9.8	5.0	1.7	−3.3
黑龙江	11.0	9.7	6.7	1.3	−5.3
湖　南	10.4	9.3	11.0	1.1	−9.9
甘　肃	10.2	8.5	6.2	1.7	−4.5
江　西	10.0	8.7	13.0	1.3	−11.6
安　徽	9.5	8.3	16.2	1.2	−15.0
河　北	9.3	7.3	4.9	2.0	−2.9
西　藏	8.7	3.2	1.8	5.5	3.7
河　南	8.5	7.9	9.2	0.6	−8.5

　　* 人口迁移流动率定义为户口登记地在外乡镇街道、离开登记地半年以上的人口与本地区总人口的比率。省内迁移流动不包括市区内人户分离人口。

中国省际人口迁移空间模式发生逆转的根本原因,在于人口经济形势及其在各省区之间对比关系的显著变化。20世纪50~60年代,虽然中国已开始实行工业化,但仍具有浓厚的农耕时代的特点,人口再分布的主要牵引力是人与地或者说是人口与粮食的平衡,它促使人口从相对稠密区迁往相对稀疏区。尤其是广大边疆地区,人口少,荒地多,谋生之路广,对移民颇具吸引力。再加上国家生产布局的需要和政策的推动,均引发了由沿海指向边疆的移民潮。自改革开放以来,中国的整个社会经济形势发生了一系列重大变化,生产力的大发展、吃饭问题的初步解决,尤其是计划经济向着市场经济的转轨,都促使人口与粮食的平衡不再对人口再分布起主要牵引作用,取而代之的则是资本、市场和发展区位。

在上述背景下,近十余年来沿海地区的人才、区位和历史基础的优势得到了充分发挥,生产力高速发展,相比之下,边疆和内地不少地区受种种条件的制约,在市场经济的启动上面临较多困难,加上经多年大幅增长,人口膨胀,在很大程度上已失去地广人稀的优势,昔日"棒打獐子瓢舀鱼"的美好时光也一去不复返,经济发展和人民生活水平与沿海地区之间出现了越来越大的差距。典型的如1978年黑龙江省农民家庭人均纯收入比山东高2/3,这一差距是多少年来吸引千百万山东人"闯关东"的基本动因,可是到了1985年,山东农民的人均纯收入反而超过了黑龙江,由此导致人口迁移方向在两省之间完全反转。

(二)主要影响因素

自改革开放以来,我国的社会经济大环境发生了巨大的变化,人口迁移模式不能不受到它的深刻影响,其中最主要的制约因素乃是经济发展和投资水平。

2005年,1‰人口抽样调查数据表明,各省区省际净迁移流动率与经济和投资水平有高度的正相关,与人口密度有一定的正相关,而与工农业资源则呈现负相关,这确是发人深省的。计算表明(均未包括新疆、宁夏):净迁移率与2005年人均GDP的相关系数为0.9040,与人均投资额的相关系数为0.8339,与人均外商投资额的相关系数为0.8630,以上几种正相关均十分明显。

净迁移率与2005年人均粮食产量的相关系数为-0.5002,表明粮食产量越小,人口净迁入越多。净迁移率与人均能源产量的相关系数亦为负数,表明人口迁移方向是从资源富集区迁往资源贫乏区。更值得注意的是净迁移率与人口密度的关系,在传统模式中,人口密度愈高,净迁出率愈大;人口密度愈低,则净迁入率愈大,两者之间存在着密切的负相关,从而导致人口分布均衡化。但2005年的省际净迁移流动率竟与人口密度呈正相关,且相关系数达0.5964,显示中国人口分布正在走向集聚。

第四次人口普查共列有8种迁移原因,根据在各种迁移原因上是净迁出还是净迁入,可以把当时的29个省、市、自治区作如下区分:

在所有8种原因上均为净迁入:上海;

1种原因为净迁出,7种为净迁入:北京、天津、广东;

2种原因为净迁出,6种为净迁入:浙江;

3 种原因为净迁出,5 种为净迁入:江苏、辽宁、山东、河南;

4 种原因为净迁出,4 种为净迁入:山西、福建、湖北、海南、云南、宁夏、新疆;

5 种原因为净迁出,3 种为净迁入:河北、内蒙古、四川、贵州、青海;

6 种原因为净迁出,2 种为净迁入:吉林、安徽、湖南、陕西;

7 种原因为净迁出,1 种为净迁入:黑龙江、江西、广西;

所有 8 种原因均为净迁出:甘肃。

应该说,上述排列与各省、市、自治区按社会经济发展综合水平的排列序位是相当吻合的,它甚至比总和的省际净迁移率更能够反映出我国各省区之间的差异,这种差异最终归结到对人口迁移的综合拉力或推力上。

(三) 流动人口问题

人口流动与人口迁移有联系又有区别,但两者之间尚缺乏一条清晰的界线,甚至两者是否有区别,也尚未得到公认。国家统计局在其所编印的三大本《中国 2000 年人口普查资料》中从头到尾没有出现"流动"二字,而只有"迁移";相反,在《中国 2010 年第六次全国人口普查主要数据公报》(下称《公报》)中则没有"迁移"二字,而只有"流动",虽然它们所指的完全是一回事。《公报》所说的流动人口是指居住地与户口登记地所在的乡镇街道不一致,且离开户口登记地半年以上的人口,但不包括其中市辖区内人户分离的人口。笔者认为,《公报》所说的流动人口实际上应该是迁移人口。而对流动人口,可以沿用过去多年的界定,即调查标准时居住或停留在调查地境内一天(或三天)以上的、无调查地户籍的人口,这里的调查地,可以定为县及以上,也可以定为乡(镇、街道)及以上。此外,还应设定一个时间上限,如半年或 1 年,因为在某地居住或停留的时间太长,就失去了"流动"二字本来的含义。事实上,不少外来流动人口在城市中已经居住和生活了 5 年甚至 10 年以上,早就不"流动"了,但其身份却仍然是手持"暂住证"的外来流动人口,这种状况显然是很不合理的。

很明显,流动人口增加是经济发展、社会进步的必然产物。在 20 世纪 50～70 年代,受多种因素制约,中国人口的流动性是很低的,1965 年全国人均仅外出旅行 1.3 次,行程仅 97 千米。实行改革开放后,中国人口的流动性大大增强,2011 年人均外出旅行已达 26.2 次,总行程 2 302 千米,比 30 年前增长了好多倍。近年中国的流动人口总量高达 2 亿人以上,平均每 6 个人中就有 1 人在流动,足见其规模之大。流动人口主要分布在沿海经济发达地区,尤其是大中型城市里,其中上海和北京分别达到 900 万人和 700 万人,这些地区常住人口与流动人口的比率已接近 2∶1,而深圳更达到大约 1∶4。

近年流动人口激增,与大量农民外出打工谋生关系密切,以至于在一般人的印象中,流动人口已经与外出的农民划上了等号。在 20 世纪 50～70 年代,受生产力水平和行政体制的约束,中国农民的流动性极小,无论产业转移还是空间转移,规模都很微弱。80 年代初全国农村实行家庭联产承包,使经营体制发生重大变革后,几亿农民的生产积极性得到了充分发挥,他们冲破了人均几亩地的束缚,形成了一股非农化的洪流。此后,外出从事各种经济活动的农民不断增加,总数由 80 年代初的

200 余万猛增至 1989 年的 2 000 余万和 1993 年的 4 000 余万,2011 年更达到 25 278 万,其中 62.8％为外出农民工(其余在本乡镇从事非农产业),相当一部分流至外省,对全国流动人口激增确实起了"主力军"的作用。

在人口特征上,当前中国的流动人口约 4/5 为农业户口,流动人口家庭平均规模为 2.3 人,显示一部分老人和孩子未跟随流动。男性多于女性,以青壮年为主,如安徽省 2009 年流出半年以上人口的性别比达到 132.4,17～47 岁合计占总量的83.7％。而上海市的流入人口的特征也很相似,2010 年其性别比为 118.7,与过去相比,已呈现明显的下降趋势,原因就在于家庭式流动增多。值得注意的是,由于流入人口中以年轻人居多,其数量已超过本地的户籍人口,在 20～34 岁年龄段,外来人口已占全市常住人口总量的 57.7％,从而显著地延缓了上海人口的老龄化,为城市发展注入了生力军。

外来流动人口大量增长的现象在中国已存在了二十多年,他们对国家的工业化和城镇化作出了巨大贡献。但总的看来,外来流动人口文化素质较低、经济收入较低、缺乏充分的权益保障、难以融合于城市社区的问题始终没有得到很好的解决。尤其是在二元制度下,他们虽然可以进城打工和居住,但难以获得城市户籍,因而被排斥在许多基本公共服务项目之外,这种"边缘人"、"二等公民"身份的存在,将对社会造成割裂,其危害甚大。

应该看到,那些多年外出的流动人口实际上已不可能再回故乡重新务农了,其中一部分人由于征地等原因连土地也失去了。尤其是二代农民工,或曰"新生代农民工"(约占外出农民工总数的 60％),许多人在城里长大,从来没有种过田,让这个数量庞大的人群老是"外来"、"暂住"、"流动"下去,弊端很多,对社会的公平、公正、和谐、稳定很不利,光是每年春节几千万人千里迢迢赶回老家过年,就是一个极大的负担,而几千万"留守儿童"、"留守老人"的艰难处境更已被人称为"世纪之痛"。反之,让外来流动人口根据本人的意愿定居下来,在事实上和法律上都成为城市居民,所需要付出的社会成本相对较低(不过是工业对农业一点理所当然的反哺),也有利于社会和谐。所以说,相当一部分流动人口的逐渐定居化,是大势所趋,是硬道理,在这个问题上,不能算小账,而一定要站在"制高点"上算大账。

针对以上问题,2006 年国务院发布了《关于解决农民工问题的若干意见》。此后,各地区在改善对外来流动人口的公共服务、使之逐步向"市民化"演进方面,做了大量工作,如让外来农民工的子女接受正规教育,把农民工纳入城镇职工社会保险体制(失业、养老、生育、医疗、工伤)等。相信随着社会经济的发展和户籍制度的改革完善,外来流动人口能够真正实现"市民化",逐步融合于所在城市,成为城市的有机组成部分,并成为经济新一轮发展的强大推动力。届时人口照样流动,但那个与二元社会结构紧密联系的所谓"流动人口问题",就将不再是一个问题。

(四) 积极意义

总的来看,近年中国人口迁移流动的大发展,是一个很正常的社会经济现象,并且具有多方面的积极意义,其主要表现是:

（1）推动了产业非农化和人口城镇化的发展，使其达到了从未有过的高速度。

（2）满足了沿海地区经济高速增长对劳动力的需求。典型的如深圳、珠海等新兴城市，其人口增长率远远超过全国其他任何地区，所增长的人口中外来移民即占了九成以上。在上海和广东，外来劳动力在建筑业、制造业等部门已占了很大比重，在许多服务性行业中也起了填平补齐的作用。

（3）为内地疏解过重的人口压力和发展经济开辟了广阔途径。通过迁移流动，不仅获得了巨额劳务收入的返回，还沟通了信息，开拓了产销渠道，引入了一些投资，对经济发展是很有利的，而且也为我国经济建设的重点从沿海转向内地打下了基础。

（4）有利于控制人口数量，改善人口素质。人口迁移流动的发展，改变了人们的生活环境和生活方式，这必然影响其生育意愿。流入人口的生育率确实高于所流入的东部大城市的当地人口，但若与其流出地相比，一般都是明显降低了。如果把全国作为一个整体，人口迁移流动有助于控制人口总量是毋庸置疑的。

（五）存在问题

近年来，中国人口迁移流动的总的态势确是健康喜人的，一个统一的，能促进人口、劳动力及其他生产要素在计划流动和自由流动中达到最佳配置的社会环境和经济环境正在形成，这对于社会主义市场经济的建立无疑具有重要意义，而对其中存在的一些问题，也应引起足够的重视：[1]

（1）全国人口迁移流动总量仍然偏小，人口分布活力有待于进一步增强。按总人口规模衡量的迁移流动率在世界上仍处于下游，不仅低于美国、日本这样的发达国家，与同属发展中国家的印度比较，也是偏低的，人口分布总的看来仍具有显著的凝固性（见表 10-10）。

表 10-10　2000 年中、日、美三国人口普查时与 5 年前相比的几类人占普查总人口的比重（≥5 岁）　　　　　　　　%

国家	未迁移	二级行政区内迁移	一级行政区内跨二级行政区迁移	跨一级行政区迁移	国（境）外迁入
中国	89.12		7.98	2.90	0.001
日本	71.87	14.16	6.51	6.94	0.52
美国	54.13	24.94	9.65	8.42	2.86

（2）部分地区人口迁出或迁入强度过大，产生出一系列社会经济问题。[2]人口迁移流动是一种正常现象，并有多方面的积极意义，但对一部分迁出区来说，较大强

---

① 张善余：《发展人口迁移，繁荣市场经济》，《华东师范大学学报（哲社版）》1994 年第 4 期。

② 参阅张善余：《近年我国一些地区人口总量负增长现象初析》，《人口与经济》1993 年第 6 期。

度的人口迁移在当地会产生一些消极影响，这也是客观事实。有的地方已出现土地荒芜、设备闲置、生产滑坡的情况，有的山村人口几乎全部迁出，成了"无人区"，或者只留下少数老弱病残，给生产生活造成了更大困难。有的地方人口外迁后，遗留下许多经济问题，如大量欠款无法追讨，使国家和集体蒙受了损失。对迁入区来说，外来人口大量涌入带来的消极影响虽属次要，但也不容忽视，如计划生育和社会治安受到冲击，增大了对就业、土地、住房、交通的压力等等，这些均应得到积极的综合治理。

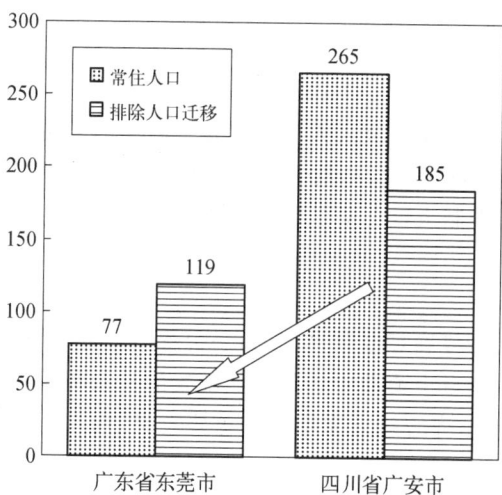

图 10-8 "马太效应"：两个地级市的≥15 岁未婚人口性别比（东莞和广安分别是全国≥15 岁未婚女性人口净迁入率和净迁出率最高的地级行政区，第五次人口普查）

（3）人口迁移扩大了我国性别结构的地区差异，从而隐伏着严重的社会问题。在我国的高性别比地区与低性别比地区之间，在贫困地区与富裕地区之间，在山区与平原之间，已有的性别比差距可能还要进一步扩大，"马太效应"还要继续增强（见图 10-8）。这种趋势对女性净迁出区的社会经济影响，很值得引起重视，如果由此能促使当地人珍惜女性人口"资源"、增强保护女婴的意识，当然是件好事，但也很可能因女性"资源"日趋紧俏稀缺，致使婚姻关系中的畸形或非感情因素增多，甚至引发犯罪现象，反而对女性的权益和人格造成更大威胁[1]。

（4）高素质人才出现明显的逆向迁移，各地区人口文化水平的差异有所扩大。人口普查数据显示，原先文化教育程度愈高的地区，其迁入者的文化程度也愈高；原先文化程度愈低的地区，其迁入者的文化程度也愈低。也就是说，高素质人才正在由后进地区向发达地区迁移，表现出与传统模式正相反的逆向迁移特点。据第五次人口普查数据，按当时东、中、西三大地区的划分，普查前五年东部地区在全国大专及以上受教育程度（已毕业）迁出量中占 32.2%，在迁入量中却占 73.7%，而中、西部地区合计则分别为 67.8%、26.3%，这非常清楚地表明，高素质人员从相对后进地区大量流至先进地区。由于这种逆向迁移，东部地区占全国大专及以上受教育程度（已毕业）人员总数的比重有所增大，中、西部地区则双双下降。受此影响，我国人口文化程度一度缩小的地区差异又重新被拉大。高素质人才的流失给后进地区各方面的工作增加了不少困难，甚至出现了学校无人教书、医院无法开刀、机关难以正常运转的现象。面对这一形势，

---

① 参见葛维樱：《大山深处的人口生意》，《三联生活周刊》2011 年第 48 期。

中央和有关地区的政府作了大量工作来稳定科技文教人员队伍，但这并未能从根本上扭转高素质人才逆向迁移的总趋势。

对于上述现象应该予以全面的和辩证的认识①。首先要看到，这类逆向迁移是在改革开放大潮推动下全国社会经济发展格局发生巨大变化的形势下出现的，既然国家建设的重点已移向沿海地区，那就不可能不出现相应的人才流动。就全国作为一个整体而言，此类迁移是利大于弊的，这是因为同样一颗种子在肥沃土壤上可以比在贫瘠土壤上获得更高的产量。须知人才不是古董，古董时间越久价值越大，人才在生理上和知识上都很容易衰老，创造力旺盛的年华是很有限的，如果条件一时还不具备，就应该让人才及早流出，以利于人尽其才。而且人才和投资一样，也有一个群体效应的问题，只要体制理顺了，1加1就可以大于2。

此外，上述逆向迁移造成的冲击将有助于加深人们对知识和人才极端重要性的认识。因人才流失而面临某种困难的地区，应痛切地认识到，再像以往那样靠国家"内调"、"下放"、"支边"来无偿获得大量高素质人才的情况恐怕是不会再有了，必须立即把发展文教事业放到极端重要的位置上，切实地而不是表面地尊重知识、爱护人才，采取灵活的优惠政策"广开才路"，更多地以中短期的人才交流代替以往的永久性迁移。相信随着经济和文化的发展，一些地区人才逆向流动造成的困难是会逐步得到解决的。

三、关于未来人口迁移发展的思考

目前，中国正在深化改革，加速发展社会主义市场经济。在未来几十年内，中国的生产力按人均计算将达到中等发达程度，数以亿计的农民将挣脱土地的束缚，投身到非农产业的广阔天地中去，城镇化会有巨大的发展，城乡人口迁移的规模将是以往任何时期都难以比拟的。在此过程中，生产布局面貌将发生一系列变化，沿海一带肯定将进入世界新兴工业化地区的行列，内地和边疆丰富的人力资源和自然资源将得到大规模开发，建设重点要逐步转移到辽阔的大西南和大西北。未来几十年内，中国的人口状况也将发生巨变，不少地区将步入很深的老龄化社会，人口会长期保持负自然增长，而另一些地区仍将保持一定的人口增长势头。这些都说明存在着进一步发展人口迁移的社会经济需求。关于未来中国人口迁移的规模和发展趋势，有不少问题需要在实践中不断探索，但是有几点是可以肯定的。

（1）有必要继续加深对人口迁移流动适度发展的重要社会经济意义的认识，坚决破除在此问题上一切与市场经济相抵触的保守观念。要看到生产力发展及其对人口和劳动力的需求在地区之间的不平衡是始终存在的，而人口迁移流动正是调节这种不平衡的重要杠杆，其适度发展无疑是建立社会主义市场经济的必要条件。近年来，不少地区确实一再受到大量外来流动人口涌入的影响，但不应就此认为全国人口迁移流动的规模过大了，正如前文中已指出的，中国至今实际上仍然是一个人

---

① 张善余：《智力迁移和人才流动问题》，《市场和人口分析》2006 年第 5 期。

口分布相对凝固化的国家,这种状况理应随着现代化进程逐步得到改善。

应该看到,中国不同地区的生存与发展条件差异非常悬殊,在中西部广大高原山区,仍然有巨大数量的绝对贫困人口,其中一些人长期居住在岩洞、窝棚、权权房、茅草房中,山高谷深坡陡,使他们远离现代文明,不仅脱贫难度很大,还经常受到地震、山洪、泥石流、山体滑坡等自然灾害的威胁。很显然,不引导、帮助这些同胞摆脱贫困,中国就不可能真正实现现代化。而帮助他们脱贫的重要途径之一,就是通过人口迁移流动,让一部分人,特别是青少年走出大山。不早下这个决心,扶贫就将成为"无底洞"。

当然,另一方面也要看到,中国还是一个发展中国家,社会生产力要真正发达起来,还需要很长的历史过程。尤其是中国人口基数大,分布广,各个地区都不同程度地存在着人口、资源和经济发展不相协调的矛盾和人口压力,再加上人口分布本身所具有的惰性,所有这些制约人口迁移的因素均将长期存在。由于国情不同,中国也许很难达到像美国那样高的人口迁移流动率。因此,发展人口迁移既要积极,又要注重稳妥,尽量减少负面影响。

(2)中国是一个社会主义国家,由政府部门组织的人口迁移是整个国民经济和社会发展计划中不可缺少的组成部分,这一点同不少资本主义国家是有区别的。中国经济、文化建设的规模将越来越大,许多地区将开展大规模的国土整治,生产建设的重点也将不断转移,所有这一切都需要一定规模的由政府组织的人口迁移与之相配合,其作用绝不是个人的、企业的和自发的人口迁移所能代替的。前文中曾提到最近几年甘肃、宁夏、广东、广西等省区由政府组织进行的一系列贫困地区的环境移民,以及长江三峡大坝库区的大移民,都说明由政府组织的计划性移民有其不可替代的作用。

但同时,由政府组织人口迁移必须十分慎重,今后除非很有必要,一般不应再由政府组织大规模、远距离的移民,以适应实行市场经济的新形势。在国家建设确有需要而生活条件又较差的地区,对移民应给予合理的补偿,其劳动年限也不宜过长。政府的作用应更多地放在引导、规划、法制、基础公用设施的建设,以及社会综合机制的健全上,也就是在人口迁移中只起间接的促进和辅助作用,具体事务包括实施过程中的风险应由企业或移民本人按市场经济法则自行承担。

(3)为了促进人口迁移发展,中国现行的户籍管理制度应逐步改善。在国外,这种制度一般只具有掌握人口动态、证明公民身份、维护社会治安的作用,在中国却增加了控制人口迁移、分配生活资料、引导就学就业、捆绑社会保障等功能。两者相比,中国的户籍制度具有过多的附加功能以及固定性、等级性和价值化倾向,不利于人口按照客观经济规律迁移流动,近十余年虽已多次加以改革,但仍需进一步修改完善①。

----

① 2012年初国务院发布了关于积极稳妥推进户籍管理制度改革的通知,除要求继续合理控制直辖市和其他大城市人口规模外,在中小城市和镇,凡有合法稳定职业和住所、参加社会保险的外来人员,可以申请登记常住户口。

（4）应予以强调指出的是，制约中国未来人口迁移基本态势的因素，除了经济发展速度和生产力水平外，主要是人口、经济、资源、环境相互协调关系的地区差异的新特点。要看到随着工业化的迅速发展，以及经济结构的不断变化，工商业地理区位对人口和投资分布的影响已日趋增大，倘若不跳出本乡本土那一隅之地去寻求最佳的发展区位，就难以获得能适应市场经济激烈竞争的经济效益。近年来，人口和投资大量涌向特区和沿海沿江开放城市，就体现了这个大趋势。但另一方面也要看到，中国人口多，农民比重大，在很长一段时间内，仍将处在相对的不发达状态。在这段长时间内，虽然工商业地理区位对人口迁移的影响会逐步增大，但对之具有很大制约作用的，同过去一样，仍将是土地承载力或粮食生产能力。看不到这一点，恐怕会出现大问题。发达国家绝大部分人口都集中在城市和工业地带，农业区人口则远为稀少，中国无疑也会朝着这个方向演化，但这需要经历很长的过程，如操之过急，将不利于人口迁移对市场经济的促进作用，还会产生某些负面影响。

（5）随着社会经济的发展，中国正在朝着和谐社会和现代化国家迈进。在这个过程中，人们关于人口迁移的理念也应与时俱进地有所改变。自由迁徙权早已明文载入《世界人权宣言》，中国1954年《宪法》也规定："中华人民共和国公民有居住和迁徙的自由。"后来由于城乡二元结构的形成，1975年《宪法》取消了上述规定，至今一直没有恢复，成为法律上的空白。这种状况理应及早改变，以在宪法层面上彰显公民权利的完整和社会的公平公正。

参 考 文 献

1　张善余著：《中国人口地理》，科学出版社 2007 年版。

2　张善余著：《人口垂直分布规律和中国山区人口合理再分布研究》，华东师范大学出版社 1996 年版。

3　张善余著：《世界人口地理》，华东师范大学出版社 2002 年版。

4　胡焕庸、张善余著：《中国人口地理》，上下册，华东师范大学出版社 1984 年/1985 年版。

5　国家统计局人口与就业统计司编：《1990 人口普查数据专题分析论文集》，上下卷，中国统计出版社 1995 年版。

6　阿·索维著，查瑞传等译：《人口通论》，上下册，商务印书馆 1983 年版。

7　张纯元主编：《马克思主义人口思想史》，北京大学出版社 1986 年版。

8　彼得·柯克斯著，张志鸿等译：《人口学》，上海译文出版社 1985 年版。

9　查瑞传主编：《人口普查资料分析技术》，中国人口出版社 1991 年版。

10　库尔斯著，胡崇庆等编译：《人口地理学导论》，重庆出版社 1987 年版。

11　波克希舍夫斯基著，南致善等译：《人口地理学》，北京大学出版社 1987 年版。

12　周一星著：《城市地理学》，商务印书馆 1995 年版。

13　袁永熙主编：《中国人口》，中国财政经济出版社 1991 年版。

14　张天路著：《民族人口学》，中国人口出版社 1989 年版。

15　张纯元主编：《人口经济学》，北京大学出版社 1983 年版。

16　刘铮主编：《人口理论教程》，中国人民大学出版社 1986 年版。

17　潘纪一主编：《人口生态学》，复旦大学出版社 1988 年版。

18　王桂新著：《中国人口分布与区域经济发展》，华东师范大学出版社 1997 年版。

19　Валентея Д И. Марксистско-Ленинская Теория Народонаселения，Москва，1974.

20　Beaujeu-Garnier J. Geography of Population，London，1978.

21　Spencer J E. Introducing Cultural Geography，New York，1978.

22　Clark J. Population Geography，Oxford，1979.

23　Hornby W F. An Introduction to Population Geography，Cambridge，1980.

24　Noin D. Géographie da la Population，Paris，1979.

25　Pacione M. Population Geography，London，1986.

26　Clark J. Geography & Population，Oxford，1984.

27　Jones H. Population Geography，London，1990.